Åsne Seierstad · Land der vielen Wahrheiten

ÅSNE SEIERSTAD

LAND DER VIELEN WAHRHEITEN

Drei Leben in Afghanistan

Aus dem Norwegischen von
Franziska Hüther und Frank Zuber

KEIN & ABER

Ebenfalls von Åsne Seierstad:
Einer von uns. Die Geschichte eines Massenmörders
Zwei Schwestern. Im Bann des Dschihad

Die Originalausgabe erschien 2022 unter dem Titel
Afghanerne bei J. M. Stenersens Forlag, Oslo
Copyright © 2022 by Åsne Seierstad

Die Übersetzung wurde mit der finanziellen Unterstützung von NORLA,
Norwegian Literature Abroad, publiziert.

Deutsche Erstausgabe
Alle Rechte vorbehalten
Copyright © 2023 by Kein & Aber AG Zürich – Berlin
Cover: Maurice Ettlin
Satz: Dörlemann Satz, Lemförde
Druck und Bindung: GGP Media GmbH, Pößneck
ISBN 978-3-0369-5020-4
Auch als eBook erhältlich

www.keinundaber.ch

TEIL 1

WILLE

Das Fieber stieg.

Würde sie das Kind verlieren?

Das kleine Mädchen hatte knallrote Wangen. Seine Stirn war klamm, die Augen glänzten.

Der Schamane legte Amulette und Kräuter auf die Brust des Kindes. Er hatte Verse auf kleine Zettel geschrieben, die Bibi Sitara ins Trinkwasser legen sollte. Aber sie durfte sie nicht vorher deuten, sonst würde es nicht wirken. Die Mahnung war überflüssig, denn Bibi Sitara konnte nicht lesen.

Schon die Schwangerschaft war kompliziert gewesen, sie hatte gefühlt, wie ihre Lebenskraft schwand. Auch da war der Schamane bei ihr gewesen. Sie hatte ihn gefragt, ob das Kind gesund sei und leben würde. Er hatte zur Geduld gemahnt. Alles würde gut gehen, wenn sie nur das heilige Wasser trank.

Sie werde ein Mädchen gebären, hatte er gesagt, und es würde der große Stolz der Mutter werden. Jamila sollte es heißen – die Schöne.

Er hatte recht bekommen. Das Kind kam gesund zur Welt und war wirklich hübsch, mit großen, graubraunen Augen, heller Haut und einem herzförmigen Gesicht. Es war die Puppe der großen Schwestern. Sie trugen es überall herum, wiegten und verhätschelten es. Sie wickelten es in ein zerrissenes Laken und verschnürten es so fest mit bestickten Bändern, dass es sich kaum rühren konnte.

Bis das Fieber ihr Spiel beendete. Nun schauten die Schwestern zaghaft durch den Türspalt.

Bibi Sitara fühlte, dass ihr Kind im Sterben lag. In ihrer Not ließ sie einen weiteren heiligen Mann rufen, diesmal einen Mullah aus ihrem Dorf. Er setzte sich neben das kranke Kind und rezitierte bis spät in die Nacht Koranverse. Genau wie der Schamane wurde er großzügig bezahlt.

Nach dem Besuch des Mullahs blieb Bibi bei ihrer Tochter sitzen. Der Schamane hatte ihr damals noch mehr prophezeit, nämlich dass ihr Kind etwas Besonderes werden würde. Bibi Sitara hatte dies verdrängt, sie wollte kein außergewöhnliches Kind. Im Gegenteil, sie wünschte sich eine ganz normale Tochter.

Nach einer Woche ließ das Fieber nach. Die Mutter dankte Gott. Alles kam, wie Er es befahl. Alhamdulillah. Gott sei gepriesen.

Nach einer Weile hatten sie vergessen, dass das Kind je krank gewesen war.

Ihre Schwestern nahmen das Spiel wieder auf. Jamila bekam Kleider, Ketten und Ohrringe. Keiner fragte sich, warum sie nie aufstand, vielleicht lag es daran, dass sie so verwöhnt wurde und alles hatte. Sie kroch nur auf dem Teppich umher oder saß mit Kissen im Rücken da. Wenn sie etwas wollte, robbte sie mit den Armen über den Boden oder wand sich wie eine Schlange.

Eines Tages bemerkte die Mutter, dass das eine Bein Jamilas dünner war als das andere. Das wird sich schon angleichen, dachte sie, doch irgendwie schien das Bein auch kürzer.

Sie hob es an, und es fiel schlaff herab.

Erneut rief sie den Schamanen. Es gab mehr Beschwörungen, Amulette und Verse auf Zetteln, aber es half nichts. Das Bein blieb anders.

Noch immer glaubte die Mutter, Allah habe einen Plan.

Niemand wusste, dass ein Virus das Nervensystem des Mädchens angegriffen hatte. Es hatte den Hirnstamm befallen und Jamilas Rückenmark geschädigt. Die Infektion hatte das Bein zunächst geschwächt und dann gelähmt. Die Krankheit hatte einen Namen – Poliomyelitis.

Jamila wurde 1976 geboren. In Europa war Polio weitgehend ausgerottet, doch in Afghanistan wütete das Virus noch. Es gedieh unter den ärmlichen Verhältnissen und wurde durch schmutziges Wasser, Exkremente und Tröpfcheninfektion übertragen.

Gegen Polio gibt es kein Heilmittel, nur eine Impfung, doch diese Chance hatten Jamilas Eltern nie bekommen. Sie waren nie bei einem Arzt gewesen, bei einem »medizinischen Doktor«, wie Bibi es ausdrückte, im Gegensatz zu einem *malang*, der mit Zaubersprüchen und Handauflegen kurierte. Die seit vielen Generationen vererbte schamanistische Tradition galt nicht als Widerspruch zur Lehre des Korans. Im Gegenteil, ein *malang* hatte seine Heilkräfte von Allah.

Auch nach der Entdeckung der Mutter verwöhnten die Schwestern und Cousinen ihr fügsames, puppenhaftes Spielzeug. Das Haus war voller Kinder, denn die Brüder von Jamilas Vater wohnten mit ihren Familien rund um denselben Innenhof. Die Mutter reagierte auf den kleinsten Mucks ihrer Tochter und erfüllte ihr jeden Wunsch, sodass es Jamila an nichts fehlte. Sie wurde zwei, drei, vier und fünf Jahre alt, ohne aufzustehen. Den anderen Kindern krabbelte sie blitzschnell hinterher, doch wenn sie auf die Straße liefen, blieb Jamila daheim. Sie versuchte, das schiefe Bein zu verbergen. Die weiten Hosen, die sie unter dem Kleid trug, waren an den Knien zerschlissen. Die Knie waren ihre Sohlen geworden.

»Ihr solltet sie zu einem Arzt bringen«, sagte eine Tante zu Bibi. Vielleicht gab es ja eine Kur. »Sie wird euch zur Last fallen. Wenn das so weitergeht, wird keiner sie heiraten.« Dass Jamila das Gespräch hörte, kümmerte niemanden. Man ging einfach davon aus, dass eine körperliche Behinderung auch den Kopf und das Denken beeinträchtigte.

»Niemand will eine *langak*!«, seufzten die Tanten. Ja, Jamila war ein Krüppel und saß nur auf ihrem unbrauchbaren Bein. Bestimmt war dies Gottes Strafe für irgendeine Missetat, eine Buße für die Sünden ihrer Vorfahren. Es gab keinen Zufall, alles fiel auf einen zurück. Gott war gerecht, auch wenn die Strafe viel später kam und willkürlich erschien.

Außerdem gab es Dinge, auf die selbst Gott keinen Einfluss hatte, zum Beispiel die schwarze Magie. Vielleicht hatte jemand Jamila mit einem bösen Blick bedacht, um der Familie zu schaden. Solchen Flüchen konnte nur ein Schamane entgegenwirken.

Kein Arzt solle seine Tochter anrühren, beschloss der Vater. Bis auf Gebete und Beschwörungen sowie etwas Wasser aus der heiligen Quelle in Mekka erfuhr das Bein keine Behandlung.

Als Jamila fünf Jahre alt war, bekam die Frau ihres ältesten Bruders eine Tochter. Eines Tages beobachtete sie, wie ihre Nichte die Arme zur Tischkante hinaufstreckte, sich nach oben zog – und stand. Später versuchte Jamila heimlich, es ihr nachzumachen. Sie griff die Tischplatte, spannte die Armmuskeln an und zog sich langsam hoch.

Und bald geschah es: Sie stützte sich mit den Händen auf den Tisch und stand.

Jamila übte eifrig, die Muskeln ihres gesunden Beines wurden immer stärker, sie hielt die Balance. Schließlich nahm sie die Hände vom Tisch.

Beim nächsten Besuch beobachtete sie, wie die Nichte sich am Tisch festhielt und ein Stückchen vorwärtsbewegte.

Sobald sie allein war, machte sie es nach. Plötzlich stand ihre Mutter in der Tür. Jamila stolperte vor Schreck und fiel hin.

»Das musst du nicht tun!«, rief die Mutter erschrocken. »Ich kann dir alles holen.«

Jamila wuchs in einer Familie auf, in der Mädchen keine Wünsche äußerten. Je passiver sie waren, desto besser. Man solle mit offenen Händen leben, hatte ihr die Mutter eingeprägt. Nie etwas ergreifen oder verlangen. Dann würden die Töchter bekommen, was anderen durch die Finger rann.

Seit Jamila die Welt aufrecht stehend gesehen hatte, wollte sie nicht mehr krabbeln. Lieber hinkte sie auf dem starken Bein und zog das schwache nach. Als ihre Nichte ein Gestell zum Laufenlernen bekam, bettelte Jamila so lange, bis ihre Mutter einen Handwerker beauftragte, das Gleiche für ihre Tochter zu zimmern. Es sah aus wie ein kleiner Rollator aus Holz, war aber nur im Haus zu gebrauchen. Die Außenwelt war für Krüppel tabu.

Jeden Morgen, wenn ihre Brüder die Schuluniform anzogen, sich den Ranzen umhängten und nach draußen stürmten, blieben die Schwestern daheim. Lesen lernen würde sie nur von ihren Pflichten ablenken und auf dumme Gedanken bringen. Bildung war gefährlich. Sie würde nur ihren Wert auf dem Heiratsmarkt vermindern, und darum ging es schließlich bei Töchtern – um den Marktwert.

Die auf traditionelle Weise arrangierte Ehe war eine Transaktion. Bezahlt wurden die Qualitäten eines Mädchens: Alter, Aussehen, Fertigkeiten im Haushalt. Außerdem zählten ihr Clan, die Familie sowie deren Besitz, Ehre, Ansehen und Status. Zusammen machten diese Faktoren den Preis aus, den die Eltern mit der Familie des Freiers aushandelten.

Ibrahim stellte hohe Ansprüche an seine Kinder. Der Marktwert seiner Töchter sollte hoch genug sein, um durch Heiraten wichtige Verbündete zu gewinnen. So hatten es die Clans und Familien seit Jahrhunderten praktiziert.

Deshalb galt es, den Wert der Töchter bis zum heiratsfähigen Alter so weit wie möglich zu steigern. Faktoren wie die Clanzugehörigkeit und den Status der Familie konnte man nicht ändern. Umso wichtiger war es, andere Qualitäten zu optimieren. Unsichtbarkeit bekräftigte die Reinheit der Töchter. Kein Fremder sollte Jamilas Schwestern sehen, kein Mann sollte ihre Stimme hören, keiner ihren Namen kennen. Wenn der Name einer Frau verbreitet wurde, war sie bereits besudelt. Das prägte Jamilas Vater seinen Kindern ein. Wenn Gäste im Haus waren, saßen sie still in ihren Gemächern oder flüsterten miteinander.

Ibrahim war ein strenger und traditionsbewusster Mann. Er stammte aus Gasni, einer ganz von Clans beherrschten Stadt in der Hochebene im Südosten des Landes. In Armut und ohne Schulbildung aufgewachsen, hatte er schon als Kind auf dem gestampften Erdboden ihrer Lehmhütte Leder gegerbt. Als Jugendlicher baute und verkaufte er etwas, was die Menschen immer benötigten: Särge.

Er war ein echter *Self-made*-Afghane. Auch Kleider wurden immer benötigt, also erweiterte er sein Geschäft. Als Nächstes kamen landwirtschaftliche Werkzeuge und Fahrräder hinzu, dann Motorräder, Autos und schließlich Lastwagen. Sein einträgliches Geschäft nannte er schlicht »Import-Export«. Hinaus mit Wassermelonen, Granatäpfeln und Trauben, herein mit Klimaanlagen, Haartrocknern, Zement und Beton. Er kaufte ganze Geschäfte und große Grundstücke, auf denen er Einkaufszentren errichten wollte. Der arme Junge, der nie richtig Lesen und Schreiben lernte, nutzte die günstige Zeit nach dem Zweiten Weltkrieg aus, als Afghanistan seine erste Bank, sein erstes Kraftwerk, neue Brücken und bessere Straßen bekam.

Jamilas Eltern zogen von Gasni nach Kabul, wo Ibrahim die Zukunft sah. Er stellte zwei indische Sekretäre ein, die Verträge und Geldangelegenheiten für ihn regelten. König Mohammed Zahir Schah, der seit 1933 regierte, verstand es, die Position des Landes zwischen zwei Supermächten auszunutzen. Beide bauten das Land auf und bewaffneten es. Ein Straßenprojekt wurde an einem Ende der Sowjetunion begonnen und am anderen von den Amerikanern vollendet. Die Sowjets bauten einen modernen Flughafen in Bagram, während die USA Staudämme und Brücken errichteten. Im Hindukusch sprengten sowjetische Ingenieure den höchstgelegenen Tunnel der Welt, der den Süden und Norden Afghanistans verbinden sollte.

Der König hatte hochtrabende Pläne. Er heuerte amerikanische Ingenieure an, um die steinige Wüste der Provinz Helmand in eine Oase zu verwandeln. Dort wollte er eine Modellstadt mit grünen Alleen, Schwimmbädern, Kinos, Tennisplätzen und gemeinsamen Schulen für Jungen und Mädchen errichten, versorgt von den Generatoren der geplanten, riesigen Staudämme. Es begann verheißungsvoll. In »Klein-Amerika«, wie der Ort genannt wurde, bauten die Bauern Baumwolle und Weizen an und bewässerten die Felder mit Wasser aus den Stauseen. Aber die Erdschicht war dünn. Salz drang an die Oberfläche und zerstörte die Ernte. Der Boden verwitterte, und die Investitionen gingen verloren. Nach wenigen Jahren bauten die Bauern lieber Schlafmohn an, und die Wüste eroberte die Oase zurück.

Ibrahim war inzwischen ein einflussreicher Geschäftsmann in Kabul.

Jamila bewunderte ihn aus gebührendem Abstand. Sie wusste, dass sie eine Enttäuschung war. Er konnte sich weder mit ihr schmücken noch stolz auf sie sein. Sie sehnte sich nach seiner Anerkennung, sah ihn aber nur selten. Auf dem Hof standen oft Autos, in denen die Kinder spielen durften, wenn sie vorsichtig waren. Für Jamila gab es nichts Schöneres, als dort am Steuer eines Mercedes, Rolls-Royce oder Ford zu sitzen. Oft spielte und träumte sie den ganzen Tag – bis ihre Brüder aus der Schule kamen und sie vom Fahrersitz verscheuchten.

Manchmal öffnete sie heimlich die Schulranzen der Brüder, während diese draußen spielten. Sie zog die Bücher heraus und sah sich zuerst die Bilder und dann die schönen, fließenden Muster des persischen Alphabets an.

Erschrocken klappte sie die Bücher zu, bevor man sie erwischte. Sie wusste, wie es lief:

Für die Schwestern – verheiratet werden.

Für die Brüder – das Geschäft des Vaters erben.

Für sie – ihr Leben lang bei den Eltern wohnen.

Nach dem Tod ihrer Eltern würden die Brüder für sie verantwortlich sein. Sie war eine Bürde. Keiner konnte sie zu irgendetwas gebrauchen. Je reicher ihr Vater geworden war, desto mehr Personal hatte er eingestellt: Diener, Haushaltshilfen und Gärtner.

Aber wozu war sie gut?

Sie übte nun schon seit einer Weile, ohne Krücken zu gehen. Sie schob ein Bein nach vorn, zog das andere nach und wartete, bis sie stabil stand, ehe sie das erste Bein wieder bewegte. Schritt für Schritt. Man sollte möglichst nicht sehen, dass sie hinkte. Ein Schritt, zwei Schritte, drei Schritte – zehn!

Ihre Beine schafften es gerade so, den Körper zu tragen.

Aber sie ging.

Sie konnte gehen!

Jetzt, wo sie auf eigenen Beinen stand, konnte sie nicht mehr warten. Sie wusste, was sie wollte: wie ihre Brüder die Schule besuchen. Hinter all den Mustern und Zeichen, die sie dort lernten, lag eine verborgene Welt, die sie erobern wollte.

Ibrahim schüttelte nur den Kopf.

»Das ist nichts für dich!«

»Lass es mich versuchen!«, bettelte sie.

»Kommt nicht infrage.«

»Bitte!«

Der Vater war keinen Widerspruch gewohnt. Ihre Brüder muckten nie, sie folgten dem Weg, den er für sie bestimmt hatte. Ihre Schwestern hatten nie um etwas gebeten.

Langak! Langak! Krüppel!

Der Vater hatte alle überrascht und schließlich nachgegeben. Jamila durfte mit ihren Brüdern zur Schule gehen.

Der Krüppel!

In Gesellschaft der anderen Kinder gewöhnte sie sich rasch an die Hänseleien.

Den Erwachsenen war es egal. Die Kinder lebten in ihrer eigenen Welt. Keiner hatte ihnen beigebracht, dass man Menschen, die anders waren, nicht verachten sollte. Sie sahen auf Schwächere herab und lachten über Gebrechen. Auf Jamila lastete der böse Blick oder Gottes Strafe, da war es besser, Abstand zu halten. Ihre Brüder verteidigten sie nicht. Im Gegenteil, es war ihnen peinlich, einen Krüppel als Schwester zu haben. Sie baten den Vater, sie von dieser Last zu befreien. Was wollte Jamila schon mit einer Schulbildung anfangen?

Aber der Vater hatte es ihr versprochen. Jamila durfte zur Schule gehen, bis sie Lesen gelernt hatte.

Jamila versuchte, Haltung zu bewahren. Die Bücher, die Stifte, die Lehrer – sie liebte alles an der Schule!

Bald war sie die beste Schülerin der Klasse. Am Ende des Schuljahres brachte sie ein Zeugnis nach Hause, von dem ihre Brüder nur träumen konnten.

»Gut«, sagte der Vater und lächelte. »Jetzt kannst du lesen und schreiben.«

Im nächsten Schuljahr sollte sie zu Hause bleiben und ihrer Mutter im Haushalt helfen. Pflaumen einmachen, Bohnen schälen, Mandeln knacken. Dazu hatte sie keine Lust. Sie wollte in die zweite Klasse.

»Geh mir nicht auf die Nerven«, sagte der Vater.

Jamila hob den Zeigefinger und sah ihn bettelnd an.

»Noch ein Jahr, bitte. Ein einziges Jahr ...«

Keiner wusste recht, warum, aber Ibrahim gab nach. Das Resultat waren weitere gute Noten.

Das Spiel wiederholte sich jedes Jahr. Sie hob den Finger und sah ihn an.

Jedes Jahr bekam sie »noch ein einziges Jahr«.

UNRUHEN

Schon vor Jamilas Geburt hatten sich Unruhen im Land ausgebreitet. Mitte der Sechzigerjahre bekam Afghanistan eine neue, progressive Verfassung. Politische Parteien wurden gegründet, die Pressefreiheit verkündet, Behörden stellten Frauen ein, und in staatlichen Institutionen wurde das Tragen der Burka verboten. König Zahir Schah benutzte Wörter wie Demokratie und Gleichberechtigung in seinen Reden.

Die Reformen kamen von oben. Gymnasien wurden gegründet, in denen die Kinder der Oberschicht sich auf ein Studium im Westen oder an technischen Schulen in Moskau vorbereiteten. Die Universität von Kabul zog ein breites Spektrum von Intellektuellen an.

Das Nachtleben der afghanischen Hauptstadt wurde weithin berühmt. Pakistaner machten Wochenendtrips nach Kabul, um Whisky zu trinken, Scheichs kamen aus der Golfregion, um Diskotheken zu besuchen. Rucksackreisende aus dem Westen legten eine Rast auf dem Hippie Trail nach Indien ein, um Opium und Hasch zu rauchen.

Kabul schaute nach Westen. Das Straßenbild, die Mode, ja selbst die Jugendproteste waren von Paris inspiriert. Gleichzeitig konnte nur jeder zehnte Afghane lesen und schreiben. Die Stadt war wie eine Blase. Moderne Frisuren, Miniröcke und Tops gehörten dort zur Wirklichkeit, und doch waren sie eine Illusion.

Stadt und Land waren zwei voneinander getrennte Welten. Während in den Bars der Hauptstadt Jazz erklang, fehlte es in großen Teilen des Landes an sauberem Trinkwasser. Die Menschen hungerten,

Kinder starben an einfachen Krankheiten. Das Land war nicht geeint, und bald wurden die Kontraste zum Konflikt.

Gegen Ende der Sechziger eskalierte die Lage. Viele Zeitungen forderten einen Regimewechsel. Afghanische Stalinisten und Trotzkisten bedienten sich der Demokratie, die sie eigentlich abschaffen wollten, und gingen auf die Straße. Die neue Kommunistische Partei spaltete sich unter großem internem Streit auf. Studenten warfen Steine auf Polizisten.

Auf dem Land verbreitete sich eine ganz andere Art der Unruhe. Sie war stiller, ging jedoch viel tiefer, unterstützt von jungen, intellektuellen Islamisten in den Städten. War das, was in Kabul geschah, im Einklang mit dem Islam?

Nein, sagten die Mullahs.

Während die Menschen in Kabul Beatles hörten, lebte die Landbevölkerung weiterhin, wie sie es seit Generationen tat. Sie bauten dieselben Nahrungsmittel wie ihre Vorfahren an – Nüsse, Aprikosen, Karotten – und lebten von der Hand in den Mund. An den Berghängen grasten Schafe und Ziegen.

Der Alltag der Frauen spielte sich hinter hohen Lehmmauern ab. Dort wurden sie geboren, dort starben sie. Nur zweimal im Leben sollte eine Frau ihr Heim verlassen, und zwar jeweils in Weiß: wenn sie frisch verheiratet ins Haus ihres Ehemanns gebracht wurde, und wenn sie im Leichenhemd aus dem Haus getragen wurde.

Der König orientierte sich eher nach Westen. Als die Unruhen ausbrachen, schickte er einen Notruf über den Atlantik, doch die USA hatten genug mit Vietnam zu tun. Deshalb knüpfte der Regent engere Bande zur Sowjetunion, sowohl militärisch als auch wirtschaftlich.

Als Anfang der Siebzigerjahre eine große Dürre dem Land zusetzte und der Monarch nichts tat, um die Not zu lindern, geriet der Thron ins Wanken.

An einem heißen Tag im Juli 1973, während der König bei seinem

Augenarzt in Italien war, besetzte sein Cousin das königliche Schloss. Prinz Daoud hatte zehn Jahre zuvor seinen Posten als Ministerpräsident aufgeben müssen, weil die neue Verfassung bestimmte, dass kein Mitglied der Königsfamilie in der Regierung sitzen dürfe. Nun war er zurück.

Der Coup wurde von einer Handvoll Offiziere angeführt und verlief gänzlich ohne Blutvergießen. Daoud schaffte das Königtum ab und gründete eine Republik. Die Marxisten unterstützten seinen Staatsstreich und bekamen mehrere Ministerposten in der neuen Regierung, doch nach und nach wurden alle entlassen. Gleichzeitig unterdrückte der neue Herrscher die Islamisten, die er als Gefahr für sein Regime betrachtete. Die Anführer der muslimischen Bewegung wurden inhaftiert oder flohen nach Pakistan.

Die königliche Administration hatte eine schützende Hand über Jamilas Vater gehalten, aber als der König nach dem Coup nicht aus Italien zurückkehrte, wechselte auch Ibrahim die Seite. Daouds Politik war keineswegs schlecht fürs Geschäft. Ob Monarchie oder Republik, das Land brauchte weiterhin die Dinge, die Ibrahim verkaufte.

Die neue Verfassung von 1979 war in revolutionäre Rhetorik gekleidet, und der neue Präsident veranlasste sowohl Landreformen als auch Verstaatlichungen, aber im Großen und Ganzen fuhr das neue Regime wie früher fort: zentralisierend, autokratisch und unterdrückend. Die Macht lag beim Militär und in der Bürokratie.

Während Ibrahims Geschäft weiter wuchs, wurde die Pressefreiheit massiv eingeschränkt. Die freie Meinungsäußerung verschwand, Dissidenten wurden zum Schweigen gebracht.

Mit den Nachwirkungen des Krieges in Südostasien beschäftigt, kürzten die USA die finanzielle Unterstützung Afghanistans immer mehr. Trotzdem versuchte Daoud, sich dem Einfluss der Sowjets zu entziehen, indem er sich an blockfreie Länder wie Indien, den Iran oder Ägypten wandte. Bei einem Besuch in Moskau sprach Leonid Breschnew dies an. Daoud soll brüsk geantwortet haben, er arbeite zusammen, mit wem er wolle, und ließe sich von keinem etwas diktieren.

Vielleicht hat dieses mutige Statement sein Schicksal mit besiegelt. Auf jeden Fall war der Kreml Drahtzieher, als die afghanischen Marxisten unter der Führung des Dichters Taraki im April 1978 den Präsidentenpalast einnahmen. Nach wenigen Stunden heftiger Kämpfe wurden Daoud und seine gesamte Familie, insgesamt siebenundzwanzig Personen, hingerichtet – ähnlich wie die Bolschewiken sich 1917 der Zarenfamilie entledigt hatten.

Die Massaker hielten an und verbreiteten sich in ganz Afghanistan. Auf dem Land griffen die Kommunisten mit harter Hand durch. Mullahs und deren Anhänger wurden verhaftet, gefoltert und getötet.

Die neue Regierung hielt sich nicht lange. Nach einem Jahr, im September 1971, wurde Taraki in dem Palast erschossen, den er selbst besetzt hatte. Sein Ministerpräsident Amin, den Moskau eigentlich hatte loswerden wollen, übernahm die Macht.

Erst unter Amins Regierung begannen die Schwierigkeiten für Ibrahim. Privates Kapital unterlag fortan strengen Restriktionen, und radikale Landreformen bestimmten, wie viel Land eine Familie maximal besitzen durfte. Alles, was die Norm überstieg, wurde beschlagnahmt. Ibrahim verlor eine Menge Grundbesitz. Amin glaubte, das Volk würde ihn unterstützen, wenn er die Macht der Bürger einschränkte, doch seine Reformen waren weder beliebt noch produktiv. Die Ernte fiel karg aus, und der Mangel an Nahrungsmitteln führte zu Krawallen.

Leonid Breschnew wollte neue Marionetten in der Regierung einsetzen. Er ignorierte die Warnungen seiner Generäle und ließ das südliche Nachbarland besetzen.

Am 25. Dezember 1979 landeten sowjetische Truppen auf dem Flugplatz von Kabul.

Der ursprüngliche Plan des Kreml lautete, ein neues Regime einzusetzen und die Truppen nach einigen Wochen wieder zurückzuziehen. Zuerst sollten sie die Städte besetzen, in denen die Kommunisten am stärksten waren, dann das afghanische Militär mit Munition und Logistik versorgen, damit es den Widerstand auf dem Land brechen konnte. Sowjetische Soldaten sollten nicht direkt an den Kampfhandlungen teilnehmen.

Der Sturz der Regierung gelang schnell. Wie seine Vorgänger wurde Amin im Palast Arg erschossen, nachdem ihn seine russischen Köche bereits vergiftet hatten.

Die Großmacht hatte ein unabhängiges, blockfreies Land okkupiert, den Präsidenten beseitigt und eine Marionettenregierung eingesetzt. Von allen Fehlern, die der alternde Generalsekretär gemacht hatte, war die Invasion Afghanistans der fatalste. Breschnew hatte den Widerstandsgeist der Afghanen unterschätzt. In diesem Land sollte der kalte Krieg heiß werden.

Operation Zyklon lautete der Codename des CIA für die Bewaffnung der afghanischen Widerstandskämpfer. Es war die bis dahin teuerste Operation des amerikanischen Geheimdienstes. Sie wurde 1980 von US-Präsident Jimmy Carter gestartet und sollte bis in Ronald Reagans Regierungszeit fortdauern. Carters Sicherheitsberater hatte gelobt, der Sowjetunion »ihr eigenes Vietnam« zu bescheren.

Ronald Reagan erhöhte sogar das Budget. Als der Sicherheitsberater ihn nach einer Obergrenze fragte, antwortete er: »There are no budgets.«

Die sowjetische Invasion hatte begonnen, als Jamilas Leben sich noch auf einem Teppich im Haus abspielte. Als sie am Fenster zum Hinterhof saß, intensivierten sich die Kampfhandlungen, und als sie zur Schule ging, war Afghanistan zum Schauplatz eines Stellvertreterkrieges zwischen den beiden Supermächten geworden. Noch blieb die Welt der Kinder in Kabul verschont. Die Sowjets beschützten das Regime, in den Straßen der Hauptstadt herrschte Ruhe, und auf den Schulhöfen wurde gespielt. Auf dem Land und in den Bergregionen hingegen schlugen die Raketen ein. Dort wurden Kinder verkrüppelt, Väter getötet und Mütter ihren Familien entrissen.

Nicht, dass die Kinder in Kabul keine Veränderungen bemerkt hätten. Das islamische Glaubensbekenntnis und das Morgengebet in der Schule wurden vom Lehrplan gestrichen, Jungen und Mädchen gingen in gemischte Klassen. Die Mädchen durften kein Kopftuch mehr tragen. Wer sich den Aktivitäten der Kommunisten anschloss, gewann Vorteile und bekam das rote Halstuch der Pioniere. Jamila tat alles, um dies zu vermeiden, es war ihre Art des Protests.

In der Klasse wusste man nicht mehr, wer Freund oder Feind war. Manche Eltern arbeiteten für die sowjetischen Besatzer, andere waren gegen die Ausländer.

Für Jamila führte die Invasion dazu, dass sie zum ersten Mal fühlte, Teil einer größeren Sache zu sein. In einer Februarnacht im ersten Winter der Okkupation sammelte sich das Volk im Namen dessen, der den Widerstand prägen sollte: Allah.

Ein stiller Strom von Menschen trotzte der Sperrstunde und ergoss sich auf die Straßen. Auch auf den flachen Hausdächern standen Tausende Männer. Die Frauen gingen auf die Hinterhöfe und sahen in den Himmel. Für Jamila klang es, als würden sie ein Lied summen. Aber es war kein Lied, sondern ein Gebet. Sie rezitierten. Wie ein Kampfruf gegen die Flugzeuge hoch über ihren Köpfen.

Die ganze Nacht erklangen die Stimmen. *Allahu akbar, Allahu akbar, Allahu akbar.* Gott ist groß, Gott ist größer, Gott ist am größten!

Das kleine, besondere Mädchen richtete sich auf, sah aus dem Fenster und hörte die Lobpreisungen, die zu einem Kanon wurden.

In diesem Moment fühlte sie, dass Gott ihnen zuhörte.

DIE TODESWÜSTE

Du stehst auf, legst Holz im Ofen nach, setzt den Kessel auf. Vielleicht wärmst du Brot von gestern auf – und plötzlich bist du tot. Einer, der nicht weiß, wer du bist, hat einen Angriff befohlen. Eine Bombe trifft dein Dorf vor dem Morgengrauen, glühend heiße Splitter fliegen umher, dringen in die Körper der Menschen ein, durchbohren Herzen, punktieren Lungen. Mehrere Hundert Grad heißes Metall zerschmettert Schädel, reißt Finger oder einen ganzen Arm ab. Alles bleibt stehen, ein Traum, ein Gähnen, ein Gedanke, ein halb ausgesprochenes Wort.

Der Tod kam meistens von oben. Wenn man das Flugzeug oder das Sausen in der Luft hörte, war es schon zu spät. Das Flugzeug warf seine tödliche Last ab. Eine Bombe durchschlug das Zelttuch oder das Dach und traf dich daheim. Ganze Familien, die drinnen Schutz gesucht hatten, verbrannten in ihren Hütten. Kinder, die vor Angst dicht beieinander hinter der Scheune kauerten, verbrannten zu Asche. Ganze Dörfer wurden dem Erdboden gleichgemacht, damit die Rebellen sich nicht dort verstecken konnten.

Manche brauchten etwas länger zum Sterben. Wenn die Hauptschlagader deines Beins durchtrennt wird, dauert es zwei Minuten, bis dein Körper weniger Blut hat, als du zum Leben brauchst. Trifft es den Arm, verblutest du in zehn Minuten. Raketen, Bomben und Kugeln machten keinen Unterschied zwischen Leben, die gerade erst begonnen hatten oder in einem Leib heranwuchsen, und Leben, die länger überdauert hatten.

Millionenfach.

Und der Krieg war längst nicht vorbei.

Auch vom Boden kam der Tod. An den Berghängen sowie entlang der Straßen und Flüsse wurden Landminen ausgelegt. Bauern verloren Arme und Beine auf ihren Äckern, Kinder büßten das Augenlicht durch Sprengstoffe ein, die wie Spielzeug aussahen. Die Felder konnten nicht mehr bestellt werden, die Weideflächen lagen brach – nur eines von vielen Kriegsverbrechen.

Der Tod war überall, daran musste man sich gewöhnen.

★

Als Hala ihrem Mann zum ersten Mal in die Augen sah, lag er mit zwei Einschusslöchern in der Stirn auf dem Hof.

Seine Zähne waren zerschmettert, die Glieder steif. Die Brust war mit Kugeln durchlöchert, die Augen weit aufgerissen.

Es fühlte sich an, als würde der Boden unter ihr beben. Als sie ihn hereingetragen hatten, war sie auf den Hof gerannt, ohne sich um die fremden Männer zu kümmern, die um ihn herumstanden. Im Tod war Gott barmherzig, außerdem waren es bestimmt Nachbarn. Das Erdbeben unter Halas Füßen wurde immer stärker. Sie schwankte.

Hala sah ihrem Mann in die toten Augen. Sie vergoss keine einzige Träne. Endlich konnte sie ihn ansehen, ohne sich zu fürchten.

Sie berührte seinen Arm. Er war mit Blut, Dreck und Sand verschmiert, sein Gewand war braun von geronnenem Blut. In ihrer Ehe hatten sie einander nie wirklich in die Augen geschaut. Wenn er sie ansah, schlug sie den Blick nieder, wenn er mit ihr sprach, senkte sie den Kopf. Nur wenn sie ganz sicher war, dass er es nicht bemerkte, sah sie ihn an. Immer wachsam. Und niemals in die Augen.

Zehn Jahre jung war sie gewesen, als sie verheiratet wurde. Wasir war viel älter, dreißig oder sogar vierzig, sie wusste es nicht. Sie mussten mehrere Jahre .warten, um Kinder zu bekommen. Sechs Stück waren es geworden. Vier Söhne – Hassan, Yaqub, Raouf und Baschir – und zwei Töchter, deren Namen kein Fremder kannte. Nun waren sie vaterlos. Von nun an hatten sie nur noch sie.

Sie dachte an seine Stimme. Ihr Ehemann hatte jeden Morgen und jeden Abend laut den Koran rezitiert, oft stundenlang. Es war so schön gewesen. Sie hätte so gern gefragt, ob er ihr die Verse lehren könne, aber sie hatte sich nie getraut. Jetzt war es zu spät.

Am Abend zuvor hatte sie das Essen gekocht und ihn daheim empfangen. Es gab Reis und gebratenes Gemüse von ihrem kleinen Ackerstück. Es war Ramadan, und von Sonnenaufgang bis Sonnenuntergang durfte kein Bissen und kein Schluck den Gaumen passieren. Das Fasten sollte sie reinigen, die Gedanken klären und sie näher zu Gott führen.

Sie hatte ein Tuch auf dem Boden ausgebreitet und die Reisschüssel in die Mitte gestellt. Er hatte das Essen gesegnet, bevor die Familie mit der Mahlzeit begann. Sie klumpten den Reis mit den Fingern zusammen oder stippten ihn mit Fladenbrot und etwas Soße auf. Nach dem Essen ging Wasir zum Abendgebet in die Moschee.

Die Gemeinde, vor der er predigte, war klein. Die meisten Männer aus Mussahi, das aus wenigen Häusern am Ufer eines kleinen Flusses bestand, hatten sich den Mudschahedin angeschlossen. *Mudschahid* kommt von *Dschihad*, was »Heiliger Krieg« bedeutet.

Das Dorf war für den Widerstand wichtig geworden, weil es strategisch günstig nur dreißig Kilometer südlich von Kabuls Stadtgrenze lag. Im Osten erhoben sich die Berge, im Westen lagen Felder und dazwischen die Hauptstraße nach Kabul. Ein Stück weiter im Osten lag die Provinz Lugar, die man die »Pforte des Dschihad« nannte. Durch die karge Provinz verliefen wichtige Versorgungslinien, große Mengen Waffen wurden aus Pakistan eingeschmuggelt.

Fast alle Einwohner Mussahis waren auf irgendeine Weise miteinander verwandt oder verschwägert. Der Widerstand beruhte auf dem Netzwerk der Stämme und Clans, sie *waren* das Dorf.

Mullahs und Schriftgelehrte waren ein wichtiges Rad im Getriebe des Widerstands. Nur wenige Männer im kampffähigen Alter befanden sich noch daheim, die meisten Besucher der Moschee waren Jünglinge oder alte Männer. Trotzdem spielten sie eine wichtige Rolle im Kampf gegen die Sowjets. Mullah Wasir bekam von den Mudschahedin regelmäßig Listen, und dann schickte er Männer aus, um Proviant, Kleider und Ausrüstung zu besorgen. Hala kochte oft für die Krieger, wenn sie nachts zum Essen aus den Bergen kamen.

Die Dörfer waren die Lebensader des Widerstands, ohne ihre Unterstützung wären die Mudschahedin nicht zurechtgekommen.

Wenige Tage zuvor hatten die Krieger erfolgreich die nächste sowjetische Stellung angegriffen. Allah hatte ihnen beigestanden. Viele Ungläubige waren getötet worden, hatte Hala gehört.

Nachdem ihr Mann zur Moschee gegangen war, stillte Hala das Baby und brachte die anderen Kinder zu Bett. Wenn er nach Hause kam, wollte ihr Mann Tee trinken, deshalb stellte sie den Kessel aufs Feuer. Doch heute ließ er auf sich warten.

Es war Ramadan, ein heiliger Monat, vielleicht war er noch zum Beten in der Moschee geblieben. Das Gebet zur Fastenzeit gab einen besonderen Bonus zum Eintritt ins Paradies, vielleicht würde er die Nacht in der Moschee verbringen.

Sie konnte niemanden fragen, denn nachts durfte Hala das Haus nicht verlassen.

Plötzlich hörte sie Schüsse in der Nähe. Dann war es still. Sie kamen nicht aus der Richtung der Moschee, deshalb machte sie sich keine Sorgen und ging schlafen.

Am nächsten Morgen war er noch immer nicht daheim. Hala wollte draußen Schaftal pflücken, ein spinatähnliches Gemüse, das auf dem Feld vor der Hofmauer wuchs. Sie hatte Teig angesetzt und wollte für ihren Mann Bolani machen, wenn sie bei Sonnenuntergang das Fasten brachen. Dafür musste sie Zwiebeln und Schaftal hacken und kurz in Öl anbraten, dann den Teig in dünne Fladen ausrollen, die grüne Füllung darauf geben, sie mit einem zweiten Fladen bedecken und beide Seiten golden anbraten. Sie sollten frisch und warm serviert werden.

Im Morgengrauen ging Hala hinaus. Sie ließ die Burka hängen, weil es so früh war und sie auf dem Feld so unpraktisch war. Unterwegs erblickte sie eine Gruppe von Männern, verdeckte ihr Gesicht hastig mit dem Kopftuch und wendete es ab. Trotzdem bemerkte sie, dass die Männer sie anstarrten. Das war unerhört, so etwas taten sie nie. Männer sollten ihren Blick im Griff haben, und am allerwenigsten sollten sie ihn auf die Frau eines anderen richten.

Die Männer verstummten. War irgendetwas geschehen?

Sie pflückte rasch ein paar Büschel Schaftal und eilte zurück, ohne die Männer anzusehen.

Sie wussten, was Hala nicht wusste, doch keiner durfte es ihr sagen, denn sie gehörten nicht zur Familie.

Sie ging in die Küche, sah nach, ob genug Zwiebeln da waren, und spülte die Erde von den grünen Büscheln. Dabei lauschte sie, ob ihr Mann nach Hause kam.

Doch es kamen nur Wasirs Brüder.

Die Schergen des *Ochsen* hatten ihn aus der Moschee geholt.

Wasir war stets vorsichtig in seinen Predigten. Er packte seine Botschaft in Koranverse, denn es konnten immer Denunzianten anwesend sein. Auch die Verräter mussten aufpassen, denn die Dorfbewohner ahnten, wer sie waren. Man kannte die Familien und nahm an, dass sie mit Geld oder guten Stellungen bestochen wurden. Manchmal erschienen sie zum Freitagsgebet, einfach gekleidet wie die anderen, in zerschlissenen grauen, braunen oder dunkelblauen Gewändern mit weiten Hosen darunter. Man musste ihnen nur in die Augen sehen, meinte Wasir, um zu erkennen, dass sie eigentlich weg von Gottes Haus wollten, nach Kabul, in die Großstadt, wo die Straßen asphaltiert waren und es fließendes Wasser in den Häusern gab.

Ob ihn jemand denunziert hatte, wusste man nicht. Die Sicherheitskräfte hatten den Befehl, einige Männer herauszusuchen und

Rache für den Angriff vor wenigen Tagen zu üben. Sie nahmen den Mullah und alle, die nach dem Gebet in der Moschee geblieben waren, mit. Ein paar andere wurden aus ihren Häusern geholt. Einer hatte sich geweigert mitzukommen und war auf der Stelle erschossen worden – das waren die Schüsse, die Hala am Abend gehört hatte.

Mullah Wasir und die anderen Männer wurden hinaus in die Wüste gefahren.

Dort wurden sie in einer Reihe aufgestellt, erschossen und liegen gelassen. Die Vergeltung war vollbracht.

Wer als Märtyrer fiel, sollte nicht gewaschen werden. Er sollte vor Gott treten, wie er gestorben war. Einen Sarg gab es nicht, nur ein Laken, in das der Tote gehüllt wurde.

Hala stand stumm da und sah allem zu. Die Erde bebte weiter unter ihren Füßen. Risse bildeten sich, während Wasir dort lag.

Der Mann, vor dem sie sich gefürchtet und geschämt hatte, vor dem sie immer demütig gewesen war. Den sie in sechzehn Jahren Ehe nie gefragt hatte, ob er ihr beibringen könne, den Koran zu lesen. Sie hatte seine Stimme geliebt, die dunkel, ruhig und warm gewesen war.

So wie jetzt hatte sie ihn noch nie gesehen. Ganz offen, ganz friedlich. Sie schämte sich fast. Selbst im Tod hatte er diese Wirkung auf sie.

Sie nannten ihn den »Ochsen«. Der Mann, der den Sicherheitskräften solche Racheaktionen befahl. Präsident Nadschibullah, seit 1986 an der Macht, war in der Tat ein bulliger Mann, trainiert durch Ringen und Gewichtheben. Während seines Medizinstudiums in Kabul in den Siebzigerjahren trat er in die kommunistisch geprägte Demokratische Volkspartei Afghanistans ein. Die Partei spaltete sich in verschiedene Fraktionen auf, die einander in regelmäßigen Abständen hinrichteten. Nach der sowjetischen Invasion 1979 meldete sich der frisch ausgebildete Arzt bei den neuen Machthabern zum Dienst. Der »Ochse« trat in den afghanischen Geheimdienst KHAD ein und stieg dort rasch auf. Sein Talent, Menschen zu foltern und zu ermorden, wurde offenbar höher geschätzt als die Fähigkeit, Menschen zu heilen.

Ein Jahr nach der Invasion wurde er Chef des KHAD, der nach dem Vorbild des sowjetischen KGB brutal gegen jede Art von Widerstand vorging. Zehntausende Islamisten, Gotteskrieger, Kommunisten der falschen Fraktion, Unschuldige und Zufallsopfer verließen das berüchtigte Gefängnis Pul-e-Charki am Stadtrand Kabuls nur noch als Leiche. Der Gewichtheber folterte seine Opfer gern selbst. Seine Spezialität war es, sie zu treten, bis sie als blutiges Bündel sterbend am Boden lagen. Oder er ließ die Rekruten die Gefangenen als Zielscheiben benutzen. Die Folterknechte zogen ihren Opfern langsam die Fingernägel, Haare und Bärte heraus oder schnitten ihnen Körperteile ab, während sie Aussagen über Versorgungswege oder Verstecke aus ihnen herausquetschten.

Wasirs Tod war geradezu barmherzig. Ein paar Schüsse, dann war es vorbei, und eine neue Reise begann.

Zu den Pforten des Himmels. Dorthin war er nun unterwegs.

Märtyrer hatten eine Eintrittskarte für die *Dschanna*, das Paradies. Dort bekamen sie die besten Plätze, in der Nähe von Gottes Thron.

Das Leben war hart gewesen, aber nun würde Wasir seinen Lohn im Jenseits bekommen. Auf Erden hatte er eine Frau gehabt, im Paradies waren ihm zweiundsiebzig Jungfrauen versprochen. Märtyrer wie er wurden im Himmel gefeiert, so hatte er es selbst gepredigt.

Sechs Kinder schliefen in Wasirs Haus, als die Schüsse fielen. Das jüngste war drei Monate alt.

Sie hatten ihn Baschir genannt, »Der freudige Botschaft bringt«.

Sein Vater wurde noch am selben Tag beerdigt. Bis auf die Kleider und den Koran hatte er nichts Persönliches hinterlassen. Keine Bilder, keine privaten Gegenstände. Hala hatte nur die Kinder. Das Baby wurde ihr großer Trost. Sie ließ sich von dem kleinen Wesen wärmen, das ohne sie nicht auskommen konnte und gierig an ihren Brüsten saugte. Sie wollte das Kind nicht loslassen, denn sie wusste, es würde ihr letztes sein. Sie würde nie wieder heiraten. Lieber würde sie sterben, als ihre Kinder voneinander zu trennen, was bei einer erneuten Heirat geschehen konnte. Ihre Kinder sollten nicht die gleiche entwurzelte und einsame Kindheit erleben wie sie, nachdem ihr Vater gestorben war, als sie zwei Jahre alt war. Halas Mutter war bald darauf mit dem Onkel ihres verstorbenen Mannes verheiratet worden und hatte ihre Kinder weggeben müssen. Sie waren ihrem Halbbruder zugefallen, und dieser Halbonkel verheiratete Hala später im Tausch gegen eine zweite Frau für sich selbst. Zwölftausend Afghani hatte er draufzahlen müssen, denn das junge Mädchen, das er sich als Zweitfrau wünschte, galt als schöner und geschickter und war deshalb mehr wert als die vaterlose Zehnjährige.

Eine Witwe hatte ein gewisses Selbstbestimmungsrecht. Davon wollte sie Gebrauch machen.

Das Haus füllte sich mit weinenden Frauen. Wasirs Mutter, Schwestern, Cousinen und Tanten. Hala selbst vergoss keine einzige Träne. Ihr Mann hätte es nicht gemocht, dass sie weinte, denn wie konnte sie traurig sein, wo er endlich das Martyrium und damit einen Platz an Gottes Seite erlangt hatte.

Der Teig, den sie angesetzt hatte, war aufgegangen, die Bündel Schaftal lagen noch immer in der Küche. Jemand hackte Zwiebeln, streute etwas Salz darauf und briet sie an. Eine Nachbarin half ihr, die Fladen auszurollen, eine andere strich die Füllung darauf und faltete den Teig. Ein angenehmer Duft zog durch die Küche, als die Bolani auf dem Steinofen gebacken wurden.

Die Kinder waren hungrig. Sie bekamen die Portion des Vaters.

Das Leben ging weiter.

EIN GRELLES, WEISSES LICHT

Jamilas Vater spürte es an seiner Geldbörse. Der Krieg zerstörte Straßen, Brücken, Lager für Landmaschinen, Düngemittel und Futter. Im ganzen Land sanken die Einkünfte beträchtlich. Der Transport wurde immer schwieriger, der Handel stagnierte. Ibrahims Geschäft wurde dezimiert. Die zwei indischen Sekretäre, die den Schriftverkehr und die Buchführung für ihn erledigt hatten, verschwanden mit einem ganzen Batzen seines Vermögens.

Das afghanische Heer war ineffektiv, obwohl es vom Kreml finanziert wurde. Säuberungen, Hinrichtungen und Desertionen hatten das Offizierskorps schon vor der Invasion um die Hälfte reduziert. Im ersten Jahr der Besetzung schrumpfte das gesamte Heer auf ein Viertel seiner ehemaligen Größe. Ganze Einheiten meuterten und liefen zu den Mudschahedin über.

Damit begann die Zwangsrekrutierung. Zuerst kam die Einberufung, dann standen die Rekrutierer an der Tür.

Ibrahim und Bibi Sitara machten sich Sorgen um ihre Söhne. Bisher hatten sie es geschafft, den Militärdienst auf Abstand zu halten, aber immer mehr junge Männer wurden einberufen. Die Wehrpflicht begann mit neunzehn Jahren. Nach der Einberufung wurde die Flucht als Desertion bewertet und mit dem Tode bestraft. Nach fünf Jahren Okkupation war der Wehrdienst auf vier Jahre verlängert worden. Nach den Pflichtjahren bekamen die Rekruten Ausbildungsstipendien angeboten, doch das war für Jamilas Brüder keine Option.

Ibrahim steckte in der Klemme. Er musste sich zwischen seinen

Söhnen und dem Geld entscheiden. Wenn er die Söhne flüchten ließ, würde er schlecht dastehen. Ausnahmen gab es nur für hohe Parteifunktionäre, Studenten in Ländern des Ostblocks oder durch Bestechung.

Blutsbande wogen schwerer als Banknoten. Ibrahim ließ seinen ältesten Sohn unter dem Vorwand einer Geschäftsreise nach Pakistan fliehen. Er gab ihm genug Geld mit, um dort ein Haus zu kaufen, falls der Rest der Familie nachkommen musste.

Viele seiner Handelspartner hatten das Land verlassen, aber Ibrahim wollte lieber bei seinen Geschäften bleiben. Er hatte sich schon einmal angepasst, vielleicht konnte er sich auch an die Wirtschaft zu Kriegszeiten anpassen.

Doch bald traf es auch seine Familie. Als Erstes kam ein Cousin ins Gefängnis, dann ein Onkel, dann ein weiterer Onkel. Insgesamt sieben Verwandte waren von der Geheimpolizei abgeholt worden. Als er erfuhr, dass man sie hinrichten wollte, musste er etwas tun.

Ein paar ältere Frauen kamen zu Besuch, um Ibrahims Töchter für ihre Söhne, Neffen oder Enkel in Augenschein zu nehmen.

Wie Beutetiere, schnaubte Jamila. Gestriegelt und geschminkt. Die Tiere hatten keine Namen. Die älteste ihrer Schwestern wurde die rote Fee genannt, die zweitälteste die grüne Fee, weil sie einmal in entsprechenden Kleidern auf ein Hochzeitsfest gegangen waren.

Einer der Freier gehörte zur Elite der Kommunisten. Er war der Neffe des Chefs des Nachrichtendienstes. Eine bessere Partie gab es nicht.

Ibrahim benutzte die rote Fee als Einsatz, um seine Verwandten freizubekommen. Tatsächlich wurden sie nach der Verlobung freigelassen. Diese Ehe gab Ibrahim neuen Spielraum.

Jamila war von der Dekadenz der Hochzeitsfeier schockiert. Zwar feierten Frauen und Männer aus Respekt vor Ibrahims konservativer Einstellung getrennt, doch die Zehnjährige machte große Augen, als sie die glitzernden Kleider und tiefen Ausschnitte der weiblichen Gäste sah. Ohne Kopftuch, laut und ungeniert, tanzten die Frauen der Kommunisten auf der Feier. Ihre Sünden würden bestraft werden, da war Jamila sicher.

Die grüne Fee verheiratete der Vater mit einem Geschäftsmann, der gute Beziehungen zum Regime pflegte. Keiner der beiden Ehemänner kam aus Familien, die er respektierte, das wusste Jamila. Als tiefreligiöser Mann hasste Ibrahim die Kommunisten. Sie war enttäuscht. Die zwei Feen, die in ihrer Kindheit mit ihr wie mit einer Puppe gespielt hatten, wurden für höhere Zwecke geopfert.

Doch auch die neu geschlossenen Bündnisse konnten Ibrahim und seine Familie nicht auf ewig beschützen. Als sie neunzehn wurden, schickte er auch seine zweit- und drittältesten Söhne über die Grenze. Auch der vierte und schließlich der fünfte Sohn machten sich auf den Weg nach Pakistan. Ibrahim fürchtete, er würde bestraft werden. Er hatte Männer für weniger in Ungnade fallen sehen.

Der Boden wurde ihm zu heiß unter den Füßen. Nun mussten er, Bibi und Jamila ebenfalls flüchten.

Die Straße nach Pakistan war voller sowjetischer Sperren und deshalb ausgeschlossen. Die Söhne waren den Pfaden der Guerillas über den Chaiber-Pass gefolgt, doch das war für Jamila unmöglich.

Die Eltern beschlossen, sie in Begleitung eines Onkels unter dem Vorwand einer medizinischen Behandlung nach Pakistan zu schicken, und sobald alle Kinder in Sicherheit waren, wollten sie selbst nachkommen. Ibrahim bestellte einen Wagen mit Fahrer, setzte den Onkel auf den Vordersitz und drückte ihm ein ärztliches Attest in die Hand. Jamila kam auf den Rücksitz.

Das Auto verließ rasch Kabul. Sowjetische Ingenieure hatten eine solide Straße nach Dschalalabad gebaut. Eine niedrige Mauer begrenzte den an steilen Abgründen gelegenen Pass, der Chauffeur wich geschickt großen Steinen und Schlaglöchern in der Fahrbahn aus. Zum ersten Mal sah Jamila die Zerstörungen, von denen sie in Kabul verschont geblieben war.

Am Straßenrand standen ausgebrannte Panzerwagen. Militärfahrzeuge überholten sie. Ein entgegenkommender Kampfwagen gab ihnen Lichtsignale. Der Fahrer übersah dies, jedenfalls hielt er nicht an, sondern fuhr weiter auf den gepanzerten Wagen zu. Sie passierten einander. Jamila drehte sich um und sah, wie der schwere Wagen umdrehte. Aus seinem Turm ragte ein schweres Maschinengewehr. Es drehte sich langsam in ihre Richtung, bis der Lauf direkt auf sie zeigte. Jamila starrte in die Mündung.

Das Letzte, woran sie sich erinnerte, war ein Lichtblitz. Ein grelles, weißes Licht.

Sie wachte auf, weil ihr kalt war. Sie spürte, dass sie nass war, aber sie konnte nichts sehen. Es war dunkel. Sie rieb sich die Augen, die von einer zähen Masse verklebt waren.

Das Auto jagte in wilder Fahrt weiter. Jamila öffnete mühsam ein Auge. Die Heckscheibe war zerborsten, ein paar Splitter hielten noch zusammen und wackelten im Fahrtwind. Überall war Blut. Auf dem Sitz, auf ihr, auf der Lehne des Vordersitzes. Sie versuchte, etwas zu sagen.

Der Fahrer drehte sich um.

»Alhamdulillah, du lebst!«, rief er.

Ein Schmerz durchfuhr ihren Kopf. Sie hob die Hand ans Ohr, wo das Blut bereits gerann.

Sie hörte ein leises Gluckern auf dem Beifahrersitz.

»Baba!«, rief sie.

Doch es kam keine Antwort.

Die Kugel hatte die Heckscheibe durchschlagen und Jamilas Kopf am rechten Ohr gestreift. Dann war sie durch den Beifahrersitz gedrungen und hatte ihren Onkel in den Hinterkopf getroffen. Baba war auf der Stelle tot, das Gluckern kam aus seinem Leichnam.

Der Fahrer war unverletzt. Er hatte sich kurz umgedreht, seine zusammengesunkenen Passagiere gesehen und geglaubt, er fahre zwei Leichen.

Im nächsten Dorf wurde Jamilas Kopf verbunden. Die Leiche ihres

Onkels wurde von Verwandten abgeholt. Nach muslimischer Sitte sollte der Tote gewaschen und am selben Tag bestattet werden.

Ein weiteres Leben war durch sowjetische Kugeln ausgelöscht worden, aber sie dankten Gott, dass er das zweite Leben verschont hatte.

DIE BASIS

Als Jamilas Eltern ihre Tochter auf die Reise schickten, war ein Viertel der afghanischen Bevölkerung bereits geflohen. Mehrere Millionen hatten sich nach Westen in den Iran abgesetzt, noch mehr in den Osten oder Süden nach Pakistan. Der Krieg wütete seit acht Jahren. Fast eineinhalb Millionen Afghanen waren ums Leben gekommen, mehrere Millionen verkrüppelt.

Jamila und ihr Onkel wurden zu einem Teil der Statistik. Ein Toter, eine Verletzte.

Ibrahims Familie ließ sich in der schnell wachsenden Grenzstadt Peschawar nieder. Die Ebene rund um die Stadt war ein einziges großes Flüchtlingslager geworden. Dicht an dicht standen Hütten aus Lehm, Steinen, Plastik, Pappe und anderen Materialien. Immer mehr Menschen strömten in das sowieso schon überbevölkerte Land. Pakistan brauchte sie nicht, weder ihre Arbeitskraft noch ihre Gedanken. Sie waren überflüssig.

Das Sterben ging weiter. Die Menschen wurden auf offener Straße hingerichtet. Interne Konflikte wurden mit Bomben ausgetragen. Die Rivalität zwischen den verschiedenen Gruppierungen der Mudschahedin sowie zwischen den Islamisten und der kommunistischen Regierung kostete mehr afghanische Milizionäre das Leben als der eigentliche Krieg. Sie starben durch Meuchelmorde des KGB, des KHAD, des pakistanischen Geheimdiensts oder von der Hand des ewigen Feindes – der »Anderen«.

Gleichzeitig führte der illegale Strom von Geld und Waffen zu einem ökonomischen Aufschwung. Der Drogenhandel florierte. Edelsteine und gestohlene Schätze aus dem Nationalmuseum in Kabul wechselten die Besitzer.

Seit der Flucht nach Pakistan war Jamilas Vater gereizt und aufbrausend. Manchmal packten ihn plötzliche Wutausbrüche. Er hatte viel zurückgelassen in Kabul und fand sich in Peschawar nicht zurecht, dieser brodelnden Gerüchteküche, die zum Herz und Hirn des afghanischen Widerstands gegen die Sowjets geworden war.

Wenigstens blieben der Familie die tägliche Not und die kümmerlichen Verhältnisse der Lager erspart. Sie wohnten in einem Haus, das von Eukalyptusbäumen und Magnolien umgeben war, hinter hohen Mauern und direkt neben dem Hauptquartier von Professor Burhanuddin Rabbani, der nach einem missglückten islamistischen Staatsstreich schon vor der Invasion nach Pakistan geflohen war. Seine kampflustigen Männer dominierten das ganze Viertel, weshalb niemand seine Töchter dort herumlaufen ließ.

Ibrahim schüttelte den Kopf. Es kam gar nicht infrage, dass Jamila dort zur Schule ging.

Ihre Brüder unterstützten ihn. Dass Jamila auf einem Leben außerhalb des Hauses bestand, setzte den guten Namen der Familie aufs Spiel. Ihre Familie war vornehm, sie führte ein unauffälliges, würdevolles Leben und hielt sich aus der Politik und dem Krieg heraus. Keiner von Ibrahims Söhnen schloss sich dem Widerstand an, sie wollten lieber neue Geschäftsverbindungen knüpfen. Die älteren Brüder haderten mit ihrem Schicksal, verurteilten aber gleichzeitig das Familienmitglied, das sich weigerte, sein Schicksal zu akzeptieren: Jamila.

Die Flüchtlinge waren in mehreren Wellen gekommen. Zuerst kamen die Islamisten, die in den Siebzigerjahren in Kabul die Scharia studiert hatten. Nun waren sie die erste Zielgruppe der marxistischen Säuberungen. In den Flüchtlingslagern hatten sie die Deutungshoheit und bestimmten die Richtung des Widerstands. Dann folgten die Mullahs aus den Dörfern, nachdem die Kommunisten begonnen hatten, auch diese zu verhaften. Am Ende folgten Menschen, die einfach nur dem Krieg entkommen wollten.

Der Scharia-Professor von nebenan war der Kopf der größten Mudschahedin-Gruppe, der Dschamiat-i Islami. Die Partei war von Tadschiken dominiert, der zweitgrößten ethnischen Gruppe Afghanistans. Ungefähr die Hälfte der Bevölkerung waren Paschtunen, die Tadschiken machten ein knappes Drittel aus und lebten vor allem im Westen und Norden des Landes. Weitere Ethnien – jeweils rund ein Zehntel der Bevölkerung – waren die Usbeken und Hasara.

Mehrere von Rabbanis Studenten gründeten ihre eigenen Widerstandsgruppen. Mitte der Achtzigerjahre gab es fast zweihundert verschiedene Milizen in der Stadt. Viele betrieben Hilfsarbeit in den Flüchtlingslagern, um möglichst viel vom Strom der Spenden zu profitieren. Es herrschte Chaos. Die finanzielle Unterstützung der Rebellen kam größtenteils vom pakistanischen Geheimdienst, aus der Golfregion sowie von der CIA und ging an die sogenannten »Peschawar Seven«, die sieben größten Widerstandsgruppen. Saudi-Arabien trug mit einer halben Milliarde Dollar pro Jahr zum afghanischen Dschihad bei, womit es fast das Budget der USA übertraf. Die Zusammenarbeit mit dem pakistanischen Präsidenten, dem autoritären Islamisten Zia ul-Haq, führte dazu, dass streng sunnitische Dschihadisten mehr Geld als weniger dogmatische Widerstandsgruppen bekamen.

Nach Peschawar kam auch der ägyptische Arzt Aiman al-Sawahiri, nachdem er für die Mitwirkung an dem tödlichen Attentat auf Ägyptens Präsident Anwar el-Sadat im Gefängnis gesessen hatte. Der Chirurg operierte verwundete Dschihadisten und war Anführer der Terrororganisation al-Dschihad. Er war pleite und suchte neue Geldquellen.

Ein reicher Saudi namens Osama bin Laden griff ihm unter die Arme. Über seinen Vater, der in Mekka und Medina Moscheen repariert hatte und bei einem Flugzeugabsturz ums Leben gekommen war, als er sich eine weitere Teenager-Braut holen wollte, hatte bin

Laden direkten Kontakt zur saudischen Königsfamilie und den Ölmilliardären am Golf.

Er betrieb das sogenannte »Dienstleistungsbüro der arabischen Mudschahedin« (*Maktab-al-Chadamat*) in Peschawar, das Dschihadisten für Afghanistan rekrutierte und dafür jede Menge Öldollars von kuwaitischen Scheichs sowie Goldschmuck von wohlhabenden Frauen aus Dschidda bekam. Der saudische Kronprinz Abdullah stiftete Lastwagen, und Moscheen aus der Golfregion schickten kofferweise Bargeld.

Das »Dienstleistungsbüro« fungierte als Herberge für arabische Krieger und Redaktionssitz der Zeitschrift *al-Dschihad*. Bin Laden bewahrte das gesammelte Geld in dicken Safes auf. Keine andere Einzelperson brachte so viel Bargeld, so viele Waffen und so viele Kämpfer – die sogenannten »afghanischen Araber« – ins Land.

Osama bin Laden bezahlte den Freiwilligen Flug, Kost und Logis sowie dreihundert Dollar im Monat für jeden, der seine Familie mitbrachte. Obendrein gab es eine militärische Ausbildung, Indoktrination und freien Zugang zu bin Ladens theologischer Bibliothek.

Der CIA-Chef William Casey überzeugte den amerikanischen Kongress, dass die Rebellen die neuesten Ein-Mann-Boden-Luft-Raketen brauchten, um Flugzeuge und Helikopter abzuschießen. Die CIA rüstete die Mudschahedin mit Stinger-Raketen aus, und amerikanisches Personal schulte sie im Gebrauch der Waffen. Nun konnten sie es mit der überwältigenden Lufthoheit der Sowjets aufnehmen – ein entscheidender Faktor für den Wendepunkt des Krieges.

Casey befürwortete es, radikale Muslime aus der ganzen Welt anzuwerben, um die afghanischen Mudschahedin zu unterstützen. Präsident Ronald Reagan nannte sie »Freedom Fighters«. Ende 1987 lud er eine Gruppe Mudschahedin ins Weiße Haus ein und schwärmte von deren Klugheit. In seiner Rede an die Guerillas, die in traditionellen Gewändern im Roosevelt-Zimmer saßen, lobte Reagan die neuen Waffen und die kluge Taktik der Dschihadisten. »Ihr seid eine Nation von Helden. Gott segne euch«, schloss er ab.

Osama bin Laden hielt sich zunächst auf der pakistanischen Seite der Grenze. Er hatte seiner Mutter versprochen, nicht persönlich an Kämpfen teilzunehmen. Erst im Ramadan des fünften Kriegsjahres machte er sich selbst ein Bild von der Lage. Waffen, Infrastruktur, Schützengräben, alles ließ zu wünschen übrig. Bin Laden bat den Allmächtigen um Vergebung. »Es war eine Sünde, der Front fernzubleiben«, sagte er. »Ich hätte nicht auf die anderen hören sollen.« Gott würde ihm nur vergeben, wenn er zum Märtyrer wurde, dachte er, während die Flugzeuge dicht am Boden über ihm flogen und ihre tödliche Fracht abfeuerten. Er glaubte sich gesegnet, als die Raketen »wie schwarze Steine« um ihn herum liegen blieben, ohne zu detonieren. Er fühle sich Gott näher als je zuvor, sagte er zu seinen Gefolgsleuten.

Osama bin Laden und der Palästinenser Abdallah Azzam, Chefideologe des islamischen Dschihad in den Achtzigerjahren, hatten eine Idee zu verkaufen: das Märtyrertum. Sie verbreiteten es über Bücher, Pamphlete und Kassetten, die in Moscheen und Buchhandlungen verteilt wurden. Azzams Zeitschrift *al-Dschihad* war das i-Tüpfelchen auf dem Todeskult. Von ihm stammt die Forderung, es sei die Pflicht jedes gläubigen Muslims – *fard al-ayn* –, in den heiligen Krieg zu ziehen, wenn ein muslimisches Land angegriffen werde. Im Namen des Islam wurden junge Männer aus aller Welt rekrutiert, um den gerechten Kampf gegen die gottlose Besatzungsmacht anzutreten. Wenn die Gelehrten einen Krieg als *fard* definiert hatten, musste man nicht mehr seine Eltern oder den Imam fragen, sondern durfte einfach losziehen. Den Sündigen winkte ein ehrenhafter Tod, den Untätigen ein höherer Zweck. Ein armer Mann würde im Himmel eine juwelenbesetzte Krone tragen, Fleisch, Obst und Wein in Massen genießen, und nicht zuletzt würden ihm die sagenumwobenen Jungfrauen zur Verfügung stehen – keusch wie Perlen in einer Muschel.

Gemeinsam mit dem palästinensischen Ideologen gründete bin Laden die Terrororganisation al-Qaida, was »die Basis« bedeutet. Kurz darauf, im November 1989, wurden Azzam und seine beiden Söhne auf dem Weg zum Freitagsgebet in Peschawar von einer Autobombe getötet. Wer für das Attentat verantwortlich war, wurde nie geklärt – es gab zu viele Feinde.

Die Basis jedoch sollte weltweit bekannt werden.

KURZES SPIEL

Baschirs früheste Kindheitserinnerung war ein kleines Trauma, über das er später lachen sollte: Seine Mutter knöpfte ihr Kleid zu und sagte: »Jetzt bist du groß.«

Von da an gab es keine Milch mehr aus ihrer Brust.

An jenem Tag war Baschir drei Jahre alt. Im Jahr darauf wurde er verlobt.

Seine Cousine Yasamin war gerade ein Jahr alt geworden. Die Verlobung war Halas Werk. Sie wollte ihre Freiheiten als Witwe ausnutzen und ihre Söhne rechtzeitig auf eine gute Bahn leiten. Yasamins Vater, mit dem sie die Verlobung ausgehandelt hatte, war der Bruder ihres verstorbenen Mannes. Hala suchte Ehefrauen für alle ihre Söhne aus, als sie noch klein waren. So konnte sie die potenziellen Bräute aufwachsen sehen und nötigenfalls zurechtweisen. Es ging um Tugend und um Ehre. Darin war sie eine Meisterin.

Wenn man sie fragte, ob sie nicht wieder heiraten wolle, antwortete sie, dass sie lieber Erde essen würde, als einen neuen Mann zu suchen. Und sie meinte es ernst. Vieles hatte sich geändert, seit sie Witwe geworden war. Sie traf ihre eigenen Entscheidungen und erzog die Kinder allein, alles im Rahmen des *paschtunwali*, des traditionellen Rechts- und Ehrenkodex der Paschtunen, der grundlegende Normen wie Gastfreundschaft, Vergeltung, Ehre, Mut und Loyalität regelte.

Hala war streng zu ihren Kindern, was ebenfalls dem Kodex entsprach. Es gab mehr Prügel als Umarmungen. Sie hatte große Angst, dass ihre Söhne vom Weg abkommen und ihr Schande bringen könnten, zum Beispiel, indem sie Opium rauchten. Dann würden die Leute sagen: »Da gehen die vier vaterlosen Söhne.«

Allerdings konnten die Kinder viele in ihrem Umkreis *baba* nennen. Sie wuchsen in der Nachbarschaft von Wasirs Brüdern auf, in jedem Nachbarhaus lebte ein Onkel.

Baschir vermisste nie einen Vater – wie sollte er etwas vermissen, das er nie gekannt hatte?

Was Hala anging, gab es weiterhin nur einen Mann, den sie fürchtete. Jedes Mal, wenn der Name ihres verstorbenen Ehemanns genannt wurde, senkte sie den Blick und verbarg ihr Gesicht.

Jahr für Jahr starben mehr Menschen, und die meisten Opfer waren Zivilisten. Das Moskauer Politbüro schmerzte der Prestigeverlust mehr als der Verlust von Menschenleben. Die Invasion war ein Fiasko. Die Sowjetunion steckte in ihrem armen Nachbarland in der Klemme.

Hätte das Politbüro die Kriegsgeschichte vorher besser studiert. Kyros der Große, Dareios I., Alexander der Große – viele Heerführer hatten im Lauf der Jahrtausende versucht, die Afghanen zu erobern, alle trafen auf heftigen Widerstand. Alexander der Große besiegte sie schließlich mithilfe politischer Spaltung, Folter und Hinrichtungen, aber der Preis war hoch. Der Legende zufolge soll der Makedonier an einem Tag genauso viele Krieger verloren haben wie in den vier Jahren, die er brauchte, um die Länder vom Mittelmeer bis Persien zu erobern. Nach dem Tod des Eroberers bekämpften seine Nachfolger sich gegenseitig. Aus dem Schutz ihrer Berge heraus schlugen die Afghanen zurück – was die Sowjets über 2000 Jahre später ebenfalls erfahren sollten.

Erst im dreizehnten Jahrhundert schaffte es ein Eroberer, sich im Land festzubeißen. Dschingis Khan und seine mongolischen Horden hatten schon mehrere Zivilisationen zwischen China und dem Kaspischen Meer verheert. Seine Truppen schlachteten Tausende Afghanen in Kabul, Kandahar und Dschalalabad ab. Nach einem Aufstand in der heutigen Provinz Helmand ließ er alle Männer köpfen, und die Frauen wurden versklavt. Dschingis Khans Erben blieben dreihundert Jahre lang an der Macht, bis auch die Mongolen sich geschlagen geben mussten.

Die Okkupanten waren nie wirkliche Herrscher über die Afghanen geworden. »Wir erdulden innere Konflikte, wir erdulden Angriffe, wir erdulden Blutvergießen«, lautete ein Sprichwort, »aber niemals einen Herrscher.«

Hätte das Politbüro die Karten besser studiert. Schon die Ortsnamen zeugen von Gewalt. Hindukusch bedeutet »Hindu-Mörder«. Das Gebirge ist selbst im Sommer eine Kraftprobe für jeden Eindringling, und im Winter sind alle Pässe unpassierbar. Die schroffe Berglandschaft bietet ideale Bedingungen für Hinterhalte. Nur im Norden und Südwesten Afghanistans gibt es Hochebenen, wo ebenfalls harte Verhältnisse herrschen, was Ortsnamen wie *Dascht-e Margo*, die »Todeswüste«, veranschaulichen.

Hätte das Politbüro sich mehr um die eigenen Leute gekümmert. Die sowjetischen Soldaten waren schlecht ausgerüstet und nur selten im Gebrauch schwerer Waffen ausgebildet. Schon im ersten Monat der Invasion wurden tausend von ihnen getötet. Die betroffenen Familien standen unter Beobachtung, wenn ihr Junge in einem Sarg nach Hause kam. Öffentliche Trauer um ein Kind, das dem Vaterland geopfert worden war, galt als schädlich für das Kollektiv. Die Eltern riskierten Disziplinarstrafen oder wurden psychiatrischer Behandlung unterzogen.

Es gab keine öffentliche Statistik, keine bekannten Register. Die jungen Männer kehrten einfach nicht mehr heim. Oder sie taten es in zugeschweißten Zinksärgen. Die Eltern durften nicht sehen, was der Krieg aus ihren Kindern gemacht hatte, oder ob es überhaupt ihr Kind war, das in dem Sarg lag. Nach größeren Verlusten wurden sterbliche Überreste, Köpfe, Arme und andere Körperteile willkürlich in die Särge verteilt, bis sie schwer genug für eine Leiche waren.

Auf dem Grabstein durften nur Geburts- und Todesdatum stehen, niemals die Worte Krieg oder Afghanistan.

1986, im Jahr vor Mullah Wasirs Tod, nannte Michail Gorbatschow den Krieg eine »blutende Wunde«. Das waren neue Töne aus der Regierung der Supermacht. Gorbatschows Politik der *Glasnost* (»Offenheit«) und *Perestroika* (»Umbau«) stellte die Weichen für einen Rückzug und Frieden. Doch wie sollte der neue Generalsekretär dies ohne Gesichtsverlust bewerkstelligen? Das Marionettenregime in Kabul würde wahrscheinlich fallen und die strategischen Interessen der Sowjetunion geschwächt werden. Schlimmstenfalls würde ein Rückzug in den muslimischen Sowjetrepubliken zu einem verstärkten Nationalbewusstsein und zu Aufständen führen.

Die Sowjets hatten noch immer eine enorme Schlagkraft, bestehend aus mehreren Hunderttausend Soldaten, Spezialkräften und Schwadronen von Kampffliegern. Darüber hinaus gab es private Söldner sowie die eigenen Einsatzkräfte des KGB. Das sowjetische Heer verfügte über eine große Anzahl von Panzern und schweren Fahrzeugen, doch sie steckten in den engen Tälern fest und waren deshalb verwundbar. Die sowjetischen Soldaten nannten die Guerillas *dukhi*, Gespenster, weil sie plötzlich auftauchten und wieder verschwanden. Eine Taktik der Mudschahedin bestand darin, ganze Gebiete bei einem Angriff zu verlassen, um den Sowjets vorzugaukeln, sie hätten eine Schlacht gewonnen. Dann kamen die *dukhi* in der Nacht zurück, manchmal Wochen später, wenn die Alarmbereitschaft der Besatzer nachgelassen hatte.

Die Wunde blutete weiter – frisches, junges Blut.

Irgendwann wurde es für die Sowjets teurer zu bleiben, als sich zurückzuziehen. Es gab keine Aussicht auf einen militärischen Sieg.

Gorbatschow rief Präsident Nadschibullah in den Kreml. Die Afghanen sollten lernen, sich selbst zu regieren und eine Politik der nationalen Versöhnung zu führen. Moskau versprach massive Unterstützung, sowohl ökonomisch als auch technisch und militärisch. Ein

Jahr nach Wasirs Tod, im April 1988, wurde das Genfer Afghanistan-Abkommen unterzeichnet.

Im Februar 1989 verließ der letzte sowjetische Soldat das Land. Das Moskauer Politbüro unterstützte Nadschibullah weiterhin, bis die Sowjetunion sich 1991 in fünfzehn selbstständige Republiken auflöste. Mit einem Mal versiegte der Rubelstrom. Der Präsident wurde zum Rücktritt gezwungen und in Kabul unter Hausarrest gestellt.

Auch Afghanistan spaltete sich auf, allerdings nicht in verschiedene Länder, sondern in die Machtgebiete etlicher Warlords, die einander bekämpften, verrieten und bestachen, die Bündnisse schlossen und ebenso schnell wieder brachen. Die Mudschahedin hatten keinen gemeinsamen Feind mehr. Die vier größten Fraktionen der Islamisten kämpften verbissen und mit immer schwereren Waffen um die Macht in Kabul. 1992 war der Bürgerkrieg Tatsache.

Grob gesagt, hielten vier mächtige Kommandeure die vier Himmelsrichtungen des Landes. So wurde das umstrittene Kabul von allen Seiten kurz und klein gebombt. Eines Tages stürzte auch das Dach von Baschirs Haus ein, als eine Rakete den ersten Stock traf.

Das Spiel der Kinder spiegelte die Wirklichkeit. In den Achtzigerjahren fingen sie noch Russen, in den Neunzigern waren sie Islamisten verschiedener Ausrichtung. Baschirs älterer Bruder Hassan wollte immer der Hizb-i Islami angehören, der Partei Gulbuddin Hekmatyars, der Verwandte in Mussahi hatte. Andere spielten Krieger des »Löwen von Pandschir«, Ahmad Schah Massoud, oder des Bin-Laden-Anhängers Abdul Rasul Sayyaf. Wer weniger Glück hatte, musste den brutalen Abdul Raschid Dostum repräsentieren. Er war Usbeke, und die gab es in Mussahi nicht.

Die Jungen schossen mit Steinschleudern und spielten Nahkampf mit Stöcken. Als einer der Kleinsten wurde Baschir meist herumkommandiert, obwohl er lieber erfolgreiche Angriffe aus dem Hinterhalt befohlen hätte.

Die Gewaltspirale schien kein Ende zu nehmen, es herrschte Anar-

chie. Die Mudschahedin nutzten die Lage aus. Sie entführten, verge-
waltigten und massakrierten sowohl Jungen als auch Mädchen. Die
Sieger stahlen Häuser und Äcker von den Besiegten und gaben sie
an ihre eigenen Leute weiter. Alles Öffentliche war niemandes und
jedermanns Eigentum. Telefonmasten wurden umgesägt, um an das
Kupfer der Leitungen zu kommen, Marktstände wurden geplündert
und Diebesgut an Schrotthändler verschachert. Viele, die bis dahin
ausgeharrt hatten, flüchteten nun aus dem Land.

Als das schwedische Afghanistan-Komitee eine Schule in Mussahi errichten ließ, schickte Hala ihre Söhne dorthin. Zuerst die drei ältesten, Hassan, Yaqub und Raouf, dann das Nesthäkchen. Sie machte
nie einen Hehl daraus, dass Baschir ihr Liebling war. Der Kleinste
hatte einen klügeren Kopf als seine Brüder, fand sie, er hatte früh
sprechen gelernt, drückte sich gut aus und dachte immer im größeren
Rahmen.

Inzwischen gab es zwei Schulen im Dorf. Auf der schwedischen
Schule wurden Naturwissenschaften und Persisch unterrichtet, auf
der Koranschule (*madrasa*) gab es Gebete, Koranrezitation und arabische Grammatik. Nach und nach nahm Hala alle ihre Söhne aus der
schwedischen Schule heraus und schickte sie auf die Koranschule. Sie
sollten den ganzen Tag in der Moschee verbringen, damit sie Mullahs
wie ihr Vater werden konnten. Die zwei Töchter durften überhaupt
keine Schule besuchen, sie brauchten kein Wissen aus Büchern, um
ihre Bestimmung zu erfüllen. Bildung war für Ehefrauen nicht gefragt, ja sogar unerwünscht. Eine Schule konnte die Autorität der
Eltern herausfordern, und man wusste nie, was die Kinder von ihren
Klassenkameraden lernten. Außerdem waren die Gesichter der Mädchen im Klassenzimmer nicht verschleiert.

Hala hielt die Zügel straff. Mit neun Jahren durften ihre Töchter
nicht mehr vor der Haustür spielen. Wenn sie draußen etwas zu tun
hatten, mussten sie sich von Kopf bis Fuß bedecken, alles ohne Umschweife erledigen und sofort wieder nach Hause kommen. Nach

wenigen Jahren Kindheit war für sie Schluss mit Spiel und anderem Zeitvertreib.

Die Jungen waren freier.

Wenn sie nicht in der Schule oder der Moschee waren, spielten sie manchmal Cricket in der Ebene vor dem Dorf. Ihr Ball war aus fest zusammengerolltem Stoff, die Schläger hatten sie aus Ästen geschnitzt.

Meist jedoch spielten sie Krieg. In Baschirs erstem Schuljahr tauchte eine neue Gruppe von Kriegern in ihrem Spiel auf. Die Erwachsenen redeten erwartungsvoll von ihnen, der Imam lobte sie in seinen Predigten, und die Mullahs in der Koranschule hielten sie als Beispiel hoch. Sie waren die Wächter der Moral. Sie waren Gottes Schüler. Sie waren Allahs Soldaten. Sie nannten sich Taliban.

Talib bedeutet auf Arabisch Schüler. Kein beliebiger, sondern der Schüler einer *madrasa*, der den Islam studiert. Diese Gruppe von Schülern wollte die Gesellschaft mit dem Koran in der Hand bereinigen. Sie hatten ihre Ziele deutlich erklärt: Frieden schaffen. Die Bevölkerung entwaffnen. Die Scharia einführen. Die Taliban waren in Koranschulen aufgewachsen. Dort hatten sie von den Idealen erfahren, für die der Prophet Mohammed im fünften Jahrhundert gekämpft hatte. Seine Vorstellungen wollten sie heute umsetzen.

Alles begann mit einem einäugigen Mullah auf einem Motorrad. Das Auge hatte er durch einen Granatsplitter bei einem sowjetischen Angriff verloren. Wange und Stirn waren von derselben Explosion entstellt. Bevor er das Auge verlor, war der Mullah vom Land als tüchtiger Scharfschütze bekannt gewesen. Als der Bürgerkrieg tobte, hatte er eine Vision. Der Prophet Mohammed stand vor ihm und befahl ihm, Frieden im Land zu schaffen.

Mullah Omar lieh sich ein Motorrad und klapperte Koranschulen ab, um Anhänger zu finden. Nur wenige ließen sich locken, aber irgendwann hatte er um die fünfzig Mann zusammen. Diese ersten fünfzig, darunter viele Mullahs vom Land, richteten ein paar Kommandeure hin, von denen einer einen Harem aus jungen Burschen hatte. Ein anderer Kommandeur gab ihm zwei Jeeps und einen Lastwagen, wodurch er mehrere Hundert weitere Anhänger rekrutieren konnte. Ihre erste Eroberung war der Distrikt Maiwand bei Kandahar, wo der Anführer der lokalen Miliz zu Omar überlief. Mit einem Schlag hatte der Mullah mehrere Tausend Krieger, etliche Kampffahrzeuge, ein großes Waffenlager, ein paar Hubschrauber und ein Kampfflugzeug.

Ein Jahr später, 1995, hatten die Taliban 25 000 Mann unter Waffen. Sie bildeten äußerst mobile Einheiten, auf Pick-ups mit darauf montierten Maschinengewehren, leichten Geschützen, Flugabwehrkanonen, Raketenwerfern und Lastwagen voller Kämpfer. Der pakistanische Geheimdienst konzentrierte seine Unterstützung fortan auf die Taliban, weil die vielen Splittergruppen der Mudschahedin Chaos geschaffen hatten.

Viele Legenden rankten sich um das rasch vorrückende Heer Gottes. Allah beschützte sie, Kugeln konnten sie nicht töten, sie waren unverwundbar. Viele Kommandeure ergaben sich kampflos.

Die Bewegung hatte ihren Ursprung in Kandahar im Süden des Landes, doch sie kämpfte sich rasch nach Norden. Kaum jemand glaubte, sie würden die Hauptstadt einnehmen, doch im September 1996 fiel Dschalalabad, und der Weg nach Kabul war frei. Zwei Tage später griffen sie die Hauptstadt von Süden, Osten und Norden an. Der Blitzangriff zwang den über Kabul herrschenden Ahmad Schah Massoud zum Rückzug ins Pandschir-Tal. Nur eine kleine Gruppe seiner Leute blieb zurück, um Waffendepots und Munitionslager zu sprengen, damit sie den Taliban nicht in die Hände fielen.

Der »Ochse« saß im UN-Gebäude in Kabul unter Hausarrest. Er bat das Hauptquartier in Islamabad, seine Bewachung zu verstärken. In dem Gebäude befanden sich nur drei Wächter. Nadschibullah selbst hielt sich dort mit seinem Bruder, einem Sekretär und einem Leibwächter auf.

Der frühere Geheimdienstchef hatte den Ernst der Lage unterschätzt. Massoud hatte ihm angeboten, mit ihm nach Norden zu flüchten, doch der Paschtune wollte nicht mit dem Tadschiken gehen. Er glaubte, er könne mit den Taliban verhandeln, die seiner eigenen Volksgruppe angehörten.

An einem Vormittag Ende September, als man am Stadtrand Schüsse hörte, flüchteten auch die drei Wächter. Nadschibullahs Meldungen wurden immer verzweifelter, aber es war zu spät. Eine Spezialeinheit aus sechs Taliban nahm das UN-Gebäude ein. Sie verprügelten Nadschibullah und seinen Bruder und fuhren sie in den ausgebombten Präsidentenpalast, wo der Ex-Präsident einst residiert hatte. Dort kastrierten sie ihn, fesselten ihn auf einem Jeep und drehten ein paar Runden um den Palast, bevor sie ihn erschossen. Sein Bruder erfuhr dieselbe Behandlung. Danach hängten sie die Leichen an Laternenpfählen auf. Sie steckten ihnen Zigaretten zwischen die Finger und Banknoten in ihre Taschen, als Zeichen ihrer Dekadenz und zur Abschreckung der Bewohner Kabuls.

Binnen eines Tages führten die Taliban das strengste islamische Gesellschaftssystem der Welt ein. Sie hissten ihre weiße Flagge und nannten das Land ein Emirat. Das neue Regime in Kabul bestand aus Mullahs vom Land sowie Schriftgelehrten, aber auch aus früheren Mitgliedern der »Peschawar Seven«. Keiner von ihnen hatte Regierungserfahrung, keiner kam aus Kabul, viele waren nie vorher dort gewesen. Das war auch nicht notwendig, denn die Stadt, die Kabul einmal gewesen war, wollten sie ohnehin ausradieren. Sie wollten die Gesellschaft zu den Idealen zurückführen, die ihr Prophet vor 1500 Jahren, weit entfernt in der arabischen Wüste, gepredigt hatte.

Jetzt wollten alle Jungen in Mussahi Taliban sein. Baschir war gerade neun geworden. Er wollte nicht mehr nur spielen, dass er ein Taliban sei, sondern wie sie werden.

Eine erste Demonstration ihrer Macht hatte er erlebt, als er mit seiner Mutter in einem Bus saß, um Verwandte zu besuchen. Ein paar Taliban hatten den Bus angehalten und kontrolliert. Alle weiblichen

Passagiere trugen eine Burka, doch die Studenten mit Turban fanden trotzdem etwas, das ihnen nicht gefiel.

»Nimm das weg!«, befahlen sie dem Busfahrer und zeigten auf das Bild einer indischen Schauspielerin, das am Fenster hing. Sie hatten weder gedroht noch geschlagen, doch der Fahrer hängte das Bild sofort ab. Hala drückte Baschirs Hand in stillem Triumph.

Von da an verbrachte er mehrere Stunden täglich in der Moschee und las. Er wollte den Koran auswendig lernen. Er wollte den Anweisungen des Propheten folgen. Er wollte so fromm wie die Männer in dem Bus werden. Er wollte ein *Talib* werden.

SELBST LESEN

»Sie sind Engel!«

Einer von Jamilas Onkeln war die Familie in Peschawar besuchen gekommen. Die religiösen Studenten hatten bereits im vergangenen Winter die Provinz Gasni erobert, in der er lebte, und nachdem sie nun auch Kabul eingenommen hatten, war die Landstraße endlich sicher. Die Taliban hatten die zahlreichen Banden vertrieben, die jeweils einzelne Wegabschnitte kontrollierten, und Reisende, die sich weigerten, einen Teil ihrer Habseligkeiten abzugeben, bedroht, ausgeraubt und zusammengeschlagen hatten.

Endlich konnte er zu Besuch kommen. Der Onkel sprach in den höchsten Tönen von den neuen Herrschern.

»Gott hat sie geschickt, um die korrupten Mudschahedin loszuwerden. Die Taliban sind übermenschlich. Sie kommen vom Himmel, sie sind Engel!«

Jamilas Familie lauschte gefesselt den Geschichten über das neue Phänomen in der Heimat. Das Wichtigste sei, so der Onkel, dass Friede eingekehrt war und die Taliban nach dem wahren Islam herrschen wollten. Sie schienen hehre Absichten zu haben, darin war sich die Familie einig. Vielleicht konnten sie endlich zurückkehren. Mehrere von Ibrahims Geschäftsgebäuden in Kabul waren während des Bürgerkriegs zerstört worden. Er erwog, nach Hause zu fahren und die Familie in Peschawar zu lassen. Wie er sich nach seiner Stadt sehnte!

Jamila versuchte, sich ein Bild davon zu machen, wer diese Engel waren. Vielleicht verhießen sie Gutes. Wenn sie nach dem wahren Islam herrschten, wäre es ja positiv.

Mit der Zeit hörte Jamila die Berichte von den Burkas. Von den Mädchenschulen, die geschlossen wurden. Von Studentinnen, die nach Hause geschickt wurden. Von Auspeitschungen und Steinigungen. Von Frauen, die nicht länger einer Arbeit außer Hauses nachgehen, die nicht ohne männliche Begleitung das Haus verlassen konnten. Sie durften keine Schuhe tragen, die Geräusche machten!

Sie hatte hart gegen ihre Brüder gekämpft, sich gegenüber ihrem Vater durchgesetzt, sollte sie jetzt in ihrem Heimatland die Chance auf den mühsam erstrittenen Schulbesuch verlieren?

Nein, das klang nicht nach Gottes Engeln.

Die Jugendjahre waren die Zeit, da ein Mädchen aufs Heiraten vorbereitet werden sollte. Da dies für Jamila nicht galt, konnte sie von anderen Dingen träumen: von der Highschool.

Sie reckte abermals einen Finger in die Höhe. »Ein Jahr. Bitte. Nur ein Jahr!«

»Wenn du mir diesen Finger noch einmal zeigst, schneide ich ihn dir ab!«, drohte ihr Vater.

Jamila bettelte weiter. Der Vater drohte weiter.

Die wenigsten Afghanen in Peschawar konnten ihre Kinder auf pakistanische Schulen schicken, sie hatten weder das Geld für Uniformen noch für Bücher, stattdessen gingen ihre Söhne auf Schulen in den Lagern, wo der Lehrer nur ein Buch – den Koran – und ein Stück Kreide benötigte. Jamila aber wollte ohnehin nicht auf eine Koranschule.

»Nur ein Jahr!«

Schließlich gab der Vater nach. Jamila eignete sich zu Hause ein passables Englisch an und bestand die Aufnahmeprüfung.

Die nächste Herausforderung bestand darin, zur nicht allzu weit entfernt gelegenen Schule zu gelangen. Die Soldaten in der Nachbarstraße errichteten noch immer Straßensperren. Sie verhöhnten sie regelmäßig, wenn sie hinkend des Weges kam.

»Wo willst du hin?«

»In die Schule.«

»Wozu?«

Die wenigsten der Soldaten hatten selbst eine Schule besucht.

»Um zu lernen. Um dem afghanischen Volk zu helfen«, antwortete sie stets.

»Du? Sieh dich doch an! Nein, geh du mal lieber nach Hause zu deiner Mutter!«

Jedes Mal dieselbe Schikane. Jedes Mal ließen sie sie durch.

Das Jahr verging. Sie saugte das Wissen in sich auf, las bis zum Schlafengehen und war bei der Zeugnisvergabe unter den Klassenbesten. Die Brüder schimpften, sie bringe Schande über die Familie. Jemand hatte sie mit den Soldaten diskutieren sehen. Dem Vater reichte es. Sie würden sich nicht zum Gespött der Leute machen. Schluss mit dem Schulbesuch.

Das Geschäft der Brüder kam allmählich ins Laufen, und sie waren viel unterwegs. Der Vater arbeitete den Großteil der Zeit. Der jüngste Bruder, der jähzornigste von ihnen, hatte die Wachen der Familie angewiesen, dass Jamila das Haus nicht verlassen dürfe. »Wenn sie es doch tut, bringen wir euch um«, drohte er. Die Wachen versprachen, das Tor geschlossen zu halten.

Jamila hing in ihrem Zimmer schwermütigen Gedanken nach. Die Tage krochen dahin. Hier drinnen verpasste sie das Leben. Die Schule, Hausaufgaben und Lektüre waren das Einzige, was sie glücklich machte, ihrem Leben einen Sinn verlieh.

Sie bekam Hilfe von unerwarteter Hand. Vom Eigentum der Brüder: den Schwägerinnen. Keine von ihnen war je zur Schule gegangen, hatte lesen oder schreiben gelernt, und jetzt wurde Jamilas Kampf der ihre. Sie wollten, dass sie die Welt sah und erlebte, die ihnen selbst versperrt war.

Die Schwägerinnen hatten sich noch nie ihren Ehemännern widersetzt. Der Plan musste im Verborgenen ausgeführt werden. Sie mussten klug vorgehen, wollten sie die Wachen dazu bringen, gegen den Befehl der Brüder zu handeln.

»Ich verspreche, dass ich vor meinen Brüdern nach Hause komme«, flehte Jamila. »Sie werden nichts merken.«

Zum Schluss bestach Jamila die Angestellten mit Geld, das sie bekommen hatte, um Schmuck zu kaufen.

Alle Frauen, sogar ihre Mutter, taten, als habe Jamila tatsächlich mit der Schule aufgehört. Wenn die Brüder nach ihr fragten, deckten die Schwägerinnen sie. Sie sagten, sie schlafe, sie fühle sich nicht wohl, sie sei gerade in der Küche, sie sitze im Frauengemach. Damit Jamila nicht anklopfen musste, sorgten sie dafür, dass sie zum Zeitpunkt, wenn sie üblicherweise nach Hause kam, im Hinterhof waren, direkt am Tor.

Die Schwägerinnen putzten Bohnen für sie, schnitten Gemüse, zerstießen Kräuter; Aufgaben, die Jamila angeblich ausgeführt hatte. Im Gegenzug half sie, soviel sie konnte, bei der Betreuung der Neffen und Nichten, las ihnen vor, sang für sie und erzählte Geschichten.

Jeden Tag in Freiheit lebte sie in der Furcht, es könnte der letzte sein. Jeden Moment drohte sie aufzufliegen und eingesperrt zu werden. Obwohl die Brüder nichts ahnten, fühlte sie sich überwacht. Der strengste Bruder hatte ein weißes Auto. An manchen Tagen sahen alle Autos weiß aus.

Das aus dem Turm des Panzers ragende Maschinengewehr drehte sich langsam in ihre Richtung. Wieder und wieder blickte sie in den Lauf. Sie spürte den Schmerz, als die Kugel ihren Kopf streifte und das Ohr aufriss. Der Schock saß tief. Oft riss sie der weiße Lichtblitz nachts aus dem Schlaf. Hörte sie den Schuss. Die Szene hatte sich ihr eingebrannt. Das geronnene Blut am Hals ihres Onkels. Ihr rotes, durchweichtes Kleid. Die Erfahrung war in ihrer Netzhaut, in ihren Nerven gespeichert. Körperliche Erinnerungen ließen sich nicht unterdrücken.

Etliche Male war sie davon aufgewacht, dass sie in Blut badete, das sich dann bloß als Schweiß herausstellte. Ein einziges Mal war auf sie gezielt und geschossen worden. Was war mit all denen, die Angriff um Angriff überlebt hatten, wie so viele Kinder auf dem Land – wie schliefen sie in der Nacht?

Was sie erlebt hatte, war schließlich nichts dagegen.

Das Versteckspiel dauerte zwei Jahre. Der Vater und die Brüder kamen ihr nicht auf die Schliche, ehe sie die Highschool beendet hatte.

Als Jamilas Geheimnis ans Licht kam, hatte sie soeben die Aufnahmeprüfung am Jinnah College für junge Frauen absolviert und war angenommen worden.

»Du bringst Schande über uns!«

Die Brüder waren außer sich vor Wut.

»Wissen die Leute davon? Haben sie dich gesehen?«

Die Schwägerinnen mussten bestraft werden. Welch ein Verrat! Es war peinlich für die Brüder, dass sie ihre eigenen Frauen nicht unter Kontrolle hatten, dass die Leute den Krüppel der Familie allein draußen hatten herumlaufen sehen, ohne dass die männlichen Oberhäupter des Hauses Bescheid wussten. Wie sollten sie Jamila bestrafen? Wie sollten sie ihr Ansehen zurückgewinnen?

Sie schrien und brüllten. Nur Haschim, der dritte Bruder, schwieg.

Als alle sich beruhigt hatten und die letzte Faust auf den Tisch geknallt war, liefen Jamila die Tränen übers Gesicht. »Was soll denn aus mir werden, wenn ich keine Ausbildung bekomme? Ich kann nicht waschen, nicht schwer tragen, nicht kochen. Soll ich nutzlos zu Hause sitzen, wollt ihr das wirklich? Was für ein Leben soll das sein?«

Die Brüder gerieten abermals außer sich, weitere Flüche und Beschimpfungen wurden ausgestoßen. Seinen Eltern zu widersprechen, verstieß gegen den Islam. Der Koran predigte Gehorsam. Frauen hatten daheimzubleiben, verborgen vor den Blicken fremder Männer. Wie konnte sie sich in dieser gesetzlosen Stadt überhaupt auf die Straße wagen?

Haschim beschwichtigte die anderen.

»Es reicht«, sagte er. »Du wirst nicht bestraft. Wir vergessen die Sache. Aber du hast genug Bildung bekommen. Von jetzt an bleibst du zu Hause.«

Sie einigten sich darauf, dass Jamila die Jüngsten der Kinder in den häuslichen vier Wänden unterrichten sollte. Auf diese Weise könne sie sich nützlich machen, wenn ihr das so wichtig sei. Jamila war einverstanden. Während die Brüder arbeiten waren, brachte sie nicht nur den Kleinen, sondern auch den Schwägerinnen das Lesen und Schreiben bei.

Viele Dinge bereiteten ihr Kopfzerbrechen. Etwa die Verweise der Brüder auf den Koran, wenn es darum ging, was sie durfte oder nicht. »So steht es im Koran«, sagten sie immer.

Sie selbst kümmerte es nicht groß, was der Koran über ihr Alltagsleben zu sagen hatte. Sie wollte Französisch lernen. Das konnte wichtig für ihre Traumkarriere sein. Sie wollte bei der UNO arbeiten oder vielleicht in einer großen Hilfsorganisation. Dafür waren gute Englisch- und Französischkenntnisse vonnöten. Sie wollte Internationale Beziehungen studieren, vielleicht könnte sie Diplomatin werden oder Friedensunterhändlerin?

Aber der Koran stand ihr im Weg. So vieles blieb ihr durch ihn verwehrt.

In den Koranstunden hatte sie immer die meisten Fragen gestellt. Es war nicht so, dass sie einem Punkt widersprach. Den Islam anzuzweifeln war *haram* – Sünde. Man sollte befolgen, was der Imam in der Moschee predigte, was die Gelehrten sagten. Doch Jamila hatte das nagende Gefühl, dass irgendetwas ganz und gar nicht stimmte.

Wenn man gute Taten vollbrachte, würde man im Jenseits belohnt werden. Wenn man dem Dschihad folgte – mit dem Schwert, dem Stift, dem Kopf oder den Händen –, also den Heiligen Krieg für Gott kämpfte, würden Männer im Paradies in »gute Gesellschaft« kommen, so lernten sie. Jamila hatte eine Lehrerin gehabt, die sie sehr mochte und befragen konnte.

»Was für eine Gesellschaft?«, wollte sie wissen.

Nun ja, sie würden die Tage und Nächte mit zweiundsiebzig Jungfrauen verbringen. Diese hätten schöne, dunkle Augen und wären einzig dazu da, den Mann aus Dankbarkeit für sein Opfer zufriedenzustellen.

Nachdem Jamila diese Antwort mehrfach gehört hatte, wagte sie die Frage: »Und was ist mit den Frauen, was bekommen die?«

»Sie bekommen ihren Ehemann zurück«, antwortete die Lehrerin.

Aber was, wenn sie mit ihrem Mann nicht glücklich waren?, wunderte sich Jamila. Was, wenn sie von ihm misshandelt worden waren? Was, wenn der Tod ewigen Frieden und endlich Freiheit verhieß, und dann bekamen sie denselben Ehemann zurück? Nicht mal rein praktisch war das möglich, denn die Männer waren ja bei den siebenundsiebzig Jungfrauen. Wie hatte Gott sich das gedacht? Nein, das ergab keinen Sinn.

»Ach Jamila, du hast so viele Fragen, wir müssen suchen, nach Weisheit streben«, erwiderte die Lehrerin. Aber Jamila hatte das Gefühl, dass sie bloß den Fragen auswich.

Später, als man sie hieß, zu Hause zu sitzen, versuchte sie, Bücher zu finden, aus denen sie lernen konnte, aber sie stieß nur immer wieder auf dieselben Erklärungen.

Als sich der Unterricht mit den Jüngsten nach einer Weile eingespielt hatte, erhielt sie die Erlaubnis, an einigen Nachmittagen im Monat Stunden bei einem älteren Gelehrten zu nehmen. Das wurde akzeptiert, da das Thema der Islam war.

»Du bist so ein schwieriges Kind!«, rief der Lehrer aus, als sie ein weiteres Mal Fragen bezüglich der Korandeutungen stellte. Aber sie mochte seinen Unterricht, er brachte sie dem, was sie herausfinden wollte, näher. Manchmal versuchte sie, ihn allein zu erwischen, damit die anderen in der Klasse ihre Fragen nicht hörten. Da er ein älterer Mann war, brauchte sie keine Angst zu haben, allein zu ihm nach vorn zu gehen.

Schließlich seufzte er: »Lern Arabisch! Lies den Koran selbst! Die Hälfte des Inhalts und der Großteil der Schönheit verschwinden in den Übersetzungen. Lies selbst!«

Man musste das Original lesen. Und das Original war eines Nachts während des Fastenmonats Ramadan offenbart worden, als ein vierzigjähriger Mann namens Mohammed zu einer Höhle in den Bergen bei Mekka gegangen war, wohin er sich zum Beten zurückzuziehen pflegte. Auf einmal stand der Erzengel Gabriel vor ihm. Er hielt ein Seidentuch in die Höhe und befahl: »Lies!«

»Ich kann nicht lesen«, stotterte Mohammed.

»Lies!«, beharrte der Engel. Dreimal forderte er Mohammed auf zu lesen, ehe Gabriel es ihm vorlesen musste und ihn hieß, das Gehörte zu wiederholen.

Dann verschwand der Engel. Mohammed ging umgehend nach Hause zu seiner Frau.

»Was ist dir widerfahren, Mohammed?«, fragte Chadidscha. Nachdem sie seine Erklärung gehört hatte, ging sie sich bei einem Mönch erkundigen. Sie kam mit einer hoffnungsvollen Botschaft von dem Gelehrten zurück.

»Sieh es als etwas Gutes, Lieber. Ich glaube, du bist der Prophet unserer Zeit.«

Dies war der Ausgangspunkt für den Koran, der Nacht um Nacht durch den Erzengel offenbart werden sollte. Der Koran war die Stimme Gottes, und Gott sprach Arabisch. So war das einfach.

Jamila musste einen Lehrer finden, doch das war kompliziert, da sie das Haus nicht verlassen durfte. Der alte Koranlehrer wohnte im weit entfernten Lahore und kam nur selten nach Peschawar.

Sie nahm ihren Mut zusammen. Ein Finger reichte nicht mehr aus, sie musste beide Hände recken.

»Papa, nur Arabisch, es ist nur Arabisch!«

Ihr Vater konnte ihr nicht verwehren, Gottes Sprache zu lernen. Natürlich nicht.

Wie sich zeigte, hatte eine Freundin aus ihrem ehemaligen Französischkurs vor Kurzem mit Arabisch-Unterricht begonnen.

»Komm mit! Der Lehrer ist toll.«

Gemeinsam gingen sie zur Arbab-Straße, wo in heruntergekommenen Räumlichkeiten Sprachkurse abgehalten wurden. Die meisten jungen Leute wollten Englisch und Informatik lernen, nur wenige hatten sich für Arabisch gemeldet. Arabisch wurde üblicherweise woanders unterrichtet, in Moscheen und Koranschulen.

Die Klasse bestand aus acht Schülerinnen. Die anderen Mädchen waren anders als Jamila und ihre Freundin, die beide auf säkulare Schulen gegangen waren und von der Universität träumten. Diese Mädchen hatten eine Madrasa besucht und waren von der ersten Klasse an einem islamischen Schulsystem untergeordnet gewesen. Jamila war beeindruckt von ihren Kenntnissen, davon, was sie rezitieren konnten und was sie über *Sunna* und *Hadithe* wussten, die Lebensweise und die Lehrsätze des Propheten.

Die arabische Grammatik war äußerst komplex. Fast wie Mathematik. Es gab Flexion, Regeln und Ausnahmen. Jedes arabische Wort hatte eine bedeutungstragende Wurzel, und ausgehend von dieser Wurzel ließen sich neue Wörter bilden. Es war so schön. Jamila liebte diese Stunden.

Besonders interessierte sie sich für die Flexion nach Genus und Numerus. Denn durch die Grammatik zeigte sich: Wenn der Koran – also Gottes Stimme, also Gott – etwas sagte, dann galt dies für alle. Nicht nur für Männer oder nur für Frauen. Wenn geschrieben stand: »Lies!«, dann waren alle gemeint. Wenn er befahl: »Schreib!«, dann waren alle gemeint. Männer *und* Frauen.

Das war eine Offenbarung für sie.

In den ihr vorliegenden persischen Übersetzungen schien die Botschaft nur an Männer gerichtet. Wenn sie lasen, war das Geschriebene für sie bestimmt. Las sie den Koran jedoch auf Arabisch, hatte sie das Gefühl, dass er sich ebenso an sie wandte. In keinem einzigen der wichtigen Kapitel konnte sie erkennen, dass etwas nur für Männer oder nur für Frauen galt. Zwar gab es manchmal unterschiedliche Empfehlungen, aber nicht für die grundlegenden Dinge. Die meisten Verse machten keinerlei Unterschied zwischen den Geschlechtern.

Auch die Strafen, die Gott verhängte, waren für Männer und Frauen gleich. Wenn Frauen weniger taugten und weniger wert waren, wie man ihr von klein auf erzählt hatte, warum sollte Gott dann dieselben Strafen verhängen? Wenn Frauen schwächer waren, intellektuell wie physisch, müssten im gegebenen Fall doch auch die Strafen milder ausfallen? Aber nein, dem war nicht so!

Es war einfach so, dass die Übersetzungen von Männern stammten, die Deutungen waren von Männern geschrieben. Auf diese Weise waren alle getäuscht worden. Jamila wurde klar, dass es viel zu wenige weibliche Gelehrte gab.

Sie wurde nicht müde, darauf zu beharren. Zu Hause. In der Klasse. Unter Freundinnen. Im Gespräch mit dem Lehrer.

Sie war zufrieden mit dem Lehrer. Kakar war ein attraktiver Mann mit tiefen, ein wenig traurigen Augen. Er hatte ein sanftes, angenehmes und zurückhaltendes Wesen, wie er dort vor den acht Mädchen über Flexionen und Verbstämme dozierte. Er war offen. Er strebte nach Wissen. Und er mochte Herausforderungen. Das rebellische Mädchen hatte es ihm angetan.

Jamila war auf dem Kriegspfad.

Sobald sie etwas Neues herausfand, wollte sie es auf der Stelle mit dem Lehrer diskutieren, der ihr seine Auffassung darlegte und sie aufforderte, weiterzusuchen. Ihre neu gewonnenen Erkenntnisse hielt sie ihren Brüdern vor.

»Was ihr sagt, stimmt nicht! Ihr habt es missverstanden!«

»Schwachsinn«, antworteten sie.

Sie stritt mit allen.

»Religiöse Themen darf man nicht infrage stellen«, wiesen ihre Brüder sie zurecht. »Du hast dich den Worten deiner Vorväter zu unterwerfen.«

»Nein, das stimmt nicht, das ist nicht gerecht. Seht doch nur hier!«
Auch bei größeren Familienzusammenkünften mit Onkeln, Cousins und Cousinen hielt sie mit ihrer Auslegung des Korans nicht hinter dem Berg. Es endete stets im Konflikt.

»Stell dir vor, morgen ist der Jüngste Tag«, sagte sie zu einer ihrer Schwägerinnen, »und Gott fragt dich: ›Ich habe dir das Leben geschenkt, wie hast du es genutzt?‹ Was würdest du antworten?«

Jamila antwortete selbst, indem sie die Stimme der Schwägerin nachahmte.

»Ich habe meinem Mann die Kleider gewaschen, ich habe die Küche geputzt, meinen Kindern die Windeln gewechselt«, äffte sie. »Glaub mir, Gott wäre nicht sehr erfreut über diese Antwort! ›Ich habe dir das Universum gegeben‹, würde er sagen, ›Luft, Wasser, eine ganze Welt, um darin zu leben. Was hast du mit deiner Zeit getan?‹ Wenn du antwortest: ›Ich habe meinen Mann, meinen Schwager und meinen Großvater bedient, ich habe gutes Essen gekocht‹, wird Gott lachen! Er wird der Meinung sein, dass du dich selbst nicht genug wertschätzt, dass du wegwirfst, was er dir geschenkt hat. Wir haben eine große Verantwortung für die Menschheit, das unterscheidet uns von anderen Wesen: unser Intellekt. Dein Lebensziel kann doch nicht nur darin bestehen, für einen Mann zu waschen, zu kochen und zu backen!«

Im selben Umfang, wie Jamilas Wissen über den Islam zunahm, wuchs auch der Hunger, es zu teilen.

Am Jüngsten Tag werde Gott jedem fünf Fragen stellen, fuhr sie fort. »Und dann müsst ihr antworten!«, redete sie ihren Schwägerinnen eindringlich zu. »Er wird euch nach eurem Leben fragen, wie ihr es genutzt habt, wie ihr die Kraft eurer Jugend genutzt habt, euer Talent, die Energie, die er euch gegeben hat. Und die Reichtümer, die er euch gegeben hat, wie habt ihr die verwendet? Und dann wird er fragen: ›Wie hast du dein Wissen verwendet?‹ Und zum Schluss: ›Welchen Beitrag hast du für die Gemeinschaft geleistet, was ist das Wichtigste, das du anderen gegeben hast?‹«

Jamila war Idealistin und revolutionäre Moralistin.

»Dieses Leben ist ein Geschenk, das wir von Gott erhalten haben«, erklärte sie. »Wir dürfen es nicht vergeuden. Die Jugend, die beste Zeit, ist jetzt. Manche Leute verschwenden sie mit Gesang und Tanz, mit Drogen oder Klatsch. Aber ich frage euch: Wie können wir diese beste Zeit unseres Lebens bestmöglich nutzen?«

Als Jamila den Koran endlich auf Arabisch lesen konnte, strahlte ihr die Schönheit des Textes entgegen. Sie fühlte sich erleuchtet, ja, leuchtend. Einige Verse waren so wundervoll, dass ihr Tränen in die Augen stiegen.

Indem sie mehr über den Propheten las, begriff sie, dass der Karawanenführer, der im siebten Jahrhundert in der Wüste gelebt hatte, progressiver gewesen war als die männlichen Mitglieder ihrer Familie gegen Ende der 1990er-Jahre. Sie hatte gelernt, dass die Frau das Eigentum des Mannes war. Dass er jede ihrer Handlungen genehmigen musste, jedes noch so kurze Verlassen des Hauses, mit wem und in welcher Kleidung. Wenn er nicht wollte, dass sie arbeitete, dann tat sie es nicht. Wenn er verbot, dass sie ihre Familie besuchte, dann blieb sie zu Hause. Jetzt verstand Jamila: Diese Vorschriften gründeten in der Kultur, nicht in der Religion.

Sie begann, die Polio-Erkrankung und das kurze Bein als Segen zu empfinden. Dank dessen hatte der Vater sie zur Schule gehen lassen, hatte sie lesen gelernt, hatte sie weiter studieren können, sodass sich ihr eine völlig neue Welt eröffnete. Sie liebte die durch ihre Behinderung gewonnene Freiheit, den Umstand, dass der Vater ihr Glück niemals zugunsten einer guten Verbindung würde opfern können. Ihr blieben sowohl ein Ehemann als auch aller mit einer Heirat einhergehender Kummer erspart.

Erst hatte sie sich als Revolutionärin bezeichnet. Jetzt hatte sie herausgefunden, dass sie auch Feministin war.

Sie war eine islamische Feministin. In ihren Augen hatte der Koran eine befreiende Kraft. Er war ein Werkzeug für die Freiheit der Frau.

Und dieses Werkzeug würde sie benutzen. Die Geschichten von den Frauen des Propheten bargen ein enormes Potenzial. Chadidscha war eine erfolgreiche Geschäftsfrau gewesen, die ihrer Arbeit auch nach der Heirat weiterhin nachging. Als sie und Mohammed sich trafen, war sie vierzig und Witwe, Mohammed ein Fünfundzwanzigjähriger ohne feste Arbeit. Sie stellte ihn als Karawanenführer ein und bot ihm nach einer Weile die Ehe an. Sie wurde seine engste Beraterin und er ihr engster Berater, und als der Erzengel ihm sagte, er sei der Gesandte Gottes, war sie die Erste, die ihm zuhörte und ihm glaubte. Die meisten Bewohner von Mekka kehrten ihm den Rücken oder verhöhnten ihn; sie lachten darüber, dass Gott angeblich durch diesen Trottel sprach. Chadidscha war es, die für ihn sorgte, wenn er in der Höhle saß und Offenbarungen empfing. Mithilfe ihres mächtigen Netzwerks brachte sie weitere dazu, ihm zu folgen.

Jamilas Auffassung nach war der Koran revolutionär für seine Zeit und vielen anderen Religionen voraus. Männer und Frauen waren gleich vor Allah. Der Koran gab Frauen die Möglichkeit, finanziell unabhängig zu werden. Nichts am Islam hinderte Frauen daran, Bildung zu erlangen! Das war das Wichtigste. Und damit argumentierte sie.

Der Islam wurde falsch ausgelegt – mit Absicht und zum Vorteil der Männer, die ihn deuteten. Die die Macht hatten, ihn zu deuten. Gott wollte Gleichberechtigung, aber menschliche Schwäche arbeitete ihm entgegen. Davon war sie überzeugt.

Ihr Vater, der eiserne, strenge Sohn des Gerbers, konnte seiner belesenen Tochter nichts entgegensetzen. Sie hatte das letzte Wort.

VERSUCHE

Ibrahim kam Mitte der 1920er zur Welt, sein genaues Geburtsjahr kannte er nicht. Zu jener Zeit wurde Afghanistan von einem Königspaar regiert, das versuchte, das Land aus der Vergangenheit zu befreien. Prinz Amanullah hatte den Thron übernommen, nachdem sein Vater in Dschalalabad in seinem Jagdzelt erschossen worden war. Ermordet zu werden, war das übliche Ende für einen afghanischen Herrscher, doch wer sich während jenes folgenschweren Jagdausflugs in das Zelt des Königs geschlichen und diesen getötet hatte, kam nie ans Licht. Ein Bruder, ein Cousin? Die Briten? Die Bolschewiken?

Sein aufgeweckter Sohn bestieg ungeachtet dessen den Thron, nachdem er einen Onkel und zwei ältere Brüder ausgestochen hatte. Ein Bruder konnte Verbündeter, aber auch ärgster Widersacher sein. Einen Verwandten zu töten, stellte den schnellsten Weg zur Macht dar. Auf Paschtu bedeutet das Wort für Cousin väterlicherseits dasselbe wie Rivale oder Feind.

Noch zu Lebzeiten des Vaters hatte Amanullah die vierzehnjährige Soraya kennengelernt, Tochter einer prominenten Intellektuellenfamilie, die aus dem Exil zurückgekehrt war. Soraya hatte die besten Schulen in Damaskus besucht. Sie war gebildet und modern. Schon bei der ersten Audienz ihrer Familie im Schloss verliebte sich der junge Prinz in sie – und sie sich in ihn. Es war eine seltene Liebesheirat in einer Kultur der strategischen Eheschließungen.

Als Amanullah 1919 die Herrschaft antrat, sandte er als erste Amtshandlung eine Nachricht an Lenin, in der er den Wunsch nach friedlichen Beziehungen zum Ausdruck brachte. Anschließend betonte er gegenüber dem Stellvertreter der britischen Königin in Indien, dass Afghanistan gern bereit sei, Handelsverbindungen einzugehen, allerdings als freier und selbstständiger Staat. Amanullah war impulsiv, ungeduldig und ehrgeizig. Er proklamierte die Unabhängigkeit und zog gegen Großbritannien in den Krieg – den dritten Krieg zwischen den beiden Ländern innerhalb von hundert Jahren. Einige Monate später wurde Afghanistan ein selbstständiges und souveränes Land.

Amanullah erließ die erste Verfassung des Landes, was in der Praxis bedeutete, dass ein säkulares Strafgesetz anstelle der Scharia trat. Die Gerichte sollten unabhängig sein, die Gesetze von einer Loja Dschirga verabschiedet werden. *Loja* bedeutet »groß« auf Paschtunisch, *dschirga* »Rat« oder »Treffen«. Dieses System wurde im achtzehnten Jahrhundert von den Kabuler Herrschern eingeführt, um die eigene Macht zu legitimieren. Wenn wichtige Angelegenheiten diskutiert oder Gesetze verabschiedet werden sollten, wurde eine Versammlung von Stammesfürsten, Schriftgelehrten und militärischen Führern einberufen. Der König selbst regierte oftmals per Dekret, ohne auf jemanden zu hören.

Soraya trat als erste afghanische Königin in der Öffentlichkeit auf. Bis zu diesem Zeitpunkt hatte sich die Frau eines Königs niemals dem Volk gezeigt. Soraya jagte, sie ritt, und nach einer Weile nahm sie an Regierungssitzungen teil und wurde praktisch zur Mitregentin.

»Ich bin euer König, aber die Bildungsministerin ist meine Frau – eure Königin«, sprach Amanullah zu der Versammlung aus Stammesführern und Gelehrten. 1921, zwei Jahre nachdem das Paar den Thron bestiegen hatte, eröffnete Soraya die erste Mädchenschule des Landes. Im selben Jahr etablierte sie eine Frauenzeitschrift und eine Frauenorganisation. Außerdem gründete sie eine Unterkunft für weibliche Opfer häuslicher Gewalt – das erste Frauenhaus der Region.

Die Regenten forderten Frauen auf, es Soraya gleichzutun und den Schleier abzulegen. Im Zuge des vom türkischen Kemal Atatürk inspirierten Reformprogramms verkündete Amanullah das Ende der *purdah*, der Segregation von Männern und Frauen. Er löste den Harem seines Vaters auf, gab den Sklavenmädchen die Freiheit und kündigte den kurzhaarigen, als Männer verkleideten weiblichen Wachen.

1926, am siebten Jahrestag der Unabhängigkeit von den Briten, hielt Soraya als erste afghanische Königin eine Rede an die Bevölkerung.

»Glaubt ihr, unsere Nation braucht nur Männer in ihrem Dienst?«, fragte sie. »Frauen sollten teilhaben, so wie sie es in den Anfangsjahren des Islam getan haben!« Die Unabhängigkeit gehöre ihnen allen. Nur durch Bildung – ein allgemeines Recht – könne das Land vorankommen, und Frauen müssten sich »so viel Wissen wie möglich« aneignen.

Es schwelte.

Es glühte.

Die Clanführer pusteten.

Die Mullahs betätigten den Blasebalg.

Soraya legte in aller Seelenruhe weitere Holzscheite aufs Feuer.

Gegen Ende des neunten Jahres ihrer Regierungszeit unternahm das Königspaar eine *Grand Tour* durch Europa und den Nahen Osten, um Investoren und neue Ideen zu gewinnen. Kein Kabuler Herrscher war je zuvor weiter als nach Indien gereist, doch Amanullah und Soraya ließen sich von muslimischen Ländern wie der Türkei, dem Iran und Ägypten inspirieren, wo säkulare Ideen und Reformen diskutiert wurden.

Das junge, exotische Paar wurde bei Empfängen, Fabrikbesuchen und Kraftwerksbesichtigungen mit Applaus begrüßt. Königin Soraya hielt eine Rede vor den Studenten in Oxford, sie strahlte in der Berliner Oper. Sie ließ sich ohne Schleier ablichten, in Kleidern, die Schultern und Arme unbedeckt ließen. Das Königspaar war begeistert von dem, was es auf seinem Weg von Paris über Moskau bis Teheran sah, und sorgte sich, wie rückständig Afghanistan im Vergleich dazu war. Sie mussten die Modernisierung vorantreiben!

Nach achtmonatiger Reise war es an der Zeit, die Ideen zu verwirklichen. Amanullah entschied, von Teheran über den Landweg in seinem neuen Rolls-Royce nach Hause zu fahren. Betroffen von dem, was sie unterwegs in ihrem eigenen Land sahen, kamen die Regenten zu dem Schluss, dass es mit Reformen nicht getan war – sie brauchten eine vollkommen neue Gesellschaft.

Kurz nach ihrer Rückkehr verlangte der König, dass die tausend Repräsentanten der Loja Dschirga zur nächsten Versammlung in Anzug und Krawatte, mit schwarzen Schuhen und sauber geschnittenem Haar und Bart erscheinen sollten. Vor dieser bunt zusammengesetzten Versammlung verkündete er eine noch liberalere Verfassung als die bereits verabschiedete. Darüber hinaus führte er etliche neue Vorschriften ein, etwa das Verbot von Vielehen für Staatsbedienstete sowie eine Heraufsetzung des Heiratsalters von Frauen auf achtzehn Jahre. Fehden durften nicht länger durch den Austausch von Frauen beigelegt werden, und in einzelnen Teilen der Hauptstadt wurde das Tragen westlicher Kleidung verpflichtend.

Der Staat bewirkte einschneidende Veränderungen für die Gesellschaft: Steuerwesen, Wehrpflicht und radikale Änderungen des Familienlebens. In den Machtbastionen, die stetig an Privilegien verloren, schwelte es, bis sich die Unzufriedenheit schließlich entzündete. Als die religiösen Führer entschieden, dass die Ideen des Königs dem Islam zuwiderliefen, kam es zu Aufständen. Die Widerständler hatten reichlich Zeit zur Konspiration gehabt, während die Regenten auf Reisen waren. Gerüchte wurden in Umlauf gebracht, König Amanullah und seine Frau hätten sich vom Islam abgewandt und seien in Europa zu Katholiken geworden, außerdem habe ihnen der Verzehr von Schweinefleisch und großen Mengen Alkohols den Verstand geraubt.

Die Aufstände griffen um sich. Sie bereiteten den Boden für Habibullah Kalakani, einen Deserteur vom Heeresdienst mit dem Beinamen *Batcha-e Saqao* – Sohn des Wasserträgers –, der sich zum Bandenführer aufgeschwungen hatte. Im Stile eines afghanischen Robin

Hoods versprach er den Armen Essen und Einfluss und kämpfte sich Stück für Stück bis nach Kabul vor. Amanullahs Versuche, die Unterstützung der Clans gegen den Emporkömmling zu gewinnen, scheiterten. Nach zehn Jahren an der Macht, im Januar 1929, flüchtete das Königspaar im Rolls-Royce aus Kabul.

Bacha-e Saqao und dessen Kavallerie auf den Fersen, blieb Amanullah auf dem Weg nach Kandahar mit dem Wagen in einer Schneewehe stecken. Der König dankte ab und rettete mit Mühe und Not sein Leben, während er den Thron seinem Halbbruder überließ, der drei Tage lang regierte, ehe Bacha-e Saqao ihn tötete. Mithilfe von Terror und Plünderungen blieb der Deserteur neun Monate lang an der Macht, bis er von derselben Elite gestürzt wurde, die ihn an die Macht gebracht hatte. Aus diesen Wirren tauchte Nadir Schah auf, einer von Amanullahs Generälen, der gemeinsam mit seinen Brüdern und mithilfe der Briten die Macht ergriff.

Bacha-e Saqao wurde gehenkt, während das revolutionäre Königspaar Asyl in Italien erhielt.

Sorayas Ideen waren nicht einmal innerhalb der Stadtgrenzen von Kabul auf fruchtbaren Boden gefallen.

Während all dieser Zeit saß Ibrahim in Gasni und reinigte Tierhäute. Der kleine Junge schabte Fett, Blut und Sehnen ab. Er entfernte Haare, er schnitt, kratzte, zog und säuberte die Häute mit Salz und Wasser. Seine Hände wurden rau und wund, der Rücken schmerzte. Mit ihm auf dem Boden saßen seine Eltern. Die Familie hatte nur ein Zimmer. Dort schliefen sie, dort aßen sie, dort gerbten sie.

Geschwister waren zur Welt gekommen, und Geschwister waren gestorben. Nur ein älterer Bruder hatte die außerhalb der Paläste herrschende Not überlebt. Während die letzten Regenten das intellektuelle Leben in den Kabuler Salons hatten aufblühen lassen, blieben die Lebensbedingungen der Armen unverändert.

Ibrahim kam Anfang der Dreißigerjahre ins Schulalter. Doch für ihn war das Alphabet bloß irgendwelche Zeichen, denn in den Armenvierteln von Gasni gab es keine Schulen. Die Stadt lag auf der Route, die seit Tausenden von Jahren die Hauptverkehrsader zwischen Kabul und Kandahar sowie westwärts bis Herat und den Iran bildete, doch hier kamen nur Waren an, die neuen Ideen erreichten die Stadt nie.

Mit der Modernisierung war es ohnehin vorbei, die Salons wurden geschlossen, die Frauenrechtsorganisationen aufgelöst, dasselbe galt für Sorayas Frauenhaus. Zeitungen und Zeitschriften wurden erneut der Zensur unterworfen. Die Burkas kamen wieder. Der neue Regent gab den Clans und den religiösen Führern die Macht zurück. Die Revolution war beendet.

Unterdessen starben Ibrahims Geschwister. Manche wurden ein Jahr alt, andere zwei Monate. Dann wurden sie beerdigt. Ibrahim hasste die Arbeit, die er von seinem Vater übernommen hatte, das frische Blut, die steif werdenden Sehnen, das ranzige Fett. Ihm wurde übel vom Verwesungsgeruch, von sauer werdender Haut, und ihm war die Rinde zuwider, mit der er die Häute säuberte, die Mineralien, die er verwendete, um sie zu härten, das Fett, mit denen er sie einschmierte, damit sie weich wurden.

Er sah, wie das Aufstehen den Eltern immer größere Mühe bereitete, gebeugt, wie sie waren von der Arbeit im Schneidersitz auf dem Boden. Ibrahim wollte weg vom Boden. Als er alt genug war, bat er seine Eltern um Erlaubnis, mit dem Gerben aufzuhören und sich als Geschäftsmann zu versuchen. Er begann mit dem Verkauf von Särgen. Sie brachten kaum Gewinn, doch eines Tages trat ein ansässiger Kaufmann an ihn heran. Ihm war der Sargverkäufer aufgefallen, ein gut aussehender, hochgewachsener Junge von kräftiger Statur.

»So stark, wie du bist, wieso stehst du hier in diesem kleinen Laden? Wenn du willst, gebe ich dir Leinenstoffe zum Verkaufen.«

Der Kaufmann veranschlagte, dass der Junge einen Monat brauchen würde, um den Stoff zu verkaufen. Ibrahim brachte alles binnen einer Woche an den Mann. Dann bekam er Stoff für Kleider, den er ebenfalls rasch veräußerte. Bunte Tücher, weiße Schleier, himmelblaue Burkas, alles ging weg. Auf einer Reise fielen Ibrahim die Preisunterschiede bei getrockneten Aprikosen, Rosinen und Feigen auf. Er sah überall Möglichkeiten. Mit jedem Zuwachs des Geschäfts legte er Geld beiseite. Das Bündel an Scheinen wurde dicker. Sein Selbstbewusstsein wuchs.

Eines Nachmittags, als er mit dem Lastenkarren unterwegs war, verirrte er sich in einem Geflecht aus schmalen Gassen. Nach einer Weile wurden die Häuser größer, die Wege breiter. Die Leute trugen prächtige Gewänder und Sandalen. Ibrahim war barfuß.

Auf einmal hörte er eine laute Stimme. Das Nächste, was er wahrnahm, war ein Stein, der seine Schulter traf.

»Hau ab hier! Verschwinde aus unserer Gegend!«

Er versuchte, den Karren zu wenden, wurde jedoch von weiteren Steinen getroffen. Er schielte in Richtung der Stimme und sah, dass es nur ein Junge war, der ihn beschimpfte.

»Mach die Fliege, du Lumpensack.«

Ibrahim wurde wütend und wollte den Kampf aufnehmen. Er hielt nach Steinen Ausschau, mit denen er den selbst ernannten Verteidiger der Straße bewerfen könnte. Niemand durfte ihn derart kränken.

Der rotznäsige Junge trug ein frisch gebügeltes Gewand mit weiten Hosen darunter. Die Kleidung war weiß, die Farbe der Reichen. Ibrahims Gewand war grau und zerschlissen. Er nahm einen Stein in die Hand.

»Das wagst du nicht! Komm mir nicht nah!«, rief der Junge.

Ibrahim warf. Als er traf, geschah etwas in ihm. Er ahnte es mehr, als dass er es sah.

Der Junge drehte sich um und rannte davon. Ibrahim setzte ihm nach. Der Junge war schneller, er kannte sich aus. Ibrahim hatte ihn schon fast aus den Augen verloren, da sah er den Jungen durch ein Tor huschen. Es fiel hinter ihm ins Schloss. Ibrahim hob den Blick. Es musste eines der prachtvollsten Anwesen des Viertels sein – eine *qala* – eine Burg mit Wänden aus getrocknetem Lehm. Hohe

Bäume ragten über die Mauer, im Inneren blühte sicher ein grüner Garten.

Ibrahim zog sich zurück, erkundigte sich jedoch, wer in dem großen Haus lebte. Man nannte ihm den Namen von einem der Stammesführer Gasnis.

»Aber leider bekommt er nur Töchter«, sagte der Mann, den er gefragt hatte. »Ganz egal, wie viele Frauen er heiratet, er bekommt keine Söhne.«

Jetzt hatte Ibrahim Gewissheit. Der fein gekleidete Junge war kein Junge. Es war eine der Töchter der Familie.

Sie wollte er haben.

Damit endete Bibi Sitaras Freiheit.

Sie war eine *basha posh*, was »als Junge verkleidet« bedeutet. Es war nicht ungewöhnlich, dass Familien ohne Söhne eine Tochter auswählten, häufig die Jüngste, die als Junge aufwuchs und die Aufgaben eines Sohnes ausführte. So konnten Familien Mädchen zum Arbeiten schicken, sie Besorgungen erledigen, Ziegen hüten, Obst auf dem Markt verkaufen lassen. Eine Witwe, die nur Töchter hatte, brauchte jemanden, der die Familie nach außen hin repräsentierte. Daher musste sich eines der Mädchen als Junge ausgeben. Verwandelte man eine Tochter äußerlich in einen Jungen, stiegen dem Volksglauben nach die Chancen, dass die Mutter einen Sohn zur Welt brachte. Junge würde Jungen zeugen.

Eine Basha Posh war ein offenes Geheimnis im engsten Familienkreis, manchmal auch in der Nachbarschaft. Manche wurden gehänselt und verspottet, aber im Großen und Ganzen wurden sie als das behandelt, was sie dem Anschein nach waren – Jungen.

Bibi Sitara fühlte sich stark. Sie traf Entscheidungen. Als Sohn des Stammesführers bestimmte sie an jeder Straßenecke selbst, wohin sie ging. Manchmal nahm ihr Vater sie mit auf den Markt oder zu Verhandlungen. Wenn ihre Schwestern das Haus verließen, folgte sie ihnen als männliche Begleitperson. Die Schwestern eingehüllt in eine

Burka, Bibi Sitara mit kurzem Haar, in der Kleidung eines Jungen und mit Sandalen an den Füßen. In Hosen war sie Herrin über ihr Leben.

Normalerweise endete das Dasein als Junge vor dem Erreichen der Pubertät, und genau das geschah nun mit Bibi Sitara.

Sie hatte sich sicher und unverwundbar gefühlt. Jetzt war sie gefangen. In Mädchenkleidung war es von einem Moment auf den anderen vorbei mit der Freiheit. Sie sollte verhüllt werden, versteckt, nicht gesehen, nicht gehört. Todunglücklich fügte sie sich in die Rolle ihres Geschlechts. Sie zwang ihre Gedanken in die Untertänigkeit. Senkte den Blick. Hielt nach Gefahren Ausschau statt nach Möglichkeiten.

Die Zahl der Freier wuchs, als sie aus dem Straßenbild verschwand. Der Sohn des Gerbers war einer von ihnen.

Eines Vormittags legte Ibrahims Mutter die halb bearbeiteten Häute beiseite und erhob sich vom Boden. Sie wusch sich gründlich, schlüpfte in neue, bestickte Kleider, die ihr Sohn gekauft hatte. Der Tradition nach musste eine Brautwerbung von einem weiblichen Mitglied der Familie vorgebracht werden, möglichst von der Matriarchin, der Mutter des Hoffnungsvollen. Gleichzeitig hatte Ibrahim seine Verbindungen genutzt, um Fürsprache beim Stammesführer zu erbitten. Männer verhandelten mit Männern, Frauen mit Frauen.

Die Frau des Gerbers musste klug vorgehen, da die Familie in Sachen Brautpreis nicht konkurrieren konnte. Sie waren fleißig, hatten jedoch weder Rang noch Namen.

Sie erhielt eine Audienz in dem feinen Haus, doch die Mutter des Mädchens schwieg.

Die Gerberin pries ihren Sohn, sein Talent, seine Geschäftstüchtigkeit, die Einnahmen, die er zu erzielen begann.

Die Mutter des Mädchens nickte höflich, sagte jedoch nichts.

Da zog Ibrahims Mitstreiterin das ultimative Schwert: den Koran.

»Sie achten uns nicht«, sagte sie zu der wohlhabenden Frau und reichte ihr das heilige Buch. Dieses Geschenk konnte man nicht zurückweisen. »Sie sind reich, wir sind arm. Aber Sie achten den Koran, und wir alle lieben Gott. Da Sie meinen Koran angenommen haben, sind wir jetzt verbunden. Seien Sie barmherzig.«

Es war ein gewagter, ein unverschämter Zug, aber er funktionierte. Der Koran verband sie. Der Islam vereinte sie.

Vielleicht erkannten Bibi Sitaras Eltern das Potenzial des attraktiven und gut gebauten Verkäufers. Sie hatten das Geld und die Tochter, er hatte die Kraft und den Willen.

Bibi Sitara verabscheute den Gedanken, Verhandlungsobjekt zu sein. Noch mehr graute ihr vor der Vorstellung, *ihn* heiraten zu müssen. Ungehobelt, schmutzig, bettelarm. Aber niemand fragte sie. Eine eigene Meinung stand ihr nicht zu, und sie äußerte auch keine. Von nun an behielt sie ihre Gedanken für sich, zurück in das Leben gezwungen, in das sie geboren worden war.

Vor der Hochzeit musste Bibi kochen, waschen und nähen lernen, Dinge, um die sie als Junge herumgekommen war. Selbstständige Entscheidungen wurden zu vagen Erinnerungen. Sämtliche Wahlmöglichkeiten schwanden in dem Augenblick, da sie einen Rock anzog. Nach der Hochzeit, als sie ihr Elternhaus verließ, gehörten auch die mit ihrer Herkunft einhergehenden Privilegien der Vergangenheit an. Sie verübelte es ihren Eltern lange, dass sie ihr den armen Schlucker zum Mann gegeben hatten. Sie hasste ihr neues Leben, das von Arbeit erfüllt war, für die ihre eigene Familie Bedienstete hatte. Außerdem war Ibrahim streng. Er steckte sie umgehend in eine Burka, und dort blieb sie.

Ein kleines Stück Garten im Hinterhof war ihre einzige Zerstreuung. Sie überlegte, wie sie ihn anlegen sollte. Die Samen durfte sie selbst aussuchen.

Das wichtigste Exportgut Afghanistans waren die Erträge der Erde. Die Vierzigerjahre waren gute Jahre für die Landwirtschaft, und der Staat registrierte einhundert Millionen Dollar Gewinn. Nach dem Zweiten Weltkrieg spielten Leder und Felle – die Branche, die Ibrahim hervorragend kannte – das meiste Geld in die Staatskasse. Besonders einträglich waren Persianer, die sich in New York und Paris großer Beliebtheit erfreuten. Unmittelbar bevor die Mutterschafe lammten, wurden sie mit dem Fötus im Leib geschlachtet. Kaum war der Bauch geöffnet, wurden die ungeborenen Lämmer gehäutet. Das Fell wurde zu exklusiven Hüten, Mänteln und Muffen verarbeitet.

Ibrahim war auf bestem Wege, ein Geschäftsimperium aufzubauen.

Es gab nur ein Problem.

Bibi Sitara bekam keine Kinder. Ein Jahr ging ins Land, zwei Jahre, drei Jahre, dann zehn. Sie wurde nicht schwanger. Nur ihr Garten gedieh. Alljährlich verströmten die weißrosa Blüten der Mandelbäume ihren zarten Duft, Samen trieben aus, grüne Keimlinge schossen aus der Erde, wo auch immer sie säte. Sie erntete Salat, Minze, Frühlingszwiebeln. Schon im Juni fielen süße, rötliche Aprikosen vom Baum, reif und prall.

Sie selbst blieb unfruchtbar.

Nach zehn Jahren warb Ibrahim um eine zweite Frau. Das war sein volles Recht. Er brauchte Erben. Er brauchte Söhne. Bibi Sitara sagte er nichts davon. Kurz vor Bekanntgabe der Verlobung ging er zu einem Schamanen, um sich die Zukunft vorhersagen zu lassen.

»Du bist undankbar!«, rief der Wahrsager. »Wer warst du, bevor du deine Frau trafst? Und wer bist du heute? Sie ist dein Glücksbringer! Wenn du dir eine neue Frau nimmst, wirst du alles verlieren!«

Ibrahim löste die Verlobung auf.

Bibi Sitara wurde schwanger.

Jamila sollte das achte Kind werden.

AUF FLÜGELN

Mit den Taliban war eine Art Frieden in Mussahi eingekehrt. Hala konnte ihr Beet bestellen, ohne am Himmel nach etwas anderem Ausschau zu halten als nach Regenwolken. Die Bauern konnten ihre Waren in die Stadt bringen, ohne ins Kreuzfeuer zu geraten. Die Leute trafen sich in der Moschee, ohne Angst haben zu müssen, denunziert zu werden. Die Machtübernahme gab vielen ein Gefühl von Sieg. Sie wurden von ihresgleichen regiert.

Die während des Bürgerkriegs herrschende Gesetzlosigkeit hatte ein jähes Ende genommen. Die neuen Strafen waren hart. Auge um Auge, Zahn um Zahn. Ein Leben für ein Leben. Manchmal bestraften die Taliban ganze Banden, indem sie jedem Einzelnen die rechte Hand und den linken Fuß abhackten. Die Körperteile wurden an Bäumen oder Pfählen aufgehängt, wo sie hingen, bis sie verwesten.

Radio Kabul, das in Radio Scharia umgetauft worden war, verkündete, Untreue werde mit dem Tod durch Steinigung bestraft. Für den Konsum von Alkohol werde man ausgepeitscht. Satellitenantennen, Fernsehgeräte, Videokassetten, Musik und sämtliche Spiele – einschließlich Schach und Fußball – wurden verboten. Selbst Papierdrachen steigen zu lassen war *haram*. Aber die Jungs in Mussahi durften weiterhin Ball und Krieg spielen.

Für die Frauen im Dorf änderte sich wenig. Auch vor den Taliban war so gut wie keine von ihnen erwerbstätig gewesen, und die wenigsten schickten ihre Töchter zur Schule. Sie bedeckten sich schon seit dem Kindesalter, und was die neuen Gesetze und Vorschriften anging, die Schuhe mit Absätzen, Schminke, Nagellack und figurbetonte Kleidung verboten, so erübrigten sich diese, denn so etwas trugen die Leute auf den schlammigen Wegen in Mussahi ohnehin nicht.

Hala war hochzufrieden. Sie hasste Firlefanz, verabscheute Eitelkeit und war stets der Ansicht gewesen, dass flache Plastiksandalen, die sich einfach abwaschen ließen, das beste Schuhwerk waren. Sie pries die Taliban, die, wie sie meinte, ihre Söhne auf den rechten Weg führen würden.

Hassan sollte das Land bestellen. Yaqub sollte schneidern. Raouf sollte Mullah werden. Und Baschir, ja, der Jüngste sollte noch eine Weile spielen dürfen.

Derweil steckte das Land in einer tiefen Krise. Afghanistan zählte zu den ärmsten Ländern der Welt. Die Kindersterblichkeit war die höchste weltweit. Jedes vierte Kind starb vor dem Alter von fünf. Die Müttersterblichkeit war extrem hoch. Die durchschnittliche Lebenserwartung lag bei knapp über vierzig Jahre.

Die Infrastruktur war marode, kaum ein Wasserrohr war noch intakt. Den Menschen fehlte es an Essen, an Obdach und Wärme. Millionen von Landminen machten jeden Schritt riskant, und es war lebensgefährlich, die nach dem Krieg brachliegenden Felder zu bestellen.

Die gebildete Elite hatte das Land längst verlassen. Ein Teil war während des Krieges gegen die Sowjetunion gegangen, andere, als der Bürgerkrieg tobte, der Rest, als die Taliban an die Macht kamen. Es gab kaum noch Techniker oder Leute mit einer Berufsausbildung. Elektriker, Rohrleger und Mechaniker waren fort. In den Minen gab es weder Ingenieure noch Geologen, Ausrüstung oder Strom. Das Einzige, was das Land zur Genüge hatte, waren Explosionen.

Afghanistan war in keinem Bereich Selbstversorger außer bei Schlafmohn, der kaum Wasser oder Pflege benötigte. Trotz der Rhetorik der Taliban gegen westliche Einmischung sah die Wahrheit anders aus, und große Teile der Bevölkerung waren auf die Ernährungshilfe ausländischer humanitärer Organisationen angewiesen.

Zwei Jahre nach dem Regimewechsel wurden die nördlichen Gegenden von drei schweren Erdbeben erschüttert. Im Süden kam es zu Überschwemmungen. Eine Hungersnot brach aus.

Auch die Belagerung der Hasara durch die Taliban führte zu vermehrter Nahrungsknappheit. Die Bevölkerungsgruppe bestand hauptsächlich aus schiitischen Muslimen und war brutalen Übergriffen durch die Taliban ausgesetzt. In mehreren Dörfern wurden die Hasara aus ihren Häusern vertrieben und diese von Paschtunen übernommen.

Erst im dritten Jahr der Talibanherrschaft stieg die Lebensmittelproduktion im Vergleich zu den schlimmsten Kriegsjahren. Eines hatten die religiösen Studenten mit den Kriegsherren, die sie geschlagen hatten, gemein: Sie gaben nichts auf das Leben der afghanischen Bevölkerung.

Die Taliban zogen alte Abenteurer an. Osama bin Laden war mit einer neuen Mission nach Afghanistan zurückgekehrt: globaler Dschihad.

Der Saudi bin Laden war 1992, als der Bürgerkrieg ausbrach, mit seinen vier Frauen und siebzehn Kindern in den Sudan gegangen. Hier arbeitete er sich als Unternehmer, Grundbesitzer, Landwirt und Pferdezüchter empor. Doch eine Besatzung störte das friedliche Leben. Ungläubige amerikanische Soldaten waren auf heiligem Boden in Saudi-Arabien stationiert. Im Lauf der Jahre richtete bin Laden seine Geschütze auf den neuen Erzfeind: die USA.

Aus Afrika hatte er das Vorrücken der Taliban auf Kabul verfolgt. Im Mai 1996 landete er mit einem Charterflug in Dschalalabad, das zu diesem Zeitpunkt noch immer von den Regierungstruppen Rabbanis kontrolliert wurde. Alte Mudschahedinfreunde – Hekmatyar, Sayyaf und Haqqani – hatten den Saudi in der Hoffnung, er könnte ihnen im Kampf gegen die Taliban helfen, eingeladen. Einer der Mudschahedin warnte ihn: »Du bist unser Gast und als solcher unantastbar. Sag Bescheid, wenn du Ärger mit den Taliban bekommst. Aber wenn sie dich einmal haben, können wir nichts mehr tun ...«

Als die Taliban einige Monate später an die Macht kamen, hätten sie bin Laden am liebsten außer Landes gesehen. Der Saudi schickte Mullah Omar beharrlich Einladungen, doch es dauerte Monate, bis der einäugige Talibanführer schließlich auftauchte. Der Mullah erlaubte bin Laden, unter einer Bedingung zu bleiben: Solange er sich auf afghanischem Boden aufhielt, musste er versprechen, keinerlei Angriffe gegen Amerika zu planen.

Die Taliban wollten von der Weltgemeinschaft anerkannt werden. Ihre Machtambitionen erstreckten sich aber nicht über die Landesgrenzen hinaus. Sie wollten in Frieden herrschen. Osama bin Laden wurde nach Angriffen auf amerikanische Ziele in Afrika und dem Golf von Aden vom FBI gesucht. Wollte er, dass ihm die Taliban weiterhin Unterschlupf gewährten, musste er sich bedeckt halten.

Bin Laden vermied es, ein Versprechen abzugeben, stattdessen antwortete er dem einäugigen Führer – der den Kopf stets leicht zur Seite wandte, wenn er mit jemandem sprach –, dass der Dschihad gegen Amerika *fard al-ayn* sei, eine individuelle Pflicht. Einen solchen Dschihad gäbe man nicht einfach auf.

Das konnte eine Redewendung sein. Oder ein verdeckter Plan. Mullah Omar beschloss, sein eines Auge zuzudrücken und den Saudi gewähren zu lassen.

Sowohl die Taliban als auch al-Qaida betrieben Trainingslager an mehreren Orten in Afghanistan sowie in den pakistanischen Stammesgebieten. Baschir aus Mussahi wollte auch in einem solchen Lager ausgebildet werden. Er hatte von ihnen gehört, er träumte von ihnen. Er malte sich den Zusammenhalt dort aus, die ehrenvollen Aufträge.

Der Zwölfjährige schlich sich in die Speisekammer seiner Mutter und stahl einen Sack Getreide. Diesen schleppte er zum Basar und verkaufte ihn dort. Das Geld reichte für zwei Busfahrkarten, eine für ihn und eine für seinen Cousin.

Ehe ihre Mütter bemerkten, dass sie fort waren, standen die beiden an der Haltestelle bei der Abzweigung zum Dorf. Der Bus bremste, die beiden Kinder stiegen ein, kauften ein Ticket beim Fahrer und holperten von dannen.

In Richtung des wahren Lebens, davon waren sie überzeugt.

Hala war außer sich vor Angst, als Baschir nicht zum Abendessen nach Hause kam. Er kam immer pünktlich zu den Mahlzeiten, die sich nach den Gebetszeiten richteten, schließlich hatte sie ihre Kinder gut erzogen. Wo konnte er sein? Sie schickte seine Brüder auf die Suche nach ihm. Sie brachten in Erfahrung, dass auch der Sohn der Tante verschwunden war. Jemand hatte die beiden in einen Bus Richtung Osten steigen sehen. Die Brüder zählten eins und eins zusammen. Baschir hatte schon lange darum gebettelt, in ein Trainingslager gehen zu dürfen, um ein heiliger Krieger zu werden. Die Mutter hatte gesagt, er sei zu jung.

In Mussahi gab es kein Telefon, Leitungen waren nie gebaut worden, und Handys hatten das Land noch nicht erreicht. Nach ihm zu suchen, war zwecklos. Er musste allein zurechtkommen. Sie mussten auf Allah vertrauen.

Die Schwägerin gab Hala die Schuld. »Das kann nur Baschirs Idee gewesen sein. Er hat meinen Sohn mitgenommen. Du hast ihn nicht im Griff! Du trägst die Verantwortung, wenn ihnen etwas passiert!«

Was Ersteres anging, musste Hala ihr recht geben; sehr wahrscheinlich war es Baschirs Idee gewesen. Was den zweiten Punkt betraf, nein, alle hatten einen freien Willen, auch der Cousin. Und für Letzteres galt ebenfalls nein, die Verantwortung musste Allah übernehmen. Wann und wie man starb, stand am Himmel geschrieben. Die großen Schicksalslinien waren im Vorhinein bestimmt, doch bis es so weit war, musste man selbst den rechten Weg wählen.

Ihre Angst, Baschir könnte etwas zustoßen, hatte sich gelegt, als sie während des Gebets meinte, eine Stimme zu vernehmen, die ihr sagte, sie könne das Schicksal ihres Sohnes beruhigt in Gottes Hände legen.

»Sie sind zwölf, ohne uns werden sie es nicht lange aushalten«, tröstete Hala ihre Schwägerin. »Sie sind bald zurück.«

Die Einzige im Hinterhof, die nicht über Baschirs Flucht trauerte, war die inzwischen neunjährige Yasamin. Was für eine Erleichterung, dass er weg war.

Als kleine Kinder hatten sie wie Geschwister im Hinterhof miteinander gespielt. Erst nach Jahren erfuhr sie, dass sie Baschir versprochen war.

Eines Tages, als sie die Wäsche aufhängte, sagte ihre Cousine: »Guck mal, da kommt dein Mann!«

Sie zeigte auf Baschir, der in diesem Moment durchs Tor kam.

Yasamin boxte sie. Ihre Cousine neckte sie weiter. »Schau dir deinen schönen Mann an! Sieht er nicht gut aus?«

Yasamin ging ins Haus und beschwerte sich bei ihren Eltern.

»Sie macht nur Spaß«, lächelte ihre Mutter. Doch ihr Vater sagte ihr die Wahrheit: »Nein, es stimmt. Ich habe dich Baschir versprochen.«

Von diesem Moment an konnte sie ihren Cousin mit den unbändigen Locken und dem sprudelnden Lachen nicht mehr ausstehen. Er war ekelhaft und eingebildet. Sie verabscheute ihn und ärgerte sich, dass sie sich plötzlich in seiner Gegenwart genierte, wo sie sich nie zuvor um ihn Gedanken gemacht hatte. Schließlich gehörte er zur Familie. Alles war auf einmal peinlich. Von nun an wandte sich Yasamin immer ab, wenn sie einem ihrer Cousins oder Schwager im Hinterhof begegnete, und zog hastig ihr Kopftuch vors Gesicht.

»Baschirs Frau! Baschirs Frau!«, hänselten ihre Cousinen, wenn sie gemeinsam zur Moschee und zurückgingen. Sobald die Mädchen aus dem Hinterhof ins Schulalter kamen, wurden sie zur Madrasa geschickt, nicht um Lesen oder Schreiben zu lernen, sondern um die islamische Lehre zu verinnerlichen.

Yasamin lernte kochen, braten, hacken, schneiden, Gemüse putzen, Brot backen, waschen, fegen, wischen, gehorchen. Wie oft genau sie das Wasser für den Reis wechseln musste, damit er perfekt wurde, in solchen Dingen wurde sie gut.

Aber jetzt – endlich war Baschir weg. Sie hoffte, dass er zum Märtyrer wurde.

Die beiden Cousins hatten es bis zu einem Lager in einem der selbstverwalteten Stammesgebiete an der Grenze zwischen Afghanistan und Pakistan geschafft.

Sie wurden abgewiesen. Den Regeln zufolge musste man Bartwuchs haben, um aufgenommen zu werden. Aber die Jungen bekamen einen Platz in einer der Koranschulen.

Bereits Mitte der Siebziger hatte Dschalaluddin Haqqani, Osama bin Ladens enger Freund und Mentor, in dieser Gegend seine religiöse und militärische Infrastruktur errichtet. Im Winter, wenn die Kämpfe ruhten, unterrichtete er junge, ideologisch motivierte Rekruten.

In die Trainingslager in Afghanistan kamen junge Männer aus der muslimischen Welt, die häufig in ihren Heimatländern nicht gern gesehen waren. Hier lernten sich junge Extremisten kennen. Sie studierten, lebten und trainierten zusammen. Die Lager wurden zu kleinen Universitäten für zukünftige Fundamentalisten.

Auch eine Gruppe junger Saudis kam hierher. Nach einer Weile wurden sie in die USA geschickt, um eine Pilotenausbildung zu erhalten. Bereits in Afghanistan erfuhren sie, warum sie lernen sollten, große Passagierflugzeuge zu steuern.

Sie waren die Auserwählten.

Dort, in den afghanischen Bergen, wurde ihnen im Voraus von Osama bin Laden gedankt, während Mullah Omar nichts von der »Flugoperation« ahnte.

Nach einem Jahr im Dunstkreis dieser Männer kehrten die Jungen nach Mussahi zurück. Baschir brannte mehr denn je darauf, die Studien fortzusetzen, doch seine Mutter, die letztlich erfahren hatte, wo er sich befand, wollte, dass er nach Hause kam.

Eines späten Abends hörte Hala laute Stimmen draußen auf dem Hofplatz. Es war bereits dunkel. Ihre Söhne unterhielten sich aufgekratzt.

Sie schaute hinaus in den Hinterhof. Eine Gruppe junger Männer stand drüben am Tor.

Nach einer Weile stimmten sie in Jubel und Dank an Allah ein. »*Allahu Akbar!*«, erklang es mehreren Ortes im Dorf.

»Was ist los?«, rief sie.

Ihre Söhne beachteten sie nicht.

Jemand im Dorf hatte etwas im Radio gehört.

Allahu Akbar! Gott ist groß, Gott ist größer, Gott ist am größten!, erschollen Rufe.

»Am. Er. Ika«, hörte Hala sie sagen.

Sie ging hinaus.

»Wer ist das?«, fragte sie.

Sie waren zu aufgeregt, um zu antworten. Am. Er. Ika. Am. Eri. Ka. Das wurde ständig wiederholt. Sie hatte diesen eigenartigen Namen noch nie zuvor gehört. Wer war das? Oder was war das? War es ein Tier, vielleicht ein Vogel? Sie schnappte einige Wortfetzen auf. Sie erzählten etwas von Flügeln. Redeten sie von einem Vogel, der in ein Haus geflogen war?

Es habe viele Tote gegeben, sagten sie.

Gott sei gepriesen!, riefen sie.

Schließlich nahm sich der älteste Sohn Zeit, Hala zu erklären, was er wusste.

»Amerika ist ein Ort, Mama, es ist ein Land. Ein sehr großes Land. Auf der anderen Seite des Ozeans.«

Zwei Flugzeuge waren da drüben in zwei hohe Häuser geflogen.

Aha.

Hala ging wieder hinein. Und dafür das ganze Aufheben. Es war schon Schlimmeres passiert.

TEIL 2

WIR, DIE DEN TOD LIEBEN

Ein großer, hagerer Mann spähte die steilen Hänge des Suleiman-Gebirges im Südosten Afghanistans hinab. Unten im Tal lag die Großstadt Chost, zu der eine schmale, kurvige Straße hinabführte. Der Mann stand am Eingang einer Höhle. Er mochte Höhlen, denn die steinernen Wände beschützten ihn. Sie verbargen ihn und gaben ihm Frieden. In Höhlen fühlte er sich irgendwie mit dem Propheten Mohammed verbunden, der viele Jahre lang jeden Tag in einer Höhle des Berges Hira bei Mekka betete und meditierte. Am Ende wurde seine Hoffnung erfüllt, und Gott offenbarte sich ihm.

Osama bin Laden war in der Nacht zuvor aus seinem Haus in Kandahar abgereist. Ein Dutzend jemenitische Leibwächter hatten sein Auto mit Ausrüstung bepackt: ein Generator, eine Satellitenantenne, ein paar Laptops, ein kleiner Fernseher, ein Empfänger und Kabel. Den ganzen Tag hatten sie mit der Antenne gewerkelt, um die richtigen Satelliten anzupeilen. Sie hatten sie von einem Hügel zum anderen getragen und schließlich an schweren Steinen befestigt, verborgen unter einem Gebüsch. Trotzdem hatten sie keinen Empfang. Der Bildschirm blieb schwarz.

Mehrere Stunden, nachdem die Sonne den Zenit überschritten hatte, tickte eine Meldung auf Osamas Funkgerät ein. Mohammed Atta hatte die Sicherheitszone passiert und mit vier weiteren Entführern den American-Airlines-Flug 11 bestiegen.

Osama war aufgeregt. Er war hierhergereist, um die Flugoperation zu verfolgen, und jetzt konnte er sie nicht einmal sehen?

Mithilfe von Dankgebeten und süßem Tee beruhigte der Vierundfünfzigjährige seine Nerven. Eingewickelt in einen Wollschal, flankiert von seinen heranwachsenden Söhnen Othman und Mohammed, saß er auf der dünnen Matratze, die die Leibwächter für ihn ausgelegt hatten, und wartete. Neben ihm lag das Gewehr, das er einem sowjetischen Soldaten im Nahkampf abgenommen hatte, womit er gern prahlte. Von Zeit zu Zeit stand er auf und schaute in den Himmel oder hinüber zu den Leibwächtern, die mit der Ausrichtung der Antenne beschäftigt waren. Egal wie sie sie drehten, die hohen Berge blockierten die Signale.

Sie schalteten das Radio ein.

Nur eine Handvoll von Osamas Vertrauten kannten die Details der Flugoperation. Die Hälfte des Al-Qaida-Kerns in Afghanistan hatte sogar dagegen gestimmt, was zum Konflikt innerhalb der Gruppe geführt hatte. Manche hatten deswegen mit dem Terrorführer gebrochen. Der Plan war zu extrem und würde in einen direkten Krieg mit Amerika führen. Die *Basis* hatte trotzdem dichtgehalten, keine Details waren durchgesickert.

Auch vor den Taliban wurde die Aktion geheim gehalten. Sogar Mullah Omar wusste von nichts. Den wenigen Eingeweihten hatte bin Laden befohlen, nicht einmal von der bevorstehenden Operation zu träumen, denn Mullah Omar konnte Träume deuten.

Dann – endlich – kam die Nachricht durch den Äther.

Ein Flugzeug – zwei Flugzeuge – drei Flugzeuge – vier Flugzeuge.

Amerika war ins Herz getroffen. Alhamdulillah. Gott sei gepriesen.

Jetzt würde die Welt auf ihn hören, sie musste auf ihn hören.

Bin Laden schickte einen Kurier nach dem jungen kuwaitischen Prediger aus, den er vor Kurzem gehört hatte. Er hatte dem jungen Mann das Versprechen abgerungen, dass er ihm auf jeden Fall helfen würde, egal, was er verlangte. Wie andere im Dunstkreis Osamas hatte auch der Kuwaiter Gerüchte gehört, dass eine größere Operation im

Gang sei, aber er hatte keine Ahnung, was genau geschehen würde. Nun saß er in einem Auto, wurde den kurvigen Pass hinaufgefahren und war plötzlich ein Teil der Aktion.

Es war schon Nacht, als er bin Ladens Silhouette im Eingang der Höhle sah.

»Hast du es gesehen?«, rief der Terrorführer, als sein Gast aus dem Auto stieg. »Wie hat es ausgesehen?«

Der Kuwaiter beschrieb die Szenen aus New York, wie sie es im Radio gehört hatten. Osama lächelte.

»Das waren wir! Wir haben das getan, wir stehen hinter der Flugoperation!«

Dann fragte er den Prediger, wie Amerika seiner Meinung nach reagieren würde.

»Amerika wird nicht aufgeben, bevor sie dich getötet und die Taliban gestürzt haben«, antwortete Abu Ghaith.

»Du bist zu pessimistisch«, lachte Osama bin Laden.

Am 11. September 2001 flogen zwei entführte Flugzeuge in die Türme des World Trade Center in New York. Innerhalb einer Stunde stürzten beide Wolkenkratzer ein. Ein drittes Flugzeug flog ins Pentagon und setzte einen Flügel des amerikanischen Verteidigungsministeriums in Brand. Ein viertes Team von Flugzeugentführern war auf dem Weg zum Kongress oder dem Weißen Haus, doch es stürzte auf einen Acker in Philadelphia. Die Passagiere hatten mitbekommen, was in New York und Washington geschehen war, und hatten Gegenwehr geleistet.

Insgesamt neunzehn Männer, darunter fünfzehn Saudis, hatten die Selbstmordattentate durchgeführt. Bewaffnet mit Tapetenmessern, Dosenöffnern und Pfefferspray, hatten sie zivile Flugzeuge zu Angriffsraketen umfunktioniert. Vier der Entführer hatten eine Pilotenausbildung in den USA absolviert, die Übrigen sprachen kaum Englisch.

Sie nahmen 2977 Menschen mit in den Tod.

In Kandahar strömten die Menschen auf die Straße, um zu feiern. In Chost schossen sie in die Luft. In Kabul überlegten die Taliban, wie sie aus dieser Zwickmühle herauskommen könnten.

Die Männer in den Sulaiman-Bergen gingen schlafen. Osama hatte den Prediger dazu auserkoren, die Botschaft an die Welt zu verfassen und zu verbreiten. Sie musste in einen korrekten islamischen Rahmen gesetzt werden. Osama plante die Kameraeinstellung, was er anziehen und vor welchem Hintergrund er sich zeigen sollte. Die Aufnahmen mussten perfekt werden.

In Amerika war es noch Nachmittag. Präsident George Bush saß an Bord der Air Force One. Kein Ort am Boden war sicher genug für den Oberkommandierenden der US-amerikanischen Streitkräfte.

Drei Tage nach dem Angriff verabschiedete der amerikanische Kongress mit nur einer Gegenstimme die »Genehmigung zum Einsatz militärischer Gewalt«. Sie gab dem Präsidenten die Vollmacht, »alle notwendige und angemessene Gewalt« gegen diejenigen einzusetzen, die die Terrorangriffe »planten, autorisierten, durchführten oder unterstützten«. Die einzige Abgeordnete, die dagegen stimmte, war die Demokratin Barbara Lee aus Kalifornien. Sie forderte die Politiker zur militärischen Mäßigung auf, um die gespannte Lage nicht noch mehr zu eskalieren, und wurde dafür glatt als Verräterin und Terroristin beschimpft.

Nach der Vollmacht des Kongresses verlangte George Bush von den Taliban die Auslieferung Osama bin Ladens und aller anderer Al-Qaida-Mitglieder.

Mullah Omar saß in der Klemme. Der Saudi hatte ihn hereingelegt, aber der Ehrenkodex *paschtunwali* verbot es ihm, einen Gast vor die Tür zu setzen. Jedoch forderte der Kodex auch Gegenseitigkeit. Der Gast sollte seinem Gastgeber Respekt erweisen, indem er freiwillig wieder ging. Der Rat der Taliban in Kandahar schlug vor, Osama bin Laden an ein muslimisches Land auszuliefern, damit sie keinen Gläubigen an Ungläubige ausliefern müssten. Außerdem würden dann andere die Bürde tragen, ihn an die Amerikaner weiterzureichen. Davon wollte Washington nichts hören, sie wollten bin Laden direkt präsentiert bekommen. Somit blieb der Terrorführer, wo er war.

George Bush ermahnte die Welt, sich hinter die Rache der USA zu stellen: »Entweder Sie sind mit uns oder mit den Terroristen.« In diesem Zusammenhang prägte er den Begriff *The global war on terror.* Zum ersten Mal in der Geschichte machte die NATO Gebrauch von Artikel 5 ihrer Satzung: Ein Angriff auf einen Bündnispartner ist ein Angriff auf die gesamte Allianz.

In der Nacht zum 7. Oktober flog eine Armada aus Bombenflugzeugen in den afghanischen Luftraum. Tomahawk-Marschflugkörper wurden aus großer Höhe abgefeuert und zerstörten Basen, Trainingslager sowie Waffenlager der Taliban und der al-Qaida.

Der Terrorführer selbst verbrachte die Nacht mit drei seiner Frauen und den meisten seiner Kinder in einem verdunkelten Haus in Kabul. Seine älteste Frau, die von den Anschlagsplänen gewusst hatte, hatte ihn bekniet, Afghanistan vorher verlassen zu dürfen. Osama verlangte, dass fast alle Kinder bei ihm bleiben sollten, sie durfte nur die zwei jüngsten mitnehmen, und den ältesten Sohn, der als Autist von seiner Mutter abhängig war. Während die Raketen den Himmel erleuchteten, nahm bin Laden in aller Ruhe eine Videobotschaft auf. Endlich hatte er Amerika in den Krieg hineingezogen. Jetzt war er nicht nur Amerikas Feind, sondern Staatsfeind Nr. 1.

Viele Male war der Zufall auf seiner Seite, zum Beispiel, wenn er spontan seine Pläne oder seinen Aufenthaltsort änderte, ohne zu wissen, dass die CIA ihm auf der Spur war. Die Bomben trafen Gebäude, die er gerade verlassen hatte. Mehr als einmal waren die Amerikaner Minuten zu spät oder nur wenige Meter von ihm entfernt.

Je härter es die Taliban traf, desto rascher würden sie den Saudi aufgeben, lautete die Logik der Amerikaner. Die Liquidierung Osama bin Ladens hatte höchste Priorität.

Nach einer Woche Luftangriffe boten die Taliban ein weiteres Mal an, Osama bin Laden an ein Drittland auszuliefern. Im Gegenzug verlangten sie ein Ende der Bombardierungen.

»Sie haben mich nicht gehört. Es gibt nichts zu verhandeln«, antwortete George Bush vor dem Weißen Haus. »Just turn him over!«

So entkam Osama bin Laden ein weiteres Mal, aber im Lauf der nächsten Wochen sollten Tausende Fußsoldaten erfahren, was er als höchste Freude anpries: den Märtyrertod.

»Amerika liebt das Leben. Wir lieben den Tod«, war sein Mantra.

Baschir war inzwischen vierzehn Jahre alt. Es war eine aufregende Zeit. Kein Haus war mehr sicher, sie konnten ebenso gut auf die Dächer steigen und dem Luftkrieg zusehen. Sie hörten das Kreischen der Tomahawks über ihren Köpfen und die Explosionen der Einschläge. Wenn ein Ziel in Kabul getroffen wurde, stand der Himmel in Flammen. *Allahu akbar, Allahu akbar, Gott ist groß!*

Die besten Schüler aus der Madrasa von Mussahi hatten Plätze auf einer Talibanschule am nördlichen Stadtrand Kabuls bekommen. Kost und Logis sowie strenge Disziplin inbegriffen. Krieg oder nicht, die erste Stunde begann um vier Uhr morgens, viele Stunden vor dem Frühstück. Tagsüber und abends gab es noch mehr Unterricht. Wer nicht schnell genug lernte, bekam einen Stockschlag auf die Hände, eine Ohrfeige oder die Finger gequetscht. Das half ihnen auf die Sprünge.

Baschir wurde dort zum *hafiz* – einer, der den Koran auswendig gelernt hatte. Erst danach, als er die Übersetzung vom Arabischen ins Paschtunische gehört hatte, lernte er den Inhalt der Verse und wie man sie auslegte. Alles im Einklang mit der Schule der Hanafiten, zu der die Taliban sich bekannten.

Die Jungen sahen mit Bewunderung zu ihrem Lehrer hinauf, einem jungen Mullah, mit dem sie den Großteil ihrer Zeit verbrachten. Zusätzlich zu den Koranlektionen rief er ihnen immer wieder ins Gedächtnis, dass der Dschihad nicht bloß ein Teil des Islam, sondern eine Lebensweise sei. Der Koran durfte nicht angezweifelt werden. Der Lehrer benutzte das Buch, um seine Botschaft zu untermauern, und erklärte den Unterschied zwischen jenen, die in den Krieg zogen, und jenen, die dies nicht taten.

Diejenigen unter den Gläubigen, die daheimbleiben, ausgenommen die Gebrechlichen, und die, welche für Allahs Sache ihr Gut und Blut im Kampf einsetzen, sind nicht gleich, rezitierten Baschir und seine Kameraden aus der vierten Sure. *Allah hat die mit ihrem Gut und Blut Kämpfenden über die, die bleiben, im Rang um eine Stufe erhöht. Jedem von beiden aber hat Allah Gutes verheißen; doch die Kämpfenden hat Allah vor den Daheimbleibenden durch großen Lohn ausgezeichnet.*

Die Schüler in seiner Klasse waren im Krieg geboren. Wie Baschir hatten sie Väter, Onkel oder Cousins im Kampf gegen das kommunistische Regime verloren oder im darauffolgenden Bürgerkrieg verloren. Die Idee des heiligen Krieges war ihnen von Kindheit an eingeprägt worden. Jetzt waren sie Jugendliche, ihr Vorbild war der Prophet und ihr Idol Osama bin Laden. Alles war beim Alten, außer dass eine andere Großmacht die vorige als Feind ersetzt hatte.

In der Nacht stand der Lehrer mit ihnen auf dem Dach, während die Raketen den Himmel wie ein Feuerwerk erhellten. Endlich war er da, der echte Krieg. Nun konnten sie beweisen, wie mutig sie waren.

Aber sie waren nicht alt genug! Es war eine Schmach. Die Taliban nahmen nur Krieger mit Bärten auf, die mindestens eine Faust lang waren. Einige von Baschirs Mitschülern hatten schon einen Flaum auf der Oberlippe, aber das zählte nicht.

Sie befanden sich mitten in einem herrlichen, alles umfassenden Krieg, und waren doch davon ausgeschlossen. Die Schüler diskutierten, wie lange er wohl dauern würde. Sie hatten Angst, ihn zu verpassen. Gleichzeitig paukten sie den Koran.

Diejenigen, die ungläubig sind und Unrecht verübt haben, ihnen wird Allah weder vergeben noch sie zu einem Weg leiten, es sei denn den Weg zum Dschahannam [Hölle]*, in dem sie in aller Ewigkeit bleiben werden,* las Baschir in der vierten Sure. *Und dies ist für Allah ein Leichtes*, stand dort geschrieben.

Und wenn nun die heiligen Monate abgelaufen sind, dann tötet die Heiden, wo (immer) ihr sie findet, greift sie, umzingelt sie und lauert ihnen überall auf. So stand es in der neunten Sure.

Natürlich würde Allah alles fügen, aber sie wollten ihm so gern dabei helfen.

Jetzt aber waren sie die daheim Sitzenden, und Gott hatte gesagt, sie seien weniger wert als die Kämpfer. Die Jungen saßen im Schneidersitz auf dem Boden der Moschee, den Koran auf einem Kissen vor sich, und glaubten, das Leben finde an einem anderen Ort statt.

Eines Tages verkündete der Lehrer, sie wollten einen Ausflug machen.

An die Front!

Alhamdulillah. Klassenfahrt in den Krieg.

Die nächste Frontlinie lag im Distrikt Qarabagh in der Schomali-Ebene nördlich von Kabul. Die Taliban bewegten sich dort in kleineren Gruppen, die schwer zu finden waren, damit niemand den Kampffliegern genaue Koordinaten geben konnte. Sie wohnten in den Dörfern bei der Front, wo sie auf Matratzen und Feldbetten auf den Hinterhöfen schliefen.

Die Sommerhitze hielt an. Es hatte seit dem Frühjahr nicht nennenswert geregnet, und seit Kriegsbeginn überhaupt nicht mehr. Wenn eine Bombe einschlug, wurde die trockene Luft gelb vom Sandstaub, und Raketen hinterließen große Krater in der Landschaft.

Baschir und seine Klassenkameraden machten sich kaum Hoffnung, die Amerikaner von Mann zu Mann zu treffen. Die USA hatten eine begrenzte Anzahl Spezialkräfte geschickt, um die Angriffe der Nordallianz zu koordinieren, die ihre Basis im Pandschir-Tal nördlich der Schomali-Ebene hatte. Ihr Anführer, der sagenumwobene »Löwe von Pandschir«, war zwei Tage vor den Terrorangriffen ermordet worden. Ahmad Schah Massoud war von zwei Al-Qaida-

Kriegern überlistet worden, die sich als Journalisten getarnt hatten und Sprengstoff in ihren Kameras versteckt hatten. Osama bin Laden hatte den Mudschahedin-Helden loswerden wollen, bevor er den Krieg nach Afghanistan brachte.

Jetzt sollte die Nordallianz, die von Tadschiken dominiert und von Usbeken unterstützt wurde, als Bodentruppe der USA operieren. Dass sie die Taliban bekämpften, war eine Sache, dachte Baschir, aber dass sie sich den Ungläubigen unterwarfen, war für einen Muslim nicht akzeptabel! Die Verräter würden sowieso verlieren. Er konnte sich nicht vorstellen, dass die Taliban je verlieren würden, schließlich hatten sie Gott im Rücken!

Auf der anderen Seite des Atlantiks hatte George Bush ebenfalls eine klare Mission. Gott hatte ihm gesagt: »George, geh und kämpfe gegen diese Terroristen in Afghanistan.« Und er tat es.

Wenigstens darüber waren sich Bush und Baschir einig – dass es einen Gott gab.

Beide waren sich sicher, dass er auf ihrer Seite war.

Die Klassenfahrt an die Front stellte sich als eine Reise auf unbestimmte Zeit heraus. Die Eltern waren nicht informiert worden – keine einzige Familie besaß ein Telefon. Die Jungen packten ein paar Kleider, ihren Koran und eine Decke ein, mehr nicht.

Wie sie bald herausfanden, bestand der Krieg vor allem aus Warten. Man wartet auf den Feind, dann wartet man auf Befehle. In der Zwischenzeit putzt man seine Waffe, kocht Essen, schläft und kocht Tee, wenn man aufwacht. Die Jungen halfen bei der Zubereitung des Essens, und weil es Traubensaison war, wurden sie auf den Traubenmarkt geschickt. Wenn sie sagten, dass die Taliban sie geschickt hatten, bekamen sie die Früchte oft, ohne zu bezahlen. Aber in erster Linie waren sie ja auf Klassenfahrt. Die Vierzehnjährigen machten Ausflüge zur Front und trafen Soldaten, die mit Sandalen und schmutzigen Gewändern im Schatten saßen und darauf warteten, dass der Krieg zu ihnen kam.

Woche für Woche nahmen die Luftangriffe zu, mit Waffen, die die Taliban nie gesehen hatten. Solange der Feind sie aus großer Höhe bombardierte, hatten sie ihm nichts entgegenzusetzen.

Lager, Moscheen und Ministerien wurden getroffen. Auch Kliniken und Dorfschulen sowie Mullah Omars Haus und mehrere von bin Ladens Aufenthaltsorten.

Während die beiden Anführer immer wieder entkamen, traf es ihre Fußsoldaten hart. Körper wurden in Stücke gerissen, Arme und Beine durch den Druck der Bomben abgetrennt. Oft bluteten die Männer von den Erschütterungen aus Nase und Ohren. Die Schützengräben wurden zu Massengräbern, bald war niemand mehr übrig, um die Toten zu begraben.

Die Taliban standen vor einer Niederlage.

Einige Wochen, nachdem Baschir die Front nördlich von Kabul besucht hatte, gab es sie nicht mehr. Die übrig gebliebenen Taliban lagen als Leichen am Boden. Die Basen waren ausgebombt, die Feuerstellen dem Erdboden gleichgemacht. Qarabagh fiel in derselben Nacht wie Kabul, in der Nacht zum 13. November 2001.

Viele Krieger, die sie an der Front getroffen hatten, hatten dennoch dank einer alten afghanischen Taktik überlebt: Sie hatten die Seite gewechselt. Einen afghanischen Krieger kann man nicht besitzen, hieß es, sondern nur mieten. An der Front, die Baschir besucht hatte, hatten die Taliban eingesehen, dass ihr Gegner in der Übermacht war, und gute Bedingungen ausgehandelt. Gegen ein paar Stunden Vorsprung auf der Flucht hatten sie alle Kampfhandlungen eingestellt. Andernorts traten sie zur Seite des Siegers über oder tauchten als Zivilisten in ihren Heimatdörfern unter.

Für al-Qaida lief es noch schlimmer. Die Araber hatten keinen Ort, an den sie flüchten konnten. Viele waren im eigenen Land gesucht oder von dort verbannt; ägyptische Kämpfer wurden sofort bei ihrer Heimkunft erschossen, Saudi-Araber verschwanden spurlos. Afghanistan war ihr Freiraum gewesen. Sie waren darauf eingestellt, bis zum letzten Mann zu kämpfen. Mancherorts informierten die Kommandeure der Taliban nur ihre afghanischen Soldaten über die bevorstehende Kapitulation und schickten die Araber in die vorderen Reihen. Dann schossen sie ihnen in den Rücken, damit sie keine Probleme beim Rückzug bereiteten.

Von Mitte November an waren in Kabul von den Taliban nur noch Gräber und düstere Erinnerungen übrig. Die Barbiere zogen mit Scheren und Messern auf die Straße, die Schönheitssalons öffneten wieder, überall erklang Musik. Plakate von Bollywoods schönsten Schauspielerinnen wurden als Blickfang aufgehängt. Die Frauen jedoch trugen im Großen und Ganzen weiterhin ihre Burka, denn als Frau konnte man nicht vorsichtig genug sein.

Osama bin Laden war in die schneebedeckten Berge von Tora Bora verschwunden. Der Name bedeutet »schwarze Höhle«. Schon während des Krieges gegen die Sowjets hatte bin Laden den Höhlenkomplex bei Dschalalabad einrichten lassen. Die Höhlen waren mit Lüftungsanlagen, verminten Eingängen, geheimen Ausgängen und einem Elektrizitätswerk ausgestattet. Hier hatte der Terrorführer dafür gesorgt, dass seine Söhne jeden Stein, jeden Bach und jeden Pfad kannten, denn eines Tages würde ihr Leben vielleicht davon abhängen.

HEIM

Jamila nahm Stift und Papier und setzte sich, um zu schreiben.

Vor dem Fenster schlangen sich grüne Kletterpflanzen um den Zaun. Die Blumen ihrer Mutter prangten in bunten Farben. Der Herbst von Peschawar war gekommen, es war Oktober, aber noch dreißig Grad warm und trocken. Wenn der Ventilator auf voller Kraft lief, war Jamilas Zimmer angenehm kühl.

Was die Terroristen getan hatten, war grausam. Aber nun war sie wütend. Warum sollten die Afghanen für etwas bestraft werden, das saudische Terroristen getan hatten?

Die Afghanen hatten schon genug gelitten. Erst zehn Jahre Krieg gegen die Sowjets, dann vier Jahre Bürgerkrieg, und jetzt die Bomben der Amerikaner. Jeden Morgen sah sie im Fernsehen, welche Ziele sie getroffen hatten. Es quälte sie, dass sie in Pakistan im Wohlstand lebte, während viele es sich nicht leisten konnten zu flüchten. Die Ärmsten blieben zurück.

Sie musste eine Protestnote schreiben.

Jamila schrieb rasch, ihre Botschaft war einfach: Die USA mussten die Bombardierung ihres Landes einstellen. Sie suchte Adressen heraus und schickte den Leserbrief an die Zeitungen, die sie kannte. Im Fernsehen sah sie die leblosen Körper der Krieger, die wie Ameisen am Boden lagen. Zerbombte Häuser, verletzte Zivilisten. Überall.

Sie wartete vergebens auf Antwort aus den Redaktionen. Natürlich wurde der Brief nicht gedruckt. Schließlich war sie ein Niemand.

Wer würde sich um ihre Meinung kümmern? Der Krieg würde lange dauern, befürchtete sie, wie alle Kriege, die sie bisher erlebt hatte. Doch plötzlich war er vorüber.

Die Kombination aus absoluter Lufthoheit, Ermittlungen der CIA, kleinen Spezialeinheiten und lokalen Bodentruppen hatte noch besser als erwartet funktioniert. Die amerikanischen Verluste waren minimal.

Während des Ramadan, wenige Wochen nach dem Rückzug der Taliban aus Kabul im November, fiel mit Kandahar auch deren südliches Machtzentrum. Die USA hatten weniger als vierzig Tage gebraucht, um die Taliban zu stürzen. Jetzt mussten sie bloß noch bin Laden in seiner schwarzen Höhle ausräuchern.

Die Welt des Terroristen war auf ein Labyrinth aus Höhlen und Tunneln zusammengeschrumpft. Sie wurde immer enger. Tora Bora war täglich Hunderten von Luftangriffen ausgesetzt. Eine Bombe war so schwer, dass sie aus dem größten Transportflugzeug der Amerikaner gerollt werden musste. Die Erschütterung war in einem Umkreis von vielen Kilometern zu spüren. Die getroffenen Steinmassen und alle, die sich darunter versteckten, wurden pulverisiert.

Hatten sie ihn jetzt?

Während die Amerikaner die Jagd fortsetzten, versuchte die UN, Frieden zu schaffen. Die Internationale Gemeinschaft wollte eine Übergangsregierung in Afghanistan einrichten. Ein Gipfeltreffen in Petersberg bei Bonn sollte den neuen Kurs für das Land ausstecken. Diplomaten aus den USA und Europa sowie Repräsentanten aus Pakistan, dem Iran, Indien, Russland und allen zentralasiatischen Nachbarländern waren eingeladen. Etwa drei Dutzend Afghanen – eine bunte Mischung aus Kriegsherren, alten Mudschahedin, Exilafghanen, Monarchisten und früheren Kommunisten – standen auf der Gästeliste. An soliden, deutschen Konferenztischen sollten die Grundlagen für die zukünftige Regierung Afghanistans geschaffen werden.

Es war noch immer Ramadan, und die afghanischen Delegierten

nahmen von Sonnenaufgang bis Sonnenuntergang weder Nahrung noch Flüssigkeit zu sich. Schweinefleisch war komplett vom Menü gestrichen worden, eine Weinkarte gab es nur auf Anfrage.

Sie fanden schnell einen Vorsitzenden für die Interimsregierung.

Der Paschtune Hamid Karzai wurde von der BBC-Korrespondentin Lyse Doucet mit ihrem Satellitentelefon angerufen:

»Wie ist Ihre Reaktion darauf, dass Sie zum neuen Präsidenten Afghanistans ernannt wurden?«

»Was?«

Sie wiederholte die Frage.

»Wenn das stimmt, ist das sehr schön«, antwortete Karzai.

Was er nicht sagte, war, dass er gerade verletzt in einem Waldstück in der Provinz Urusgan lag, und zwar nach einem amerikanischen Luftangriff. Er und seine Leute waren mit flüchtenden Taliban verwechselt worden.

Hamid Karzai war kein offenbarer Kandidat für das Amt gewesen, doch plötzlich wurde er zur ersten Wahl, insbesondere auf Drängen der USA. Er stammte aus einem vornehmen Zweig des Popolzai-Clans, der seit dem achtzehnten Jahrhundert Verbindungen zu den Monarchen der Durrani-Dynastie hatte. Karzai der Ältere war ein enger Freund des letzten Königs gewesen, und Vater und Sohn hatten die Mudschahedin im Krieg gegen die Sowjetunion unterstützt. Als die Taliban 1996 an die Macht kamen, hatte die Familie Karzai zunächst auf eine Zusammenarbeit gesetzt. Diese scheiterte, und Hamids Vater wurde auf offener Straße von den Taliban erschossen. Von seinem Exil in Pakistan aus versuchte Hamid, das Taliban-Regime zu untergraben, wobei er engen Kontakt zu westlichen Ländern und der CIA hielt. Nach den Terroranschlägen in den USA fuhr er wie Mullah Omar auf einem Motorrad zurück nach Afghanistan, um bei den Stammesführern im Süden des Landes Unterstützung zu suchen.

Die Delegierten der Bonner Afghanistankonferenz einigten sich nicht nur auf Karzai, sondern auch auf ein neues Grundgesetz. Es sollte von der *Loja Dschirga*, der Versammlung aller Stammesführer, verfasst und in Kraft gesetzt werden. Die Beteiligten wurden wie eh und je von oben ausgewählt, auch in Bonn.

Die Bush-Regierung überzeugte die Delegierten, für eine konstitutionelle Demokratie nach amerikanischem Vorbild zu stimmen, mit Direktwahl des Präsidenten. Was in Amerika funktionierte, sollte auch in Afghanistan klappen.

Die Petersberger Konferenz hatte jedoch eine Schwäche, die alle geflissentlich übersahen:

Die Taliban waren nicht eingeladen.

Mehrere Anführer der Taliban hatten den Wunsch ausgedrückt, sich zu ergeben, wenn sie bei der Diskussion über die Zukunft des Landes dabei sein konnten. Doch keiner wollte sie dabeihaben. Die afghanischen Stammesführer hatten ihnen den Rücken zugekehrt. Die UN übersahen sie. Weder George Bush noch die Nordallianz waren zu Verhandlungen bereit. Die Taliban hatten verloren. Sie waren verschwunden.

Genau wie die gewünschte Trophäe.

Konnte er da drinnen noch am Leben sein?

So war es.

Nachdem das Petersberger Abkommen am 5. Dezember 2001 unterzeichnet war, nach Hunderten Tonnen Bomben, war Osamas Stimme noch immer zu hören. Die al-Qaida kommunizierte mit unverschlüsselten Funkgeräten, sodass die Amerikaner ihre knisternden Gespräche abhörten und herausfanden, wo die Krieger sich befanden und wo die Bomben getroffen hatten. Die Angriffe hatten vielen das Leben gekostet. Als ein CIA-Agent einem toten Dschihadisten das Funkgerät abnahm, empfingen die Amerikaner einen deutlichen Kanal aus den Höhlen. Es war bin Ladens Stimme. Die Krieger in den Höhlen nannten ihn nur den »Scheich«.

Mitte Dezember schrieb Osama bin Laden sein Testament. Er befahl seinen Frauen, nicht wieder zu heiraten, und entschuldigte sich bei seinen Kindern, dass er sein Leben ausschließlich dem Dschihad geweiht hatte.

Die Amerikaner benutzten GPS und Laser, um herauszufinden, wo genau die Höhlen lagen und wo der »Scheich« sich befand, aber keine moderne Technologie hätte den menschlichen Beitrag ersetzen können. Die USA hatten auf zwei lokale Kriegsherren gesetzt – einen bekannten Drogenbaron und einen, der als besonders grausam galt. Sie boten den USA zweitausend Krieger an, die teilweise untereinander verfeindet waren. Die Amerikaner bezahlten sie gut dafür, dass sie die Rückseite des Berges bewachten, weil sie selbst zu wenig *boots on the ground* hatten.

Nach einer weiteren Woche Bombardierung aus der Luft übermittelte der Drogenbaron die Nachricht, dass die al-Qaida sich ergeben wolle. Sie verlangten nur zwölf Stunden Waffenruhe, um aus den Höhlen und von den Bergen herabzuklettern und ihre Waffen abzuliefern. In einem abgehörten Gespräch sagte bin Laden zu seinen Männern, dass es in Ordnung sei, sich zu ergeben. Der Drogenbaron versprach den Amerikanern, ihnen die gesamte Führung der al-Qaida auf einem silbernen Tablett zu präsentieren.

Die Bombardierungen wurden für eine Nacht eingestellt.

Am nächsten Morgen war kein einziger Krieger bei den Amerikanern aufgetaucht. Stattdessen waren ungefähr achthundert Mann über die Rückseite des Berges entkommen und nach Pakistan geflohen.

Zwei Nächte später stahlen sich Osama bin Laden und seine jemenitischen Leibwächter unbemerkt aus dem Höhlenkomplex. Sie überquerten die schneebedeckten Berge zu Fuß und auf Pferden und verschwanden ebenfalls über die Grenze.

Während die meisten Dschihadisten nach Pakistan flohen, wollten viele Afghanen in die entgegengesetzte Richtung ziehen. Nach Hause.

Unter ihnen war Jamilas Vater. Er glaubte an Karzai, der als tüchtiger Geschäftsmann bekannt war. Ein Großteil von Ibrahims Besitz lag in Trümmern, das wusste er, aber die Grundstücke gehörten noch immer ihm. Jetzt konnte er sie wiederaufbauen und entwickeln.

Seit seiner Flucht war Ibrahim nur einmal zu Hause gewesen, und zwar während einer Waffenruhe im Bürgerkrieg. Zusammen mit Bibi Sitara war er nach Kabul gefahren, um nach ihrem Haus zu sehen. Damals war ihr Viertel, Kote Sangi, ohne Vorwarnung mitten in die Schusslinie geraten. Plötzlich tobten Kämpfe in der direkten Nachbarschaft. Sie flohen im Schutz der Dunkelheit. Jamilas Mutter erinnert sich daran, dass sie über Leichen gehen mussten.

Damals beschloss sie, erst wieder zurückzukehren, wenn sie sicher sein konnte, dass wirklich Frieden herrschte.

Die Amerikaner waren in Kabul, versicherte Ibrahim ihr. Es sah gut aus, sie waren unternehmerfreundlich und würden die Ordnung aufrecht halten. Trotzdem weigerte sich Bibi, mitzufahren. Aber seine Söhne kamen einer nach dem anderen nach, um ihrem Vater zu helfen.

»Eine goldene Zeit«, prahlte Ibrahim vor seinen alten Freunden in Kabul. Alles war nun möglich. Man musste nur in den Ruinen aufräumen.

Während ihr Vater täglich neue Ideen hatte und Zahlen und Budgets im Kopf wälzte, entzündete sich Jamilas Aktivismus. In ihrer Studienzeit hatte sie bereits alle mögliche Hilfsarbeit geleistet.

Wer Kleider übrig hat, soll sie spenden!

Gibt es Schuhe?

Essen!

Medizin!

Der Vater und ihre Brüder hatten schließlich aufgegeben und sie zur Universität gehen lassen. In diesem Sommer hatte sie ihren Master in internationaler Politik bestanden. Während des Studiums hatte sie ihre eigene Organisation gegründet: *Noor*, was »Licht« bedeutet. Schulbildung war das Wichtigste, um dem Elend zu entkommen, meinte sie. Und weil die wenigsten in den Flüchtlingslagern ihre Kinder zur Schule schickten, unterrichtete Noor sie direkt in den Lagern.

Doch jetzt, wo ihr Vater und ihre Brüder nach Hause zogen, kam eine neue Idee auf. Sollte sie auch zurückgehen?

In ein Heimatland, das sie kaum kannte und nichtsdestotrotz liebte.

Kurz nach Neujahr 2002 setzte sie sich in das Auto ihres Onkels. Ihr Vater erlaubte keine Fahrer, die nicht zur Familie gehörten. Die spektakuläre Aussicht vom Sarobi-Pass trieb ihr die Tränen in die Augen. Auf dieser Straße war sie vor vielen Jahren angeschossen worden. Überall lagen verrostete Kriegsmaschinerie und zerstörte Gebäude am Straßenrand.

Als sie sich der Hauptstadt näherten, sah sie schwarzen, dichten Rauch über der ganzen Stadt. Die Menschen verbrannten Kohle und Holz, um etwas Wärme in ihre Häuser zu bekommen. Die Wasserleitungen waren ausgetrocknet, die Telefonkabel stumm, die Glühbirnen dunkel.

Aber jetzt würde sich alles ändern.

Zur gleichen Zeit strömten ausländische Hilfsorganisationen ins Land. Im Westen entworfene Entwicklungsprogramme suchten lokale Hilfskräfte. Jamila bekam einen Job bei Care International. Nach einer kurzen Einführung sollte sie als Instrukteur im Programm *Capacity building for social workers* arbeiten. Alle, die dafür ausgewählt wurden, hatten wie sie die unruhige Zeit in Pakistan verbracht, während diejenigen, die sie unterrichten sollte, in Afghanistan geblieben waren.

Jamila war gespannt. Sie war die jüngste Instrukteurin. Voller Energie ergriff die Vierundzwanzigjährige das Wort vor der Gruppe und stellte sich und das Kursprogramm vor. Sie glühte innerlich, fühlte sich nützlich und wichtig und benutzte viele Fachbegriffe und Abkürzungen, die sie gerade erst gelernt hatte.

Unruhe verbreitete sich unter den Teilnehmern, die sie skeptisch und misstrauisch ansahen. Manche standen auf und stellten sich neben die Tür, einige gingen. Jamila konzentrierte sich auf ihren Vortrag und redete immer lauter, um das Geschwätz der Teilnehmerinnen zu übertönen.

So ging es eine Weile weiter. Keine zeigte Interesse, keine hörte ihr zu!

Mit einiger Überwindung stand sie die erste Stunde durch.

»Warum sind die Frauen so negativ?«, fragte sie einen anderen Instrukteur in der Pause.

Der Kollege zuckte mit der Schulter.

Jamila beschloss, der Sache auf den Grund zu gehen, nahm ihre Krücken und trat auf eine Gruppe Frauen zu, die mürrisch dreinschauten.

Eine der Frauen musterte sie von Kopf bis Fuß.

»Hier stehe ich, viel älter als du, und komme mir vor, als hätte ich mein Leben weggeworfen«, sagte sie. »Du weißt mehr als ich, du hast Kraft, du hast eine helle Zukunft. Ich habe nichts davon«, klagte sie. »Aber wenn ich die Chance gehabt hätte, wäre ich besser als du.«

»Ich hasse die Mudschahedin und die Taliban«, sagte eine andere. »Sie sind Produkte von Pakistan. Wir haben unter ihnen gelitten, und hier kommst du, fein gekleidet und bleich, aus Pakistan und willst uns beibringen, wie wir leben sollen!«

Jamila schwieg. Sie verstand die Frauen.

»Ich bin in Afghanistan geblieben, du bist fortgegangen! Du warst auf der Uni, wir haben Staub gegessen!«, sagte eine Dritte.

Jamila schämte sich. Sie hatte sich selbst als eine Art rettenden Engel gesehen, der anderen viel zu sagen hatte. Aber sie hatte den Frauen keine einzige Frage gestellt und kein Interesse an ihren Erfahrungen gezeigt. Sie hatte geglaubt, sie hätte alle Antworten in der Tasche, wohlformuliert im Jargon von Care International.

Die Kursteilnehmerinnen betrachteten sie nicht als Afghanin, die ihrem Land helfen wollte, wie sie selbst. Sie missgönnten ihr die Möglichkeiten, die sie gehabt hatte. Sie hatten den Krieg überlebt, die Unterdrückung, die Schikanen, die Angst. Sie hatten weder studieren noch arbeiten können, und nun kam sie, ein junges Mädchen, und sollte ihnen etwas beibringen.

Jamila, das schaffst du nicht, sagte sie zu sich selbst.

Die Pause näherte sich dem Ende.

Auf dem Programm stand Gruppenarbeit mit Ausgangspunkt in der ersten Lektion. Sie sollten durch Rollenspiele Lösungen erarbeiten. Jamila hatte gedacht, dies würde die Teilnehmerinnen motivieren, aber jetzt kam ihr alles falsch vor.

Als sie vollzählig waren, ließ sie den Blick über die Gruppe schweifen.

»Ich bin hierhergekommen, um euch zuzuhören«, sagte sie.

Sie saß still auf ihrem Platz, bis die Erste zu erzählen begann. Die Frau sagte ein paar Sätze, dann hielt sie ein. Sie war es nicht gewohnt, die bitteren Gefühle in Worten auszudrücken. Es tat geradezu weh, aber alle, die es wollten, durften reden. Jede hatte ihr Bündel zu tragen, so unterschiedlich sie auch waren, aber nun wollten sie sich gegenseitig entlasten.

Auch Jamila durfte reden. Sie erzählte, wie die Pakistaner afghanische Flüchtlinge auf der Straße beschimpften. Dass die Kinder nicht auf normale Schulen gehen durften. Dass es für einen Afghanen fast unmöglich war, einen anständigen Job zu bekommen. Wie die Menschen im Winter in den Lagern erfroren oder im Sommer an Hitzeschlägen starben. Wie die Kinder ohne Kleider und ordentliches Essen herumliefen und schon an leichten Krankheiten starben.

»Und ich dachte, ihr hättet es so gut gehabt«, sagte eine.

Jamila erzählte, wie sie sich vor ihren Brüdern und ihrem Vater verstecken musste, wie sie von Soldaten wegen ihrer Behinderung gemobbt wurde, wie sehr sie kämpfen musste, um ihre Ziele zu erreichen. Auch das Exil schmeckte bitter.

Die älteren Kollegen, die nicht auf denselben Widerstand gestoßen waren, waren verärgert. »Du folgst nicht dem Lehrprogramm. Du wirfst den Zeitplan durcheinander.«

»Die Leute sind traumatisiert, sie sind nicht bereit, unseren Kurs zu akzeptieren«, antwortete Jamila.

Am schwierigsten waren ihre männlichen Kollegen. Sie machten sich über sie lustig und drehten ihr die Worte im Mund um. Sie waren im Kampfmodus. Egal, wie sie sich ausdrückte, sie nahmen es ihr übel. Für sie war es demütigend, von einer jüngeren Frau belehrt zu werden.

Doch Jamila fand heraus, dass ihre Kenntnis des Islam ein großer Vorteil war. Darüber konnten sie sich nicht lustig machen. Sie zitierte den Koran, dessen Verse sie frisch in Erinnerung hatte. Dann zog sie die Auslegungen verschiedener Gelehrter heran und diskutierte sie. Darin war sie Expertin. Die Ironie der Kollegen verschwand, die Hänseleien verstummten.

Sie hatte ihr Schwert und ihren Schild gefunden.

Nach einer Weile bekam Jamila eine neue Rolle im Entwicklungsfonds der Vereinten Nationen für Frauen, UNIFEM. Sie sollte die Bedürfnisse von Frauen in verschiedenen Teilen des Landes recherchieren. Welche Hilfe wünschten sich die Menschen? Eine Schule? Saatgut? Brauchten sie mehr Wasser? Wo sollte man Brunnen bauen?

Die von ihr angelernten Sozialarbeiter sollten in die Dörfer fahren, sich mit den Bewohnern zusammensetzen, Fokusgruppen gründen und fragen, was die Menschen vor Ort benötigten. Was musste dringend erledigt werden, wo gab es Notlagen, und wo war langfristige Planung angesagt?

Nach drei, vier Monaten fand sie heraus, dass sie am liebsten in dem Bereich arbeiten wollte, den sie am allerwichtigsten fand: Bildung. Im Sommer registrierte sie Noor als Bildungsorganisation in Kabul.

Noor wurde von einer internationalen Hilfsorganisation bei der Einrichtung von zwanzig Heimschulen unterstützt. Es gab kaum Räumlichkeiten, deshalb sollte der Unterricht zu Hause bei den Familien stattfinden. Sie richteten Klassen auf verschiedenen Niveaus ein, von Anfängern bis zum sogenannten Catch-up-Programm, bei dem Mädchen, deren Schulbildung durch die Taliban unterbrochen wurde, das Verpasste nachholen konnten, um Chancen auf eine bessere Ausbildung zu bekommen.

Doch zuerst mussten sie die Lehrer ausbilden.

Eines Tages erfuhr Jamila, dass eine ihrer Schülerinnen eine andere getötet hatte. Die beiden hatten im Viertel der ehemaligen sowjetischen Botschaft nebeneinander gelebt, wo mehrere Hundert Familien provisorische Wohnstätten unter Planen und Pappkartons eingerichtet hatten. Sie hatten sich um ein wenig Platz auf der Wäscheleine gestritten.

Die Jüngere hatte einen Stein vom Boden aufgehoben und ihn der Älteren auf den Kopf geschlagen.

Jamila eilte zum Tatort. Als sie ankam, holte die Polizei gerade die Leiche ab und verhaftete die Täterin.

Eine große Menge hatte sich versammelt, alle redeten durcheinander.

»Das Blut ist aus ihrem Kopf geströmt!«

»Und aus der Nase!«

»Und dem Mund!«

Sie schilderten den Streit, machten die Schläge nach und zeigten auf den blutigen Stein. Viele lachten und spielten die Tat erneut nach.

Als hätten sie eine Ratte getötet, dachte Jamila. Ihr wurde übel. Die Menschenmenge kochte. Sie klammerte sich an ihre Krücken und hielt sich mit Mühe und Not aufrecht. Als sie die Fassung wiedergewonnen hatte, drehte sie sich um und ging.

Erst daheim kippte sie um.

Dafür war sie nicht geschaffen. Das ertrug sie nicht. Sie musste anderen die Ruder überlassen.

Während sie im Bett lag und langsam wieder zu sich kam, dachte sie darüber nach, was der Krieg mit den Menschen tat. Diese Frauen waren traumatisiert, sowohl die, die für ein Stück Wäscheleine getötet hatte, als auch die, die darüber lachten. Sie hatten so viel Leid und so viel Tod gesehen, dass sie abgestumpft waren.

Sie rief ihre Mutter an.

»Mama, ich komme heim.«

Sie zog zurück nach Peschawar zu ihrer Mutter und ihrer Schwägerin, die ihren Ehemännern nicht nach Kabul gefolgt waren. Sie flüchtete in die Villa, zu den Blumen, den grünen Kletterpflanzen und dem kühlen Zimmer.

Erschöpft lag sie auf ihrem Bett und ließ sich vom Ventilator erfrischen.

Es war eine vorübergehende Flucht vor dem afghanischen Elend, für die sie niemand kritisieren konnte. Vor allem nicht, weil sie die Zeit zum Erlangen eines Doktorgrads nutzen wollte.

Schon vor dem Fall der Taliban hatte sie vorgehabt, nach dem Magister zu promovieren, und nun wollte sie das Studium wieder aufnehmen. In Ruhe und Frieden über ihren Büchern sitzen. Sie füllte die notwendigen Formulare aus, um als Doktorand aufgenommen zu werden.

Der Tag der Aufnahmeprüfung kam. Jamila war gut vorbereitet. Bei der Ankunft zeigte sie ihre Papiere.

»Ihr Name steht nicht auf der Liste«, sagte der Mann am Empfang.

»Das muss ein Fehler sein. Ich bin Studentin und habe hier meinen Magister gemacht«, sagte sie verwundert. »An dieser Fakultät. Ich habe alle Formulare eingereicht.«

»Sie sind ein afghanischer Flüchtling«, sagte der Mann. »Für die gelten andere Regeln. Sie müssen die Qualifikation zum Promotionsstudium separat nachweisen.«

»Nein, ich bin kein Flüchtling. Ich wohne hier, ich bin hier registriert«, antwortete Jamila und hielt ihre Papiere hoch. Sie beteuerte noch einmal, dass sie alle für Afghanen notwendige Papiere eingereicht habe und diese anerkannt worden seien.

»Ja, aber das war für den Magister«, sagte der Mann.

»Aber ... ich ...«

»So haben es die Behörden bestimmt, und Sie müssen sich an die Regeln halten!«

Abgewiesen.

Gedemütigt.

Sie drehte sich um und ging.

In diesem Moment beschloss sie: Ich muss zurück in mein Land, und wenn es noch so schlimm ist.

Es ist mein Land.

VOM JUNGEN ZUM KRIEGER

Der alte Mann breitete einen Stadtplan von Kabul aus.

»Angenommen, wir wollten die amerikanische Botschaft treffen. Von hier in Mussahi aus!«

Er zog einen Kompass aus einer kleinen Schachtel. Das Instrument hatte zwei Nadeln, und ein dünner Metalldraht war darauf befestigt.

»Du legst den Kompass in die Mitte zwischen zwei Punkten auf der Karte. Dann ziehst du den Draht gerade und richtest ihn direkt aufs Ziel. Wenn du den genauen Ort gefunden hast, den du treffen willst, und beide Seiten des Drahtes gleich lang sind, notierst du den Längen- und Breitengrad. Dann kannst du die Entfernung mithilfe der Karte berechnen.«

Baschir saß neben dem alten Krieger auf dem Boden und hörte ihm aufmerksam zu.

Schukur wohnte am Stadtrand von Mussahi. Baschir war über eine Stunde gelaufen, um von ihm zu lernen.

Zuerst hatte er ihn brüsk abgewiesen. Baschir verstand, warum. Schukur konnte ihn für einen Verräter halten, der ihn anzeigen wollte. Die Leute wurden massenweise denunziert und aus ihren Häusern gezogen, egal ob sie schuldig waren oder nicht. Militärische Ausbildung war allein den internationalen Streitkräften und dem offiziellen Heer vorenthalten, dafür konnte der ehrenhafte alte Mann für den Rest seines Lebens hinter Gittern landen.

Baschir hatte gesagt, wer er war, wer sein Vater und wer seine Brüder waren. Der alte Mann hatte genickt, war aber noch immer abweisend.

»Du bist zu jung.«

»Ich bin fast fünfzehn.«

Der alte Krieger war berühmt für seine Erfolge gegen die Sowjets. Er wollte in nichts hineingezogen werden.

»Sie sind mein Held«, bettelte Baschir. »Sie haben die Gottlosen verjagt, als sie das letzte Mal hier waren. Jetzt ist unser Land wieder von Ungläubigen besetzt, es ist unsere Pflicht, gegen sie zu kämpfen.«

Baschir wollte nicht zu den »Daheimbleibenden« gehören. Doch dafür musste er Dinge lernen, die wichtig für den Krieg waren.

Die Amerikaner hatten keine klare Vorstellung, gegen wen sie kämpften, obwohl George Bush es so schön formuliert hatte: Sie kämpften gegen die *Bad Guys.*

Aber wer waren die *Good Guys?*

Viele Afghanen traten schnell auf die Seite der »Guten« über. Die Listigen unter ihnen benutzten die Gelegenheit, um viele Fliegen mit einer Klappe totzuschlagen. Wer die Situation geschickt ausnutzte, konnte zum Beispiel einen lästigen Nachbarn loswerden, mit dem er in einer Fehde lag, sich umstrittenen Besitz unter den Nagel reißen oder an den Amerikanern verdienen.

Mit etwas Glück und ein paar mitverschworenen Zeugen reichte es aus, einen Mann als *bad guy* zu denunzieren, damit die Sicherheitskräfte ihn abholten. Alte Rivalitäten, noch ältere Stammesfehden – alles konnte man nun lösen. Kriegsverbrecher, Opiumbauern, Schmuggler und Mörder warfen sich den Mantel der *good guys* über und wurden großzügig dafür bezahlt.

Die ausländischen Truppen durchschauten dies nicht, sie interessierten sich nicht für lokale Fehden. Sie waren viel zu beschäftigt mit dem Krieg gegen den Terror. Um diesen zu gewinnen, hatten sie sich Ziele und Teilziele gesetzt. Ein Teilziel lautete, eine große Anzahl Mitglieder der al-Qaida und Taliban gefangen zu nehmen.

Um die Quote an *Bad Guys* zu erfüllen, wurden viele Soldaten der Taliban verhaftet. Viele Kommandierende niederen Ranges hatten die Niederlage eingesehen und waren in ihre Heimatdörfer zurückgekehrt, um ihr ziviles Leben wieder aufzunehmen und gegebenenfalls mit der neuen Regierung zusammenzuarbeiten. Manche konnten gerade noch ihrem Clan empfehlen, sich hinter den neuen Präsidenten zu stellen, ehe sie als mächtige und gefährliche Mitglieder von al-Qaida denunziert wurden.

Die *good guys*, darunter Warlords, Mudschahedin und andere Ringfüchse sowie die von den USA und der NATO ausgebildeten afghanischen Sicherheitskräfte, waren oft undiszipliniert. Manche erpressten ihre Opfer, bevor sie sie den Amerikanern auslieferten. Die Ausländer begannen ihre Verhöre häufig aufs Geratewohl, ohne weitere Informationen als die der Denunzianten. Ungeachtet dessen, wen sie vor sich hatten, fragten sie einfache Bauern, wo bin Laden sei oder ob al-Qaida neue Terroraktionen plante.

Nach dem Fall der Taliban hatten sich die afghanischen Stammesführer fast einstimmig hinter Hamid Karzais Regierung gestellt, doch wegen des brutalen Vorgehens der neuen Herren wurden sie in einen Aufstand hineingezogen, den sie anfangs nicht gewollt hatten. Respektierte Männer aus dem Ältestenrat der Dorfgemeinschaften, die ein Bindeglied zu den Taliban, aber keine Mitglieder der Bewegung gewesen waren, wurden verhaftet, schikaniert und gedemütigt. Sie wurden an den Armen oder kopfüber aufgehängt, vor anderen geschlagen, beim Verhör gefoltert. Der Gang zur Toilette wurde ihnen verweigert, der Schlaf geraubt. Die vielen Erniedrigungen schrien geradezu nach Rache. Es war unmöglich, nicht Partei zu ergreifen.

Die Bush-Regierung beging einen großen Fehler, indem sie die Taliban und al-Qaida in einen Topf warf.

Die zwei Gruppen waren einen Pakt miteinander eingegangen und hatten teilweise ähnliche Ansichten, aber unterschiedliche Ziele und kulturelle Hintergründe. Die al-Qaida bestand aus Arabern und anderen ausländischen Kriegern, deren globales Ziel der Dschihad war.

Ihre Anführer wollten die USA, die saudische Königsfamilie und die Regierungen des Nahen Ostens treffen. Die Taliban hingegen wollten die Macht in Afghanistan. Ihre Auslegung des Islam war mehr in lokalen Traditionen als in politischem Islamismus verankert. Die Bewegung wurde insbesondere von konservativen Paschtunen im Osten und Süden des Landes unterstützt, die ihre Lebensweise behalten wollten. Ihre Ambition war lokal, sie wollten ihr Land regieren.

Für George Bush waren sie alle *Bad Guys*.

In Wahrheit befand sich kaum noch ein Al-Qaida-Mitglied in Afghanistan, nachdem Osama bin Laden mit achthundert Kriegern aus Tora Bora geflohen war. Sie waren nach Pakistan in ihre Stammesgebiete zurückgekehrt, wo sie ihre Wunden leckten. Taliban hingegen gab es reichlich. Viele waren tatsächlich *Bad Guys*, aber sie hatten nichts mit den Terroranschlägen in den USA zu tun. Für die afghanischen Verbündeten der USA war es jedoch ein Leichtes, diese Verbindung zu erfinden. Aus Mullahs wurden professionelle Terroristen, um die Quote zu erfüllen. Die Amerikaner fragten selten genau nach, oft überhaupt nicht, ehe die Angeklagten über den Atlantik nach Guantánamo verschleppt waren. Ihr Ziel lautete, möglichst viele Terroristen zu eliminieren, da war es besser, zu viele zu fangen als zu wenige.

Wenn der junge Mann, den Schukur hereingelassen hatte, ihn verriet, konnte es auch den alten Krieger treffen. Doch komme, was wolle, Baschir war schließlich ins Mekka der Kriegskunst eingeweiht worden. Schukur hatte alles, was er brauchte: einen Kompass, eine Karte und Erfahrung.

Der alte Mann erklärte Breiten- und Längengrade und Höhenmeter, er zeigte ihm, wo geheime Pfade verliefen und wo es Höhlen gab, in denen man sich verstecken konnte. Er erklärte auch, dass es verschiedene Maßstäbe gab. Ein Zentimeter konnte zwei Kilometern entsprechen oder zehn oder hundert.

»Schau her«, sagte er. »Hier steht, welchen Winkel du einstellen musst, wenn die Rakete ein Ziel treffen soll, das zwanzig Kilometer entfernt ist. Das ist der Abstand von hier bis zur amerikanischen Botschaft.«

Er zeigte ihm, wie man aus zwei Stöcken eine Abschussrampe baute. Wenn die Rakete nach dem Kompass genau im richtigen Winkel stand, konnte er sie abfeuern.

»Mit Allahs Hilfe triffst du das Ziel.« Schukur lächelte aus seinem weißen, zerzausten Bart.

Innerhalb weniger Stunden hatte Baschir Treffsicherheit gelernt.

»Das sind deine«, sagte Schukur schließlich und gab ihm die Karte und den Kompass. »Mögen sie dir zunutze kommen.«

Baschir schwor, dass er mithilfe dieses Geschenks viele Ungläubige töten würde.

»Versprich mir, dass du vorsichtig bist«, sagte der alte Mann.

Baschir war überwältigt. Er lächelte, dankte und lobpreiste den Herrn.

Nun musste er sich nur noch Raketen beschaffen.

Die alten Helden waren verschwunden. Die Taliban, die Baschir und seine Klassenkameraden an der Front getroffen hatten, waren tot oder nach Pakistan geflohen. Der Koranlehrer war über alle Berge. Osama versteckte sich. Mullah Omar war auf der Flucht.

Das Leben war unsicher geworden, auch für Baschirs Familie. Sie gehörten zu den vielen, die sich vor dem nächtlichen Klopfen an der Tür fürchteten. »Wie unter den Kommunisten«, seufzte Hala. Am Anfang nannte die Mutter die Amerikaner »Russen«. Es waren nur andere Ausländer, die ihr Dorf angriffen.

Eines Nachts war Baschirs Haus an der Reihe.

»Wo habt ihr die Waffen versteckt?«

Die Soldaten zielten auf Halas älteste Söhne.

»Zeigt uns die Waffen!«

Hassan und Yaqub sagten, sie wüssten nichts von Waffen.

»Wenn ihr uns nicht das Versteck zeigt, töten wir euch!«

Am Ende zogen sie die Brüder in ein Auto und fuhren sie weg.

Baschir war allein. Das Emirat war gefallen. Die Freiheit verloren. Er schwor, dass er die Kränkung seiner Brüder rächen würde.

Ein Denunziant hatte sie als Waffenschmuggler angezeigt. Was der Wahrheit entsprach. Die Waffen waren gut versteckt in den Bergen von Mussahi. Manchmal auch auf einem Acker oder in ihrem eigenen Stall.

Die Soldaten kamen mehrmals zurück. Einmal nahm einer von ihnen einen Spaten und zerschlug einen Teil des Inventars.

»Nur um uns zu schikanieren«, schimpfte die Mutter beim Aufräumen. »Uns zu terrorisieren«, berichtigte sie.

Baschir versprach seiner Mutter, dass er ihren Verlust rächen würde.

Hassan und Yaqub wurde Strafminderung versprochen, wenn sie kooperierten. Schließlich hatten sie unter Folter die Verstecke verraten, von denen sie annahmen, dass die Soldaten sie sowieso finden würden. Über alle anderen Waffenlager hielten sie dicht, und nun war es Baschirs Aufgabe, diese zu bewachen.

Ihr geheimes Lager spielte eine wichtige Rolle bei der zaghaften Wiedergeburt der Taliban. Die Krieger waren immer in Bewegung, und es war schwer, Waffen zu einem Angriffsort zu transportieren, ohne entdeckt zu werden. Deshalb gab es viele, weit verteilte Depots.

Die neue Regierung bot gutes Geld im Kampf gegen die Taliban. Die Versuchung war bis in den Kern von Baschirs Familie vorgedrungen. Der Schwager von Baschirs ältestem Bruder hatte sie angezeigt. Er war selbst dabei gewesen, als sie die Waffen vergruben, wusste also, wo sie lagen. Solche Verräter wie er durften keine Gnade erwarten.

Als Baschirs große Brüder aus dem Gefängnis kamen, gingen sie nach Wasiristan, ein quasi autonomes Stammesgebiet im Norden Pakistans, wohin Baschir zwei Jahre zuvor geflohen war. Die Grenze zu Afghanistan – die umstrittene Durand-Linie – wurde 1893 von den britischen Kolonialherren und dem Emir von Afghanistan gezogen und zerschneidet das paschtunische Stammesgebiet. Doch das Bergvolk ließ sich nicht regieren. Die dauernden Aufstände wurden so teuer, dass Wasiristan am Ende eine gewisse Autonomie erlangte. Pakistanisches Militär patrouillierte nur noch auf den Hauptstraßen. Hohe Berge, tiefe Wälder und glühend heiße Wüsten machten die Region zu einer natürlichen Festung, die zum neuen Lebensnerv der Taliban werden sollte.

Baschir gab die Rolle des Mannes im Haus an Raouf ab, der ein paar Jahre älter war. Die vier Brüder hatten sich geeinigt, dass einer von ihnen immer bei der Mutter und den Schwestern im Haus sein musste.

Als der Frühling kam und Raouf von einem Auftrag zurückkehrte, bettelte Baschir bei seiner Mutter um die Erlaubnis, zu seinen Brüdern nach Wasiristan zu reisen. Wie konnte sie sich nur damit abfinden, dass ihr Land erneut von Ungläubigen besetzt war? Er erinnerte sie an die Razzia, wie sie die Tür aufgebrochen und Fenster zerschmettert hatten und ins Haus stürmten, sodass die Frauen, die sich nie draußen zeigten, bloßgestellt waren.

Die Mutter gab ihrem Lieblingssohn nach. Sie war sicher, dass er zurechtkommen würde. Baschir war der Klügste von allen, das hatte sie immer gesagt. Während seine großen Brüder Haschisch und Opium konsumiert hatten, hielt sich Baschir von solchen Dingen fern. Sie gab ihm Geld für den Bus und einen Satz neue Kleider, dann ging der Junge zur Kreuzung, wo der Schlamm des Dorfweges auf die Hauptstraße traf. Vor einigen Jahren hatte er schon einmal dort gestanden, nachdem er aus Mutters Vorräten gestohlen hatte, um Geld für die Fahrkarte zu bekommen.

An der Grenze stieg er um und gelangte nach Anweisung seiner Brüder über Peschawar in das alte Stammesgebiet der Paschtunen. Sein Ziel war das Dorf Miranschah. Um in die Trainingslager zu kommen, brauchte man eine Empfehlung; einfach so aufzutauchen konnte gefährlich sein. Die Männer, die sich dort aufhielten, befürchteten eine Infiltrierung.

Baschir wurde von seinen Brüdern empfangen. Am nächsten Tag sollte er den Mann treffen, den alle nur den »Kalifen« nannten.

Dschalaluddin Haqqani wurde in den Dreißigerjahren in der südöstlichen Provinz Paktika geboren und war einer der obersten Kommandeure im Krieg gegen die Sowjetunion. Er war sowohl für seine Präzision als auch für seine Brutalität bekannt. Während seine alten Mudschahedin-Kameraden nach dem Krieg untereinander um Kabul kämpften, baute er in Wasiristan in seiner eigenen Madrasa neue Kader auf. Er war militärischer Berater Osama bin Ladens gewesen und arbeitete eng mit dem pakistanischen Geheimdienst zusammen.

Als die Taliban in den Neunzigerjahren an die Macht kamen, wurde er Minister für Stammes- und Grenzfragen, behielt aber gleichzeitig seine Schule und seine Moschee in Miranschah.

Direkt nach den Terroranschlägen in den USA suchte er erneut dort Zuflucht und begann sofort, den Widerstand zu organisieren. Eine Woche, nachdem Bush die Luftangriffe auf Afghanistan befohlen hatte, wurde Dschalaluddin zu Gesprächen mit pakistanischen und amerikanischen Regierungsvertretern nach Islamabad eingeladen. Er glaubte, sie wollten ihm einen Posten in der neuen Regierung anbieten.

Ob er sich vorstellen könne, seine Treue zu den Taliban auf die Übergangsregierung in Kabul zu überführen, fragten die Amerikaner, und was er dafür haben wolle.

Dschalaluddin forderte sie auf, ein Angebot zu machen.

Die Amerikaner waren selbstsicher. Ihr Vormarsch ging rasch voran. Das Kleeblatt Taliban, al-Qaida und Haqqani hatte so gut wie verloren.

Das Angebot hieß bedingungslose Kapitulation. Der alte Krieger sollte zur raschen Ermittlungsarbeit nach Guantánamo verfrachtet werden. Wenn er dort alles erzählte, was er über Osama bin Laden wusste, würde er als freier Mann heimreisen.

Das war kein Angebot, es war eine Kränkung.

Dschalaluddin verließ das Treffen auf der Stelle.

Er fuhr zurück nach Wasiristan. Hier war er zu Hause und hatte alles, was er brauchte, während die Amerikaner in Afghanistan nach al-Qaida suchten. Dabei waren sie bei ihm, in Pakistan.

Dschalaluddin war bereit. Die Brüder waren bereit, die Söhne, Cousins, Neffen. Alle waren bereit.

Baschir war euphorisch. Er war schon so lange zum Krieg bereit, und jetzt würde er den Kalifen persönlich treffen.

Dschalaluddin empfing ihn auf seiner Veranda in Miranschah. Es war ein warmer Abend, sie saßen draußen auf dem Betonboden. Bei Haqqani gab es nichts Überflüssiges, keine Möbel, keine Teppiche, keine Dekoration. Alles Geld floss in den Dschihad.

Der ältere Mann empfing die jungen Bewerber immer persönlich und unterzog sie einer genauen Prüfung. Er wollte den Überblick behalten und wissen, wer bei ihm war.

»Was führt dich hierher?«, fragte er. Den Bart, der einmal schwarz gewesen war, hatte er mit Henna gefärbt, doch an einigen Stellen schimmerte das Grau durch.

»Ich bin gekommen, um gegen die Eindringlinge zu kämpfen«, sagte Baschir.

»Dann bist du an den rechten Ort gekommen, mein Sohn«, antwortete der Kalif. »Aber du sollst wissen, dass du keinen Sold bekommst. Unsere Kasse ist leer, wir haben kaum Autos und wenig Essen. Bist du trotzdem dabei?«

»Ich bin dabei bis in den Tod«, sagte Baschir. Solche Jungen brauchten sie jetzt.

Dschalaluddin erklärte ihm das Leben in der Basis im Detail. Baschir würde zunächst andere Aufgaben bekommen, und sobald ihm ein Bart wuchs, würde er kämpfen dürfen.

Wegen seines hohen Alters hatte Dschalaluddin den täglichen Betrieb des Haqqani-Netzwerks seinem ältesten Sohn Siradschuddin überlassen. Dieser hatte die ganze Zeit schweigend neben ihnen gesessen, aber Baschir hatte sofort die Ähnlichkeit erkannt.

»Morgen wirst du einen Mudschahedin aus Libyen kennenlernen«, sagte Siradschuddin. »Er kümmert sich um Jungen wie dich.«

Am Abend, als Baschir neben seinen Brüdern auf einer dünnen Matratze lag, dachte er, dass nun das wirkliche Leben beginne. Er war angekommen.

»Was tut dieses Kind hier?«

Der Libyer schien überrascht, als er Baschir erblickte, der noch jünger aussah, als er war. Er hatte runde Wangen und weiche Locken, und es ärgerte ihn, dass er nicht schneller wuchs. Abu Laith al-Libi war nicht irgendwer, sondern ein wichtiger Kommandeur der al-Qaida, das wusste Baschir. Nachdem er erfolgreich gegen die Sowjets gekämpft hatte, war er zunächst nach Libyen zurückgereist und hatte gemeinsam mit libyschen Islamisten versucht, den Diktator Muammar al-Gaddafi zu stürzen. Wie viele heimatlose Dschihadisten war er danach über Saudi-Arabien an den Zufluchtsort gereist, den Haqqani Leuten wie ihm bot. Nun stolzierte er in dem kleinen Dorf umher und erzog Jungen wie Baschir zu Kämpfern oder Selbstmordbombern. *Ustad-e-fedayin*, nannten sie ihn, den Lehrmeister derjenigen, die sich opfern.

In welcher Gruppe würde Baschir landen?

Weil keine Staaten mehr die Gruppe finanzierten, war alles Kampftraining theoretisch. Die Taliban hatten keine Kugel zu verschwenden.

»Du bist noch zu jung für den Krieg«, sagte Abu Laith, als Baschir fragte, wann er Schießen lernen würde. Dann klopfte er dem Jungen auf die Schulter und sagte etwas auf Arabisch, was Baschir nicht verstand.

Insha'allah al-walad sa-yakun mujahed.

Baschir erinnerte sich noch wochenlang an den Satz, und schließlich fragte er, was er bedeutete.

»Dieser Junge wird einmal ein großer Mudschahed, so Gott will.«
Baschir lächelte. Es schien, dass alle seine Wünsche erhört worden
waren.

Mit einem Mal fühlte er sich vollkommen frei. Er würde nie unter
jemandes Joch leben. Schon gar nicht unter dem der Amerikaner.
Hier im Stammesgebiet war der einzige Ort, an dem man wie ein
Löwe leben konnte!

Er fühlte, dass sein Leben einen Sinn hatte.

Am nächsten Tag würden sie das Trockentraining fortsetzen.

Manche wurden eingeschleust, um Selbstmordbomber zu werden.

Andere waren dazu bestimmt, große Krieger zu werden.

BRENNENDE ZELTE

Baschir war mehrere Monate Laufjunge gewesen, als der Sohn des Kalifen fand, er sei bereit für einen eigenen Auftrag.

»Komm nach dem Abendgebet«, lautete sein Befehl. An warmen Abenden saßen Siradschuddin Haqqani und sein Vater meist auf der Veranda der Koranschule, tranken Tee und aßen Nüsse. Im Winter versammelten sie die Männer um den großen Ofen im Gebäude. Siradschuddin, der gerade dreißig geworden war, hatte dieselben groben Gesichtszüge wie sein Vater. Die Augen beider lagen so tief, dass sie fast von den buschigen Augenbrauen beschattet wurden, was ihnen ein strenges oder gar zorniges Aussehen gab.

Wie sein Vater setzte auch Siradschuddin alle Ressourcen sparsam und effektiv ein, ob es nun Menschen oder Munition war. Er schickte seine Männer auf Missionen, die seiner Meinung nach am besten zu ihnen passten. Jeder Krieger sollte sein Potenzial so gut wie möglich ausnutzen. So leitete er das Lager hellwach und mit dem Segen seines Vaters.

Die Gipfel waren noch schneebedeckt, aber an den Hängen schmolz der Schnee in kleinen Bächen. Mit dem Frühling kam die Kampfsaison in Afghanistan. Im Winter zog man sich zurück, ins Familienleben, zu Reparaturen oder um im Koran zu blättern und Kräfte zu sammeln. Wenn es grünte, machte man die Waffen bereit.

Baschir, der noch immer sehnsüchtig darauf wartete, dass ihm endlich ein Bart wuchs, war der Schlüssel zu einem Waffendepot anvertraut worden. Er trug ihn immer bei sich, womit er der Neue war, an den sich alle Krieger wenden mussten, um Ausrüstung und Munition zu bekommen. Alle, die kamen, hatten mehr Erfahrung als er. In Miranschah gab es mehr Männer als Gewehre.

Baschirs Mutter war inzwischen ebenfalls in das Stammesgebiet gezogen, und seine drei älteren Brüder hatten ihre Frauen zu sich ins Ehebett und in die Küche gerufen. Die Großfamilie hatte ein eigenes Haus zugeteilt bekommen, und der Alltagstrott von zu Hause holte Baschir immer mehr ein. Mahlzeiten, Koranstudien, Moschee, Schlaf. Viele Dschihadisten, sowohl die Afghanen als auch die Araber der al-Qaida, lebten ein normales Familienleben mit Kindergeburten, Gebeten und Abwasch zwischen den Einsätzen. Es fehlte an allem: Essen, sauberes Wasser, Wärme, Kleidung. Aber sie waren bereit, sie waren zusammen und sie sammelten Punkte für das nächste Leben. Die Belohnung im Himmel galt für alle, ob man kochte oder kämpfte.

Baschir war rastlos. Er befürchtete, dass etwas geschehen würde, bevor er dabei sein durfte. Dass der Krieg ohne ihn zu Ende gehen würde.

In den USA wurde George Bush immer ungeduldiger.

Zur Weihnachtszeit 2001, als der Pulverdampf der Explosionen in Tora Bora noch in der Luft hing, wurde der Oberkommandierende der US-Streitkräfte in Afghanistan, General Tommy Franks, ins Weiße Haus gerufen. Obwohl Osama bin Laden noch immer frei herumlief, ging es nicht um ihn, sondern um den Irak. Bush fragte den General, ob es zu viel für ihn wäre, die Verantwortung für einen zweiten Krieg im Irak zu übernehmen. Franks, der gerade den großen Fehler begangen hatte, keine Army Rangers rund um Tora Bora aufzustellen, um bin Laden an der Flucht zu hindern, bestätigte, dass er beide Operationen leiten könne – parallel.

George Bush behauptete, Saddam Hussein ließe im Irak Massenvernichtungswaffen produzieren. Der Diktator habe mit al-Qaida zusammengearbeitet und zu den Terroranschlägen in den USA beigetragen. Für beides gab es keine Beweise, aber Bush wollte noch mehr *Bad Guys* eliminieren. Schließlich war es in Afghanistan so glatt gelaufen.

»Du bist aus Mussahi. Kennst du dich in Kabul aus?«, fragte Siradschuddin Haqqani. Er brauchte jemanden, der keine Aufmerksamkeit erregen würde.

»Wie in meiner Hosentasche«, log Baschir.

Die Provinz Kabul begann direkt vor Mussahi, es war also keine komplette Lüge. In der Hauptstadt selbst war er jedoch nur selten gewesen.

»Du sagst, du hast gelernt, wie man Raketen abfeuert?«, fuhr Siradschuddin fort.

»Ja«, log Baschir wieder. »Ich habe auch eine Karte der Provinz Kabul und einen Kompass.«

»Gut. Hör zu …«

Baschir brach in kalten Schweiß aus. Er hatte den mächtigen Mann angelogen.

Trotz des grimmigen Gesichtsausdrucks hatte Baschir nie gehört, dass Siradschuddin die Stimme erhoben hätte. Man konnte es nur ahnen, wenn er wütend war, sein Tonfall blieb gleich. Seine Stimme war ziemlich hell, er sprach melodisch. Baschir hätte ihm stundenlang zuhören können. Er fragte sich, wie Siradschuddin mit seinen Feinden redete. Wurde seine Stimme dann dunkler?

Der Kalif erklärte Baschir, worin der Auftrag bestand. Er sollte einen zweiten Jungen mitnehmen, und sie sollten einen Mann namens Abdul Rahman al-Kanadi aufsuchen. Normalerweise hatte der Kanadier seine Basis im paschtunischen Mohammed Agha-Distrikt in Lugar, der ein guter Ausgangspunkt für Angriffe auf Kabul war. Zurzeit leitete er ein Trainingslager im Süden Wasiristans. Bei ihm sollten sie mehr über ihren Auftrag erfahren.

Die Dschihadisten trugen ihre Nationalität gerne in einem Namenszusatz. Al-Kanadi war zwar gebürtiger Ägypter, aber er hatte die kanadische Staatsbürgerschaft und war mit Frau und Kindern aus einem Trainingslager in Kanada gekommen. Er hielt sich nur ein paar Dörfer weiter auf, aber Baschir und sein Gefährte Wardak mussten abgelegene Pfade über die Berge nehmen, um nicht auf pakistanisches Militär zu stoßen. Ein paar letzte Schneeflocken begleiteten sie auf dem ersten Stück des Weges. Am dritten Abend erreichten sie das Restaurant, wo sie Siradschuddins Brief an den Inhaber übergeben sollten.

Baschir und sein Kamerad wurden in einen Raum hinter dem Speisesaal geführt, um am Abendgebet teilzunehmen. Ehe sie fertig waren, kam ein Mann herein und bat sie, sich zu beeilen. Al-Kanadi sei bereit.

Nachdem er den Brief gelesen hatte, gab er Baschir fünfhundert Dollar, um damit so viele Walkie-Talkies und Raketen wie möglich zu kaufen.

Die Funkausrüstung würden sie auf dem Khyber-Basar bekommen, sagte er, und erklärte, wie dies funktionierte.

»Die Waffen besorgt ihr bei Kabul«, empfahl er. Dort sollten sie auch eingesetzt werden. Er nannte ihnen den Aufenthaltsort eines Mannes, den sie *Babai* nannten, was Kumpan bedeutete.

Der Rekrutierer mochte die Jungen. Als sie aufbrachen, bat er sie, ihre Freunde aus Mussahi nach Wasiristan einzuladen.

»Ich kann sie trainieren!«, sagte er. »Bringt eure Freunde und Cousins mit!«

Babai war schwer zu finden. Auf der Suche hatten sie ein wenig Zeit zum Üben. Baschir wusste, dass rund um Mussahi etliche nicht detonierte Raketen lagen. In einem besonders armen Viertel hatte sie ein Bewohner eingesammelt und das Dach seines Schuppens damit gedeckt. Seite an Seite lagen sie wie Bauholz und hielten Regen und Schnee ab. Als Baschir und sein Cousin die Raketen abnahmen und auf den Pick-up luden, den sie ausgeliehen hatten, wachte der Hausbesitzer auf. Sie sagten, sie würden ihn töten, wenn er Ärger machte. Er protestierte nicht.

Ein anderes Mal fanden sie Raketen, die wie eine Brücke über einen Kanal verbaut waren.

Sie übten für ihren großen Auftrag. Nachts feuerten sie die alten Raketen von Hügeln, Ebenen und Äckern ab, ehe sie rasch vom Tatort verschwanden. Baschir verbrachte viel Zeit damit, sie im richtigen Winkel einzustellen. Er zielte auf die Ebene bei Kabul.

Noch bevor sie Babai gefunden hatten, kam die Nachricht, dass al-Kanadi zum Märtyrer geworden sei. Das pakistanische Militär hatte ihn getötet, als er das Stammesgebiet verließ.

Ihm war ins Gesicht geschossen worden.

Die fünfhundert Dollar lagen schwer in ihren Taschen.

Es ging auf den Sommer 2002 zu. Afghanistans letzter König, Zahir Schah, war aus seinem Exil in Italien eingeflogen, um die *Loja Dschirga* zu eröffnen. Die Versammlung der Stammesführer sollte einen Präsidenten für zwei Jahre ernennen, bis demokratische Wahlen abgehalten werden konnten. Der alte König hatte jeden Konflikt mit dem Übergangspräsidenten Hamid Karzai vermieden. Er sah ein, dass die Amerikaner eine Republik wollten und keine Monarchie.

Die Sicherheitskräfte in Kabul waren in höchster Bereitschaft. Ungefähr 2500 Delegierte waren eingeladen, darunter zweihundert Frauen: Stammesführer, militärische Kommandeure, Imame und Mullahs – manche gewählt, andere ernannt.

Zweitausend kamen, die meisten von ihnen ältere Männer. Die restlichen fünfhundert waren frühere Mudschahedin und Kriegsherren, die ebenfalls einen Platz in der neuen Demokratie beanspruchten. Sie mischten sich in den Zelten unter die Delegierten und bedrohten und schikanierten alle, die sie nicht dabeihaben wollten. Auch Agenten des afghanischen Geheimdiensts infiltrierten die Zelte, denn der Staat wollte wissen, was dort besprochen wurde.

Die Kriegsherren hatten in vielen Regionen gegen die Wahlen geputscht, und nun versuchten sie, die gesamte Loja Dschirga zu untergraben. Die Treffen wurden mehrfach unterbrochen, Beobachter der UN beklagten, die Abstimmungen seien von Gewaltdrohungen, Manipulationen und Stimmenkauf bedroht. »Wir sind Geiseln derjenigen, die Afghanistan zerstört haben«, sagte ein Delegierter, der selbstverständlich anonym bleiben wollte. Schließlich möchte man leben.

Hinter den Kulissen wachte der Exilafghane Salmai Khalilsad als ständiger Vertreter der USA, ein häufiger Gast im Präsidentenpalast. Böse Zungen behaupteten, dass es im Grunde *Zal* (Salmai) war, der das Land regierte.

Vor der Loja Dschirga hatten mehrere Talibanführer eine Versöhnung angestrebt und den Wunsch geäußert, mit der neuen Übergangsregierung zusammenzuarbeiten. Sie waren auf verschlossene Türen gestoßen. Keiner, der Verbindungen zu den Taliban hatte, durfte mitmachen, weder unter dem riesigen Zelttuch, wo die Versammlung neun Tage lang konferierte, noch in der neuen Verwaltung.

Damit blieb der Kampf gegen das Regime der einzige Weg, um die Macht wiederzugewinnen.

Als Baschir endlich Babai fand, hatten sie noch Geld für vier Raketen vom Typ sec-20 übrig, die sowohl in Russland als auch in China produziert wurden. Die Raketen waren drei Meter lang und hatten eine Reichweite von zwanzig Kilometern.

Genau zur richtigen Zeit.

Endlich war er bereit für seinen *Auftrag*.

In der Nacht darauf fuhren sie zu einer Anhöhe westlich von Kabul. Dort stand Darul-Aman, ein neoklassischer Palast, den der progressive König Amanullah in den Zwanzigerjahren hatte errichten lassen.

In der Hand hielt Baschir die Karte und den Kompass, die er von Schukur bekommen hatte. Die Koordinaten hatte er auf einem Zettel notiert. Er stellte den Winkel so genau wie möglich ein.

Vor den Ruinen des königlichen Palastes wollte Baschir die neuen

Machthaber treffen. Sie hatten ihren Sieg mithilfe der Ungläubigen erkauft, und nun wollten sie ein neues Grundgesetz verfassen. Was sollte Afghanistan damit anfangen, wo sie doch die Scharia hatten?

Eilig feuerten sie ihre vier Raketen ab und verschwanden, ohne zu ahnen, ob und wo sie getroffen hatten. Erst am nächsten Tag hörten sie, dass sie ihr Ziel erreicht hatten. Ein Zelt war in Flammen aufgegangen.

Die Verräter mussten es zumindest auswechseln.

»Offizielle Sicherheitsquellen« berichteten der CNN, dass versprengte Anhänger der Taliban hinter dem Raketenangriff stünden. Die Bildung der neuen Regierung sei jedoch nicht beeinträchtigt. Der Sicherheitschef des Innenministeriums betonte, die Raketen seien weit vom Zelt der Loja Dschirga eingeschlagen. Mehrere Verdächtige seien bereits verhaftet worden.

Da waren die Kumpane schon auf dem Rückweg nach Wasiristan. Die neuen Herrscher sollten wissen, wie die Taliban darauf antworteten, dass sie nicht eingeladen waren.

VÄTER UND SÖHNE

Baschir wurde sechzehn Jahre alt. Sein treuherziges Aussehen – hohe, gerundete Augenbrauen über großen Augen – hatte viele Vorteile. Ohne groben Bart und raue Hände erregte er viel weniger Misstrauen, wenn er über die Grenze geschickt wurde, oft zusammen mit einem Kumpan, um Straßen zu verminen.

Sein großer Bruder Hassan war Automechaniker und nun Experte in Sprengstoffen. Zusammen mit seiner Frau, die von anderen Frauen nur die »Ingenieurin« genannt wurde, stellte er den Sprengstoff selbst in der Küche her.

Dazu brauchten sie viele Hände, und die mussten vorsichtig sein. Dein erster Fehler kann leicht dein letzter sein, prägte Hassan ihnen ein, während er Chemikalien mischte und die Bombe vorsichtig in einen gelben Kanister einführte, der Speiseöl enthalten hatte. Dann würde sie nicht beim Transport explodieren, während das Plastik unter dem Gewicht eines Fahrzeugs leicht nachgab.

Im Schutz der Dunkelheit vergruben Baschir und sein Freund den Kanister – *buschka* – an einer Stelle, von der sie wussten, dass bald Ausländer oder Regierungstruppen dort entlangfahren würden. Manchmal war der Mechanismus so eingestellt, dass er nur bei sehr hohem Gewicht auslöste, damit es nur Panzerwagen treffen konnte. Oft vergruben sie die Bomben am Straßenrand, wo die Erde nicht so fest wie in der Mitte war und man deshalb nicht sah, dass jemand gegraben hatte.

Araber mit Kriegserfahrung aus dem Irak brachten Haqqanis Leuten die nötige Technologie bei und organisierten das Training, an dem auch Baschir und die anderen Neulinge teilgenommen hatten. Sie wurden in Zehnergruppen mit je zwei bis drei Ausbildern eingeteilt und lernten Waffengebrauch und Guerillataktik.

Auf der anderen Seite der Grenze bekamen ebenfalls junge Männer eine militärische Ausbildung. Die NATO-Truppe ISAF (International Security Assistance Force) operierte mit einem Mandat des UN-Sicherheitsrats. Ihre Hauptaufgabe war es, der afghanischen Regierung bei der Stabilisierung des Landes zu helfen. Mehrere NATO-Länder, allen voran die USA, besorgten die militärische Ausbildung. Der Plan lautete, dass die neuen Sicherheitskräfte innerhalb weniger Jahre allein operieren könnten, sodass kein neuer Freiraum für Terroristen entstand.

Im ersten Jahr nach dem Fall der Taliban hatte die Bewegung gewissermaßen im Winterschlaf gelegen. Es gab nur wenige, vereinzelte Angriffe. Ohne gemeinsame Führung organisierten sich mehrere Gruppen an verschiedenen Fronten. Dies konnten eine Handvoll mehr oder weniger erfahrene Männer sein oder ein paar Dutzend, die auf eigene Faust vorgingen.

Hassan lernte auch, ferngesteuerte Bomben zu bauen. Ein einfaches Handy wurde am Auslöser befestigt, und der Vibrationsalarm löste die Bombe aus.

Nachdem sie die Bombe vergraben hatten, versteckten sie sich in einem Gebüsch am Berghang, von wo sie die Straße überblickten. Dort saßen sie und warteten auf ihre Opfer, um nach der Explosion leicht zu entkommen.

Sie warteten geduldig, weit genug entfernt, dass keiner sie hörte, wenn sie sangen:

Wer in unser Land kommt,
den schicken wir in Stücken heim.
Mit einer gelben buschka,
dem Ölkanister voller Sprengstoff.

Im März 2003 donnerten amerikanische Streitkräfte mit der *Operation Iraqi Freedom* durch die irakische Wüste. Wie in Afghanistan war das Regime schnell gestürzt. In 22 Tagen erreichten sie Bagdad.

Am 1. Mai, sechs Wochen nach dem Beginn der Invasion, zog Präsident Bush eine grüne Pilotenuniform an und ließ sich auf den Flugzeugträger »Abraham Lincoln« fliegen, der im Persischen Golf kreuzte. Vor einem großen Banner, auf dem »Mission accomplished« stand, verkündete er, dass alle größeren Kampfoperationen im Land vorüber seien, und dankte dem amerikanischen Heer für »a job well done«.

Die Operation im Irak hatte eine Invasionstruppe aus 120 000 Soldaten erfordert. In Afghanistan hatten die USA im selben Frühjahr nur knapp 10 000 Männer und Frauen unter Waffen.

Am selben Tag, an dem Bush im Persischen Golf seine Rede hielt, war Verteidigungsminister Donald Rumsfeld in Kabul, um Hamid Karzai zu treffen. Sie hielten eine gemeinsame Pressekonferenz ab, bei der Rumsfeld einen Text vorlas, der Bushs Rede sehr ähnlich war. Auch seinen Worten zufolge waren alle größeren Kampfhandlungen vorüber. Genau wie im Irak waren nur noch vereinzelte Widerstandsnester übrig.

Das Haqqani-Netzwerk war ein ebensolches Nest.

Eines Nachmittags versammelte sich eine Gruppe von Männern bei den Wasserhähnen vor der Moschee in Miranschah, um sich vor dem Gebet die Hände und Füße zu waschen.

Die Amerikaner stünden direkt auf der anderen Seite der Grenze, sagten sie. Siradschuddin hatte sich Raketenartillerie beschafft.

Das Netzwerk hatte nur die Kapazität für einzelne Angriffe über die Grenze hinweg, damit sie sich rasch wieder nach Wasiristan zurückziehen konnten, wohin sie die Amerikaner nicht verfolgten, weil es formal zu Pakistan gehörte.

Jetzt, wo es warm genug war, um draußen zu übernachten, wollte er eine Gruppe ausschicken, um den Feind anzugreifen. Kommandeur Qalam, ein großer und magerer, etwas scharfzüngiger Mann mit zerfurchtem, wettergegerbtem Gesicht, sollte die Operation anführen.

Jetzt stand er neben Baschir bei den Wasserhähnen und sagte, er brauche noch zwei Mann.

»Ich kann!«, rief Baschir.

Es war eine Abkürzung, denn eigentlich bestimmte Siradschuddin Haqqani, wer reif für einen Auftrag war.

»Ich brauche erwachsene Männer«, sagte Qalam.

Baschir fühlte den Schlüssel zum Waffendepot in seiner Tasche. Er war zum Wachtmeister geworden, wo er doch hierhergekommen war, um Krieger zu werden! Ein Jahr war seit dem Angriff auf die *Loja Dschirga* vergangen, und er hatte noch nie an einem echten Kampf teilgenommen.

»Du wirst es nicht bereuen«, sagte der Junge.

Nachdem er zuerst abgewiesen wurde, durfte er schließlich doch mit, weil ein Mann verletzt war. Mit ihm waren sie elf. Im Morgengrauen zogen sie aus Miranschah aus. Der Plan war, an der Grenze ihr Lager aufzuschlagen, zwei bis drei Tagesmärsche vom Dorf entfernt. Es war nicht weit, aber sie mussten die Straßen umgehen, wo das pakistanische Heer patrouillierte. Das Gelände war unwegsam, steil und dicht bewachsen, und die Männer hatten schwer zu tragen: die Waffen, mit denen sie töten und gewinnen wollten.

Keiner wusste genau, wo die Grenze verlief, aber am dritten Abend schlugen sie ihr Lager an einem Ort auf, den Qalam kannte. Im Schutz der Dunkelheit stießen sie gegen drei Uhr morgens nach Afghanistan vor und wanderten umher, bis der Abend kam, ohne auf einen einzigen Amerikaner zu stoßen.

Tag für Tag beobachteten die Männer die Bergregion. Der Fast-Krieg wurde zu ihrer neuen Routine. Schlaf, Gebet, Marsch, Ruhe. Gebet. Essen. Gebet. Marsch. Gebet. Marsch. Gebet. Ruhe. Schlaf. Dann wieder Morgengebet. Die Gruppe wurde zu einem eigenen Organismus, in dem jeder seinen Platz hatte und seinen Teil beitrug.

Als ihnen die Vorräte ausgingen, begaben sie sich in ein Dorf, fanden Schutz in einem verlassenen Haus und blieben dort.

Aber wo waren die Eindringlinge?

Eines Nachts, als die Gruppe vor dem Schlafengehen gemeinsam betete, bremste draußen ein Auto. Alle rannten zu ihren Waffen und waren sofort bereit, sich zu verteidigen. Dann hörten sie einen ihrer eigenen Leute leise rufen. Der Bote kam von Siradschuddin.

»Ein amerikanischer Konvoi ist auf dem Weg nach Gayan!«, sagte er. »Jetzt!«

Gayan war eine Distrikthauptstadt in der Provinz Paktika. Haqqani hatte erfahren, dass die Amerikaner vor acht Uhr morgens dort vorbeikommen würden.

Baschir schnürte die Stiefel.

Der Bote kannte sich in der Gegend aus. Die elf Krieger bestiegen den Pick-up, die meisten mussten auf der Pritsche sitzen.

Qalam trug ein sandfarbenes Gewand, eine Militärjacke und eine Pelzweste. Er kommandierte die Männer über die Berge auf die afghanische Seite. Der große, stattliche Mann suchte eine Anhöhe aus, unter der die Amerikaner auf dem Weg nach Gayan vorbeifahren mussten. Die Männer stiegen eine Geröllhalde schräg hinauf. Oben angekommen, machten sie die Raketen bereit und warteten.

Ein Konvoi würde lange brauchen, bis er das enge Tal unter ihnen passiert hatte. Die Straße war teilweise abgerutscht, an einigen Stellen hatte sie regelrechte Krater, manchmal war sie nicht mehr als eine Reifenspur. Am Boden des Tals wand sich ein kleiner Fluss. Letztlich musste der Feind das niedrige Flussbett als Straße nutzen, weil der Weg zu schmal für die großen Fahrzeuge war, schloss Qalam.

Dort!

Die ersten Amerikaner.

Die Gruppe kam nicht gefahren, sondern ging zu Fuß wie sie. Viele trugen Rucksäcke. Baschir erkannte von Weitem, dass es Ausländer waren. Sie gingen anders, ihr Rhythmus war schwerfälliger, ihre Profile gröber, sie trugen Helme, keine Filzmützen wie sie. Die Amerikaner nahmen auf der gegenüberliegenden Seite des Tals Stellung, um ihren Konvoi zu beschützen.

Qalam und seine Männer rückten dichter zusammen. Von ihrer Stellung aus konnten die Amerikaner sie nicht sehen.

Plötzlich sahen sie, dass eine dritte Gruppe sich auf derselben Talseite wie die Amerikaner näherte. Durchs Fernglas erkannte Qalam, dass es die Gruppe von Baitullah Mehsud, dem Anführer einer pakistanischen Talibanmiliz, war. Über das Walkie-Talkie meldete er ihre Position. Baitullah grüßte zurück. Um näher an die Amerikaner zu kommen und noch überraschender anzugreifen, beschloss Qalam, zu einem Felsvorsprung hinaufzuklettern, von dem sie einen guten Überblick hatten. Als sie zu kriechen begannen, kam Baitullahs Stimme durch das Walkie-Talkie.

»Die Ausländer stehen über euch!«

Baitullah stand auf der anderen Talseite und hatte durchs Fernglas gesehen, dass Baschirs Gruppe direkt ins Blickfeld der Amerikaner lief. Die Warnung kam gerade noch rechtzeitig.

»Gott sei Dank«, murmelten sie im Chor.

Qalam hielt sie an, und sie positionierten sich hinter ein paar Felsen.

In diesem Moment sah Baschir etliche Fahrzeuge, vielleicht ein Dutzend, die zwischen den Felsen durch den Sand kurvten, auf dem Weg in das schlammige Flussbett. Schon für die Sowjets war es stets eine große Gefahr gewesen, sich auf den Straßen fortzubewegen, die ihre Ingenieure zum Teil selbst gebaut hatten. Die Mudschahedin konnten in aller Ruhe an den Berghängen lauern und sie mit einfachen Waffen abknallen. Wenn die Guerillas den ersten und den letzten Wagen eines Konvois trafen, war dieser gefangen. Um solchen Hinterhalten vorzubeugen, schickten die Amerikaner meist Infanteristen voraus, die sich ebenfalls über die Hänge und Höhenzüge bewegten.

Der Konvoi war ungefähr fünfzig Meter entfernt. Baschir und ein paar andere bedienten die Raketenartillerie, der Rest hatte Gewehre. Ihr Standort war günstig, eine Geröllhalde mit großen Felsen und ein kleiner Überhang verbargen sie vor den amerikanischen Infanteristen auf der anderen Talseite.

Das vordere Panzerfahrzeug scherte aus, um eine Klippe zu umfahren.

Qalam zählte herunter.

»Angriff!«

Baschir hörte ein Sausen in der Luft und spürte die Druckwelle, bevor es knallte und Rauch aus dem Fahrzeug aufstieg, das ruckartig stehen geblieben war. Abdul Manan, ein Kamerad aus Mussahi, hatte als Erster geschossen. Dann wurde die nächste Rakete abgefeuert, und noch eine.

Der Konvoi kam zum Stehen.

Die Panzerfahrzeuge legten den Rückwärtsgang ein, einige stießen gegen den Hintermann, aber sie zogen sich zurück. Nun wurden sie auch von Baitullahs Seite beschossen. Die Amerikaner mussten den Angriff auf zwei Seiten erwidern.

Obwohl er es vor Qalam behauptet hatte, hatte Baschir noch nie diesen Raketentyp abgeschossen. Er fummelte mit steifen Fingern an der Waffe herum und zielte lange. »*Allahu akbar!*«, rief er und zog ab.

Nichts geschah.

Er versuchte es noch einmal. Nichts. Er sprach ein Gebet. Die Panzerwagen richteten ihre Maschinengewehre auf sie. Oh Gott …

Der Junge sah hinauf zu den amerikanischen Wachtposten auf der anderen Seite.

Er zog noch einmal ab, aber die Rakete startete nicht. Irgendetwas stimmte nicht. Er versuchte, die Rakete zu drehen, doch dabei fiel sie nur heraus. Er richtete den Raketenwerfer nach oben, um zu sehen, ob der Abzug blockiert war, zog ab, und plötzlich sauste die Rakete in hohem Bogen über die Amerikaner hinweg und landete weit vom Ziel entfernt, ohne zu detonieren.

Einer der älteren Kameraden lief zu ihm.

»Der Winkel ist zu steil!«, rief er und wollte den Raketenwerfer übernehmen.

Niemand hatte Baschir erklärt, dass man die Waffe anders einstellen musste, wenn man hoch über dem Ziel stand und nach unten schoss, sonst fiel die Rakete einfach aus dem Lauf. Von seinen fünf Raketen hatte er eine verschwendet, er konnte die anderen nicht weggeben. Wenn er das nicht hinbekam, würde er als Tollpatsch gelten.

Baitullahs Gruppe beschoss die Amerikaner weiter von der anderen Seite. Das war Qalams Chance, die Fahrzeuge und Soldaten des Feindes zu eliminieren, aber es musste schnell geschehen, denn ihr Versteck war nun aufgedeckt. Die Ausländer hatten viel bessere Waffen, und Verstärkung war bestimmt schon unterwegs. Sie hatten auch bessere Kommunikationsmittel als Walkie-Talkies und Laufboten.

Baschir sah, wie zwei Soldaten dort unten einen dritten mit sich zogen. Sollte er auf sie zielen? Sie waren auf dem Weg zu einem Fahrzeug. Mehrere Panzerwagen und ein Humvee versuchten, sich aus dem Hinterhalt zurückzuziehen. Baschir zielte und schoss. Die Rakete schlug neben dem Fahrzeug ein, richtete aber keinen Schaden an. Schon die zweite verschossen. Wenn er jetzt nicht traf, würden sie ihn nie wieder mitnehmen.

Er machte die dritte Rakete bereit. Doch jetzt hagelte es Kugeln. Seine Kameraden rannten davon. Eine Rakete traf auf einen Felsen hinter ihm.

»Deckung!«, rief Qalam.

Das Kommando schien von weit weg zu kommen. Baschir konzentrierte sich voll und ganz auf die dritte Rakete. Er zielte genau – er durfte nicht verfehlen – und zog mit all seiner Kraft ab.

»Rückzug!«, rief Qalam. Eine Rakete schlug dicht in ihrer Nähe ein.

Baschir hatte den Panzerwagen, auf den er gezielt hatte, getroffen und legte die vierte Rakete ein. Er feuerte ab. Mehr Rauch stieg vom Flussufer auf.

»Lauft!«

Aber Baschir hatte noch eine Rakete.

»Gleich kommen die Helikopter!«, rief einer. »Und Flugzeuge!«
Baschir stand wie in Trance mit der letzten Rakete in der Hand da.
Der Konvoi zog sich zurück. Ein Wagen blockierte den Weg, einige
Soldaten hatten hinter einem Panzerfahrzeug Deckung gesucht. Er
zielte auf einen Panzerwagen, in den mehrere Soldaten eingestiegen
waren. Andere waren hinter den Bäumen in Deckung gegangen und
zielten auf Baschir. Er musste sich schnell entscheiden: das Fahrzeug
oder die Schützen hinter den Bäumen.

Peng! Es knallte, als die Rakete auf Metall traf.

»Baschir, du bist alleiiiiiiiin!«, rief einer.

Das Panzerfahrzeug brannte.

Jetzt lief auch Baschir und sprang unter einen Baum.

Kurz darauf waren die Helikopter über ihnen. Die Krieger hatten
sich im Gebüsch, unter Felsen oder unter Bäumen versteckt. Die Regel lautete, sich zu verteilen, nie viele an einem Ort.

Baschir lag mucksmäuschenstill in seinem Versteck, während die
Amerikaner ihre Verwundeten evakuierten. Ein Jagdflugzeug sauste
über sie hinweg. Die Helikopter flogen so niedrig, dass er das Gesicht
des Piloten durch das dichte Blattwerk sehen konnte. Die Blätter waren der große Vorteil des Sommers. Die Berghänge waren kahl im
Winter, grün im Frühling und dicht bewachsen im Sommer.

Baschir fragte sich, welche Waffensysteme die Amerikaner an Bord
hatten. Er hatte von wärmesuchenden Lasern gehört. Wenn sie so
etwas hatten, war es aus mit ihnen.

Eine Stunde verstrich.

Die Helikopter kreisten weiter über ihnen. Die Amerikaner feuerten wahllos in den Wald, aber noch war keiner getroffen.

Baschirs Kehle war trocken. In der Nähe gluckerte ein Bach. Er
war so durstig, dass er dachte, er würde ersticken. Er hatte Sand und
Staub geschluckt. Der Bach plätscherte fröhlich.

Sie lagen eine weitere Stunde lang still. Zwei. Drei.

Abdul Manan flüsterte laut, dass er es nicht mehr aushalte und zu
dem Bach kriechen wolle. »Komm mit, Baschir!«

Beide hatten sich ein Stück voneinander entfernt unter dichten Bäumen versteckt.

»Nein, bleib hier!«, antwortete Baschir. Seine Zunge klebte am Gaumen. Sie blieben still sitzen und beobachteten den Lauf der Sonne. Die Helikopter flogen mehrmals hin und zurück, um Männer und Ausrüstung zu holen, dann kreisten sie wieder über ihnen und schossen aufs Geratewohl in den Wald.

Keiner riskierte es, zu dem Bach zu kriechen. Fanden sie einen, fanden sie alle.

Als die Sonne anzeigte, dass es Zeit für das Nachmittagsgebet war, flogen die Helikopter endlich davon.

Einer nach dem anderen krochen die Krieger aus ihren Verstecken. Qalams Afghanen, Baitullahs Pakistaner und ein paar Araber. Sie hatten nicht einen Mann verloren! Sie umarmten einander, priesen Allah und tranken gierig aus dem Bach.

Was für ein Gefühl! Mit dem Raketenwerfer über der Schulter und – wenn Gott gnädig war – mehreren amerikanischen Leben auf dem Gewissen in das Dorf zurückzukehren.

Die Dorfbewohner hatten den Schusswechsel gehört und gesehen, wie die Helikopter stundenlang über den Berghängen kreisten und schossen. Weil kein Taliban zurückgekommen war, hatten sie das Schlimmste befürchtet. Als sie dann endlich heimkehrten, staubig und erschöpft, gab es ein warmes Willkommen. Als sie über den Lowara-Basar gingen, rief ein Mann: »Ein Lamm auf meine Rechnung!«

Das Fleisch wurde ins Restaurant des Dorfes gebracht.

Vor der Schlacht hatten nur wenige Bewohner Stellung genommen. Die Stämme lebten nicht gern unter fremder Herrschaft, auch nicht unter den Taliban. Der Krieg gegen die Ausländer in Afghanistan war nicht ihr Krieg. Wenn sie bewaffnete Männer sahen, drehten sie sich weg oder verschwanden so rasch wie möglich. Wer war Freund und wer Feind? Es war immer besser, auf Distanz zu bleiben.

Heute jedoch bestand kein Zweifel, welche Seite sie unterstützten. Ihre paschtunischen Brüder standen ihnen am nächsten.

Mit Moos an den Kleidern und Zweigen im Haar, auf dem Weg zu einem Opferlamm – der Sechzehnjährige war zum Krieger geworden.

Einige Tagesmärsche später waren die Männer wieder in Miranschah. In der Moschee traf Baschir Siradschuddin.

»Wie ich höre, warst du bei der Schlacht von Paktika dabei, mein Sohn?«

Baschir lächelte stolz.

»Ich habe fünf Raketen abgefeuert.«

»Wer hätte das von einem kleinen Knirps wie dir gedacht? Ihr habt viele Eindringlinge getötet. Über zwanzig, heißt es.«

Die Taliban übertrieben gern die Verluste der Feinde. In Wahrheit hatten sie keine Ahnung, wie viele Amerikaner – und ob überhaupt – bei dem Hinterhalt ums Leben gekommen waren. Jedoch hatten sie gesehen, dass etliche verwundet waren. Die Verluste der Amerikaner waren insgesamt niedrig, bisher hatten sie nicht einmal hundert Mann in diesem Krieg verloren.

Größere Angriffe aus dem Hinterhalt, wie dieser, waren noch keine Routine bei den Taliban. Doch nur so konnten sie gewinnen, Kampf für Kampf, Gefecht um Gefecht. Kleine Gruppen, von Angesicht zu Angesicht, waren ihre Methode. Sie mussten die Amerikaner auf den Boden zwingen. Gegen den Luftkrieg hatten sie keine Chance.

Siradschuddin klopfte ihm auf den Rücken.

»Ich bin stolz auf dich, Sohn.«

Baschir wendete den Blick ab. Das war zu viel. Die warme Hand auf seinem Rücken fühlte sich an wie die Liebkosung eines Vaters.

ABC

Jamilas Organisation Noor war gewachsen. In Peschawar hatte sie noch auf ehrenamtlicher Mitarbeit beruht. Sie hatten Essen und Kleidung für die Flüchtlinge gesammelt und in die Lager gebracht und Schreibhefte mit Mitteln von Freunden gekauft. Inzwischen hatte sie ein festes Büro mit Angestellten. Sie hatte einen Stab. Sie war voller Hoffnung.

Sie bat in vielen Ländern um finanzielle Unterstützung. Der erste große Beitrag kam aus Kanada. Ihr Ziel war, dass alle Kinder in Afghanistan Lesen und Schreiben lernen sollten. Darüber hinaus setzten sie die Catch-up-Programme fort und brachten Frauen bei, wie man Computer benutzte, Buchhaltung führte, ein Budget aufstellte, führte und delegierte.

Jamila hatte ein noch dringlicheres Motiv als nur die Alphabetisierung. Sie wollte für eine gerechtere Gesellschaft mit mehr Gleichstellung arbeiten. Das musste von innen geschehen und über das wichtigste Buch: den Koran. Sie begann, Koranstunden mit einer weiblichen Perspektive zu geben. Um sich den Mullahs und Imamen gegenüber zu behaupten, musste sie sich auf deren Spur begeben, damit sie die Gleichstellung nicht als westliche Irrlehre bezeichneten.

Die Taliban waren aus Kabul verschwunden und nicht mehr imstande, ihre Arbeit zu behindern. Jamila konnte führen, sie konnte debattieren, sie konnte bei der Prägung des neuen Afghanistan dabei sein. Doch wie sich bald herausstellte, standen ihr weiterhin Männer im Wege. Männer, die Kontrolle über Frauen ausüben wollten, Männer, die über sie bestimmen wollten. Sie sangen den alten Refrain.

Wohin willst du?

Was tust du?

Du darfst nicht.

Finde dich damit ab. Passe dich an. Hör zu, du schamlose Frau!

Die Männer waren dieselben wie vorher, es waren diejenigen, die ihr am nächsten standen – ihre Brüder.

In Kabul sortierte Ibrahim die Reste seines Geschäftsimperiums. Jamilas Brüder bekamen wichtige Rollen beim Wiederaufbau des Familienbetriebs. Bibi Sitara legte einen neuen Garten an, das Haus wurde fast von Grund auf wiederaufgebaut, weil alles Wertvolle geplündert und herausgerissen war. Es gab genug für alle zu tun.

Es wurde ein farbenfrohes Heim mit weichen Teppichen auf den Böden sowie kostbaren Tapeten und Gardinen. Bibi Sitara suchte ein angenehmes Grün für das Wohnzimmer zum Garten hin aus, sodass die Wände fast unmerkbar in das Blattwerk von draußen übergingen.

Die Mutter richtete ein Mädchenzimmer für Jamila ein, die inzwischen Ende zwanzig war – das Zimmer, in dem sie für den Rest ihres Lebens wohnen sollte. Jamila war es egal, wie es aussah, Einrichtung war ihr nicht wichtig, ebenso wenig wie Kochen, was nur Zeit stahl.

Sie war eine Frau mit einem Ruf. Alles, was nicht zum Ziel führte, lenkte nur ab.

Nach viel Quengelei und Beharrlichkeit bekam Jamila Büroräume für Noor in einem von Ibrahims Häusern. Sie war dankbar, dass sie keine Miete zahlen mussten, denn alles Geld floss in die Bildungsarbeit. Doch das Privileg hatte einen Haken. Auch ihre Brüder hatten Schlüssel.

Sie schauten dauernd vorbei. Es kümmerte sie nicht, ob sie ein Meeting störten, sie blieben einfach im Raum stehen und musterten die Teilnehmer. Sie kamen immer ohne Vorwarnung und wann es ihnen passte, um zu kontrollieren, ob dort Männer waren und dass Jamila ja nicht mit ihnen allein war.

Es war so beschämend. Und demütigend. Als wäre sie kein Mensch mit vollen Rechten.

Dieser Meinung waren ihre fünf Brüder offenbar nicht. Im Gegenteil. Die Familientraditionen sollten bestimmen, was sie mit ihrem Leben machte. Manche der Brüder fanden, dass sie überhaupt nicht arbeiten sollte, andere fanden, sie dürfe arbeiten, aber nur von zu Hause aus. Nur einer von ihnen akzeptierte, dass sie in einem Büro arbeitete, mit dem Versprechen, dass alles züchtig vor sich ging.

Während der Vater sich um sein Geschäft kümmerte, legten die Brüder weiter Steine in Jamilas Weg. Die Zeit würde ihnen schon helfen, sie mussten nur warten, bis Jamila die Mittel ausgingen oder ihr Vater die Büroräume zurückverlangte.

Sie hatten nicht mit dem großen internationalen Beistand gerechnet, der ins Land floss. Westliche Spender suchten geeignete Projekte, und Jamilas von Frauen geleitete Organisation war ein Volltreffer. Noor bekam Ableger in mehreren Provinzen, und bald betrieben sie Hunderte kleinere und größere Bildungsprojekte, vom Heimunterricht durch arbeitslose Lehrer bis zum provisorischen Klassenzimmer an Orten, wo es keine Schule für Mädchen gab.

Sie stellten tausend Projekte auf die Beine. Und dann zweitausend.

Jamila bekam einen Vertrag, um in der konservativen Provinz Gasni zu unterrichten. Es war der Geburtsort ihrer Eltern, wo Ibrahim in den Vierzigerjahren seine Karriere begonnen hatte und Bibi Sitara als Junge verkleidet aufgewachsen war.

Durch ihren reichen Vater war Jamila privilegiert. Er besaß ein herrschaftliches Haus in Gasni, das er an Verwandte vermietete. Wenn Jamila in der Stadt war, wohnte sie in der Etage des Vaters. Ein Onkel wohnte mit seiner Familie über ihr, eine weitere Onkelfamilie unter ihr. Eine Haushaltshilfe erledigte die praktischen Dinge, wenn sie zu Besuch war.

Als hätte sie nicht schon genug Probleme mit ihren fünf Brüdern, musste sie sich nun gegen noch mehr Verwandte durchsetzen. In Gasni hatte sie viele Onkel, alle hatten Söhne, und viele ihrer Cousins hatten selbst schon erwachsene Söhne. Das waren fünfmal so viele Verwandte, die ihr im Nacken saßen. Die Cousins ließen sich nicht dazu herab, mit ihr zu sprechen, sondern wandten sich nur an ihre Brüder. Jamila hatte sich in das politische Leben in ihrer Provinz eingemischt und die Tradition der gehorsamen, immer bescheidenen Frau gebrochen. Die Vorwürfe lagen in der Luft.

»Sie besudelt unseren Namen!«, beklagten sich die Cousins.

»Eure Schwester arbeitet mit Ungläubigen zusammen. Sie bedeckt ihr Gesicht nicht. Ihr müsst das beenden.«

Die Cousins fanden Jamilas Brüder viel zu nachgiebig. Das konnte doch nicht so schwer sein!

»Wenn ihr keine Scham und keine Ehre fühlt, werden wir selbst dafür sorgen, dass sie aufhört!«

Die Gerüchte über Noor verbreiteten sich in Gasni. Sowohl unter denen, die sich mehr Bildung wünschten, als auch unter denen, die dies unterbinden wollten. Zur Tür hinein strömten Mütter mit ihren Töchtern, um sie für Kurse anzumelden. Durchs Telefon kamen die Drohungen.

Eines Tages kam eine Gang auf Motorrädern und hielt vor dem Büro von Noor an. Sie zogen ihre Waffen und stürmten hinein. Unter ihnen war einer von Jamilas Cousins. Er hatte die Nase voll.

Bevor er die Motorradbande versammelte, hatte er Gerüchte über Noor verbreitet. Jamila sei alleine *mit Ausländern* ins Ausland gereist, hatte er behauptet, und sie sitze alleine *mit Männern* im Büro. Was tat sie da eigentlich?

Der Cousin behauptete, Ibrahim und seine Söhne seien keine echten Afghanen mehr. Sie kümmerten sich nicht um den Ruf der Familie. Die Cousins wollten den Konflikt so weit eskalieren, dass Ibrahim als Patriarch der Familie das Noor-Büro in Gasni schließen würde.

Jamila wurde auf der Straße von Autos verfolgt. Sie bekam anonyme Anrufe.

»Du musst die Sache abwickeln!«, sagten die Brüder. »Schließ das Büro!«

»Glaubt ihr wirklich, dass ihre Anschuldigungen wahr sind? Dass ich so etwas tue?«

Nein, sie glaubten selbst nicht, dass sie in dem Büro Unzucht betrieb, aber *die Leute könnten es glauben*, wenn dort weiterhin Männer beschäftigt seien.

»Und wenn du jedes Mal, wenn du das Haus verlässt, nach Mekka fahren und die heilige Kaba umrunden würdest, würde es mir trotzdem nicht gefallen«, sagte einer der Brüder.

»Wie sollen wir uns in diesem Land je entwickeln, wenn alle so denken?«

Ein anderer Bruder wendete ein: »Ich denke mit Grauen an den Tag, wenn einer mit den Fingern auf mich zeigt und sagt: *Schau, da kommt der Bruder von Jamila.*«

Eine Frau sollte keine Familie definieren. Das war eine der größten Sorgen der Brüder. Sie wollten die Welt haben, wie sie immer war.

Jamila suchte nach einem Ausweg. Innerhalb der Familie hatte sie auf ihrem Standpunkt beharrt, aber auf der Arbeit hatte sie gelernt, Konflikte durch Aussprache und Kompromisse zu lösen, einen gemeinsamen Nenner zu finden, und wenn er noch so klein war. Leider schien das in diesem Fall unmöglich.

Nachts träumte sie, dass sie lief. Durch die Wüste, über Berge, durch Straßen, durch Bäche und Flüsse. Überall standen Sperren. Tagsüber arbeitete sie daran, Barrieren zu sprengen, in der Nacht wurden neue aufgestellt.

Eines aber war nachts anders: Sie lief ohne Krücken. Manchmal lief sie sogar übers Wasser. Oder flog. Sie war gewichtslos, aber stark. Mit Superkräften ausgestattet.

In Wirklichkeit stand sie kurz davor, dem Druck nachzugeben.

Am einfachsten wäre es gewesen, einfach aufzugeben. Die Arbeit abzuschließen, anderen den Stab zu überlassen, zuzugeben, dass es vorbei war. Denn der Druck wurde immer größer – überall. Es gab Druck zu Hause, ob sie nun bei ihren Eltern in Kabul oder ihren Onkeln in Gasni wohnte. Es gab Druck draußen, und sogar auf der Arbeit. Vielerorts stießen die Projekte auf den Widerstand von Imamen oder lokalen Behörden. Sie musste an zu vielen Fronten kämpfen.

Dann aber kamen junge Mädchen zu ihr und dankten ihr für alles, was sie gelernt hatten, bevor sie anfingen zu studieren. Bei einem Treffen mit einer ausländischen Organisation saß eine junge Frau am anderen Ende des Tischs, die Noor ausgebildet hatte. Welch eine Freude!

Abwickeln? Nein, lieber würde sie auf ihrer Arbeit sterben. Sie tat, woran sie glaubte, und wann war das Leben schon einfach?

Doch als sie dachte, es könne nicht mehr schlimmer werden, kam die Überraschung in Form einer Falle. Der Cousin, der sie am stärksten bedroht hatte, hielt um ihre Hand an.

Der bloße Gedanke daran war abscheulich. Es war, als verließe sie alle Kraft.

Ihn zu heiraten wäre schlimmer, als sich selbst das Leben zu nehmen.

Zur gleichen Zeit, als immer mehr Entwicklungsprojekte im Land stattfanden, stieg auch die Gewalt. Entführungen waren zu einer lukrativen Einnahmequelle für kriminelle Netzwerke und die Taliban geworden, und nun war Jamilas Familie betroffen. Der Onkel aus der Etage unter ihr war verschwunden. Er war der freundlichste von ihnen gewesen und hatte sie – wohlgemerkt nur, wenn sie unter sich waren – unterstützt. Die Entführer verlangten eine hohe Summe. Die Familie musste ihnen beistehen. Aber wer steckte hinter dem Verbrechen? Jamila hatte den Verdacht, dass ihre Cousins selbst zu den Drahtziehern gehörten, und dass sie die Nächste auf der Liste sein würde. Sie traute ihrer eigenen Familie alles zu.

Den Heiratsantrag eines Cousins auszuschlagen, konnte böses Blut innerhalb einer Familie schaffen.

»Ich werds dir zeigen. Und ich zeige ihnen, wie man dich aufhält«, sagte der Cousin.

Ihm würde gelingen, was die Brüder nicht geschafft hatten.

Nun hatte Ibrahim genug. Jamila wurde vor die Wahl gestellt, entweder die Arbeit in der Frauenbildung aufzugeben oder die Familie oder ihr Heimatland zu verlassen.

Es gab eine vierte Lösung.

Nur ein anderer Heiratsantrag könnte den des Cousins ausgleichen.

Aber welcher Mann konnte das sein? Welcher Mann würde sie selbstständig arbeiten lassen? Sie leitete eine Organisation, sie hatte Angestellte, sie traf Entscheidungen.

Da ihre Eltern es nie gewünscht hatten, dass sie, eine Behinderte, heiraten sollte, hatte auch nie jemand um ihre Hand angehalten. Oder doch. Einen hatte es gegeben, vor einigen Jahren.

Alles hatte sich außerhalb der Familie abgespielt, über einen Bekannten, der nicht einmal gesagt hatte, wer der Antragsteller war. Jamila hatte kein Interesse gezeigt, sie wollte nur arbeiten, aber neugierig war sie trotzdem.

»Hat dieser Freier auch einen Namen?«, fragte sie schließlich.

Es war Kakar. Der Arabischlehrer.

Jamila war außer sich und rief ihn sofort an.

»Wie kannst du es wagen? Du bist mein Lehrer! Was glaubst du denn, was für eine ich bin?«

Kakar hatte nicht aufgegeben. Wieder und wieder hatte er um ihre Hand angehalten.

Aber das war einige Jahre her. Wo war er jetzt?

Der entführte Onkel war endlich freigelassen worden. Die Familie hatte gemeinsam das Lösegeld bezahlt. Die Zeit der Geiselhaft hatte Jamila und ihre Tante in der Etage unter ihr enger zusammengebracht. Sie war offener als die anderen in der Familie.

Jamila erzählte ihr von dem Problem mit dem Cousin und von

Kakar, der Witwer war. Vielleicht wusste die Tante Rat, wie sie ihm nach all den Jahren vermitteln konnte, dass sie nun doch Interesse an ihm hatte. Als Rettungsring, betonte sie. Sie glaubte, dass der gerade freigelassene, freundlich gestimmte Onkel der Einzige war, der ihren Vater überreden konnte, einem Freier von außen zuzustimmen.

Während sie wartete, stellte sie eine Liste von Bedingungen für einen möglichen Ehemann auf.

Ich muss arbeiten.

Du kannst meine Arbeit nicht aufhalten.

Im Gegenteil, du musst sie unterstützen.

Egal, was ich tue, du darfst mich nicht daran hindern.

Dabei spielt es keine Rolle, ob du magst, was ich tue, oder nicht.

Für sie, die geglaubt hatte, sie würde nie heiraten, war eine Ehe nun die einzige Möglichkeit, sich von der Familie zu befreien – und für die Familie, sie loszuwerden.

Ibrahim war skeptisch. Kakar kam aus einem anderen Distrikt, einer anderen Familie. Er war Paschtune, Jamila war Tadschikin. Sie kannten ihn nicht. Was für ein Mann war er? Warum sollte er einen Krüppel heiraten?

Die Brüder glaubten, dass er auf Ibrahims Geld aus war. Außerdem war er schon einmal verheiratet gewesen und hatte Kinder. Wollte sie wirklich Stiefmutter werden?

Bibi Sitara fand, es sei am besten, wenn Jamila in ihrem Mädchenzimmer wohnen bleibe, wie es immer geplant gewesen war.

Der Onkel versuchte, die Familie zu überzeugen. Kakar stammte aus einer traditionellen, Familie, die seit Generationen viele islamische Gelehrte hervorgebracht hatte. Er war selbst als Imam ausgebildet und war ein gefragter Ratgeber und Vermittler. Die Familie war bekannt für eine gemäßigte Religionsausübung, einer seiner Onkel hatte ein progressives Werk über die Wissenschaft und den Islam geschrieben.

Für Jamila sah die Argumentation wie folgt aus: Die Familie war gut, das Timing war perfekt, und Kakar war in Ordnung.

Es klappte. Der Vater gab nach, die Brüder ließen sie los, die Cousins verschwanden. Die Familie war nicht mehr für sie verantwortlich, sondern Kakar.

Jamila hatte Schwierigkeiten, so plötzlich, buchstäblich über Nacht, einem anderen Menschen so nahe zu sein. Sie hatte großen Respekt vor ihrem Lehrer, aber dieser Respekt schuf Abstand, Ungleichgewicht, Scham. Auf einmal sollten sie alles teilen. Einander nah sein, intim. Er war Witwer, sie war gänzlich unerfahren. Nein, es war keinesfalls eine Liebesheirat, sagte sie allen, die fragten.

Aber solange er ihr nicht im Weg stand, würde es klappen.

Dann geschah etwas Ungewöhnliches. Kakar machte bei Noor mit, er wurde ihr Angestellter, in der Organisation, die sie gegründet hatte und leitete. Ihr Ehemann war für die Kommunikation mit islamischen Gelehrten verantwortlich, die für die Arbeit auf dem Land unentbehrlich war. Dort mussten sie mit den Dorfräten und religiösen Autoritäten reden, die aus den mächtigsten Männern – immer nur Männern – der Gegend bestand. Wie konnten sie sie dazu bringen, einer Schule für Mädchen zuzustimmen, an der auch deren Mütter Kurse belegen konnten?

Was dort besprochen wurde, durfte auf keinen Fall unangenehme Erinnerungen an die Sowjets wecken, die ihnen ihre Ideen von Gleichheit und Gleichberechtigung aufgezwungen hatten. Frauenrechte durften nicht mit Kommunismus assoziiert werden. Viele waren skeptisch, denn standen die Menschenrechte und die Demokratie, die der Westen bewarb, eigentlich im Einklang mit dem Islam?

Ja, meinten Kakar und Jamila. Nein, meinten die Taliban. Tja, meinten die Imame.

Das Ehepaar arbeitete immer enger zusammen. Intellektuell und praktisch ergänzten sie einander. Durch Gespräche mit Imamen und Mullahs, die eine Frau oft nicht einmal ansehen durften, wenn sie mit ihr redeten, versuchte das frisch verheiratete Paar, die traditionelle Sichtweise auf die *purdah* – die Abschirmung der Frau – und das Recht der Mädchen auf Bildung zu ändern. Im Koran stand kein

Wort gegen die Bildung von Frauen oder ihre soziale Teilhabe, erklärte Kakar geduldig. Er wies auf Koransuren und die Worte des Propheten hin, denn Mohammed selbst hatte gewünscht, dass Frauen und Töchter lasen und lernten.

Sie änderten ihren Namen zu Noor Educational and Capacity Development Organisation, die später nur noch NEC genannt wurde. Jamila hätte gerne die Menschenrechte mit im Titel gehabt, aber dafür war kein Platz, außerdem war es zu kontrovers. Irgendwo gab es eine Grenze, auch für sie. Zumindest fürs Erste.

Sie stützte sich auf Kakars Geduld, er ließ sich von ihrem Willen inspirieren.

Die Sichtweise des Ehepaars auf den Islam stand im Konflikt mit der alltäglichen Praxis im Land. Gemäß der neuen Verfassung von 2004 waren Männer und Frauen gleichberechtigt – auf dem Papier. Die Scharia wurde dort nicht direkt genannt, doch das Grundgesetz sprach dem islamischen Gesetz in allen Fällen den Vorrang zu. Kakar und Jamila fanden Beispiele für demokratische Ideen im Islam, während die meisten die Religion entsprechend der Familientradition auslegten. Im Alltag der Menschen dominierten lokale Traditionen sowohl die Scharia als auch das Grundgesetz. Auch alte Volksweisheiten und Traditionen aus der Zeit, bevor der Islam nach Afghanistan kam, bestimmten weiterhin den Alltag. Dazu gehörten der Vorrang der Männer und die Macht des Patriarchats.

In den ersten Jahren hatte Hamid Karzai, der seinerzeit von den Amerikanern ausgesucht worden war, um das Land zu regieren, sich für Menschenrechte und Gleichstellung starkgemacht. Er befand sich in ständigem Dialog mit Sima Samar, Ärztin und erste Ministerin für Frauenangelegenheiten des Landes und Vorsitzende der afghanischen Menschenrechtskommission. Später jedoch änderte sich Karzais Politik. Mit westlichen Staatschefs redete er noch immer laut über Menschenrechte, aber vor seinem eigenen Volk schlug er andere Töne an. Keine der vier weiblichen Minister, die er ernannt hatte, besaß wirkliche Macht, denn die lag weiterhin in den Händen der männlichen Regierungsmitglieder, Provinz- und Distriktgouverneure, Kriegsherren und Stammesführer. Karzais Regierung gab traditionellen Machtstrukturen den Vorrang und wies deutliche Züge von Nepotismus und politischer Manipulation auf.

Die formellen Machtpositionen des neuen Systems wurden zu wichtigen Posten, um die vielen Hilfsmittel, die ins Land strömten, an sich zu reißen. Korruption breitete sich in dem großen Staatsapparat aus und verschlang Ressourcen, die der Entwicklungshilfe zugutekommen sollten. Beihilfen endeten als vergoldete Wasserhähne in Dubai, in der Waffensammlung eines Kriegsherren, oder finanzierten den gepanzerten Land Cruiser eines Drogenbarons. Dem Aristokraten Karzai wurde eine Schwäche für alte Standeshierarchien nachgesagt. Stammesführer und frisch frisierte Kriegsherrn, die Bündnisse miteinander eingingen und wieder brachen, gingen bei ihm ein und aus.

So entstand nach und nach eine korrupte Führung im Präsidentenpalast Arg. Karzais Nachgiebigkeit schuf einen Mafiastaat, während die USA, die NATO und der Rest der Welt aus nächster Nähe zuschauten. Sie verschlossen die Augen davor, dass die *Good Guys* nun *Bad Guys* geworden waren.

Als Jamila und Kakar 2006 heirateten, konnte jede fünfte afghanische Frau lesen und schreiben. Bei den Männern war es etwa jeder Zweite. Jamilas Ziel war es, Bildung für die gesamte Gesellschaft zu etablieren. Sie kontaktierte den Minister für Pilger- und Religionsangelegenheiten und erlangte seine Unterstützung, um ein Trainingsprogramm für Imame zu entwickeln, das Frauenrechte aus islamischer Perspektive beleuchtete. Es sollte auch das Recht einer Frau umfassen, eine nicht gewünschte Ehe zu verweigern. Wenn eine Frau es wünschte, sollte sie selbst eine Geldsumme erhalten, die *mahr* (Brautgabe) genannt wurde und als Investition des Ehemanns in seine Frau galt. Das Geld sollte ihr gehören und ihre Unabhängigkeit garantieren, zum Beispiel im Fall einer Scheidung, die nach Jamilas Ansicht ein ebenso grundlegendes islamisches Recht war wie Bildung und die soziale sowie politische Teilhabe der Frauen. Jamila verfasste ein kurzes Handbuch mit einer modernen Auslegung des Islam, die ihrer Meinung nach zu Afghanistan passte und sowohl von der Gesellschaft als auch von den Imamen akzeptiert werden würde.

Inzwischen waren Jamila und Kakar schon bei vielen Hundert Imamen zu Besuch gewesen. Zuerst in Kabul und Dschalalabad, dann tiefer in den Provinzen. Jamila lud sie zu Studienkreisen ein und überredete sie, beim Freitagsgebet – bei dem traditionell auch Frauen anwesend waren und eine Predigt gehalten wurde – über Frauenrechte zu sprechen und ihr Handbuch zu verteilen. Danach warb sie Hunderte von Studenten von der Universität in Kabul an, unterrichtete sie im Fach »Frauenrechte im Islam« und bezahlte sie aus Spenden, die sie eingesammelt hatte. Die Studenten sollten die Moscheen aufsuchen, mit deren Imamen Jamila und Kakar gesprochen hatten, den Freitagsgebeten zuhören und davon berichten.

Jamila zögerte nicht, die Imame erneut anzusprechen, wenn sie fand, dass deren Botschaft nicht ausreichend herüberkam. Aber ihre Spione kamen auch mit rührenden Geschichten zurück. Einer hatte nach der Predigt einen weinenden alten Mann in einer Ecke der Moschee getroffen. Er war nach der Predigt zu dem Gelehrten gegangen und hatte gefragt, warum er das nicht schon längst gesagt hatte.

»Wenn das stimmt, was du sagst, habe ich gesündigt. Ich habe alle meine Töchter verkauft, ohne sie nach ihrer Meinung zu fragen. Ich habe ihnen keine Bildung erlaubt. Wie kann ich meine Seele jetzt retten?«

Die neue Gesellschaft war im Entstehen. Jamila wollte sie mitformen. Noor betrieb Aufklärungsarbeit zum Thema Gleichstellung und setzte sich dafür ein, dass Frauen in der Berufswelt führende Positionen einnehmen sollten. Außerdem kämpfte die Organisation gegen ein großes gesellschaftliches Problem: Gewalt gegen Frauen, insbesondere häusliche Gewalt.

Jamila war im Lauf ihrer Arbeit klar geworden, dass es noch etwas gab, das Mädchen und Frauen von der Bildung abschnitt, nämlich sexuelle Schikane. An der Schule. An der Universität. Auf der Straße. Im Bus. Am Arbeitsplatz. In der Familie. Sie hing wie ein dunkler, schwerer und schmutziger Schleier über der gesamten Gesellschaft.

Einige afghanische Juristen versuchten, sexuelle Schikane zu kriminalisieren, aber sie trafen auf harten Widerstand. Jamila bemühte sich, Unterstützung von der afghanischen Menschenrechtskommission zu erlangen, doch diese zögerte, die Universität von Kabul damit zu konfrontieren, wo es viele solcher Fälle gab. Jamila gab nicht auf und ließ NECDO ethische Richtlinien für Bildungseinrichtungen ausarbeiten, die sie auch den neuen Gesetzgebern des Landes vorstellen wollte.

Anstatt die Täter zu verurteilen, wurden die Frauen, die sie angeklagt hatten, bestraft. Wenn man mächtige Männer anklagte, war die Rache hart. Ganze Familien konnten für die Anzeige einer Frau bestraft werden oder wurden mit Repressalien bedroht, wenn die Frau die Anzeige nicht zurückzog.

Der Islam erlaubte es einem Mann, bis zu vier Frauen zu haben. Diese Regel sei ursprünglich aus Rücksicht für Witwen eingeführt worden, argumentierte Jamila. Mit Erlaubnis der ersten Frau konnte eine Witwe in eine neue Familie eintreten und damit ein Auskommen für sich und ihre Kinder sichern. Später sei diese Regel ausgenutzt worden, sodass reiche Männer einen Nachschub an jungen Mädchen im Ehebett hatten, argumentierte Jamila. Es war wichtig, weibliche Schriftgelehrte auszubilden, damit die weibliche Perspektive im Islam erhört wurde. Erst dann konnte man Afghanistan Schritt für Schritt durch Reformen ändern.

Was den Sex anging, galt es als Selbstverständlichkeit, dass Ehefrauen ihrem Mann gehorchten. Eine Frau hatte den Beischlaf zu akzeptieren, wenn der Mann es wollte. Doch je mehr sich Jamila in den Koran und die Lehrsätze des Propheten vertiefte, desto besser verstand sie, dass ein Zusammenleben kein einseitiges Verhältnis war, in dem der Mann alle Macht hatte, sondern ein gleichgestelltes.

Als eine ihrer Cousinen sich beklagte, weil ihr Mann immer von ihr verlangte, dass sie bereit war, besprachen sie das Thema.

»Du bist keine Sklavin, und erst recht keine Sexsklavin. Du hast das Recht, Nein zu sagen«, wendete Jamila ein.

Die Cousinen sahen sie schockiert an.

»Nein, das ist falsch. Meine Mutter hat uns immer gesagt, wir sollten gehorchen.«

»Deine Mutter irrt sich!«

Jamila erzählte, was sie manchmal ihrem eigenen Mann sagte: »Ich bin nicht bereit, ich habe keine Lust, ich bin müde, es passt mir nicht.« Ihr Mann akzeptierte das. Das sei doch wohl selbstverständlich, sagte sie. »Das ist unser Recht!«

Die Cousinen sahen sie entsetzt an. Sie wussten, dass Jamila an vielen Fronten revolutionär war, aber das!

DAS ERSTE, WAS SIE LIEBTE, WAR SEINE STIMME

»Warum will der eigentlich nicht heiraten?«

Mullah Dadullah zeigte auf Baschir, dem endlich ein Bart gewachsen war. Es war ein warmer Abend, und eine Gruppe von Männern saß auf der Veranda in Miranschah. Dadullah war der oberste militärische Anführer der Taliban, der mächtigste Kommandeur in ganz Afghanistan. Jetzt sah er Baschir durch seine dichten, fast senkrechten Augenbrauen an.

Der Vierzigjährige hatte viele Rufnamen: »Der Lahme«, weil er im Krieg ein Bein verloren hatte; »Der Schlächter«, weil er für seine effektiven Hiebe bekannt war, wenn er Feinde köpfte. Mullah Omar hatte ihm wegen seines extremen Verhaltens das Kommando entzogen, aber jetzt brauchten sie ihn wieder. Mit Seidenhandschuhen gewann man nicht gegen die NATO. »Entweder ihr erobert das Gebiet, oder ihr kommt nicht zurück«, hieß sein Bescheid, wenn er Männer in den Kampf schickte.

Dadullah besaß eine besondere Fähigkeit, innere Streitigkeiten zu schlichten. Deshalb war er in Wasiristan, wo es zuletzt offenen Streit, Blutfehden und Totschlag gegeben hatte. Außerdem ging Dadullah geschickt mit den Pakistanern um. Er hatte schon viele rekrutiert, indem er vor dem gemeinsamen Feind warnte und eine gemeinsame Zukunft versprach.

Die anderen wendeten den Blick von Dadullah ab, der, selbst wenn er scherzte, unheimlich aussah, und konzentrierten sich auf Qalam. Das Thema war heikel. Baschir war zu Qalams Vizekommandeur ernannt worden, nachdem er sich bei einer Schlacht in der Provinz Chost durch großen Mut und mehrere gute Treffer ausgezeichnet hatte. Er hatte Talent, den Verlauf eines Kampfes einzuschätzen und die Reaktion des Feindes vorauszusehen.

»Von nun an fährst du in meinem Wagen mit«, hatte Qalam nach der Schlacht gesagt, und Baschir verspürte Stolz über die Aufmerksamkeit des Kommandeurs.

Doch dann hatte Qalam beschlossen, den Neunzehnjährigen noch enger an sich zu binden. Er hatte Töchter und bot Baschir an, sich eine davon auszusuchen. Töchter für eine Ehe feilzubieten, war nicht üblich. Heiratsgesuche gingen in der Regel von der Seite des männlichen Kandidaten aus, genauer gesagt, von dessen Mutter. Und dann hatte Baschir auch noch dankend abgelehnt.

Es war mehr als peinlich. Zum ersten Mal hatte der Junge nicht getan, was sein Kommandeur von ihm erwartete. Qalam war zuerst aufgeregt, dann beleidigt. Der Vorschlag war so persönlich gewesen. Der Kommandeur hatte sein Schwiegervater werden wollen und wurde abgewiesen. Von dem Vaterlosen. Die Geschichte drang nach außen durch.

Die Männer auf der Veranda hielten die Luft an, bis ein Mann, der im Rang direkt unter Dadullah stand, sagte:

»Er will einfach nicht.«

»Es ist an der Zeit«, sagte Dadullah. »Man weiß ja nie, wie lange man lebt.«

Baschir nickte. Das tat man, wenn Mullah Dadullah zu einem sprach.

Aber Baschir wollte einfach nur kämpfen. Er wollte gewinnen, nur noch einmal, er wollte töten, nur noch ein paar mehr, noch einen Volltreffer landen, noch eine Kugel abschießen, frei sein.

Das mit den Frauen war kompliziert und teuer. Eine Braut – selbst mitten im Krieg, wenn ein Menschenleben so billig war – kostete mehr als eine Kalaschnikow, und nein, das war eine Frau nicht wert.

Wenn der Krieg vorbei war, würde er heiraten, und nicht nur eine, sondern vier, mindestens.

Bis dahin war es jedoch das höchste der Gefühle für ihn, mit den älteren Kommandeuren zusammenzusitzen, ihnen zuzuhören und zu wissen, dass sie ihn schätzten. Siradschuddin, der im Osten bestimmte, Dadullah, der im Süden bestimmte, sowie Qalam und Baitullah, die um Wasiristan stritten.

Der Kampf der Taliban gegen die vom Westen unterstützte Regierung dauerte nun seit fünf Jahren an. Die Widerstandsnester wuchsen, aber noch immer fehlte den Taliban eine einheitliche Strategie. In manchen Gebieten waren sie stark, in anderen bestanden sie noch aus zufällig zusammengewürfelten Milizen und hatten gerade erst begonnen, sich zu organisieren. Ihr Ziel war es, eine Struktur aus Kommandeuren und Vizekommandeuren zu etablieren. Letztendlich sollte daraus ein Schattenemirat entstehen, mit Schattengouverneuren und Kommandeuren in allen Provinzen.

Baschir kämpfte auf beiden Seiten der Grenze unter Qalams Kommando. Qalam brachte ihm bei, wie man einen überlegenen Feind besiegen konnte, denn die Ausländer waren wie immer besser bewaffnet und in der Überzahl.

»Du musst dem Feind so nahe sein, dass du ihn atmen hörst«, sagte Qalam. »Von Angesicht zu Angesicht, dann hast du ihn.«

Es ging darum, seine eigene Schwäche zu nutzen. Mit weniger Männern und leichteren Waffen war es einfacher, rasch zu handeln: schnell hinein und schnell wieder raus.

Was Qalams Töchter anging, hatten es mehrere Kandidaten auf sie abgesehen. Die Tochter eines Kommandeurs stand hoch im Kurs. Sie wurden verlobt, und Baschir war frei. Das Gleichgewicht zwischen ihm und Qalam pendelte sich wieder ein. Er war der Untergebene, Qalam der Chef.

Eines Tages waren sie bei einem der jüngeren Kommandeure in der Gegend eingeladen. Hamid stammte aus einer Familie alter Mudschahedin. Sein Vater war Mullah und Krieger und hatte während des Krieges gegen die Sowjets in Pakistan eine Basis errichtet und eine Familie gegründet.

Die Frauen des Hauses hatten den Bescheid bekommen, ein ordentliches Mahl für den berühmten *Qumandan* Qalam zuzubereiten.

Hamids kleine Schwester lief die Treppe hinauf, sobald sie die Männer auf dem Hof hörte. Sie verschwand in ein Zimmer im ersten Stock, wo sie gut versteckt war – nicht nur vor den Gästen, sondern auch vor der Mutter. Es war verboten, fremde Männer anzusehen. Sie war gerade vierzehn geworden und durfte den Hof nicht mehr verlassen, aber sie hatte von Qalam gehört. Die Geschichten ihres Vaters und ihres Bruders erinnerten sie an die Heldensagen über Mahmud von Gasni, den großen Herrscher aus dem elften Jahrhundert, als die Heimatstadt der Familie fast so wichtig wie Bagdad war.

Und nun lief Qalam auf ihrem Hof herum.

Sie selbst stand hinter einer Tür.

Sie traute sich nicht, ans Fenster zu gehen, weil sie sie dann sehen konnten. Dabei wollte sie doch so gerne einen Blick auf den berühmten Mann erhaschen!

Sie hörte, wie die Männer in das Gästezimmer im Erdgeschoss gingen. Gleichzeitig lauschte sie dem Lärm aus der Küche, wo ihre Mutter und Schwestern grünen Tee mit Kardamom zubereiteten. Gäste bekamen immer sofort ein Glas Tee. Ihr Bruder trug das Tablett ins Gästezimmer. Sie hörte Gelächter von unten und hatte eine Idee: Sie konnte sich die Treppe hinab und in den Hinterhof schleichen, um das Haus herumgehen und sich dann, wenn die Mutter in der Küche beschäftigt war, ans Fenster schleichen.

Sie sah sich im Hinterhof um. Er war leer. Sie trat ein paar Schritte heraus. Vorsichtig näherte sie sich den Fenstern zum Gästezimmer. Am ersten Fenster blieb sie stehen. Die Gardinen waren zugezogen, nicht ein Streifen war unbedeckt.

Die Stimme war tief und raspelnd. Sie musste dem Kommandeur gehören, er redete wie ein Chef. Dann sagte ihr Vater etwas, und ihr

Bruder antwortete. Plötzlich erklang ein trillerndes Lachen. Zu wem gehörte es? Das Lachen schluckte ein paar Worte, die sie nicht verstand, dann erklang es erneut, gefolgt von einer warmen Stimme, die gleichsam durch die Luft floss. Die Stimme war selbstsicher. Sie sprach schnell. Sie war jung. Der Mann, von dem sie kam, klang glücklich.

Das war es. Die Vierzehnjährige war verloren.

Als jemand an die Tür klopfte, schlüpfte sie wieder ins Treppenhaus, stieg rasch hinauf und blieb schluchzend in ihrem Zimmer stehen. Ihr Puls beruhigte sich, aber sie fand keine Ruhe. Der Klang dieser Stimme ging ihr nicht aus dem Kopf.

Mit einem solchen Mann könnte ich glücklich werden, fuhr es ihr durch den Kopf.

★

Siradschuddin Haqqani heckte einen ehrgeizigen Plan aus. Er wollte Camp Tillman angreifen und erobern.

Die amerikanische Basis lag in der Provinz Paktika auf einem Plateau über dem Dorf Lowara, wenige Kilometer von der pakistanischen Grenze entfernt. Der Angriff war für den nächsten Vollmond geplant, und Qalam sollte ihn anführen.

Normalerweise operierten sie in Vierergruppen, bei größeren Angriffen mit acht Mann. Dies jedoch war etwas anderes. Zwanzig Kommandeure sollten mit ihren Männern bereit sein, wenn der Vollmond am Himmel stand.

Qalams Trupp überquerte die Grenze zehn Tage davor, um die Lage auszukundschaften.

Auf dem Weg trafen sie auf eine Gruppe Soldaten des pakistanischen Heers. Dass Qalams Männer Taliban waren, war offensichtlich, doch die Pakistaner sagten nur, sie könnten ruhig die Grenze nach Afghanistan passieren, jedoch nicht auf demselben Weg zurückkommen.

»Warum nicht?«, fragte Baschir.

»Es gibt Meldungen über einen möglichen Angriff auf Camp Tillman, und wir haben den Befehl, die Grenze zu schließen«, antworteten die Soldaten.

War der geplante Angriff schon enthüllt? Hatte sie jemand verraten? Oder waren sie nur in einer zu großen Gruppe unterwegs?

Am nächsten Tag setzten sie ihren Weg zum Camp fort. Der Kommandeur wollte Wachtposten aufstellen, um die Routine auf der Basis zu observieren. Es war wichtig, sich versteckt zu halten, denn die Amerikaner würden auf alles schießen, was sich bewegte. Es gab keinen Grund, sich diesem Außenposten zu nähern, außer in feindlicher Absicht. Die Umgebung war karg, es gab kaum Bäume, und nur ein paar widerspenstige Büsche wuchsen aus dem sandigen Boden. Nicht einmal Ziegen weideten dort.

Durchs Fernglas sahen sie das erste Hindernis: Mehrere Rollen NATO-Draht mit Zacken wie Rasierklingen. Dahinter ein flacher Streifen, dann hohe Mauern mit Sandsäcken rundum.

Zurück im Lager, versammelten sie sich. Qalam beschloss, dass sie sich versteckt halten und in kleinere Gruppen aufteilen sollten. Es war warm, sie konnten mehrere Camps im Freien errichten und in der Nähe der Grenze auf die Nacht des Angriffs warten. Noch elf Nächte. Qalam legte einen Ruhetag ein. So konnten sie Kräfte sammeln, bevor sie weiter kundschafteten und auf die Verstärkung warteten.

Noch zehn Nächte bis zum Vollmond.

Am dritten Morgen zog Qalam in der Dämmerung aus, um die Basis zu observieren. Durchs Fernglas erkannte er einen seiner Eigenen. Ein Mitglied seiner Familie – dort drinnen, bei den Amerikanern! Noch mehr als die Ungläubigen hasste er Afghanen, die sich von den Regierungstruppen anwerben ließen.

Er kochte vor Wut. Das war zu viel. Er spürte den Drang, anzugreifen, solange der Verräter dort war.

Kurze Zeit später wurde Baschir von einem Kameraden geweckt.

Sie sollten sich bereit machen, hieß der Befehl von Qalam. Er rieb sich den Schlaf aus den Augen und fragte sich, was die Eile zu bedeuten hatte. Es waren noch immer neun Tage bis Vollmond.

»Befehl von Qalam«, wiederholte sein Kamerad.

Was hatte Qalam vor? Hatte Siradschuddin seinen Plan geändert?

Baschir zählte die Männer, die bis dahin in Lowara angekommen waren. Sie waren vierunddreißig. In Camp Tillman waren mehrere Hundert Regierungssoldaten und noch einmal so viele Amerikaner. Er wollte sich lieber an den Plan halten und auf Verstärkung warten.

»Hast du Angst?«, fragte der Kamerad.

»Nein, aber das ist Wahnsinn.«

»Du hast Angst vor den Ungläubigen!«

Mehr brauchte der Kamerad nicht zu sagen.

»Okay. Gehen wir«, antwortete Baschir.

Er funkte Qalam auf dem Walkie-Talkie an und bestätigte den Treffpunkt. Normalerweise ging Baschir voraus, kartierte die Umgebung und spionierte den Tagesablauf des Feindes aus, eine der wichtigsten Aufgaben vor einem Angriff. Diesmal aber war Qalam selbst gegangen. Vielleicht wollte er planen, wie sie sich gruppieren und von wo aus sie angreifen sollten.

Als sie in Sichtweite von Camp Tillman waren, teilte Qalam sie in kleine Gruppen auf, um den Angriff von mehreren Fronten zu starten. Vier Männer hier, fünf Männer dort. Ein Stück weiter drei. Die Basis hatte zwei Wachtürme, erklärte Qalam, einen höheren und einen niedrigeren. Er verteilte die Männer weiter, bis nur noch acht Leute in seiner Gruppe waren.

Eigentlich bräuchten sie mindestens 25 Mann für jeden der Wachposten, dachte Baschir. Qalam war durch seine Dreistigkeit Kommandeur geworden, aber das hier war dummdreist.

Er sah seinen Kommandeur an. Es war schon vorher geschehen, dass sie sich bereit machten, aber dann einsahen, dass die Übermacht des Feindes zu groß war. Auch diese Erkenntnis verlangte Mut.

»Warte hier mit den anderen«, sagte Qalam zu Baschir. Er wollte sich mit zwei Männern anschleichen und nachprüfen, ob sie den unteren Posten angreifen konnten. Der Kommandeur hielt sich oft im Hintergrund, um die Übersicht zu behalten, aber dieses Mal wollte er vorangehen.

»Nein, ich gehe voran und erkunde die Lage«, schlug Baschir vor.

»Bleib hier!«, zischte der magere Mann. Baschir sah ihn verwundert an. Was war in ihn gefahren?

Qalam näherte sich dem Zaun mit zwei Mann. Sie mussten vorsichtig sein, denn der Boden um die Basen war in der Regel vermint.

An dem NATO-Draht-Zaun hielten sie an. Qalam setzte sich, um zu beten. Er betete acht *raka* – acht Mal ging er in die Knie und stand wieder auf.

Als das Gebet vollführt war, fragte Baschir über das Walkie-Talkie: »Soll ich den Angriff starten, oder willst du?«

»Vielleicht werden das die Amerikaner übernehmen«, antwortete Qalam. Sie schwiegen. Keiner wusste, was er tun sollte. Auf der Basis war es totenstill. Sie konnten die Waffensysteme sehen, die Verteidigungslinien, die Betonwände, die Flutlichter rundum.

»Vergib mir«, sagte Qalam. Er hatte so lange geschwiegen, dass Baschir schon dachte, die Verbindung sei unterbrochen. »Bitte vergib mir.«

»Wofür?«

»Geh mit den Männern zurück ins Lager«, befahl der Kommandeur. »Wir blasen die Sache ab.«

Baschir bestätigte. Er gähnte. Nun wollte er nur noch heim und schlafen. Sie trotteten zurück.

Hinter ihnen blieb Qalam mit zwei Männern stehen.

Dann ging er auf die Basis zu.

Baschir wachte von Maschinengewehrsalven auf. Sie kamen von Camp Tillman, da war er sich sicher. Er griff nach dem Walkie-Talkie, um Qalam anzufunken. Keiner antwortete. Er versuchte es wieder und wieder.

Endlich kam eine Antwort.

»Der Kommandeur ist getroffen!«

Hatte er alleine angegriffen?

Sie rannten zur Basis. Als Baschir ankam, sah er, wie einer der Krieger versuchte, Qalam von der Basis wegzuziehen, über den Stacheldraht hinweg.

Eine Drohne näherte sich. Baschir sah gerade noch, wie sie ihre Last abwarf. Sie wurden in alle Richtungen zerstreut und blieben hinter Steinen oder unter Bäumen am Abhang liegen.

Baschir war unverletzt und lief zu Qalam. Die Brust des Kommandeurs war glühend heiß, als würde er von innen heraus brennen. Blut floss aus mehreren Löchern in seinem Brustkorb.

Eine weitere Drohne näherte sich. Baschir suchte Deckung. Gleich würden noch mehr kommen, vielleicht auch Raketen. Wo sie sich jetzt befanden, waren sie leichte Beute.

»Wir können Qalam nicht hierlassen«, sagte Baschir und versuchte, ihn wegzuziehen. Aber der knochige Mann war zu schwer und hing halb im Stacheldraht fest. Es ging einfach nicht.

»Lasst uns seinen Kopf abschneiden und mitnehmen«, schlug Baschir vor. »Dann kriegen ihn die Amerikaner nicht.«

Qalams Kopf, eine Trophäe für die Amerikaner. Einer der wichtigsten Kommandeure der Taliban. Alles, was Baschir über den Krieg wusste, hatte er von ihm gelernt. *Du musst dem Feind so nahe sein, dass du ihn atmen hörst. Von Angesicht zu Angesicht, dann hast du ihn.*

Ein Helikopter stieg auf.

»Wir schaffen es nicht«, rief Baschirs Nebenmann.

Im Bruchteil einer Sekunde beschloss Baschir, Qalam liegen zu lassen und sich selbst zu retten. Sie schulterten die Gewehre und rannten davon.

Baschir war so außer Atem, dass er schon Blutgeschmack im Mund hatte. Ein Gedanke durchfuhr ihn. *Ich will auch Märtyrer werden! Allah möge mich zu sich nehmen.*

Trotzdem lief er weiter. Sein Herz hämmerte, es stach. Es war, als würde sein Körper ihn unwillkürlich retten, während sein Sinn nach Frieden trachtete.

In einem Waldstück sank er bei einer Quelle zu Boden. In der Nähe sah er ein paar andere Überlebende, deren Gesichter mit Blut und Erde verschmiert waren. Viele fehlten. Sie mussten die anderen warnen.

Die Tankstelle auf dem Markt in Lowara hatte ein Satellitentelefon, das Baschir öfter benutzte. Er wählte Siradschuddins Nummer.

Was war in Qalam gefahren?

Übermut?

Die Sehnsucht nach Gott?

Mit Qalams Blut auf seinen Kleidern, während der Kommandeur im Wüstensand lag, sagte Baschir, er habe eine glückliche Botschaft zu überbringen.

Gott hatte seinen Märtyrer bei sich aufgenommen.

»Von Angesicht zu Angesicht. So starb er.«

Nach dem islamischen Ritus sollte Qalam innerhalb eines Tages begraben werden, aber noch hatten ihn die Amerikaner. Normalerweise ließen sie die Leichen der Taliban einfach liegen, damit ihre Leute sie abholen konnten. Aber Qalam hatten sie mitgenommen. Sie wussten, wer er war. Wie Baschir gesagt hatte: eine Trophäe. Qalam hatte sie lange geplagt, und nun legten sie ihn ins Kühllager der Basis.

Das Blut auf seiner Haut wurde braun, es trocknete in den Haaren und färbte seinen Bart. So, wie er gestorben war, würde er seinem Gott entgegentreten.

Der Angriff hatte ein diplomatisches Nachspiel. Kurz nachdem Baschir Siradschuddin angerufen hatte, wurde der Basar, wo er sich mit einem Dutzend Männer aufhielt, von pakistanischen Soldaten umstellt.

»Legt die Waffen nieder und ergebt euch!«

Baschirs Männer weigerten sich.

Die lokale Abteilung des pakistanischen Heeres war in einer

Zwickmühle. Den Amerikanern war klar, dass die pakistanischen Soldaten von dem geplanten Angriff gewusst haben mussten. Der Kommandant von Camp Tillman beschwerte sich in Islamabad, weil das pakistanische Heer die Taliban gewähren ließ, anstatt sie zu bekämpfen. Die Amerikaner verlangten, dass Qalams gesamte Gruppe verhaftet wurde, aber die Pakistaner zögerten, ein Dutzend schwer bewaffnete Taliban auf einem viel besuchten Markt anzugreifen.

Im Lauf des Tages trafen Mitglieder des wasirischen Stammesrats zu Verhandlungen ein. Es kamen Mullahs und Imame. Ein General landete in einem Helikopter und verlangte, mit Qalams Vizekommandeur zu sprechen. Baschir weigerte sich. Es war eine Falle, sie würden sie nach Islamabad fliegen und ins Gefängnis werfen, nahm er an.

Am Ende machte der Dorfrat von Lowara einen Vorschlag.

»Wir geben euch zwölf von unseren Leuten an ihrer Stelle. Nehmt uns, die Krieger kommen frei.«

Ein Dorfbewohner nach dem anderen trat freiwillig vor. Sie gingen eine Absprache ein. Die zwölf Dorfbewohner wurden vom pakistanischen Heer in die Hauptstadt geflogen, um den Amerikanern zu zeigen, dass die Angreifer ihre Strafe bekamen.

Dann wurden sie freigelassen. Das Problem war gelöst, der Krieg konnte weitergehen.

Qalam hatte ein Video von sich aufgenommen, das nun Siradschuddin übergeben wurde. Darin drückte der Kommandeur den Wunsch über seine Nachfolge aus. Der Kreislauf der Krieger sollte fortbestehen.

In dem Video pries er Gott, begrüßte seine Anführer und Mitkämpfer und bestimmte, wer nach ihm das Kommando über die zweihundert Mann übernehmen sollte. Er sagte, er habe den richtigen gefunden, einen mutigen, starken und selbstständigen Mann.

»Er ist ein Krieger, an dessen Zukunft ich glaube. Möge Gott ihn zum Sieg führen.«

Es war der Jüngste von allen.

Baschir, *der Afghane.*

Es war ein schweres Erbe. Den Taliban gelang es allmählich, besser organisierte militärische Strukturen mit einer strengen Hierarchie zu errichten. Rebellische Kommandeure wie Qalam würden in Zukunft weniger Spielraum haben.

Das Haqqani-Netzwerk hatte inzwischen eine Art Parallelregierung in Miranschah etabliert. Es gab eigene Gerichte, Rekrutierungszentren, Steuerbüros und Sicherheitskräfte. Sie finanzierten sich von Spenden aus den Golfstaaten und anderen arabischen Ländern sowie durch Entführungen und Besteuerungen. Unternehmer in ihrem Einflussgebiet mussten bis zur Hälfte ihres Einkommens als Schutzgeld bezahlen.

Die neue militärische Strategie der Taliban führte ab 2007 zu Angriffen in größerem Maßstab. Straßenbomben, gefolgt von schnellen Angriffen aus dem Hinterhalt, sowie Selbstmordanschläge waren ein wichtiger Teil dieser Strategie.

Keiner hatte mehr Männer für Märtyrer-Missionen angeworben als Siradschuddin Haqqani und Mullah Dadullah, der Mann, der Baschir empfohlen hatte zu heiraten, weil es jederzeit zu spät sein konnte.

Das traf jedoch zuerst auf den Mullah zu. Ehe der Sommer vorüber war, gelang es britischen NATO-Truppen, den obersten militärischen Anführer der Taliban zu töten. Den Mann, der für die Verfolgung der persischsprachigen Hasara und die Sprengung der großen Buddhastatuen von Bamyan – eines der wichtigsten Kulturerben Afghanistans – verantwortlich war. Seine Leiche sollte gegen fünf entführte Sanitäter ausgetauscht werden. Es wurden nur vier. Der Fünfte wurde enthauptet, weil Dadullahs Leiche, mit zwei Einschusslöchern in der Brust und einem im Hinterkopf, nicht schnell genug ausgeliefert wurde.

Selbst im Tod war er brutal.

★

Als Baschir zwanzig wurde, verspürte er Lust nach einer Frau.

Er war bereits mit seiner Cousine verlobt, mit der er in dem schmutzigen Hinterhof von Mussahi aufgewachsen war, aber sie wollte er nicht. Er wollte eine Frau hier und jetzt, und er wollte sie selbst aussuchen.

Das war nicht leicht, denn junge Frauen waren nirgendwo zu sehen.

Deshalb gingen Mütter und Schwestern auf endlose Visiten, um potenzielle Bräute für ihre Söhne und Brüder in Augenschein zu nehmen. Zu seiner Mutter konnte Baschir nicht gehen, sie würde auf Yasamin bestehen. Auch seine Schwägerin wäre der Mutter treu.

Er musste einen Mann um Hilfe bitten.

Zu seinen engsten Freunden gehörte ein junger Taliban-Kommandeur namens Baitullah Mehsud, ein aufsteigender Stern im Stammesgebiet.

»Ich kümmere mich darum«, versprach Baitullah.

Es dauerte nicht lang, bis er eine mögliche Braut aufgespürt hatte.

»Sie kann den gesamten Koran auswendig«, prahlte er. Ihr Vater hatte ihr sowohl Paschtunisch als auch Farsi beigebracht. Sie sei ein kluges, scharfsinniges Mädchen. Aber auch wohlerzogen und gefügsam.

Sie war die Schwester von Hamid, einem seiner Soldaten.

Baschir mochte die Idee. Es war besser, die Schwester eines Untergeordneten zu heiraten, als die Tochter eines Übergeordneten, wie Qalam vorgeschlagen hatte. Außerdem kannte er den Vater des Mädchens, er erinnerte sich an den Besuch bei dem gelehrten Mann, der ihm sofort sympathisch gewesen war. Im Grunde war dies am wichtigsten, denn bei einer Heirat war nicht die Braut das Entscheidende, sondern ihre Familie.

Aber wie sollte er ohne weibliche Hilfe um ihre Hand anhalten?

Er musste einen Plan schmieden, doch während er dies tat, kam er beinahe ums Leben.

Seine Gruppe war heftigen Angriffen seitens des afghanischen

Heers mit Luftunterstützung der NATO ausgesetzt. Baschir wurde von den anderen getrennt und musste in einer Felsspalte in Deckung gehen. Ringsumher explodierten Raketen, und die Felsspalte wurde fast von Geröll zugeschüttet. Das war es, dachte er.

Als der Angriff endlich aufhörte und er von den Bergen herabkam, traf er als Erstes den großen Bruder seiner Auserwählten. Baschir hielt dies für ein Zeichen. Er war dem Tod nur knapp entronnen. Wie Mullah Dadullah gesagt hatte: »Es ist an der Zeit. Du weißt nie, wie lange du lebst.«

Am selben Abend forderte er Baitullah auf, für ihn um sie zu werben.

Galai war am selben Tag geboren, an dem Professor Rabbani in Kabul zum Präsidenten ernannt wurde, am 28. Juni 1992, kurz bevor der Bürgerkrieg zwischen den verschiedenen Mudschahedin-Fraktionen ausbrach. Während der sowjetischen Invasion war die Familie nach Peschawar geflohen, und ihr Vater kämpfte auf der Seite der Mudschahedin. Für ihn stand der Islam über allem; er hatte seine Kinder selbst unterrichtet. Doch seine jüngste Tochter hatte sich einfach nichts einprügeln lassen. Während ihre Schwestern den ganzen Koran auswendig kannten, war ihr Kopf leer. Sie war das letzte Kind und als solches verwöhnt, bis sie mit vier Jahren das arabische Alphabet lernen sollte. Da machte es klick. Sie weigerte sich. Die Eltern beschlossen, sie auf ein Internat zu schicken, wo strenge Disziplin herrschte.

Die Madrasa lag hinter hohen Mauern. Männer hatten keinen Zugang. Es gab mehrere Schlafsäle mit je zwanzig Betten, genauer gesagt, dünnen Matratzen, die abends ausgerollt wurden und tagsüber eingerollt an den Wänden standen. Dort saßen sie auf dem Boden, vor sich ein Kissen, auf dem die Bücher lagen. Zuerst das Alphabet, dann der Koran.

Das kleine Mädchen hörte nicht auf zu weinen. Sie bekam Schläge auf die Finger, Schläge aufs Hinterteil, Schläge auf den Rücken. Der

Körper musste weichgeprügelt werden, um den Kopf für Gottes Wort bereit zu machen. Sie heulte bloß noch mehr.

Am Ende holte ihre Mutter sie ab. Galai brachte nur Schande über die Familie.

Sie durfte noch ein wenig weiterspielen. Zu Hause fühlte sie sich in Gesellschaft der Jungen am wohlsten. Sie hatten mehr Temperament und Fantasie. Meistens spielten sie mit Steinen. Sie balancierten kleine Steine auf den Fingern oder spielten Zielwerfen auf größere Steine. Sie zeichneten Grenzen auf den Boden und kämpften um Land. Sie bauten Parcours aus Steinen und machten Wettläufe.

Aber das Glück war nicht von Dauer.

Als sie acht wurde, durfte sie nicht mehr mit Jungen spielen. Nicht einmal mehr mit ihnen reden durfte sie. Wollte sie spielen, musste sie sich mit den Mädchen begnügen. Innerhalb der Mauern.

Galai wollte die Zeit anhalten. Sie wollte nicht älter werden. Sie wollte nicht wachsen. Das Erwachsenenleben war so traurig.

Ihr Vater hatte begonnen, mit ihr zu Hause zu lesen. Langsam öffnete sie sich dem Lernen. Sie mochte die Geschichten über den Propheten und wie sich der Koran ihm offenbarte, über die Kämpfe und wie der Islam sich verbreitete. Der Vater erzählte ihr von Mohammeds Frauen. Die erste, Chadidscha, war auch die erste Muslima. Mohammed hatte sich ihr anvertraut. Galai fand es seltsam, dass Chadidscha viel älter als Mohammed war. Die Frau sollte doch jünger als der Mann sein? Anders kannte sie es nicht. Außerdem war Chadidscha eine reiche Geschäftsfrau, und Mohammed arm. Konnten Frauen in anderen Ländern etwa Geschäfte besitzen? Sie konnte sich nicht vorstellen, dass eine Frau ein Kaufmann sein konnte.

Noch ehe Galai dreizehn wurde, kam der erste Freier. Die Mutter sagte Nein, ohne sie zu fragen. Die Mutter sagte zu allen, die es versuchten, Nein.

»Sie ist meine Jüngste, die gebe ich erst weg, wenn ich alt bin. Bis dahin soll sie bei mir bleiben«, sagte sie.

Dass so viele um Galai freiten, lag hauptsächlich an ihrem Vater.

Für die Taliban war er aufgrund seines hohen Status eine gute Partie. Er bekam ständig Besuch von Kriegern, und die Krieger hatten Brüder, Söhne und Cousins. Ihre Mütter kamen, und ihre Schwestern. Es hörte nie auf, denn solche Besuche durfte man nicht abweisen. Trotzdem blieb die Mutter beim Nein. Wieder und wieder.

Ein schwaches Echo der Stimme, die sie an jenem Frühlingstag durch das Fenster gehört hatte, klang nun ab und zu durch das Telefon ihres Bruders.

Sie erfuhr, dass die Stimme, an die sie sich so gut erinnerte, einem Mann namens Baschir gehörte. Eines Tages sollte er zu Besuch kommen. Sie fragte ihren Bruder, ob sie hinter der Gardine im ersten Stock stehen dürfe, um ihn zu sehen.

»Nein! Du kannst auf schlechte Gedanken kommen!«

Sie wusste genau, was der Bruder mit diesem Ausdruck meinte.

Trotzdem versteckte sie sich hinter der Gardine. Und sah.

Die Stimme hatte ein Gesicht bekommen, das Gelächter ein Lächeln. Sie war verloren. Nur wenige Tage später bekam ihr Bruder Besuch von Baitullah in Miranschah.

»Dein Vater ist ein guter Mann. Du hast nur noch eine Schwester. Wir suchen eine Frau für unseren Bruder Baschir.«

Galai saß bei ihrer Mutter und nähte, als Hamid nach Hause kam. Sie schickten sie aus dem Zimmer, um die Sache zu besprechen. Sie ging mit gesenktem Kopf hinaus. Wie sie es sollte. Gehorsamkeit war die größte Tugend eines paschtunischen Mädchens.

Aber sie lauschte an der Tür.

Die Mutter sagte Nein.

Es kam nicht infrage.

Galai konnte nichts sagen, sie durfte ja nicht zugeben, dass sie gelauscht hatte.

Die Ablehnung der Mutter wurde noch größer, als sie hörte, dass Baschir zu Hause bereits verlobt war. Was sollte das? Gut, ein Mann durfte vier Frauen haben, aber er sollte in der Reihenfolge der Verlobungen heiraten. Nie würde sie ihre jüngste Tochter an einen Mann abgeben, der dies nicht respektierte.

Als Nächste kam Baschirs Schwägerin Sima, die mit Raouf verheiratet war. Sie hatte sich überreden lassen, ohne Hala etwas zu verraten. Sie prahlte mit Baschirs Taten und guten Eigenschaften.

Zum Schluss sagte Hamid zu Galais Mutter: »Ich finde, wir sollten Galai selbst fragen.«

Dem konnte die Mutter nicht widersprechen.

Hamid ging hinauf ins Zimmer seiner Schwester. Galai wusste, welche Antwort von ihr erwartet wurde.

»Nein ...«, flüsterte sie.

Ihr Inneres rief laut Ja.

»Bist du ganz sicher?«, fragte Hamid.

»Ja.«

Nachdem er gegangen war, blieb sie sitzen und dachte nach. Hatte sie gerade diesem Mann, dieser fröhlichen Stimme, dem herzlichen Lachen und dem Leben, von dem sie träumte, eine Absage erteilt?

Sie hörte Schritte auf der Treppe. Ihr Bruder kam noch einmal herein.

»Ich will dir einen Rat geben«, sagte er. »Nimm ihn. Einen besseren Mann findest du nicht.«

»Ja«, flüsterte Galai. »Ich will.«

Die Mutter tat ihr Bestes, um die Heirat zu verhindern. »Du wirst eine Zweitfrau!«, warnte sie. Die erste Verlobte würde ihren Rang behalten, und sicher würde es auch dort eine Hochzeit geben. Eine lebenslange Verlobung brach man nicht einfach.

Sie redete aus Erfahrung. Ihr Vater hatte im Lauf seines Lebens fünf Frauen gehabt. Als die zweite ins Haus gekommen war, hatte es vom ersten Tag an Streit und Kämpfe gegeben, was mit jeder neuen Frau schlimmer wurde. Nein, ein solches Leben hatte ihr jüngstes Kind nicht verdient.

»Heirate ihn nicht«, pflichteten ihre Schwestern der Mutter bei.

»Du wirst leiden!«, sagten die Frauen ihrer Brüder.

»Das werde ich dir nie verzeihen«, zischte die Mutter ihren Sohn an. In ihren Augen war er an der Sache schuld.

Es stand viel auf dem Spiel. Doch wenn das Mädchen Ja sagte, konnten weder ihre Mutter noch die Schwägerinnen etwas dagegen tun.

Galai hatte sich entschieden. Sie wollte ihn haben. Das hatte sie gewusst, seit sie seine Stimme gehört hatte.

Der Bruder berief ein Familientreffen ein und gab die endgültige Entscheidung der Fünfzehnjährigen bekannt. Jetzt konnte die Mutter höchstens noch einen so hohen Brautpreis fordern, dass Baschir es sich nicht leisten konnte. Woher sollte er dort drüben im Kriegsgebiet so viel Geld haben? Der Preis wurde auf eine Million Afghani festgelegt, rund hunderttausend Kronen.

»Wir akzeptieren«, sagte Baschirs Bruder.

»Was?«, entfuhr es Galais Mutter.

Die Einzige, die ebenso gegen die Hochzeit war, war Hala. Sie schimpfte mit ihrem jüngsten Sohn, weil er fortgegangen war und sich selbst eine Frau gesucht hatte. Was sollte sie ihrem Bruder sagen? Den anderen im Dorf? Die Leute würden sich über sie lustig machen.

Die Verhandlungen gingen weiter. Galais Mutter versuchte, Bedingungen zu stellen, die Baschir unmöglich akzeptieren konnte. Sein Bruder jedoch akzeptierte alles, bis ihr nichts mehr einfiel. Als der Preis ausgehandelt war und Raouf am nächsten Tag das Geld holen sollte, konnte sie nicht mehr. Sie hatte Angst, geldgierig zu wirken.

»Ist in Ordnung, halbiere den Preis«, sagte sie.

Baschir bezahlte eine halbe Million Afghani, und sie gab ihm noch einige Hunderttausend zurück.

»Du wirst sie für den Dschihad brauchen.«

Sie legten ein Datum für die Hochzeit fest.

Endlich verlobt, durften Baschir und Galai sich zum ersten Mal treffen. Es war, als gehörten sie zusammen. Beide waren rundlich und kräftig gebaut. Starke Arme, breite Nacken. Galai hatte breite Hüften und einen weichen Bauch. Baschirs Schultern waren vom vielen Tragen breiter geworden, sein Brustkorb größer. Beide hatten runde Wangen und, was am wichtigsten war, Lachfalten um den Mund.

In Mussahi war zum Abendessen gedeckt: weiches Brot in Brühe und Schalen mit Joghurt. Yasamin saß mit ihren Schwestern und Eltern um ein Tuch auf dem Boden. Sie war gerade sechzehn geworden. Nun war es ihr nicht mehr peinlich, im Gegenteil, sie war stolz darauf, mit einem großen *qumandan* verlobt zu sein.

Das Telefon ihres Bruders klingelte.

An der Stimme am anderen Ende erkannte sie, dass es Baschir war. Er rief immer ihre Brüder an, nicht sie.

Am Gesicht ihres Bruders erkannte sie, dass etwas nicht stimmte.

Er legte auf und verbreitete die Neuigkeit.

Eine Fünfzehnjährige auf der anderen Seite der Grenze hatte ihren Platz eingenommen. Der Krieg schuf neue Regeln für alles.

HERZEN GEWINNEN

Wie groß sie waren, die Männer, die breitbeinig durchs Schultor hereinkamen. So große Männer hatte Ariana noch nie gesehen. Die Soldaten lächelten und sahen sich mit freundlichen Gesichtern um. Sie nickten allen zu und schüttelten dem Direktor und den Lehrern mit ihren Pranken die Hand. Ariana, ein blasses und zierliches kleines Mädchen, das zwischen den jüngsten Schülern stand, sah, dass diejenigen, die die Hände vorstreckten, diese kräftig gedrückt bekamen.

Ihre Mutter, die als Erdkundelehrerin an der Schule arbeitete, war am Vortag über den Besuch informiert worden. Für die Gäste standen Saft und Kuchen bereit, die Soldaten lehnten jedoch höflich ab.

Da sah Ariana einige Frauen zwischen den Männern. Alle trugen die gleiche wüstenfarbene Uniform mit Tarnmuster. Die Hosen saßen weit um die Oberschenkel und hatten tiefe Taschen an der Seite. Ganz anders als die Uniform ihres Vaters, in der er jeden Morgen zur Arbeit in der Finanzabteilung des Verteidigungsministeriums ging. Die bestand aus einer Hose mit geraden Beinen und Bügelfalte sowie einer schmal geschnittenen Jacke.

Einige der Frauen trugen Schirmmützen, andere keine Kopfbedeckung. Eine von ihnen hatte glattes, blondes Haar mit einem Seitenscheitel, das nach hinten gekämmt und zu einem Knoten gebunden war. So eine Frau hatte Ariana noch nie gesehen, außer in Filmen. Eine hatte ganz kurz geschnittene Haare, wie man es sonst nur bei kleinen Mädchen sah, eine andere wiederum wilde, dunkle Locken, die ihr in einem Pferdeschwanz auf dem Rücken tanzten. Sie gingen in die Hocke, um sich mit den Kindern zu unterhalten, einige der älteren Schüler versuchten sich an ein paar englischen Wörtern. *Hello Mister! Hello Miss!*

Einer der riesigen Soldaten hielt sich die Hände vors Gesicht und spielte Verstecken, als wären sie Kleinkinder, ehe er wieder hervorschaute. *Wo issa? Daaa issa!*

Ariana und die anderen Kinder um sie herum quietschten vor Lachen, es war witzig, dass die großen Männer so mit ihnen spielen wollten. Sie machten mit, *wo issi? Daaaa issi!* Sie spielten Fangen, und die Kinder wurden von den Soldaten in die Luft geworfen. Einer hatte ein Kind an jedem Arm hängen, ein anderer ließ sie auf seinen Rücken klettern.

Die Soldaten zogen etwas aus ihren Hosentaschen und befestigten es sich im Gesicht. Auf einmal hatten sie rote Clownsnasen und machten Faxen. Die Kinder jubelten. Die Lehrer lachten.

Einige der Soldaten trugen große Pappkartons auf den Schulhof und stapelten sie zu einem imposanten Turm.

Die Kinder scharten sich um die Kartons und schnappten nach Luft, als ein Soldat eine Puppe herausholte, dann noch eine, und noch eine. Die Puppen hatten beigefarbene Arme und Beine, blaue Kleidchen, braune Haare und große, wunderhübsche Augen. Jedes Mädchen bekam eine, die Jungen bekamen Bälle und Autos. In anderen Kartons waren Rucksäcke, darin lagen Schreibhefte und Stifte. Auch die Lehrer bekamen Geschenke. Ariana blickte zu ihrer Mutter, die schöne Notizbücher in der Hand hielt. Sie sah froh aus und lächelte den Soldaten zu. Ariana betrachtete ihre Puppe. Sie glich einer Figur aus einem Zeichentrickfilm, den sie im Fernsehen gesehen hatte.

In ganz Afghanistan initiierten die NATO-Truppen verschiedene Projekte, um das Leben der Afghanen zu verbessern. Sie bauten Straßen und Brücken, räumten Minen, pflanzten Bäume, schickten Agrarexperten in die ländlichen Regionen, um den Bauern zu helfen, sie legten Bewässerungssysteme an, bauten Krankenhäuser und Gesundheitszentren, und sie statteten die Schulen mit Büchern, Tischen, Stühlen, Tafeln und Kreide aus.

Die Schulbesuche waren klassischer Bestandteil der Strategie *winning hearts and minds*, die die Bevölkerung auf Seite der Behörden ziehen sollte.

Ein Notizbuch hier, eine Puppe da. Für Mädchen wie Ariana waren die amerikanischen Soldaten, die ihre Schule besuchten, Superhelden. In den meisten Gegenden von Kabul und in anderen großen Städten waren die Ausländer und ihre Hilfsgüter den Menschen willkommen. Nach zwei durch Krieg, Bürgerkrieg und Talibanherrschaft geprägten Jahrzehnten wollten sie, dass sich das Land entwickelte und ein Teil der Weltgemeinschaft wurde. Die Einwohner gewöhnten sich an die NATO-Truppen in den Straßen, und viele fanden, sie gaben Sicherheit.

So auch Arianas Mutter. Nadia hatte gerade ihr Lehramtsstudium beendet, als der Bürgerkrieg ausbrach. Der Traum von weiterer Bildung zerbrach, als sie in aller Eile mit einem Cousin verheiratet wurde. Ihre Eltern meinten, so sei es am sichersten, jetzt da Mudschahedin durch die Straßen liefen und junge Mädchen kidnappten. Angst ging um, nachdem mehrere junge Frauen vergewaltigt und ermordet worden waren, und die Familien ergriffen Schutzmaßnahmen.

Nadia konnte ihr Lehramtsstudium praktisch nicht nutzen, bis die Talibanherrschaft 2001 endete. Ariana wurde ein Jahr zuvor geboren, und das einzige Kabul, welches das kleine, blasse Schulmädchen kannte, war eine Stadt, in der ausländische Soldaten in den Straßen patrouillierten und lächelnd auf den Schulhof kamen.

Seit sie ganz klein war, hatte Ariana ihre Mutter auf die Arbeit begleitet. Nadias Eltern wohnten weit weg, dasselbe galt für Arianas Großeltern väterlicherseits. Ihr älterer Bruder ging bereits in die Schule, und so kam es, dass die Jüngste bei der Mutter blieb.

Meist saß sie mucksmäuschenstill im Klassenzimmer, um nicht zu stören; sie malte, hörte ein bisschen beim Unterricht zu, dann schlief sie. Manchmal spielte sie auf dem Schulhof mit den anderen Kindern, die ebenfalls von ihren Müttern mitgebracht wurden. Auf dem Schulhof war es sengend heiß. Es gab keinen Baum, keinen Strauch, keinen Laubengang, nichts, was Schatten spendete. Nie war ihr so heiß gewesen wie an den Tagen, wenn sie draußen in der glühenden Kabuler Sonne auf ihre Mutter wartete.

Das Schulalter betrug sieben Jahre, doch ihre Mutter fand, wo sie nun ohnehin schon dabei war, konnte sie ebenso gut in der ersten Klasse beginnen. Als sie einen Personalausweis für sie beantragte, machte sie ihre Tochter um zwei Jahre älter, und im Handumdrehen war Ariana nicht mehr zur Jahrtausendwende, sondern zwei Jahre früher geboren. Damit war sie die Jüngste in der Klasse, als sie mit fünf in der Ersten begann. Endlich war sie wie ein Schulmädchen gekleidet, mit einem schwarzen Kleid, einem weißen Kopftuch, weißen Strümpfen und schwarzen Schuhen. Erst schluchzte sie ein bisschen inmitten all der größeren Kinder und wollte lieber im Klassenzimmer ihrer Mutter sein.

Doch sie liebte die Stifte und die weichen Hefte. Sorgfältig schrieb sie die schönen Zeichen ab, die die Lehrerin an die Tafel schrieb.

Eine neue Welt hatte sich ihr geöffnet.

Zur selben Zeit, als Ariana in der Schule anfing, begannen die Taliban, ihre groß angelegte Kampagne gegen staatliche Bildung zu führen. Während immer mehr Kinder in den Schulen angemeldet wurden und die NATO-Truppen Schreibhefte verteilten, unternahmen die Taliban große Anstrengungen, jede Form des Unterrichts außer Koranstudien zu sabotieren. Kinder brauchten nichts als Allahs Wort.

Die Taliban gründeten eine eigene »Bildungskommission«, die Regeln für ihre Feldkommandeure ausarbeitete. Sie erhielten die Weisung, Schulen anzugreifen, die sich nach dem Lehrplan der neuen Regierung richteten und Jungen und Mädchen gemeinsam unterrichteten. Im Herbst 2006 wurden die *layeha* herausgegeben, ethische

Richtlinien, die regelten, wann ein Angriff auf eine Schule autorisiert war. Die Liste der Regeln war lang. Zunächst musste man eine Warnung schicken. Anschließend konnte man den Direktor oder die Lehrer physisch angreifen. Wenn sie nach einem solchen Angriff weitermachten, ohne auf die Forderungen der Taliban einzugehen, konnte man sie töten und die Schule niederbrennen. Regel 24 verbot jedem, als Lehrer »unter dem gegenwärtigen Marionettenregime« zu arbeiten, da es »das System der Ungläubigen« stärke. Regel Nummer 25 besagte, wer die Warnungen der Taliban missachte, werde getötet und die Schule in Brand gesetzt. Laut der nächsten Regel mussten alle religiösen Bücher aus dem Gebäude gerettet werden, bevor man es anzündete. Nach dem Sturz der Taliban gedruckte Schulbücher wurden verboten.

Die Regeln waren von Mullah Omar unterzeichnet – dem »obersten Führer des islamischen Emirates Afghanistan« –, einem Führer auf der Flucht.

In dem Jahr, als Ariana in die zweite Klasse ging und Wo-issa-Daaa-issa mit großen Soldaten mit Clownsnasen spielte, wurden rund zweihundert Schulen von den Taliban durch Feuer zerstört.

Wenn der Schultag vorbei war, brachte die Mutter Ariana nach Hause und machte ihr etwas zu essen, bevor sie zur Uni ging, wo sie im Bachelor Geografie studierte. Nadias Vater hatte darauf gedrängt, dass sie sich spezialisierte.

»Jetzt stehen dir alle Möglichkeiten offen«, sagte er. »Warum willst du dich mit einem Job als einfache Lehrerin begnügen, wenn du mehr werden kannst? Die Ausländer halten Bildung hoch, das sollten die Afghanen auch tun!«

Wenn ihre Mutter den Abschluss machte, würde sie ein Diplom erhalten, und dann könnte sie Chefin der Schule werden, wusste Ariana. Das würde gut zu ihr passen, fand sie. Nadia war ebenso streng wie elegant. Ihr Haar war stets hübsch frisiert, mit einem locker darum geschlungenen Tuch, und das dunkle Augen-Make-up verlieh ihrem

Blick etwas Geheimnisvolles. Ihre Haut wirkte heller durch dicke Schichten deckender Creme. Niemand sollte sehen, dass sie mehrere Jahre älter war als die Erstsemester. Jetzt wollte sie sich wiederholen, was die Taliban ihr genommen hatten.

Die Familie wohnte in einer kleinen Wohnung im ersten Stock. Ariana durfte nicht in den Hinterhof, weil die Nachbarn, denen das Haus gehörte, Kinderlärm nicht mochten. Vom Fenster aus konnte Ariana beobachten, wie der Wein an der Außenseite des Hauses im Lauf des Schuljahres wuchs. Erst sprossen kleine, hellgrüne Blätter, dann bildeten sich Trauben aus winzigen Früchten. Irgendwann bedeckten die Ranken das ganze Fenster, genau zu dem Zeitpunkt, als der Schatten am dringendsten nötig war. Ariana saß hinter dem Wein und hatte Mitleid mit sich selbst, bis sie begann, Buchstaben abzuschreiben und Wörter zu formen.

Zwei Stunden nach ihr kam ihr Bruder nach Hause. Sie legten sich ins Wohnzimmer auf die Matratze und schauten fern. Ihre Lieblingsserie war *Tom und Jerry*, doch manchmal sah Ariana ihre Puppe, oder jedenfalls eine, die ihr ähnelte, auf dem Bildschirm. Oft schliefen sie ein und lagen noch dort, wenn ihre Eltern von der Arbeit oder der Universität nach Hause kamen.

»Heute war der tollste Schultag überhaupt!«, sagte Ariana zu ihrer Mutter, nachdem die Amerikaner da gewesen waren. Nadia nickte. Wie der Tochter gefielen ihr die Besuche und die Geschenke, die sie bekamen. Alles war von anderer Qualität als das, was es in den Kabuler Schreibwarengeschäften gab.

Ariana betrachtete das Schreibbuch, das sie bekommen hatte. Es hatte einen schwarzen Rücken und einen grau melierten Umschlag. *Schreibbuch 100 Seiten*, stand auf einem weißen Feld auf dem Cover. Darin würde sie über ihr Leben schreiben.

Sie würde mit dem schönsten Tag beginnen.

DIE WELLE

Drei Monate nach seiner Hochzeit rief Baschir aus Wasiristan an. Er wollte ein weiteres Mal heiraten. Diesmal Yasamin.

Jetzt ging alles ganz schnell. Drei Tage nach dem Gespräch traf sich ihr Bruder in Miranschah mit Baschir. Sie schlossen die Vereinbarung, und der Bruder kassierte den Brautpreis von zweihunderttausend Afghani, die Hälfte dessen, was Galais Familie als *walwar* erhalten hatte, aber Baschir und Yasamin waren schließlich Cousin und Cousine.

»Was für Kleider möchte sie haben?«, fragte Baschir und schickte Geld.

Der Bruder kaufte ein rotes Kleid und richtete in Abwesenheit des Bräutigams eine Hochzeitsfeier in Mussahi aus. Die Braut würde von den Frauen im Dorf gefeiert werden, der Bräutigam von den Dschihadisten in Wasiristan.

Yasamin wurde nach allen Regeln der Kunst zurechtgemacht. Ihre weiblichen Verwandten wuschen sie, entfernten sämtliche Haare am Körper und bemalten Hände und Arme mit braunrötlichen, schlangenförmigen Hennamustern. Sie schmierten ihr Gesicht mit einer dicken, weißen Creme ein und puderten es. Die Brauen wurden bogenförmig gezeichnet, die Lippen dunkelrot geschminkt. Auf die Augen wurden Lidschatten und Wimperntusche aufgetragen und die Wangen mit goldenem Glitzer bestäubt. Schließlich war das Gesicht steif wie das einer Puppe. Lächeln würde Yasamin ohnehin nicht. Eine Braut auf dem Land hatte traurig zu sein, mit leerem Blick, aus Respekt für die Familie, die sie verließ.

Zwei Tage nach der Feier wurde Yasamin nach Wasiristan gebracht. Sie saß in der hellblauen Burka, die sie immer trug, wenn sie das Haus verließ, auf dem Rücksitz. Ihr Bruder, ihre Schwester und ihr Schwager begleiteten sie. Sie fuhren zeitig los, noch vor dem *Fadschr* – dem Morgengebet –, im Auto, wie gewöhnliche Leute. Sollten sie an einer der Straßensperren der Regierungstruppen gestoppt werden, würden sie sagen, sie seien auf dem Weg nach Dschalalabad. Dort würden sie den Wagen wechseln, ehe sie die Grenze überquerten.

Das Auto fuhr die kurvenreiche Straße nach Dschalalabad hinunter. Auf der einen Seite war Felswand, auf der anderen Abgrund. Das Handy von Yasamins Bruder klingelte. Es war Baschir. Er werde nicht da sein, wenn sie einträfen, sagte er, er müsse zu einem Kampf.

Der Dschihad kam an erster Stelle.

Das bedeutete, Yasamin, seine ursprüngliche Erstfrau, würde nicht von ihrem zukünftigen Ehemann begrüßt werden, sondern von der Frau, die ihr zuvorgekommen war. Yasamin würde allein in das Haus einziehen, oder besser gesagt: allein gelassen mit der anderen Frau.

Niemand wusste, was sie von der Wendung der Ereignisse hielt. Es fragte auch niemand. Yasamin hatte noch nie eigene Entscheidungen getroffen. Alles war für sie entschieden worden – die Verlobung, als sie ein Jahr alt gewesen war, der Verzicht auf eine Schulbildung. Sie hatte niemals eigene Kleider gekauft, neue Schuhe anprobiert oder sonst irgendetwas für sich ausgesucht. Sie sollte sich weder umsehen noch gesehen werden.

Auch das Leben, das sie erwartete, als zweite Ehefrau, hatte Yasamin nicht gewählt. Fügsam, wie sie war, folgte sie dem Weg, den andere für sie bestimmt hatten, tat, wie ihr gesagt wurde, und versuchte zu keinem Zeitpunkt, ihr Schicksal zu ändern.

Dass die Taliban die Macht verloren hatten und die neue Regierung Frauen aufforderte, das Kopftuch abzulegen, hatte keinerlei Auswirkungen auf ihre Bewegungsfreiheit. In ihrer Familie hatten sich Frauen schon immer bedeckt. Sie waren nie zur Schule gegangen, sie hatten nie außerhalb des Hauses gearbeitet, sie merkten nichts von den Taliban, sie *waren* Taliban.

Auch wenn Yasamin sich nichts anmerken ließ, war sie neugierig auf Galai. Wie war sie wohl, die andere Frau?

Ihr Vater vergötterte Baschir. Ihr ganzes Leben lang hatte er den Neffen voller Liebe und Stolz unterstützt und mit Bewunderung überschüttet. Als er von Baschirs erster Hochzeit erfuhr, versicherte er sich selbst und anderen, das sei gar kein Problem, es werde gut gehen, es sei Baschirs Entscheidung, und die müssten sie akzeptieren. Er war jetzt ein großer Kommandeur, selbstverständlich sollte er vier Ehefrauen haben. Die Reihenfolge spielt keine Rolle.

Die Straße war abschüssig. Mussahi lag achtzehnhundert Meter über dem Meeresspiegel, und Yasamin hatte nie etwas anderes gesehen als die trockenen Hochebenen, die ihr Dorf umgaben. Sie ließen die kargen Berge hinter sich und fuhren durch grüne Felder. Staunend betrachtete Yasamin die fruchtbare Landschaft in der Gegend um Dschalalabad, die bekannt dafür war, die besten Früchte des Landes hervorzubringen.

Sie überquerten die Grenze, als gewöhnliche Leute. Ihr Bruder, der bereits dort gewesen war, um das Brautgeld abzuholen, kannte den Weg. Nun fuhren sie wieder bergauf, in einen dichten Wald, an Dörfern und Straßensperren vorbei, hinauf in die Berge, Richtung Miranschah.

Der Wagen hielt vor einem Tor. Sie betraten einen Innenhof, der von hohen Lehmmauern umgeben war. Ihre Schwägerin Sima nahm sie in Empfang und umarmte Yasamin.

Neben ihr stand eine Gestalt in Burka.

»Das ist Galai«, sagte Sima und zeigte auf die Verhüllte.

Die beiden Mädchen standen sich gegenüber. Sie waren gleich groß. Zwei Gitter aus blauem Stoff versperrten den Blick hinein und hinaus. Sie versuchten, an den Fäden vorbeizuspähen. Hinter dem blauen Netz konnten sie jeweils die Augen der anderen erahnen.

Galai schien stark, fand Yasamin. Das Einzige, was unter dem blauen Stoff herausschaute, waren ihre Hände. Sie waren kräftig, trocken, braungebrannt, die Hände einer Bäuerin.

Yasamin wirkte kränklich, fand Galai. Die Augenhöhlen lagen hinter dem Netz im Schatten.

Sie wurden in den Frauenbereich des Hauses geführt, wo sie die Burkas ablegten.

Yasamin blickte zu Galai, sah ihr in die Augen und stellte überrascht fest, dass sie zutiefst traurig aussahen. Sie freut sich nicht, mich zu sehen, fuhr es ihr durch den Kopf. Auf diesen Gedanken war sie noch gar nicht gekommen; dass Galai ebenso unglücklich über ihre Existenz sein könnte wie sie über die ihre.

Auf einmal wurde sie von Zärtlichkeit ergriffen, einem Gefühl der Nähe zu dem anderen Mädchen, als sei ein unsichtbares Band zwischen ihnen entstanden.

Am Abend darauf fand die Hochzeitsfeier in Miranschah statt. Das Datum stand fest, egal ob der Bräutigam da war oder nicht.

Ein weiteres Mal wurde Yasamin geschminkt, angekleidet und auf einen Stuhl gesetzt, schön wie eine persische Prinzessin aus den Märchen. Das geschminkte Gesicht war starr, beinahe reglos.

Galai dagegen tanzte mit den anderen Frauen durch die Nacht. Auch sie trug ein neues Kleid aus gelbem Tüll mit goldenen Stickereien. Sie hatte es selbst genäht, in der Hoffnung, die Schönste auf dem Fest zu sein.

Als es losging, hatte das Mädchen bereits vergessen, dass das Leben traurig war. So war Galai. Sie machte das Beste aus allem und fand sich auch mit der schönen Rivalin ab.

Am nächsten Morgen begann der Alltag. Zusammen mit Baschirs Mutter sollten sie das Essen für die Krieger zubereiten.

Hala hieß sie Zwiebeln und Schaftal hacken, Reis kochen und Teig für die Fladenbrote ansetzen. Baschirs Mutter prägte ihnen das Rezept für das Zusammenleben ein:

Zwei Köpfe, vier Hände.

Ein Gedanke: Baschirs Glück.
Ein Ziel: Dschihad.

*

Siradschuddin Haqqani verstand früh, auf welche Waffe er setzen musste, um gegen die Amerikaner zu gewinnen: auf die Dschihadisten selbst – die Selbstmordattentäter. Dafür war er auf die Hilfe von al-Qaida angewiesen. Diese hatte weit mehr Erfahrungen im Einsatz von Menschen als lebende Bomben und war für den ersten Selbstmordanschlag in Afghanistan verantwortlich, gegen deutsche Truppen, in Kabul 2003.

Der Terrorführer bezeichnete die jungen Märtyrer als Geschenk Gottes. Er sorgte dafür, dass sie motiviert blieben. Der größte Inspirator war ein Mann namens Qari Hussein; wenn er sprach, fühlte sich Baschir gepackt. Der Redner führte die Erniedrigungen und Kränkungen aus, denen die Muslime ausgesetzt waren, die Besatzung ihres eigenen Landes, die Rücksichtslosigkeit der Soldaten, wie sie in die Häuser der Menschen einbrachen, ohne Respekt vor Frauen oder Alten. Er erzählte, wie die Leute in den USA den Koran verbrannten und darauf herumtrampelten. Das erfüllte Allah mit Zorn!

Wenn dann auch die Krieger von Zorn erfüllt waren, präsentierte Qari Hussein die Lösung: das ultimative Opfer, auf das eine große Belohnung folgte, die Herrlichkeit nach dem Tod. »Wenn du stirbst, stirbst du nicht. Denn du wirst ewig leben. Und die Engel werden dir bringen, was auch immer du dir wünschst!«

Baschir fühlte sich inspiriert, beflügelt. Hin und wieder sehnte auch er sich danach, in eine lebende Feuerkugel mit enormer Sprengkraft verwandelt zu werden, ehe sich das goldene Tor zum Paradies auftat, während sich für die Feinde der Abgrund zur Hölle öffnete. Doch es war nicht das Richtige für ihn. Es gab zwei Arten von Dschihadisten; entweder war man Krieger oder aber *fedayin* – einer von denen, die sich opferten. Baschir gehörte der ersten Gruppe an.

Da immer mehr *fedayin* rekrutiert wurden, errichtete Siradschuddin Haqqani eine eigene Brigade unter Führung seines Bruders Badruddin.

Die Kandidaten an der »Märtyrerakademie« hatten speziellen Koranunterricht. Ihr Blut war das ultimative Opfer an Gott, der sie auf direktem Wege ins Paradies senden würde. Damit ihr Angriffswille stark blieb, mussten ihnen permanent die Details der Belohnung eingetrichtert werden.

Außerdem büffelten sie die technischen Einzelheiten; wie sie die Weste aufbewahren mussten, die häufig von den Frauen aus Miranschah genäht worden war, wie sie sie anzogen, ohne dabei die Bombe auszulösen, und schließlich, wann und wie sie den Mechanismus betätigen sollten, um möglichst viele Menschen mit in den Tod zu nehmen.

Der Wille war das Wichtigste, der durfte niemals wanken. Im allerletzten Moment einen Rückzieher zu machen, war das Schlimmste, was passieren konnte. Ein Selbstmordattentäter werde zu Tode gefoltert, damit er alles verriet, was er über das Netzwerk wisse, wurde den jungen Männern erzählt.

Das Netzwerk operierte mit mehreren Kurieren, die die Märtyrer von Ort zu Ort brachten, damit sie, falls sie erwischt wurden, nur das Glied davor und danach kannten.

Manchmal war Baschir Kurier.

Eine Weile wohnte er zusammen mit Selbstmordattentätern in Lugar und war dafür verantwortlich, sie loszuschicken. Um nah an Blockaden heranzukommen, waren die jungen Männer häufig als Polizisten oder Soldaten verkleidet. Zuvor waren bereits Späher losgeschickt worden, um das Anschlagsziel zu observieren, sich mit den täglichen Routinen vertraut zu machen, Fluchtwege zu finden und zu warnen, falls Sicherheitskräfte in der Nähe waren.

Baschir hatte mehrere Uniformen mitgebracht, und Scharifullah, ein schlaksiger Junge, kaum volljährig, war als Erster an der Reihe. Er sollte sich in einem Bus, der afghanische Soldaten und Offiziere beförderte, in die Luft sprengen.

Sie halfen ihm mit dem Sprengstoff, anschließend kleideten sie ihn in Hose, Hemd und Jacke sowie ordentliche Militärstiefel statt seiner üblichen Sandalen. Als alles bereit war, segneten sie ihn und beteten gemeinsam. Scharifullah hatte bereits ein Abschiedsvideo aufgenommen.

Zwei Männer fuhren ihn nach Kabul und setzten ihn an der Haltestelle ab, wo der Bus in Kürze auftauchen würde. An einer ein Stück entfernt gelegenen Straßenecke ließ der Fahrer den Späher aussteigen. Dieser würde die Aktion beobachten – und sicherstellen, dass der Märtyrer es sich nicht anders überlegte. Scharifullah sollte bis zum Schluss gesehen werden.

Als er zur Haltestelle hinüberging, standen ausschließlich Zivilisten dort. Auch andere Busse hielten hier, daher sollte er sich erst an Bord des Fahrzeugs in die Luft sprengen.

Die Haltestelle füllte sich, doch der Bus ließ auf sich warten. Leute begannen, sich um Scharifullah zu sammeln. Von seiner Straßenecke aus sah der Späher, dass jemand ihn ansprach, der Junge aber nicht zu wissen schien, was er antworten sollte. Der Späher näherte sich, um mithören zu können. Ein Mann zeigte auf Scharifullahs Schultern.

»Bist du General?«

Auf einmal begriff der Späher, woher der Aufruhr rührte. Sie hatten den Jungen in die Uniform eines Generals gekleidet, um ihn mit gewöhnlichen Soldaten in den Bus steigen zu lassen. Ein afghanischer General nahm jedoch niemals den Bus. Er hatte ein eigenes Auto. Jetzt war guter Rat teuer. Der Fahrer wurde gerufen und holte Scharifullah ab, ehe die Situation sich zuspitzte.

Für diesen Tag war der Märtyrertod ins Wasser gefallen.

Beim Abendessen amüsierten sie sich prächtig über die Geschichte. »Ich konnte doch nicht wissen, wie die Uniform von einem General aussieht!«, lachte Baschir. »Drei Sterne, fünf Sterne, Verräter sind sie alle!«

Scharifullah durfte noch eine Nacht weiterleben, und dann noch eine, einen ganzen Monat sogar. Wenn eine Aktion abgeblasen wurde, mussten die Märtyrerkandidaten warten, bis es wieder so weit war.

In einem der Häuser, in denen Baschir sich mit mehreren Selbstmord-attentätern aufhielt, wohnte ein Jugendlicher namens Farouk.

Sie mussten eine Weile warten, bis sie das Okay vom Netzwerk für die nächste Aktion erhielten; derweil brachte Farouk ihnen die Mahl-zeiten und servierte den Tee. Da sie sehr viel warten mussten, wurde sehr viel Tee getrunken, und der Sohn des Hauses sorgte beständig dafür, dass die Gläser bis zum Rand mit lauwarmem Tee gefüllt wa-ren.

Es herrschte ausgelassene Stimmung, die Jungen waren gespannt und voller Erwartung, und während sie dort wohnten, suchte Farouk Baschirs Nähe.

Nachdem Baschir die Jungen an einen neuen Kurier übergeben hatte, lief Farouk von zu Hause weg und folgte ihm. Er wollte einer von ihnen werden.

Seine Mutter, die Baschir nie gesehen hatte, da stets Farouk das Essen brachte, bat ihn, den Jungen wieder nach Hause zu schicken. »Bitte, überrede ihn!«, flehte sie.

Doch Farouk war fest entschlossen, ewiges Leben zu erringen.

Baschir schickte ihn zum Training, schließlich gab es nichts Besse-res. Wenn man einen Krieg gewinnen wollte, konnte man nicht auf seine Mutter hören.

Im Sommer 2007 wurde Farouk darauf vorbereitet, bei einem Selbstmordkommando in der Moschee dabei zu sein, wo die Trauer-feier für den früheren König Zahir Schah abgehalten werden sollte. Im letzten Moment wurde das Begräbnis in den Arg verschoben, wo der König seinerzeit gelebt hatte. Dort hinein konnte das Kommando unmöglich gelangen.

Baschir erhielt andere Aufgaben und hatte nicht immer den Über-blick, wie es mit den Jungen lief, die er angelernt hatte, oder wo sie zum Einsatz kamen. Doch Anfang 2008 hörte er, dass Farouk seine Aktion ausgeführt hatte. Er war für den Anschlag auf das Serena-Ho-tel in Kabul ausgewählt worden, bei dem sieben Menschen ums Le-ben kamen.

Doch Farouk schaffte es nicht bis ins Hotel. Er wurde draußen von den Sicherheitswachen erschossen, blutend am Boden liegend, gelang es ihm noch, den Sprengstoff in der Weste auszulösen und eine Wache mit sich in den Tod zu reißen.

★

»Es ist inakzeptabel«, hatte Barack Obama während des Präsidentschaftswahlkampfs 2008 gesagt. »Sieben Jahre, nachdem fast dreitausend Amerikaner auf unserem Boden getötet wurden, sind die Terroristen, die uns am 11. September angegriffen haben, noch immer auf freiem Fuß.«

Der Präsidentschaftskandidat versprach dem Militär alles Nötige, um die Ziele in Afghanistan zu erreichen, sprich al-Qaida und die Taliban zu besiegen, und er versprach den Wählern, im Lauf seiner Amtszeit die Truppen abzuziehen.

Wollte er sein Versprechen erfüllen, musste der Feind geschlagen werden. Obama wollte die Zahl der bewaffneten Männer und Frauen erhöhen und die Angriffe intensivieren. Im Dezember 2009, etwa ein Jahr nach dem Gewinnen der Wahl, wurde der Plan vorgelegt. *The Surge*, eine gewaltige Welle, wurde die Militärkampagne getauft, die zum endgültigen Untergang der Taliban und der Terroristen führen sollte. Weitere dreißigtausend US-Soldaten sollten ins Feindesland geschickt und ihre Gesamtzahl damit auf einhunderttausend aufgestockt werden. Darüber hinaus befanden sich die meiste Zeit über zusätzliche dreißigtausend Soldaten aus verschiedenen NATO-Ländern und ihren Partnern in Afghanistan.

Einer von Obamas taktischen Fehlern war, dass er das Datum bekannt gab, an dem er mit dem Abzug beginnen würde, nämlich zwei Jahre in der Zukunft. Das gab den Taliban einen Anreiz durchzuhalten – eine ihrer Stärken. Sie brauchten bloß auszuharren; die Welle würde nicht ewig andauern.

Obzwar die wichtigste Maßnahme die Aufstockung der Streitkräfte war, schlug Obama auch eine *Civilian Surge* vor, eine zivile Welle, und versprach der afghanischen Regierung zusätzliche Ressourcen zur Stärkung der Staatsverwaltung. Gleichzeitig betonte er, dass Karzai keine weiteren Blankovollmachten mehr erhalte. Viel zu viele Millionen Dollar verschwanden, ohne dass man wusste, wohin. Die Flitterwochen zwischen den USA und dem afghanischen Präsidenten waren definitiv vorüber.

Der Plan war, die Verbindungen zwischen Taliban und al-Qaida zu sprengen, die afghanischen Streitkräfte auszubilden, das Land zu stabilisieren – und dann die Truppen abzuziehen. Um dieses Ziel zu erreichen, musste die Freistatt der Aufrührer in Wasiristan zerschlagen werden. Der US-Präsident erneuerte die Versprechen einer strategischen Partnerschaft mit Pakistan, damit die beiden Länder im Kampf gegen ihren gemeinsamen Feind stärker geeint wären. Die USA erhielten die Unterstützung Pakistans, Terrorziele auf pakistanischem Territorium anzugreifen. Es dauerte nicht lang, bis sowohl die Aufrührer als auch die Zivilbevölkerung die Folgen der neuen Politik zu spüren bekamen.

Die Zeit der Drohnen war gekommen.

Eine Drohne ist ein ferngesteuertes, unbemanntes Fahrzeug. Sie kann durch die Luft fliegen, über den Boden kriechen, sich unter Wasser bewegen. Eine militärische Drohne kann mehrere Stunden lang über einem Gebiet kreisen, Unmengen Bilder vom Gelände machen und sie an die Kontrollstation schicken, die sie steuert. Sie kann Signale von registrierten Mobiltelefonen auffangen und den Personen folgen, die sie bei sich tragen. Die Informationen werden an Drohnenpiloten und Analytiker gesendet, die, via Monitor von weit entfernten Stützpunkten, systematisch verdächtigen Aufrührern folgen können. Sie können die Drohne in der Luft schweben lassen, bis der richtige Moment gekommen ist, sagen wir, bis ein gesuchter Kommandeur sich in einem Haus mit mehreren Männern trifft und sie annehmen, dass es sich bei allen um *Bad Guys* handelt. Oder sie können warten, bis sich keine Zivilisten in der Nähe der Person aufhalten, die man eliminieren möchte. Fahrer, Leibwächter und Beifahrer galten nicht als Zivilisten, im Gegensatz zu Frauen und Kindern oder zufälligen Passanten. Häufig wurden die Ziele während der Fahrt von einem Ort zum anderen angegriffen. Die Drohnenpiloten und ihre Vorgesetzten mussten dabei stets abwägen: Wie viele Opfer sind moralisch vertretbar, um einen *Bad Guy* auszuschalten?

Während Yasamin und Galai Frühlingszwiebeln und Spinat hackten und versuchten, sich anzufreunden, war kein Ort auf der Erde so vielen Drohnenangriffen pro Quadratmeter ausgesetzt wie Wasiristan. Die Drohne sollte das Skalpell in der von den USA seit 2001 geführten Anti-Terror-Operation *Enduring Freedom* werden. Die Angriffe sollten chirurgisch sein; man wünschte, bloß den zu treffen, den man ausschalten wollte. Eine derartige Präzision konnten Bomben aus F-16-Flugzeugen unmöglich erreichen, im Vergleich mit dem Skalpell waren sie wie stumpfe Schwerter.

Stück für Stück würde man die *Bad Guys* wegschneiden.

Während die Drohnenproduktion bei den führenden Waffenherstellern in Virginia und Kalifornien stieg, standen die Schwägerinnen in der Küche und bastelten Sprengfallen. Drohnen und Sprengfallen hatten gemein, dass sie weitgehend risikofrei für den Angreifer waren. Der Drohnenpilot konnte in Fort Bragg in North Carolina in seinem gepolsterten Sessel sitzen und stunden- oder tagelang per Bildschirm beobachten, ehe er die Entscheidung zum Angriff traf. Wer eine Sprengfalle vergraben hatte, konnte entspannt auf der Lauer liegen und auf die Ausländer warten, ehe er sie auslöste.

Drohnen wie Sprengfallen sparten Personal. Um eine bewaffnete Drohne über einen Zeitraum von vierundzwanzig Stunden zu operieren, brauchte es etwa zweihundert Angestellte, und nach der Arbeit konnten sie bei McDonald's vorbeifahren und ihre Kinder zum Fußballtraining fahren. Während die Taliban für einen Angriff mit Handwaffen gut zehn Mann benötigten, reichte ein Junge mit einer Fernbedienung, um eine Bombe zu legen.

Die Drohnen waren zur mit Abstand billigsten und tödlichsten Waffe der Amerikaner geworden, Gleiches galt für das Haqqani-Netzwerk in Bezug auf die Sprengfallen. Die Drohnen trugen treffende Namen wie *Predator*, Raubtier, und *Reaper*, Sensenmann. In derselben Weise tauften die Taliban ihre Bomben beispielsweise *Dschahannam*, was Hölle bedeutet, oder *Omari*, nach Mullah Omar, dem höchsten Führer der Taliban.

Es gab viele Rezepte für Sprengfallen. Das üblichste enthielt Ammoniumnitrat, das in Düngemitteln enthalten war. Die USA hatten Pakistan angefleht, den Export des Stoffes nach Afghanistan zu stoppen, und der Verkauf in den Stammesgebieten wurde verboten. Damit erreichten die Amerikaner allerdings nur, dass die Afghanen auf eine billigere und beinahe ebenso effektive Chemikalie umstiegen, nämlich Kaliumchlorat, das in der pakistanischen Textilindustrie und in der Streichholzindustrie zum Einsatz kam. Kaliumchlorat – geruchlose weiße Kristalle, die erst in Verbindung mit Benzin oder Motoröl explosiv wurden, ließ sich außerdem wesentlich leichter über die Grenze schaffen.

Die Frauen bekamen alles, was sie brauchten, von Hassan, dem Chemiker und Bombentechniker der Familie, in die Küche geliefert.

Hassan mischte das Ammoniumnitrat in großen Behältern mit Zucker: anderthalb Teile Zucker auf zehn Teile Dünger. Die Frauen standen bereit, wenn Hassan um einen Esslöffel oder anderes Gerät bat.

Der Bombenbau erfolgte nachts, wenn die Kinder schliefen. Tagsüber war es unmöglich, sämtliche Kleinkinder fernzuhalten, und diese Arbeit erforderte höchste Konzentration. Sie mussten äußerst sorgsam mit den Zutaten umgehen und durften keine Fehler beim Abmessen der Mengen machen. Sie arbeiteten in der Dunkelheit im Hinterhof, nur mit einer kleinen Lampe zwischen sich auf der Erde, oder auf dem Küchenboden. Die Aufgaben waren klar verteilt. Hassan und seine Frau, die sie die »Ingenieurin« nannten, waren für das Abmessen zuständig, Yasamin, Galai, Sima und Hala fürs Mörsern.

Am liebsten mochten sie das geruchlose Kaliumchlorat. Da saßen sie jede mit ihrem Mörser vor sich und zerstießen die Kristalle zu Pulver. Wenn sie im Freien arbeiteten, fürchteten sie die ganze Zeit, die Drohnen könnten sie in der Dunkelheit filmen. Deshalb hatten sie ihre Kopftücher immer tief in die Stirn gezogen. Kein Drohnenpilot in Amerika sollte ihre Gesichter sehen!

Das Verhältnis zwischen Pulver und Öl war wichtig. Hassan oder die »Ingenieurin« wogen die Masse mit einer fein justierten Waage ab, rührten Benzin hinein und bastelten eine Minibombe, die Hassan anschließend im Freien testete. Wenn sie explodierte, übertrugen sie dasselbe Mischverhältnis auf größere Mengen.

Hassan lud Videos aus dem Internet herunter, probierte neue Methoden aus und experimentierte mit verschiedenen Explosivstoffen.

Die Masse musste vollständig trocknen, daher ließen sie sie einige Tage in der Sonne stehen. War es kalt und bewölkt, standen die Behälter noch ein paar Tage länger oben auf dem Flachdach.

Manchmal sollten die Frauen ein braunes Pulver dazumischen, von dem sie nicht wussten, was es war, sie wussten nur, dass es brannte. Einmal hatte sich Galai eine Wunde am Finger zugezogen, als sie das Pulver versehentlich auf die Haut bekam; noch nie hatte sie solche Schmerzen gehabt. Anschließend sagte sie nur: »Jetzt verstehe ich, was es bedeutet, Salz in die Wunde zu streuen!«

Zu guter Letzt musste die fertig vermischte Masse in die gelben Speiseölkanister geschüttet und die Lunte angebracht werden. Durch diese Art der Verpackung hatte man eine Bombe ohne Metallteile, die auf den Detektoren der Amerikaner nicht ausschlagen würde. Solche Bomben waren am billigsten. Eine kleine kostete rund tausend Afghani, so viel wie eine Mahlzeit für die Familie.

Für eine ferngesteuerte Bombe nahmen sie eine elektrische Lunte und verbanden sie mit einer 9-Volt-Batterie. Die Lunte richtig anzubringen, war der schwierigste Teil. Hassan hatte ihnen gezeigt, wie sie es machen mussten. Anschließend wurde die Mechanik an einem Handy befestigt.

Rief man dann darauf an, würden die Vibrationen die Bombe auslösen.

Wenn sie fertiggestellt waren, kamen die Brüder und holten die Sprengfallen ab. Die Frauen fragten nie, wo sie zum Einsatz kommen würden. Das lag in der Verantwortung der Männer.

Auch wenn die Frauen das Ammoniumnitrat weniger mochten als das Kaliumchlorat, lag eine besondere Freude darin, die Masse aus den schweren Tüten zu schütten, die nach Wasiristan geschmuggelt worden waren. »Amerikanischer Dünger«, lachten sie. *»Made in America!«*

Jetzt würden die Amerikaner den Inhalt zurückbekommen, hübsch verpackt in einen gelben Plastikkanister.

★

Yasamin wurde als Erste schwanger.

Und verlor als Erste ihr Kind.

Eines Abends begann das Mädchen zu husten. Es hustete zehn Tage lang und konnte nicht von der Brust trinken. Seine Nase färbte sich gelb, und aus der Brust kamen merkwürdige Geräusche, als würde jemand Nüsse darin knacken.

Das kleine Bündel machte einen rasselnden, tiefen Atemzug; wieder hörte es sich an, als breche eine Nussschale in seiner Brust. Dann schnappte es nach Luft, ehe es reglos seine Mutter anstarrend dalag. Yasamin hielt es weiter im Arm, bis ihre Schwiegermutter hereinkam und sagte, das Kind sei tot. Die Augen des Babys waren weit geöffnet und tiefschwarz. Es war das erste Mal, dass Yasamin ein totes Kind sah. Seine mit Kajal geschminkten Augen blieben im Zimmer hängen und starrten sie auch noch an, als Hala das Mädchen bereits mitgenommen hatte. Die Schwiegermutter würde es für die Nacht vorbereiten.

Asya wurde drei Monate alt.

Baschir wachte bis zum Morgengrauen über seine Erstgeborene.

Mit Hala an seiner Seite rezitierte er aus dem Koran und betete. Keiner von ihnen weinte. Auch Yasamin nicht. Jede Träne, die sie vergieße, werde zu einem Fluss, den das Baby auf dem Weg zum Paradies überqueren müsse, hatte Hala ihr erklärt.

»Wenn du ein Kind verlierst«, sagte Hala, »erhöht das die Belohnung im Jenseits. Das darfst du nicht mit Tränen ruinieren. Dann verringert sich die Belohnung wieder.«

Yasamin saß reglos da und schwieg.

Baschir kam zu ihr.

»Wie geht es dir?«, fragte er.

Yasamin antwortete nicht. Sie sah ihn nur an.

»Sei nicht traurig. Wenn du traurig bist, gibt Allah dir keine Belohnung«, sagte Baschir wie ein Echo seiner Mutter.

»Schau, liebe Tochter«, fuhr Hala fort. »Du hast für dieses Kind gekämpft, du hast sie neun Monate lang im Bauch getragen, du hast dich seit ihrer Geburt um sie gekümmert. Sie ist auserwählt.«

Sie erklärte der Schwiegertochter, wie Gott die Seele des Mädchens segnen würde. Im Paradies wurden Kinder zu Vögeln, die nach Lust und Laune überall hinfliegen konnten. Sie durften ihre Nester in den Kronleuchtern unter Gottes Thron bauen, und wenn dann irgendwann Yasamin an der Reihe war, das Jenseits zu betreten, würde der Vogel wieder zu einem Kind werden. Es würde ihren Rockzipfel greifen und nicht loslassen, ehe die Mutter ins Paradies gelangt war.

»Das darfst du nicht mit Tränen zerstören!«, sagte die Mutter des Dschihadisten.

Yasamin entfuhr kein Laut.

Baschir betrachtete seine Tochter, sein erstes Kind. Dann flüsterte er ihr je ein Gebet in beide Ohren und lächelte. Hala wickelte das Kind in ein weißes Tuch und legte es in einen kleinen Sarg.

Wer Flüsse von Tränen weinte, war Galai. Sie hatte Asya geliebt wie ihr eigen Fleisch und Blut, sie gewiegt, gewaschen und gewickelt. Sie war es gewesen, die ihr die Augen mit Kajal geschminkt hatte, um ihr einen ausdrucksstarken Blick zu verleihen.

»Hör auf zu weinen!«, drohte Hala.

»Hör auf zu weinen!«, flehte Yasamin.

Nicht nur die Tränen der Mutter konnten dem Kind Schwierigkeiten auf dem Weg ins Paradies bereiten. Jede Träne wurde zu Stromschnellen, in denen das Baby ertrinken konnte.

Im Jahr darauf, 2010, brachte Galai einen Sohn zur Welt, der auf den Namen Mawia getauft wurde. Das Baby war groß und gesund und von schöner, fülliger Gestalt wie seine Eltern.

Als Mawia geboren wurde, war Yasamin gerade zum zweiten Mal schwanger.

Einige Monate später gebar sie einen Sohn, den sie Misbah nannten.

Nach drei Tagen wurde er krank. Er hatte Blut im Stuhl, irgendetwas stimmte nicht.

»Stillst du, oder gibst du ihm Milchpulver?«, wollte der Arzt wissen.

»Ich stille ihn.«

»Vielleicht stimmt etwas mit deiner Milch nicht«, überlegte der Arzt.

Er ordnete an, Yasamin solle nichts *Hartes* essen, sondern nur *weiche* Dinge. Waren Eier hart oder weich? Nein, die durfte sie nicht essen. Was war mit Milch? Nein, die wäre nicht gut für ihre eigene Milch. Also aß sie Joghurt. Beim nächsten Termin sagte der Arzt, das sei ebenfalls schlecht, dem Kind ginge es ja offenbar nicht besser.

Während der Gespräche saß Yasamin hinter einem Vorhang. Der Arzt in der Klinik in Miranschah war ein fremder Mann, er sollte sie nicht sehen. Baschir war im Kampf, daher begleitete sein Bruder Yaqub Yasamin zu den Arztbesuchen. Offenbar hatte Misbah etwas mit dem Magen.

Grüner Tee ohne Zucker, übergarer Reis und Suppe lautete die Diät.

Eines Tages, als sie sich fertig gemacht hatten, um zur Klinik zu fahren, setzte sich Yasamin mit dem Jungen im Arm auf den Rücksitz. Hala stieg neben ihr ein. Yaqub hatte soeben den Motor angelassen, als die alte Frau »Halt« sagte. Sie sah auf ihren Enkel, ehe sie sich an Yasamin wandte.

»Er ist nicht mehr.«

Wieder war es Hala, die den Tod bestätigte. »Er hat sich auf den Weg gemacht«, sagte sie.

Misbah lebte vierzig Tage.

Diesmal stand Baschir nicht lächelnd über den winzigen toten Körper gebeugt. Während die anderen das Baby ansahen, blickte er zu Yasamin. Sie dachte, er fühle mit ihr, nachdem sie soeben ihr zweites Kind verloren hatte.

Doch auf einmal strahlte er, und Gelächter brach sich Bahn.

»Noch ein totes Kind! Mehr Belohnung für uns!«

»Wir gehören Allah, und zu Allah kehren wir zurück«, sagte Hala. »Gott weiß es am besten.«

Yasamin saß schweigend auf einer Matratze unter dem Fenster. Auch diesmal weinte sie keine Träne. Doch ihr Körper hatte nicht alle Schleusen dichtgemacht, die Brüste schienen zu platzen. Die Milch begann herauszulaufen, es fühlte sich an, als ströme sie wie Bäche an ihr herab.

Ihr Kleid wurde nass. Sie trug immer noch die Sachen, die sie angezogen hatte, um mit ihrem Sohn zum Arzt zu fahren. Um sie herum wurde leise geflüstert.

Galai kam ins Zimmer. Sie trug Mawia im Arm, den großen, kräftigen, kerngesunden Mawia.

Unter Tränen legte sie den Jungen in Yasamins Arme und sagte:
»Er gehört dir.«

★

Baschirs Frauen stillten und kümmerten sich abwechselnd um Mawia. Sie waren viel allein. Die Kämpfe kamen näher. Manchmal fühlte es sich an, als wären sie umzingelt, es gab heftige Schusswechsel, die Luftangriffe intensivierten sich.

»Konzentriertes Glück«, nannte Baschir seine Frauen. »Ich bin so zufrieden mit euch. Ihr seid ein Geschenk von Gott dem Allmächtigen.«

Wenn er ein seltenes Mal zu Hause war, saßen sie abends zusammen und unterhielten sich. Er beschwichtigte, er tröstete, er erzählte Anekdoten von der Front.

»Ihr seid ein Geschenk von Allah dem Allmächtigen. Ich liebe euch beide.« Noch nie habe er etwas an einer von ihnen auszusetzen gehabt, fügte er hinzu.

»Wir wollen nichts als dein Glück«, antwortete Galai. Ihr Leben fühlte sich sinnvoll an. Für die Krieger kochen. Ihre Kleidung waschen. Selbstmordwesten nähen.

Sie folgten lediglich Halas Rezept: Zwei Köpfe, vier Hände. Ein Gedanke: Baschirs Glück. Ein Ziel: Dschihad.

Galai hatte Yasamin schnell ins Herz geschlossen, nachdem sich der anfängliche Neid, wie schön sie war, gelegt hatte. Yasamin entsprach exakt Galais Frauenideal; helle Haut, große Augen, markante, dünne Brauen und schmale Lippen. Immerhin waren sie gleich groß, außerdem gab es auch Leute, die breite Lippen und runde Gesichter mochten, sagte Galai sich, zufrieden mit ihrer fülligen Statur. Yasamin war eigentlich viel zu dünn und schmächtig. Aber sie war ein guter Mensch, merkte Galai schnell, bescheiden und freundlich. Und ob sie wollten oder nicht, der Krieg, das ewige Summen der Drohnen, schweißten sie zusammen.

Sie gingen morgens in den Hof und schauten zum Himmel, sie setzten sich zum Wäschewaschen an die Bottiche und sahen hinauf, sie schälten Karotten mit Blick in die Luft. Am Nachmittag waren die Drohnen immer noch da. Und am nächsten Tag. Flogen sie tief, konnten sie das Surren der Propeller hören. Das Summen hielt sie nachts wach.

Wann würden sie zuschlagen? Jetzt, jetzt oder jetzt? Die Antwort lautete: Jederzeit.

★

George Bush war der Pionier im Drohnenkrieg gewesen, mit zielgerichteten Angriffen gegen al-Qaida. Barack Obama normalisierte die Waffe. Kein Präsident setzte mehr Drohnen ein als er, und 2010, in dem Jahr, als Mawia zur Welt kam und Yasamin ihr zweites Kind verlor, waren die pakistanischen Stammesgebiete massiveren Drohnenangriffen ausgesetzt denn je zuvor. Ziel war es, die Führer auszuschalten – wichtige Talibankommandeure und Mitglieder der Haqqani-Familie –, doch nach einer Weile gingen die Drohnenpiloten zu sogenannten *Signature Strikes* über: Man griff Personen an, die zwar kein Ziel waren, jedoch äußerlich oder aufgrund ihres Verhaltens den Aufrührern glichen. Sie passten in ein Profil, auch wenn ihre Identität unbekannt war.

Mal war ihr Verhalten unschwer zu definieren, beispielsweise wenn sie auf amerikanische Truppen schossen. Ein andermal gruben sie vielleicht in der Erde. Gruben sie ein Loch, oder verbuddelten sie eine Bombe? Mal hatte man es mit einer Gruppe von bewaffneten Leuten zu tun, die in Autos einstiegen. Handelte es sich um Krieger oder um eine Großfamilie auf dem Weg zu einer Hochzeit? In den Stammesgebieten fuhr man selten unbewaffnet irgendwohin, und bei einer Hochzeit war es Brauch, in die Luft zu schießen.

Einmal drosselte eine Autokolonne vor einer Ebene das Tempo; die Wagen hielten an, und Leute stiegen aus. Der Morgen graute, sie setzten sich zum Beten auf den Boden, ein Verhalten, das die Drohnenpiloten mit Extremisten assoziierten. Zusätzlich zu den Erwachsenen wurde ein Dutzend Kinder getötet. Es war eine Hochzeitsgesellschaft auf dem Heimweg.

Die Haqqanis standen ganz oben auf der Liste, und eines Tages meinte ein Drohnenpilot Siradschuddins Bruder Badruddin auf dem Bildschirm zu erkennen – den Rangnächsten im *schabaka*, dem Netzwerk. Er zeigte die Aufnahmen der CIA, und diese identifizierte Badruddin anhand der allgemeinen Achtung, die ihm entgegengebracht wurde, und den vielen Umarmungen, die er bekam. Als das »Ziel« die Beerdigung verließ und keine Zivilisten in der Nähe waren, wurde sein Auto gesprengt. Bei dem Toten handelte es sich um den kleinen Bruder, den Studenten Mohammed, der, soweit bekannt, nichts mit terroristischen Aktivitäten zu tun hatte.

Die CIA rekrutierte ein Netzwerk aus bezahlten lokalen Informanten, die Ziele identifizieren konnten. Es gingen Gerüchte, dass die Denunzianten Leute und Autos mit GPS-Trackern versahen, die die Drohnen zu ihnen führten. Die Belohnung war hoch. Die CIA war großzügig, vielleicht zu großzügig. Es war allzu lohnend, ein Mitglied von al-Qaida zu finden. Wie in Afghanistan zeigten nicht wenige einen alten Feind an.

Die Praxis führte zu Paranoia in den Stammesgebieten und einer ewigen Jagd auf Spione. Haqqani war gnadenlos. Glaubte das Netzwerk, einen Informanten geschnappt zu haben, wurde er erst gefoltert, bis er preisgab, was er wusste, anschließend schlugen sie ihm den Kopf ab. Das einst so eng gewebte Stammesnetz war im Begriff, sich aufzulösen. Das Leben war von ständigem Misstrauen geprägt, nicht nur gegenüber Außenstehenden, die seit jeher als Feinde gegolten hatten, sondern auch untereinander.

Viele wünschten sich die Zeit zurück, als F-16-Flugzeuge Bomben aus hoher Höhe abgeworfen hatten. Sie waren weniger genau, man hörte sie kommen, und wenn sie wegflogen, waren sie weg.

Die USA schickten auch Drohnen weiter hinein nach Pakistan. Dort observierte das »Eye in the Sky« der CIA ein Ziel, nach dem sie schon lange gesucht hatten. Hinter hohen Mauern in Abbottabad, direkt bei der Militärakademie der Stadt, stand ein Haus, das die Nachbarn nur das Wasiristan-Haus nannten, da die Personen, die durch das Tor hinein- und hinausgingen, unverkennbar den Dialekt der Stammesgebiete sprachen. Niemand im Haus hatte ein Telefon, es gab jedoch eine Satellitenschüssel, damit die Bewohner fernsehen konnten. Niemand aus der Familie verließ je das Haus. Der Mann, der angeblich wegen einer Blutfehde gesucht wurde, unterrichtete die Kinder zu Hause. Die Familie versorgte sich selbst, sie hatten Hühner, Ziegen, Kaninchen, eine Kuh, mehrere Bienenstöcke und einen Gemüsegarten. Ihren Müll verbrannten sie, gaben ihn auf den Kompost oder den Tieren.

Der Eigentümer hatte das Haus bauen lassen, und die Nachbarn wunderten sich, dass die oberhalb der Mauer gelegenen Stockwerke so wenige Fenster hatten. Ende 2010, als die Familie dort seit fünf Jahren lebte, fand der amerikanische Geheimdienst eine Verbindung zwischen dem Haus und einem gesuchten Kurier. Anfang 2011 erlangte man Gewissheit, und im April gab Barack Obama dem SEAL Team Six den Befehl zum Angriff. Das Team aus fünfundzwanzig Spezialsoldaten hatte mehrere Monate für die Operation trainiert; man hatte das dreistöckige Gebäude sogar in voller Größe nachbauen lassen.

Am 1. Mai 2011 versammelte Barack Obama seine engsten Mitarbeiter im Situation Room des Weißen Hauses. Sie beobachteten die Operation und warteten auf die Worte *Geronimo EKIA – Enemy Killed In Action.*

Es war Nachmittag in Washington und tiefschwarze Nacht in Abottabad, als zwei Helikopter im Hintergarten landeten. Die Soldaten stürmten das Haus, und der Mann mit dem Codenamen Geronimo wurde im dritten Stock des Hauses lokalisiert.

Er stand am Ende des Flures, als ihn ein Schuss über dem linken Auge traf. Eine knappe halbe Stunde, nachdem sie im Garten gelandet waren, steckte Team Six den Mann in einen mitgebrachten Leichensack.

Keine vierundzwanzig Stunden nach seinem Tod wurde die Leiche auf See bestattet. Der Leiter der »Flugoperation« fand sein Grab auf dem Meeresgrund.

Wäre Osama bin Laden im Dezember 2001 in Tora Bora getötet worden, hätten die USA binnen kurzer Zeit ihre Truppen nach Hause ordern können. Zehn Jahre später hatte sein Tod keinerlei Einfluss auf die Kriegshandlungen in Afghanistan. Der Krieg hatte kaum noch mit ihm zu tun.

Eines Nachts, als die Frauen allein zu Hause waren, intensivierte sich das Bombardement um die Häuser derart, dass Galai und Yasamin nach draußen und hinauf in die bewaldeten Hügel liefen. Yasamin war im letzten Monat ihrer dritten Schwangerschaft, noch immer ohne ein einziges Kind. Nun trug sie Mawia, Galais Ältesten, während Galai ihren neugeborenen Sohn Moghaira im Arm hielt. Sie hatten keine Ahnung, wo sie hinsollten, sie rannten einfach. Galai fühlte sich schwerfällig und erschöpft nach der Geburt. Sie war barfuß. Yasamin zog ihre Sandalen aus.

»Hier«, sagte sie zu Galai.

Galai zog sie an, blieb aber nach wenigen Schritten stehen. Yasamin war doch hochschwanger.

Es endete damit, dass beide mit je einer Sandale liefen. Der andere Fuß musste die schmerzenden Schritte über Disteln und spitze Steine ertragen.

Einige Tage zuvor war ein großer Hubschrauber in Miranschah gelandet. Etliche Männer seien aus dessen Bauch gesprungen, nachdem er auf dem Boden aufgesetzt hatte, wurde den Frauen erzählt, während weitere Hubschrauber über ihnen in der Luft kreisten.

Am nächsten Tag traf die Leute ein entsetzlicher Anblick. Überall lagen menschliche Überreste. Beine, Arme, zerfetztes Fleisch. Die Gerüchte brodelten. Die Amerikaner hätten die Männer gezwungen, sich auf die Sprengfallen zu setzen, die sie selbst gebaut hatten, und sie detonieren lassen.

Nach einigen Stunden erreichten Galai und Yasamin mehrere Zelte, in denen Kutschis lebten, paschtunische Nomaden. Sie kamen heraus und sahen die mitgenommenen Frauen.

»Was ist passiert?«

»Der Tag des Gerichts!«, rief Galai.

Die Frauen sanken im Zelt zusammen.

»Die Hölle ist losgebrochen«, keuchte sie.

»*Kuffar*! Diese Amerikaner und ihre ungläubigen Afghanen!«, stimmten die Kutschis ein. »Bleibt, solange ihr wollt.«

So war das Leben an der Grenze.

Tagsüber: für die Krieger Essen kochen.

Nachts: steinige Hänge hinaufhasten.

Tagsüber: Bomben basteln.

Nachts: in die Berge klettern.

Sie blieben bis zum nächsten Tag und dann einen weiteren. Die Kutschis waren arm und hatten kaum zu essen, doch die Frauen waren hungrig und nahmen das angebotene Brot, den Tee und die frische Milch dankend an.

Yasamin sah an sich herab, als sie und Galai auf den Matten lagen, die die Nomaden ihnen hingelegt hatten. Zum Glück waren sie gut verhüllt. Sie dachte an die menschlichen Überreste, auf die sie vor ein paar Tagen gestarrt hatte, nackte, unverhüllte, blutige Haut, und bekam Panik beim Gedanken daran, jemand könnte sie so sehen. Im Tod. Die Körperteile konnten in alle Richtungen geschleudert werden, wenn man von einer Drohne getroffen wurde. Was, wenn die geheimen Partien entblößt wurden? Alles, was sie ihr Leben lang verborgen hatte. Oder ihr Gesicht.

Am Tag des Gerichts, wenn sie vor Gott stand und er fragte: Warum hast du Haut gezeigt? Deine Muskeln? Deine Beine?

Was sollte sie da antworten? Wenn es doch nicht ihre Schuld war?

»Ich habe dir ein schönes Gesicht gegeben, einen schönen Körper, einen schönen Hals, schöne Brüste, schöne Arme«, würde er sagen. »Und dann haben die Ungläubigen zum Schluss alles gesehen!«

Der Gedanke machte ihr Angst, sie bekam ihn jedoch nicht aus dem Kopf. »Ich habe alles beschützt, was ich bekommen habe«, würde sie antworten.

Gottes Stimme hallte weiter und folgte ihr in einen unruhigen Schlaf: »Was hast du mit deinem Körper getan? Warum hast du ihn anderen gezeigt?«

Doch dann dachte sie an Baschir. Als er das letzte Mal zu Hause war, hatten sie bis spät in die Nacht in ihrem Zimmer gesessen. Ihr

Mann hatte Blutspuren im Gesicht gehabt, seine Lippen waren trocken und aufgesprungen. Er hatte Schwielen an den Fersen, Schnitte an den Fingern. Erschöpft hatte er den Kopf in ihren Schoß gelegt. Sie hatte ihm über die zerzausten Locken gestrichen. Sie waren voller Staub, Erde, Zweige und Grashalme.

All das, dachte Yasamin, all das gehört mir und ist so viel herrlicher als ein Königreich.

Am Tag des Gerichts werde ich mit erhobenem Kinn vor Gott stehen.

»Mein Mann hat Geschichte geschrieben.« Das werde ich sagen. Und an dem Tag, an dem er den Dschihad beendet, an dem Tag werde ich mich von ihm scheiden lassen.

DIE BESTE

Sobald Ariana lesen gelernt hatte, fand sie überall Freude an Wörtern. Erst las sie alles, was sie unterwegs sah, Straßenschilder, Plakate, Bekanntmachungen, Reklame. Dann verschlang sie jedes Buch, das sie in die Hände bekam. Mit der Zeit begann sie zu büffeln, Dinge nochmals zu lesen, alles sollte perfekt sitzen. Die reine Freude am Lernen war ihr nicht mehr genug, sie wollte die Beste werden.

Das Konkurrenzdenken hatte Ariana mit ihrem Großvater väterlicherseits gemein. Er hatte Nadia aufgefordert, sich nicht mit dem Lehramtsstudium zufriedenzugeben, sondern den Abschluss in Geografie zu machen, was sie im Lauf von Arianas ersten Schuljahren tat. Die Kinder gewöhnten sich daran, dass ihre Mutter spät nach Hause kam. Wenn sie sich endlich umzog und in die zerschlissenen, weiten Hausfrauenkleider schlüpfte, leistete Ariana ihr in der winzigen Küche Gesellschaft. Das Abendessen auf dem Wohnzimmerboden war der Höhepunkt des Tages, die einzige Gelegenheit, zu der sich die Familie versammelte. Der Vater hatte derweil die Uniform der afghanischen Armee ausgezogen und gegen ein langes Gewand getauscht.

Karim war zufrieden mit dem Leben, das sie hatten; Veränderungen stressten ihn. Er mochte die Arbeit in der Finanzabteilung des Verteidigungsministeriums und stieg langsam, aber stetig im Rang am sichersten Arbeitsplatz Afghanistans. Die Armee, den Staat und die Budgets würde es schließlich immer geben.

In der Schule wurde Ariana rasch zur Aufsichtsschülerin und Informantin ernannt. Musste eine Lehrerin etwas erledigen, sollte sie derweil die Klasse überwachen.

»Wenn jemand redet, notier den Namen, Ariana«, trug ihr die Lehrerin auf. Körperliche Bestrafungen waren üblich an der Schule, einer normalen staatlichen Schule, die in zwei Abteilungen, eine für Jungs und eine für Mädchen, aufgeteilt war. Mädchen wurden in der Regel milder bestraft als Jungen, ein paar Schläge auf die Finger, mehr nicht.

Die Namen ihrer Freundinnen schrieb Ariana nie auf, sie durften tuscheln, wie sie wollten.

»Deine Freundin quatscht!«, beschwerte sich eine Mitschülerin.

Eines Tages fand Ariana, es sei genug. Ein Mädchen, mit dem sie gut befreundet war, hatte wirklich zu laut geredet, und sie schrieb ihren Namen auf. Später stellte die Freundin Ariana zur Rede.

»Wie kannst du es wagen?«

»Ich trage die Verantwortung«, erwiderte Ariana. Gerechtigkeit ging über Freundschaft. Oder? Im Lauf des Tages wuchsen ihre Zweifel. Als sie abends ins Bett ging, weinte sie. Sie hatte eine ungeschriebene Regel gebrochen: für die Seinen zu sorgen.

In der fünften Klasse wurde Ariana offiziell zur Klassenbesten ernannt. Afghanische Schüler schrieben viele Tests, und am Ende des Schuljahres hatten sie Prüfungen. Die Lehrer forderten sie auf, miteinander zu konkurrieren. Die Klassenbesten bekamen Preise, die Schlechtesten wurden getadelt. Klassenlisten mit den Ergebnissen wurden für alle sichtbar aufgehängt.

Bei jeder Prüfung konnte man maximal einhundert Punkte erreichen. Ariana erzielte in fast allen Fächern Bestnoten. Sie liebte Lob und nährte sich von Komplimenten.

In der achten Klasse bekamen sie eine neue Mitschülerin. Sie war die Beste an ihrer alten Schule gewesen.

»Jetzt hast du eine Konkurrentin«, lächelte die Lehrerin, als Hasina der Klasse vorgestellt wurde. Ich muss noch mehr lernen, dachte Ariana, die in der ersten Reihe saß und ihre neue Rivalin in Augenschein nahm.

Ganz hinten in der Ecke gab es einen freien Tisch.

»Ich will aber nicht in der letzten Reihe sitzen«, wandte Hasina ein.

Aha, also wollte sie vorne sitzen. In diesem Augenblick wurde der Beschützerinstinkt der Klasse geweckt.

»Du bist neu! Da ist ein freier Tisch, setz dich dahin«, sagte ein Mädchen, und so musste Hasina nach hinten gehen.

»Wir wollen nicht, dass jemand dir deinen Platz wegnimmt«, sagten Arianas Freundinnen hinterher zu ihr. Die Mädchen waren gegen den Eindringling, den Ariana bald nur noch als »meine Feindin« bezeichnen würde. Ariana wurde ganz warm um die Brust angesichts des neu errichteten Verteidigungsbollwerks. Als sie nach Hause kam, schrieb sie in das Buch, das sie von den Amerikanern bekommen hatte:

Was ist mir am wichtigsten?

Die Beste sein

Viele Freunde haben

Schöne Notizbücher haben

Die Neue gab sich nicht mit dem zweiten Platz zufrieden, der ihr im ersten Jahr zugewiesen wurde. Sie fand, die Sache sei verdächtig. Vielleicht habe Ariana die Höchstpunktzahl nur erreicht, weil ihre Mutter Lehrerin an der Schule war.

Hasina studierte das Regelwerk und fand heraus, dass die Schüler das Recht hatten, ihre Prüfungen in ihrer Gegenwart korrigieren zu lassen. Daraufhin setzte sie durch, dass ihre und Arianas Tests direkt nach Abgabe korrigiert wurden.

Die Prüfungen der neunten Klasse rückten näher. Noch nie hatte Ariana so viel gepaukt. Sie nickte über ihren Büchern ein, las heimlich in der Nacht, wenn ihre Eltern dachten, sie schlafe, und stand in aller Herrgottsfrühe auf, um weiterzulernen. Sie hatten Prüfungen in acht Fächern. Die erste war in Biologie.

Um Punkt acht saß sie an ihrem Platz. Rasch beantwortete sie die Fragen. Bekannter Stoff. Sie kannte das Biologiebuch in- und auswendig, aber man wusste ja nie, vielleicht hatte sie etwas missverstanden?

»Ihr zwei bleibt hier, die anderen können schon gehen«, sagte die Lehrerin, als die Zeit um war, und zeigte auf die beiden Rivalinnen.

Noch nie war Ariana so nervös gewesen, es kam ihr vor wie die Stunde der Wahrheit oder gar wie der Tag des Gerichts. Ihre Hände waren schwitzig, es ging um ihre Ehre.

Hasinas Arbeit wurde zuerst kontrolliert. Richtig, richtig, richtig, hakte die Lehrerin Antwort um Antwort mit blauem Stift ab. Doch dann verharrte ihre Hand bei einer Frage, die aus zwei Teilen bestand, von denen beide jeweils zwei Punkte gaben. Hasina hatte nur auf die erste Teilfrage geantwortet.

»Das hab ich nicht gesehen! Ich weiß die Antwort!«, rief sie.

Doch es war zu spät. Hasina war den Tränen nah. 98 Punkte, schrieb die Lehrerin auf das Deckblatt neben ihren Namen.

Dann war Ariana an der Reihe.

»Und, was denkst du?«, fragte die Lehrerin.

Der Stift glitt übers Papier. Richtig. Richtig. Richtig. Alles richtig! 100 Prozent!

Vor der Tür stand die ganze Klasse und wartete. Jubel brach aus, als sie das Ergebnis hörten. Arianas Freundinnen kauften Saft und Kuchen am Kiosk, um sie zu feiern. Noch sieben Prüfungen. Ariana machte sich schnell auf den Heimweg, um sich auf den morgigen Tag vorzubereiten. Als Nächstes stand Erdkunde auf dem Plan.

Die Arbeit war kinderleicht. Doch dann stockte ihr Herz.

In welchem Land liegt der Berg Kilimandscharo?

Sie hatte nicht den Hauch einer Ahnung. Stand das im Buch? Ariana deutete vorsichtig auf die Frage und sah mit gerunzelter Stirn zu ihren Freundinnen. Alle schüttelten die Köpfe. Ariana warf einen

Blick zu Hasina, die hoch konzentriert schrieb. Mit gleichmäßiger, fließender Schrift füllte sie ihr Blatt. Mehrere andere kamen zum Ende, gaben ihre Arbeiten ab und gingen hinaus.

Nachdem sie alle anderen Fragen beantwortet hatte, blieb Ariana sitzen und schaute aus dem Fenster. Da standen die Berge, die Kabul umgaben, und schienen sie auszulachen. Lag der Kilimandscharo in den Alpen? Sollte sie Frankreich oder Schweiz antworten? Nepal? Sie hatte die Gipfel des Himalaja gelernt, aber dieser Berg, wo lag der?

Auf einmal sah sie eine Bewegung vor dem Fenster. Es war eine ihrer Freundinnen aus der Klasse. Rasch zog das Mädchen ihr Erdkundebuch aus der Tasche und blickte Ariana starr an. Von der anderen Seite der Scheibe zeigte sie auf das Bild eines Berges. Ariana beugte sich eine Spur vor, gerade genug, um die Bildunterschrift lesen zu können.

Sie sah sich um, keiner hatte etwas bemerkt.

Tansania, schrieb sie mit sorgfältiger Schrift. Und gab ab.

Diesmal wurde ihre Arbeit zuerst korrigiert. Sie war noch nervöser als am Vortag. Sie hatte betrogen. Vielleicht hatte es jemand gesehen.

»Hundert Punkte«, hörte sie ihre Lehrerin sagen. Alles richtig. Doch sie spürte keine Erleichterung.

Dann kam Hasinas Arbeit an die Reihe. Auch sie hatte alles richtig, bis die Lehrerin bei der Frage nach dem Kilimandscharo innehielt.

Afrika, hatte Hasina geantwortet.

»Im Buch stand nichts von dem Berg«, beharrte das Mädchen. »Aber ich wusste, dass er in Afrika liegt.«

Die Lehrerin sah sie an.

»Tja, Ariana hat es aber richtig, und wir haben nicht nach dem Kontinent, sondern nach dem Land gefragt.« Einen Punkt Abzug. 99 Punkte für die Rivalin.

Hasina sagte, die restlichen Prüfungen bräuchten nicht mehr öffentlich korrigiert zu werden, dann hastete sie hinaus. Der Wettstreit war vorüber. Ariana war unbesiegt. Sie umarmte die Freundin, die ihr das Buch gezeigt hatte.

»Du bist verrückt!«, flüsterte sie ihr zu.

»Ich wollte, dass du gewinnst!«

Freundschaft ging über Gerechtigkeit. Den Clan beschützen, den Stamm, die Freundinnenclique, das hatten sie mit der Muttermilch aufgesogen.

In Kabul war es angesagt, Kurse zu belegen. Hatte man Ambitionen für seine Kinder, schickte man sie dorthin. Auf diese Weise erzielte man zügige Fortschritte. Es gab etliche Privatkurse für sämtliche Schulfächer, aber sie waren teuer. Kurse waren für die Wohlhabenden. Ariana lag ihren Eltern in den Ohren, bis sie schließlich Zusatzkurse in Mathe bekam, ihrem schlechtesten Fach, und Englisch, das sie gar nicht schnell genug lernen konnte.

Die Qualität des Unterrichts an staatlichen Schulen war häufig schlecht. Das Gehalt war niedrig, viele Lehrer hatten mehrere Jobs. Fiel jemand aus, gab es nie eine Vertretung, stattdessen ließ die Schulleitung die stärksten Schüler der Klasse die schwächeren unterrichten. Arianas Klasse besuchten fünfundvierzig Schülerinnen. Es wurde entschieden, dass die zehn besten die zwanzig schwächsten unterrichten sollten. Das Mittelfeld musste allein klarkommen. Ariana liebte es zu unterrichten. Sie gab nicht auf, ehe ihre Mitschülerinnen den Stoff begriffen hatten.

Eines Tages kam ein Mann in die Klasse und bot einen kostenlosen Kurs an.

Vater Prem war ein Jesuitenpriester aus Indien. Abgesehen von den Soldaten, die die Schule besucht hatten, war er der erste Ausländer, dem Ariana begegnete. Vater Prems Orden würde einen kostenlosen Informatikkurs sowie Englischunterricht anbieten. Da es nichts kostete, würden ihre Eltern sicher erlauben, dass sie teilnahm, es hing immer am Geld.

»Spricht jemand von euch schon ein bisschen Englisch?«, fragte Vater Prem. Mehrere antworteten mit »*Hello*« und »*How are you*« und »*What's your name*«.

»Und kann auch schon jemand etwas Grammatik?«, fragte der Priester und hob hervor, das sei nötig, um die Sprache richtig zu lernen.

Ariana hob zögernd die Hand. Sie reckte das Kinn, als er auf sie zeigte, und sagte auf: »*A noun is a person, a place or a thing. A verb is something you do. An adjective is* ...«

Sie bekam einen Platz in dem Kurs. Es war eine glückliche Zeit. Ariana lernte, einen Computer zu benutzen. Sie lernte, darauf zu schreiben, zu zeichnen und zu rechnen. Die Jesuiten hatten mehrere Kursleiter angestellt. Manchmal kam Vater Prem persönlich in seinem flotten Auto angefahren, verteilte Bleistifte, Kugelschreiber und Schreibhefte und scherzte mit den Schülern.

Dann verschwand er eines Tages.

Die Taliban hatten ihn entführt.

Anfang Juni 2014 hatte der Priester eine Schule in der Nähe von Herat, im Westen des Landes, besucht, da ergriffen ihn die Taliban. Er war davor gewarnt worden, sich außerhalb der von den Ausländern K-Bubble genannten Blase zu bewegen, doch er war das Risiko eingegangen. Die Stimmung im Jesuitenorden war düster. Vater Prem, so fürchtete man, hatte schlechte Chancen, die Gefangenschaft bei den Taliban zu überleben. Auch wenn er bloß Informatikkurse und Englischunterricht anbot, war und blieb er ein katholischer Missionar, und für Missionierung gab es keine andere Strafe als den Tod.

Andererseits war er Geld wert. Im Gegensatz zum IS, der in jenem Sommer seinen ersten ausländischen Opfern die Köpfe abgeschlagen hatte, waren die Taliban mehr an Lösegeld als an der Ermordung von Geiseln interessiert. Acht Monate nach seiner Entführung wurde Vater Prem dank Intervention des indischen Premierministers freigelassen.

Für Ariana, die inzwischen in die zehnte Klasse ging, waren die Taliban stets weit weg gewesen. Irgendwelche bösen Wilden, die in den Bergen kämpften, und die Männer in Uniform – wie ihr Vater – bald besiegen würden. Die Taliban spielten keine Rolle für sie. Ihr

Leben bestand aus Schreibbüchern und Zeugnissen und einem Jungen, den sie kürzlich auf Fotos gesehen hatte. Er hieß Justin Bieber.

Sie paukte seine Texte wie sonst das Periodensystem. Alles, worüber er sang, war tabu. Denn auch wenn Kabul eine Blase war, gespeist durch westliche Ideen, wussten die jungen Mädchen sehr wohl, wo die rote Linie verlief. Zum Glück verstanden ihre Eltern kein Englisch, und so konnte sie seine Musik ohne Scham laut hören.

Der Informatik- und der Englischkurs in Kabul wurden eingestellt.

Vater Prem kehrte nicht zurück.

Es war das erste Mal, dass die Taliban Ariana, die nun ein »Belieber« geworden war, in die Quere kamen.

MARTYRIUMSMINISTERIN

Eines Morgens im Frühjahr 2015 bekam Jamila einen Anruf.

»Sie sind für das Amt der Vizeministerin für Arbeit und Soziales nominiert.«

»Wie bitte? ...«

»Sie sind eine von zehn Nominierten. Wir kontaktieren Sie wieder, wenn Sie zum Gespräch kommen können.«

Der Anruf kam praktisch aus dem Nichts, sie hatte nie eine politische Stellung angestrebt, und nun war sie plötzlich eine Regierungskandidatin. Die aktuelle Politik des Landes war von Rangeleien der verschiedenen Fraktionen um Posten geprägt. Es ging um Geld. Es ging um Ressourcen. Es ging um Macht.

Im Jahr zuvor hatten die Afghanen einen neuen Präsidenten gewählt. Oder war er vielleicht doch nicht demokratisch gewählt?

Nach dem ersten Wahlgang war kaum verschleierter Wahlbetrug festgestellt worden. In den über 20000 Wahlurnen, die alle zum Auszählen nach Kabul gebracht wurden, hatte man eine große Anzahl gefälschter Stimmzettel entdeckt. Der umfassende Betrug galt Kandidaten, die nach dem ersten Wahlgang noch übrig waren: dem in Amerika ausgebildeten Technokraten Aschraf Ghani und Dr. Abdullah Abdullah, dem früheren Mudschahedin der Nordallianz. Der Erste Paschtune, der Zweite Tadschike. Beide waren schon 2009 vergeblich gegen Karzai angetreten – wobei es damals ebenfalls systematischen Wahlbetrug gegeben hatte. Jetzt war Karzai aus dem Spiel, weil die Verfassung einem Präsidenten nur zwei Amtsperioden erlaubte.

Jamila war Mitglied der Kommission, die den Wahlbetrug unter-
suchte, und die Liste der Vergehen schien endlos. Viele Stimmen
wurden für ungültig erklärt. In der ersten Runde hatte Abdullah die
meisten Stimmen bekommen, in der zweiten wurde Ghani zum Sieger ausgerufen. Die Taliban nutzten das Machtvakuum aus. Nie zuvor
waren mehr afghanische Polizisten und Soldaten getötet worden.

Erst als der amerikanische Außenminister John Kerry nach Afghanistan flog, um zu vermitteln, einigten sich die zwei Kandidaten auf
eine gemeinsame Regierung. Dr. Abdullah bekam den Posten des
CEO (»Chief Executive Officer«), eine Art Ministerpräsident, Aschraf
Ghani wurde Präsident und somit Staatsoberhaupt. Sein Amt war gemäß der afghanischen Verfassung mit einer großen Machtfülle ausgestattet. Die beiden nährten ein tiefes Misstrauen zueinander. Zum
Vizepräsidenten wurde der Usbeke Raschid Dostum ernannt, dem
Menschenrechtsorganisationen schwere Kriegsverbrechen vorwarfen.

Aschraf Ghani wurde vereidigt.

Das Verhältnis zu den USA gehörte zu den wichtigsten politischen
Fragen. Der geplante Rückzug des ausländischen Militärs war schon
mehrmals verschoben worden, die vorige Frist Ende 2014 abgelaufen.
Im Jahr darauf befanden sich noch immer knapp 50000 ausländische
Soldaten in Afghanistan, von denen 30000 Amerikaner waren. Sie
hatten es weder geschafft, das Land zu stabilisieren, noch ein effektives
afghanisches Heer aufzubauen. Nur wenige Abteilungen waren in der
Lage, ohne Unterstützung der Alliierten zu operieren. Ein Rückzug
konnte leicht zum Zusammenbruch des Staates führen.

Zuerst mussten die Taliban besiegt werden. Karzai wurde vor-
geworfen, er habe sich den Krieg nur »weggewünscht«. Ghani und
Abdullah hingegen wünschten sich intensivere Angriffe. Gleichzeitig
sollten die beiden, die kaum miteinander redeten, das Land regieren.

Sie hatten eine Gesellschaft am Rand des Zusammenbruchs geerbt. Die Taliban hatten eine ausgesprochen gute Kampfsaison hinter
sich, der IS hatte sich ebenfalls etabliert, und die afghanischen Sicherheitskräfte erlitten große Verluste. Es gab viele Deserteure, die Moral

war schwach. Die Wirtschaft schwankte, und die Arbeitslosigkeit war hoch. Das Land wandte sich verzweifelt an ausländische Geber für neue Kredite, Refinanzierung und Nothilfe.

In Karzais letzten Regierungsjahren hatte die Zusammenarbeit mit den USA stark gelitten. Er beschuldigte die Amerikaner, sie hätten ihre Versprechen gebrochen und nur halbherzig geholfen. Darüber hinaus verlangte er Wiedergutmachung für versehentliche Bombardierungen und die hohe Anzahl ziviler Opfer im Krieg gegen den Terror. Die USA wiederum warfen Karzai vor, er verteile die Macht zwischen einer Handvoll Kriegsherren, sowohl in der Regierung als auch in den Provinzen, und organisierte kriminelle Netzwerke verschlängen die Hilfsmittel. Sie setzten ihre Hoffnung auf den Technokraten, der eine lange Erfahrung bei der Weltbank aufzuweisen hatte.

Aschraf Ghani wurde in eine in Lugar ansässige namhafte paschtunische Familie geboren. Sein Vater war für den letzten König, Zahir Schah, tätig gewesen. Als Kind verbrachte Aschraf die Wochenenden entweder zu Pferde, auf der Jagd oder vertieft in ein Buch, bis er 1966 nach Oregon auf die Highschool geschickt wurde. Die Freiheit und der Lebensstil amerikanischer Teenager faszinierten ihn. Als der König 1973 nach vierzig Jahren an der Macht gestürzt wurde, studierte der privilegierte junge Mann gerade Politikwissenschaft an der Amerikanischen Universität Beirut. Dort traf er seine zukünftige Frau, die aus einer christlichen Familie stammende, ein Jahr ältere Rula. Er promovierte in Kulturanthropologie an der Columbia University in New York, seine Doktorarbeit war eine Analyse der Schwierigkeiten bei der Staatsbildung seines Heimatlandes.

In den Achtzigerjahren lehrte Aschraf Ghani an der University of California, Berkeley, in den Neunzigern war er bei der Weltbank tätig, die zu diesem Zeitpunkt ihre eigenen Methoden zu hinterfragen begonnen hatte: Weshalb blieben Länder, die ihrer Liberalisierungspolitik folgten, arm?

Mittels Feldarbeit dokumentierte Ghani, dass der Kern des Problems in der Korruption sowie in schwach aufgestellten Institutionen und schlecht durchdachten Projekten bestand, die sich auf dem Papier besser machten als in der Praxis.

Wer wäre besser geeignet gewesen als er, um Afghanistan aus dem von Karzai hinterlassenen Chaos zu retten?

Und dieser Regierung sollte Jamila nun also möglicherweise beitreten.

»Ich hab doch überhaupt keine Erfahrung mit Regierungsarbeit«, sagte Jamila zu Kakar, als sie nach Hause kam. »Außerdem bin ich so schon völlig ausgelastet.«

Im Lauf der letzten zehn Jahre hatte Jamila ihr Wirken in mehrere Richtungen ausgeweitet. Neben ihrem Engagement für Bildung und die Rechte von Frauen sowie ihrer Teilhabe an der Gesellschaft setzte sie sich für Menschen mit Beeinträchtigungen ein. Genau wie ihr Vater sah sie überall Möglichkeiten. Während er sein Geschäftsimperium stetig ausbaute, schuf sie neue Hilfsmaßnahmen in den Bereichen Bildung, Frauengesundheit, gesellschaftliche Teilhabe und psychosoziale Unterstützung.

Außerdem hatte sie drei Kinder geboren: den inzwischen achtjährigen Salahuddin, die fünfjährige Chadidscha und die vierjährige Fatima. Alle waren nach großen Heldinnen und Helden der islamischen Geschichte benannt. Chadidscha war die erste Frau des Propheten, Fatima die jüngste Tochter des Paars, und der Heerführer Salahuddin hatte gegen die Kreuzfahrer gekämpft.

»Ich kümmere mich um die Kinder«, versprach Kakar. »Das ist eine Riesenchance für dich!«

»Das ist nichts für mich«, antwortete Jamila.

Nicht nur Kakar versuchte, sie zu überreden, auch mehrere andere wollten sich in Jamilas Zukunft einmischen. »Geh wenigstens hin und hör dir an, was der Job beinhaltet! Überleg doch mal, wie viel Einfluss du in dieser Position nehmen könntest!«

Jamila haderte noch immer. Sie hatte ein permanent schlechtes Gewissen, weil sie die Kinder kaum sah. Ihr fehlte schlicht und ergreifend die Zeit für sie. Nachdem Salahuddin mehrfach keine Hausaufgaben gemacht hatte, wollte sein Lehrer wissen, weshalb seine Mutter, die doch solch eine gebildete Frau sei, nicht dafür sorge, dass er besser vorbereitet zum Unterricht käme.

»Ich habe keine Mutter«, lautete Salahuddins Antwort.

»Wie kannst du so etwas sagen? Ich weiß doch, dass du eine Mutter hast!«

»Nein, sie ist die Mutter von ihrem Computer, nicht meine«, erwiderte der Junge.

Kakar war derjenige, der die Kinder morgens zur Schule schickte, sie abholte und ihnen mit den Hausaufgaben half. Jamilas Brüder verspotteten ihn, weil er sich zum Diener seiner Frau machte.

»Wenn ihr eine Frau mit einer schweren Last seht, unter der sie zusammenzubrechen droht, würdet ihr ihr dann helfen?«, entgegnete er ihnen.

»Natürlich«, antworteten sie.

»Na also, so ist es mit Jamila. Warum ist es männlich, einer Frau auf der Straße ihre Bürde abzunehmen, nicht aber, sie daheim zu entlasten?«

Sie schüttelten die Köpfe über den Mann, der den Haushalt schmiss.

Eine gute Woche später wurde Jamila in den Arg bestellt. Sie war rechtzeitig da, wurde aber lange bei der Sicherheitskontrolle aufgehalten. Erst wurden die Krücken durchleuchtet, dann schrillte die Maschine bei ihr. Sie zeigte auf das Metallteil, das an ihren Fuß geschraubt war, damit er in einen Schuh passte, und wurde aufgefordert, es abzunehmen und einzeln durchleuchten zu lassen. Sie zögerte, es erschien ihr demütigend, nicht mal an Flughäfen verlangte man das von ihr. Schließlich musste sie nachgeben, und als sie endlich im Büro des Präsidenten ankam, wies Ghani sie scharf zurecht. Er lege Wert darauf, dass seine Mitarbeiter pünktlich seien und seinen Zeitplan nicht durcheinanderbrächten. Er wurde etwas versöhnlicher, als sie ihm von den beharrlichen Sicherheitsleuten erzählte. Er bat sie, Platz zu nehmen, und kam direkt zur Sache.

»So, wie ist Ihr Plan? Was wollen Sie in diesem Amt bewirken?«

»Offen gestanden bin ich mir nicht sicher, ob ich als Vizeministerin geeignet bin …«

Ghani sah sie verdutzt an, ehe er verärgert antwortete: »Sie kommen hierher und wissen nicht mal, ob Sie die Stelle wollen? Die Leute betteln mich um Jobs an, und Sie lassen sich noch bitten?«

Er war genauso harsch, wie man über ihn sprach.

»Na ja, ehrlich gesagt, war ich noch nie in der Politik. Ich habe keine Fraktion im Rücken, und wenn man nicht von bestimmten Gruppen unterstützt wird, ist es schwer, zu überleben oder überhaupt irgendetwas durchzusetzen.«

»Ich bin Ihr Rücken! Betrachten Sie mich als Ihre Unterstützung. Sie können immer zu mir kommen.«

»Aber Sie werden beschäftigt sein …«

Aschraf Ghanis Geduld war zu Ende.

»Ihr beschwert euch bei der Presse, dass es nicht genug Stellen für Frauen gibt und ihr nicht in Machtpositionen gelangt! Und wenn ich sie euch anbiete, wollt ihr sie nicht!«, schrie er Jamila an.

Jamila schwieg. Er hatte vollkommen recht. Sie nickte.

»Ach ja«, sagte der Präsident, als sie sich erhob. »Ich kümmere mich darum, dass Sie eine Zugangskarte bekommen, damit Sie bei der Sicherheitskontrolle nicht mehr belästigt werden.«

Sie dankte ihm für die Umsicht und ging.

Am nächsten Tag hatte sie eine Besprechung mit Dr. Abdullah Abdullah. Anhand von Stichpunkten hatte sie Vorschläge für Maßnahmen vorbereitet, um Menschen mit Beeinträchtigungen im Alltag zu entlasten, Hinterbliebenen von Kriegsopfern und Angehörigen von Versehrten zu helfen und sowohl Menschen mit angeborenen Behinderungen als auch Soldaten, die Gliedmaßen bei einem Angriff verloren hatten, zu unterstützen.

Wie bei dem Treffen mit dem Präsidenten waren mehrere weitere Männer anwesend und hörten wortlos zu, die meisten schienen vom Verteidigungsministerium zu sein.

Abdullah sagte das Gleiche wie Ghani: »Sie können immer zu mir kommen«, und ergänzte: »Sie waren die einzige Kandidatin, bei der er und ich uns nie uneins waren.«

Schließlich wurde Jamila zur Ministerin für Arbeit und Soziales bestellt. Nasrin Oryakhil war Gynäkologin und hatte während der Talibanherrschaft eine Untergrundklinik in Kabul betrieben. Sie war denunziert, aus ihrem Behandlungszimmer gezerrt, zusammengeschlagen und aufgefordert worden, sie solle »aufhören zu arbeiten und anfangen zu beten«. Nach dem Sturz der Taliban hatte sie an der medizinischen Fakultät in Kabul gelehrt, und die letzten zehn Jahre war sie Direktorin der Malalai-Klinik gewesen. Sie hatte sich für Frauengesundheit, Familienplanung und die Ausbildung von Hebammen und Geburtsärztinnen starkgemacht. Vor Kurzem war sie dann von Aschraf Ghani zur Ministerin ernannt worden, als eine von vier Frauen unter rund zwanzig Männern. Trotz des niedrigen Frauenanteils hatte Ghani doch immerhin zu einem gewissen Grad das Versprechen gehalten, die Ministerposten mit Fachexperten zu besetzen.

Die Besprechung war wie ein effizienter Arzttermin; nach einer knappen Einführung in ihre Aufgaben stellte die Ministerin Jamila eine Reihe allgemeiner Fragen. Oryakhil wollte, dass Jamila die Hauptverantwortung für Märtyrer, Kriegsversehrte und Menschen mit Beeinträchtigungen übernahm.

»Wie ich höre, gibt es im ganzen Land keine Bessere dafür«, sagte sie. »Sie haben einen ausgezeichneten Ruf.«

»Aber keine Erfahrung … Ein Ministerium hat seine eigene mächtige Bürokratie, ich habe nur im freiwilligen Sektor gearbeitet.«

»Ich habe auch keine Erfahrung in der Politik«, entgegnete die frischgebackene Ministerin. »Aber als ich angerufen wurde, war es meine Pflicht, die Herausforderung anzunehmen.«

»Okay, okay, schon gut«, lächelte Jamila. Sie würde es versuchen.

Die Gynäkologin beendete das Gespräch mit der Versicherung, es werde schon gut gehen. Zwei Frauen an der Spitze des Ministeriums, besser ginge es nicht.

Es wurden lange Tage und noch längere Abende. Häufig nahm Jamila die Fälle mit nach Hause und beackerte sie wie eine pflichtbewusste Studentin.

Sie kam schnell dahinter, dass die Gelder in stetem Strom aus dem Ministerium flossen. Bloß nicht dorthin, wofür sie vorgesehen waren. Es gab mehrere Beschwerden gegen namhafte Angestellte des Ministeriums, und Jamila beschloss, Änderungen vorzunehmen, um die untreuen Staatsdiener aufzuhalten.

Da sie nicht genau wusste, wer der Verantwortliche dafür war, dass das Ministerium geschröpft wurde, begann sie, die Arbeitsaufgaben der Mitarbeiter umzuverteilen, damit diese gezwungen wären, ihre Routinen zu ändern. Beispielsweise lagen ihr mehrere Beschwerden gegen den Beamten vor, der für die Pensionen für Familien von Märtyrern verantwortlich war. Jamila übertrug ihm stattdessen andere Aufgaben und ließ zwei Kollegen seinen Job erledigen. Das würde ihr, hoffte sie, Zeit geben, um Licht in die Sache zu bringen.

Unmittelbar danach erhielt sie einen Anruf aus dem Arg.

»Warum haben Sie die Stellen der Leute geändert?«, fragte ein Mann aus der Verwaltung des Präsidenten.

»Sie sind weiterhin im selben Büro, sie haben dieselbe Stelle, ich habe ihnen nur etwas andere Aufgaben gegeben.«

»Das können Sie nicht tun!«

Sie beendete das Gespräch und ließ alles, wie sie es entschieden hatte. Da kam ein Anruf aus dem Büro des Ministerpräsidenten.

»Warum haben Sie die Aufgaben der Leute geändert?«

»Wie soll ich meinen Job machen, wenn ich nicht mal meine eigenen Mitarbeiter einsetzen kann, wie ich es für richtig halte!«, antwortete sie. Sie begriff, dass sie jemandem dazwischengefunkt war. Jetzt würde sie sämtliche Büros unter die Lupe nehmen, sämtliche Budgetposten, sämtliche Rechnungen und Auszahlungen. Bevor sie Pläne für die Tätigkeiten des Ministeriums machen konnte, musste sie Ordnung schaffen.

Als Jamila die Register der Kriegsrenten durchging, stieß sie auf einen dicken Ordner mit Namen von rund siebzigtausend Männern, die kurze Zeit nach ihrem Eintritt ins Militär umgekommen waren. Manche waren bereits am nächsten Tag gefallen, andere hatten einige Wochen überlebt. Keiner von ihnen hatte ein Geburtsdatum, keiner eine Adresse, bei keinem war der Todesort vermerkt. Es gab lediglich einen Namen und eine Kontonummer.

Jamila forderte zusätzliche Informationen von der für die Renten zuständigen Abteilung an. Man versicherte ihr, alles sei in Ordnung, und alle seien verstorben. Die Rentenempfänger seien die Witwen oder die Eltern.

Jamila setzte die Zahlungen umgehend aus und informierte die Ministerin und das Büro des Präsidenten. Wenig später erhielt sie einen Anruf aus dem Innenministerium mit der Aufforderung, die Rentenzahlungen fortzusetzen.

»Ich habe Unterlagen angefordert. Solange nicht alles geprüft ist, können wir keine Zahlungen leisten«, erwiderte sie.

»So läuft das hier nicht«, sagte die Stimme vom Innenministerium. »Es wäre besser, auch für Sie selbst, wenn Sie das Geld auszahlen.«

Der Präsident erhielt einen Schwall von Klagen gegen Jamila; sie mache ihre Arbeit nicht und halte unrechtmäßig Gelder zurück. Vielleicht, um sie in die eigene Tasche zu stecken?

»Sie bringen die Leute beim Militär gegen Ghani auf«, warnte sie einer. »Das wird ihm nicht gefallen.«

»Wenn die Hinterbliebenen der Opfer kein Geld bekommen, wird es Aufstände geben«, sagte ein anderer.

»Die Leute werden auf die Straße gehen, das gibt ein Riesentheater«, meinte ein Dritter.

Eines Morgens war das Fenster ihres Büros eingeschlagen. Ein andermal fand sie ihren Schreibtisch verwüstet vor. Dann wurde ihr Sicherheitsmann von Unbekannten zusammengeschlagen.

Sie unterzeichnete die Papiere noch immer nicht.

Es gab weitere Fälle. Ein Mann erhielt Hinterbliebenenrente für vierhundert Familien. Ein anderer für fünfhundert. Andere bekamen

Geld für Versorger, die vor vierzig oder fünfzig Jahren gestorben waren.

Sie entdeckte, dass die Entschädigungen für Opfer verschiedener Selbstmordanschläge die Anzahl der Opfer weit überstieg. Zu einem der größeren Anschläge zählte der auf den Kabuler Abu-Fazl-Schrein, bei dem siebzig Menschen ums Leben gekommen waren. Wie sich herausstellte, leistete Jamilas Abteilung Zahlungen an zwölfhundert Familien.

Eine Parlamentsabgeordnete, die in dem Fall die Opfer der schiitischen Hasara-Minorität vertrat, beschuldigte Jamila, gegen sie zu sein. Jamila geriet in Rage.

»Wir reden hier vom Geld der Bürgerinnen und Bürger. Ich brauche Unterlagen für jedes einzelne Opfer!«

Ihre Nachforschungen ergaben, dass mehrere der wahren Opfer überhaupt nichts bekamen. Ihre Anträge waren nie weitergeleitet worden, während andere unrechtmäßig abkassierten.

Mehrere Gruppen statteten ihr anlässlich der von ihr durchgeführten Aufräumaktionen einen Besuch ab. Sie fand heraus, dass sämtliche kriminellen Netzwerke ihre Beschützer im Parlament hatten. Es waren Gruppen aus dem ganzen Land, aus dem Pandschir-Tal, aus Kabul, aus dem Osten, aus dem Süden, Generale aus der Zeit des Kommunismus und religiöse Männer; keiner scheute sich, den Staat zu bestehlen.

Während der fünfzehn Jahre, die sie für die Rechte afghanischer Frauen gekämpft hatte, war sie vielen ein Dorn im Auge gewesen. Den Religiösen, den Strengreligiösen, den Traditionalisten, den Dogmatikern, den Taliban, dem IS, aber auch den radikalen Aktivisten, in deren Augen sie zu kompromissbereit war, zu islamisch, zu nah den Ansichten der Taliban. Doch nie war sie so vielen Drohungen ausgesetzt gewesen wie nun durch die Beamten des Regierungsapparates.

Als sie bei einer weiteren Gelegenheit einem mächtigen Mann, der sich in der Staatskasse bedient hatte, den Geldhahn zudrehte, herrschte er sie in aller Öffentlichkeit auf dem Gang der Abteilung an:

»Du hast meinen Brunnen trockengelegt!« Wie solle er jetzt seine Männer bezahlen?

»Das ist nicht mein Problem«, erwiderte sie und ließ ihn stehen.

Doch es wurde ihr Problem.

»Weißt du, wie viel dein Leben wert ist?«, fragte ein Abgeordneter, nachdem er die Tür zu ihrem Büro aufgetreten hatte.

»Den Preis der Bombe, die ich an deinem Auto anbringen werde!«

»Mein Leben liegt in deinen Händen«, antwortete Jamila ruhig.

»Du wirst in Fetzen durch die Luft fliegen, wenn du meine Papiere nicht unterschreibst.«

»Na dann.«

»Du lebst gefährlich«, warnte er. Über der Schulter trug er zwei Kalaschnikows.

»Wenn Gott entschieden hat, dass du mein Schicksal bestimmst, dann sei es so.«

Danach kontrollierte sie täglich ihr Auto.

So funktionierte Afghanistan: Jeder korrupte Beamte war Teil eines Kreislaufs aus Söhnen, Neffen, Onkeln, Enkeln, Helfern, Laufburschen, manchmal einer Privatarmee. Zog jemand ein Glied aus der Kette heraus, war ein ganzer Kreislauf betroffen. Die Rache konnte sich auch gegen einen Sohn, einen Neffen, einen Onkel dieses Jemands richten.

Eines Nachts wurde eine Bombe ins Haus von Jamilas Schwiegereltern geworfen. Zum Glück wurden Kakars Eltern nicht verletzt, doch das Haus war zerstört. Dann wollten bewaffnete Männer Salahuddin von der Schule abholen. Den Wachen sagten sie, sie seien die Onkel des Jungen. Jamila hatte so etwas bereits befürchtet und den Wachen der Schule eingebläut, die Kinder dürften nur von ihr oder Kakar abgeholt werden. Falls irgendwer anders käme, wollte sie umgehend angerufen werden. Die Wachen informierten sie und ließen die Männer nicht herein. Als die Minuten verstrichen und Salahuddin nicht aus dem Gebäude kam, verschwanden sie kurz vor Jamilas Eintreffen.

»Irgendwann töte ich dich«, hatte einer der Mächtigen zu ihr gesagt, direkt im Arg, umgeben von seinen eigenen und ihren Sicherheitsleuten. Er war einer der Mafiabosse des Landes, aus dem paschtunischen Tarakhil-Clan, und der Bruder von einem der Abgeordneten. Das war aus dem Land geworden; es gab kein Gesetz, kein geltendes Recht, nur Macht. Diese Macht sammelte sich zunehmend in den Händen einiger weniger, während die Gelder aus dem Ausland hereinströmten, in die afghanische Staatskasse und wieder hinaus.

»Bezahl sie!«, befahl der Präsident zum Schluss. Laut seinem engsten Mitarbeiter.

Nachdem Jamila begonnen hatte, an den Zuständen zu rütteln, und auf Widerstand getroffen war, hatte sie versucht, sich mit Ghani in Verbindung zu setzen, der versprochen hatte, ihr den Rücken zu stärken. Sie kam nie zu ihm durch. Der Präsident sei »gerade nicht erreichbar«.

Eine Mauer aus Beratern, Sekretären und Sprechern umgab ihn. Der Befehl, die Zahlungen fortzusetzen, kam von dieser Mauer.

»Das ist nicht rechtens. Das Geld muss an diejenigen gehen, denen es zusteht«, widersprach sie.

»Du hast zu gehorchen!«, sagte der Mann des Präsidenten.

Nach einem Jahr trat die Gynäkologin als Ministerin zurück. Damit war Jamila praktisch allein. Zu Kakar sagte sie, sie komme sich vor wie ein hungrigen Wildkatzen vorgeworfenes Stück Fleisch.

Du hast meinen Brunnen trockengelegt.

Du wirst in Fetzen gesprengt.

Wie viel ist dein Leben wert?

Als die Drohungen, Salahuddin zu entführen, sich fortsetzten, trat sie ebenfalls zurück. Erst weigerte sich Aschraf Ghani, sie gehen zu lassen.

Der Präsident selbst wurde kaum je der Korruption bezichtigt, er hatte schlicht und ergreifend die Kontrolle verloren. Anders als Abdullah Abdullah, der sich in maßgeschneiderte Anzüge und handgefertigte italienische Schuhe kleidete, trug Aschraf Ghani einfache, traditionelle Kleidung und Sandalen *made in Afghanistan* zu ein paar Dollar das Stück.

Er wurde Afghanistans Mikromanager genannt, er hängte sich an Details auf und vertiefte sich in einzelne Projekte. Er stand zusehends isoliert in seinem engsten Kreis aus Beratern, die ihm erzählten, wie die Welt draußen aussah, und das Land an seiner statt regierten.

Alles hatte seinen Preis. Loyalität, Zugang zu machtvollen Personen, zu politischen Ämtern. Kriminelle Syndikate und Drogenbarone, Kidnapper und Wegelagerer, Parlamentsabgeordnete und Beamte saugten dem Land den letzten Tropfen aus, während afghanische Villen in Dubai, Abu Dhabi und Istanbul stetig prunkvoller glänzten.

Doch das Schiff war leck. Bald würde es sinken. Nur kümmerte es niemanden, solange sich das Leck nicht in ihrem Teil des Schiffes befand.

Nach zwei Jahren schwamm Jamila an Land.

»In zwei Jahren«, sagte die Martyriumsministerin, als sie endlich freigekommen war und eine gemeinsame Abendstunde mit Kakar verbrachte, »habe ich nicht mal zwei Minuten mit dem Präsidenten bekommen!«

Wessen Rücken er deckte, sollte die Welt bald erfahren.

GEFANGEN

Plötzlich stülpte ihm jemand einen Sack über den Kopf. Er spürte seinen Atem unter dem schweren Stoff. Seine Hände wurden hinter dem Rücken gefesselt. Er schloss die Augen und öffnete sie wieder. Es blieb dunkel.

Jetzt hatten sie ihn.

Baschir wurde im Nachbarviertel seines Heims verhaftet. Er war gerade mit dem Auto nach rechts abgebogen, um ins Zentrum zu fahren. Auf dem Beifahrersitz saß sein großer Bruder Raouf.

Der Machtkampf zwischen den verschiedenen Kriegsherren in Wasiristan war eskaliert. Es gab Morde und darauffolgende Racheaktionen. Deshalb hatten Baschir und seine Brüder beschlossen, nach Afghanistan zurückzukehren. Zuerst zogen sie in die Provinz Chost an der Grenze zu Pakistan, wo Baschir eine neue Basis errichtete und an die zwanzig kleine und große Gruppen befehligte, die im ganzen Land operierten. Manche waren ihm direkt unterstellt, andere waren unabhängiger. Ihre Terrorziele waren dieselben wie früher: afghanische Regierungstruppen, ausländische Soldaten, internationale Organisationen, der Präsident, Vizepräsident, Verteidigungsminister, Provinzgouverneure, Distriktvorsteher, Ministerien, der Stab in Arg, Polizeichefs, Polizeistationen ...

Die Taliban finanzierten ihren Kampf durch ausländische Geldgeber, Drogenhandel und Erpressung. Baschir war bei der Entführung reicher Afghanen und Geschäftsleute dabei. Oft wurden sie nach Wasiristan verschleppt, wo die afghanischen Sicherheitskräfte keinen Zugriff hatten. Im Gegensatz zu gewöhnlichen Kriminellen – von denen es ebenfalls genug gab – hatten die Taliban Zeit. Wer von ihnen entführt wurde, musste lange ausharren. Die Verbrecherkartelle ließen ihre Opfer schneller frei oder töteten sie gleich, wenn nicht gezahlt wurde.

Die Luft in Chost wurde allmählich dünn für Baschir. Er änderte seine Identität und zog mit der ganzen Familie in ein Haus bei Dschalalabad.

Baschir, der Sohn von Mullah Wasir, existierte nicht mehr.

Willkommen, Sor Gul, Sohn von Mohammad Amin. Ein einfacher Handelsreisender.

An diesem Morgen wollte er mit seinem Bruder zum Markt fahren. Die Brüder standen einander sehr nahe und sahen sich ähnlich: dieselben runden Gesichter, wilde Locken und kräftig gebaute Körper. Raouf war der Sanfte, sein kleiner Bruder der Kommandeur.

Ein weißer Minibus näherte sich ihnen. Baschir hielt ihn für einen der privaten Busse ohne feste Haltestellen, die überall Passagiere auflasen. Als der Bus neben ihnen war, hielt vor ihnen ein Auto quer zur Straße, und ein Mann schob ein Maschinengewehr aus dem Fenster. Adrenalin schoss in Baschirs Adern.

»Anhalten!«

Amerikanische Kommandosoldaten sprangen aus dem Bus.

Bald waren sie von mehreren Wagen umstellt: Pick-ups und ein Kleinlaster. Sein Instinkt suchte nach einem Ausweg, sein Gehirn sagte: Du bist gefangen.

Zwei afghanische Soldaten verlangten ihre Pässe. Die Brüder gaben ihnen die gefälschten Dokumente. Einer der Soldaten murmelte etwas und wählte eine Nummer auf seinem Handy.

»... aber es ist das gesuchte Kennzeichen«, hörte Baschir ihn sagen.

Dann bekam er den Sack über den Kopf, und alles wurde schwarz. Sie wurden in ein Auto gezogen und durften nicht miteinander reden. Die Brüder hatten oft besprochen, was sie sagen würden, wenn man sie festnahm.

Baschir hatte keine Ahnung, wohin man sie brachte. Das Auto

hielt an, und sie wurden nach draußen beordert. Dann wurden sie in ein Gebäude geführt, jeder für sich in ein Verhörzimmer. Die Kapuze wurde abgenommen. Sie befanden sich auf dem Flugplatz von Dschalalabad.

»*Mawlawi* Baschir«, sagte der verhörende Beamte, eine respektvolle Anrede, denn ein *mawlawi* ist eine religiöse Stellung zwischen Mullah und Imam.

Er antwortete nicht.

»Wir wissen, dass du Mawlawi Baschir bist.«

»Nein. Ich bin Sor Gul.«

»Nennst du dich Mullah Baschir?«

»Nein.«

»Kommandeur Baschir?«

»Nein.«

»Doktor Baschir?«

»Nein. Ich bin Sor Gul. Handelsreisender.«

Er würde alles abstreiten. Er durfte nichts verraten, weder, wer er war, noch, was er getan hatte. Dann hätten sie ihn. Dann könnten sie alles aus ihm herauspressen, und er würde andere verraten. Das wusste er. Er hatte selbst Gefangene verhört und wusste, was Folter mit Menschen machte.

Zum letzten Mal war er 2005 verhaftet worden, vor zwölf Jahren. Damals hatten sie keine Fingerabdrücke genommen, wie jetzt. Deshalb hatten sie keinen konkreten Beweis.

Durch den Polizeifunk hörte Baschir, wie ein Mann etwas auf Englisch fragte. Nach dem Gespräch sahen die zwei Beamten einander an. Auf dem Tisch vor ihm lag ein Metallrohr. Baschir versuchte, es zu ignorieren. Direkt danach kamen zwei Amerikaner und holten ihn ab. Sie zogen ihm wieder den Sack über den Kopf und befahlen ihm, ihnen zu folgen. Wohin, wusste er nicht. Sie stiegen eine Treppe hinab und verließen das Gebäude. Ein leichter Wind wehte. Wahrscheinlich waren sie auf der Rollbahn. Nach einer Weile hielten sie an. »Rauf!«, kommandierten sie. »Treppe!«

Sie führten ihn die Gangway hinauf und gurteten ihn an einen Flugzeugsitz.

»Wohin fliegen wir?«, fragte Baschir.

Keiner antwortete. Er wusste, dass die Amerikaner Gefangene entweder auf die Militärbasis in Bagram oder nach Pakistan brachten. Aus Pakistan würde er nie wiederkommen. Sie würden ihn totschlagen. Er wusste zu viel, was die pakistanischen Behörden ebenfalls wissen wollten. Die wenigen Dschihadisten, die aus pakistanischen Gefängnissen wieder herauskamen, waren am Ende. Gebrochene Rücken, zerquetschte Füße, schiefe Arme, ausgeschlagene Zähne. Baschir saß dort, den Sack fest über den Kopf gestülpt, gefesselt an einen Sitz. Nie hatte er so viel Angst gehabt.

Der Schweiß rann an seinem Hals herab. Jemand schaltete die Klimaanlage ein. Die Luft blies ihm direkt ins Gesicht, und insgeheim dankte er demjenigen, der sie eingeschaltet hatte. Sie flogen lange, viel zu lange. Er bereitete sich innerlich auf Islamabad vor. Baschir der Afghane würde vom pakistanischen Geheimdienst zu Tode gefoltert werden.

Die Flugzeugtür wurde geöffnet, und als sie ihn herausführten, spürte er einen kühlen, klaren Luftzug. Kabul, sie mussten in Kabul sein! Dankbarkeit durchströmte ihn. Alles, was er wollte, war, in einem afghanischen Gefängnis zu landen, egal wo. Er wollte zu Hause sein.

Im Gefängniskomplex streiften sie ihm den Sack ab. Sie nahmen alle Fingerabdrücke, scannten seine Augen, wogen und maßen ihn und gaben ihm die Nummer 747. Danach wurde er zum Duschen geführt. Er sollte sich ausziehen und bekam einen Klecks Shampoo auf die Handfläche. Dann stellten sie das Wasser an. Bevor er allen Schaum abgewaschen hatte, wurde das Wasser wieder abgestellt. Baschir weigerte sich, die Dusche zu verlassen, er war ja noch voller Seife. Der Wärter drückte verärgert auf einen Knopf, und das Wasser kam wieder.

Sie gaben ihm neue Kleider. Eine Art Pyjama. Eine Hose mit einem Strick als Gürtel und ein Hemd. Das Set war grün. Sie legten ihm eine Fußfessel an, banden seine Hände zusammen und führten ihn in eine Zelle. Als Erstes sah er die Latrine, dann die Matratze. Auf einem kleinen Regal lag ein Koran, und wieder war er insgeheim dankbar. Er hätte nicht gedacht, dass die Ungläubigen den Gefangenen Gottes Wort gönnten. Die Zelle hatte drei Luken und eine verstärkte Glastür, durch die die Wächter jederzeit von außen Einblick hatten, während er von innen nichts sah. An der Decke hing eine Überwachungskamera, die immer lief.

Baschir legte sich auf die Matratze und versuchte zu schlafen, aber es ging nicht. Er nahm den Koran und begann zu rezitieren. Bald überlagerten die Gedanken die Verse. Was würde das Schicksal ihm bringen? Was hatte Allah mit ihm vor? Würde er ihn hier zu sich rufen? War dies das Ende und der Anfang?

Er wälzte sich hin und her, döste ein und wusste nicht mehr, ob es Nacht oder Tag war. Es war stockdunkel, und es gab keine Fenster. Plötzlich hörte er eine Stimme, die zum Gebet rief. Er stand auf, wusch sich mit dem Wasser, das in einer Kanne bereitstand, und betete. Als er fertig war und sich wieder hinlegte, hörte er einen weiteren *adhan* und wenig später einen dritten Gebetsruf. Keiner wusste, wann die richtige Zeit dazu war. Während er den Rufen lauschte, kam ein Wächter zu ihm, um die Regeln des Gefängnisses zu erklären.

»Wenn ein Amerikaner an deine Tür klopft, musst du aufstehen und dich rückwärts an die untere Luke stellen. Durch die werden dir Fußfesseln angelegt.« Dann sollte er sich mit dem Rücken zur nächsthöheren Luke stellen, durch die ihm die Hände gebunden wurden. »Dann gehst du zur Tür und stößt sie mit dem Hintern auf.«

Draußen würde man ihm einen schalldichten Gehörschutz anlegen und die Augen verbinden.

Durch die dritte Luke wurde das Essen auf einem Tablett geschoben. Wenn er fertig war, sollte er es wieder dorthin stellen, wenn er keinen Hunger hatte, sollte er es einfach stehen lassen. Baschir musste alles durchexerzieren, was er gerade gelernt hatte. Er stellte sich rückwärts an die tiefste Luke, wo ihm die Fußfesseln angelegt wurden, dann an die nächste, wo sie ihm die Hände fesselten, dann stieß er die Tür mit dem Hintern auf.

Als Nächstes musste er zur medizinischen Untersuchung. Sie befahlen ihm, sich ganz auszuziehen, aber er weigerte sich.

»Bevor ich mich nackt ausziehe, müsst ihr mich in tausend Stücke schneiden.«

Sie ließen ihn die Unterhose anbehalten. Das war noch einmal gut gegangen. Bis jetzt hatten ihn alle gut behandelt. Er wurde auf Narben, Schuss- und Schnittwunden sowie andere Verletzungen untersucht. Für einen militanten Dschihadisten war Baschir erstaunlich unverletzt. Nach dem Arztbesuch brachten sie ihn ins Verhörzimmer. Beim ersten Verhör wurde er nach seiner Familie, den Namen seiner Eltern und denen seiner Brüder, Onkel und Tanten gefragt.

»Du sagst, du hast drei Brüder«, sagte der Verhörleiter. »Aber dein Bruder sagt, ihr seid acht.«

Baschir wusste, dass dies ein Test war. Sie hatten abgesprochen, die Wahrheit zu sagen, nämlich dass sie vier waren.

»Mein Bruder muss den Verstand verloren haben«, sagte Baschir. »Wir sind nur vier.«

Einer der afghanischen Ermittler sagte, er sei Jurist und darauf spezialisiert, Lügner zu entlarven.

»Gut«, sagte Baschir. »Wenn Sie so gebildet sind, müssen Sie auch lesen können, und in meinem Pass steht, wer ich bin.«

Er dachte schon, er hätte sie davon überzeugt, dass sie den Falschen verhaftet hatten. Alles war gut gelaufen. Das Verhör war vorüber, und er wurde zurück in die Zelle geführt.

War das etwa der *American Way*? So freundlich, beinahe schon sympathisch? Er durfte sich nicht einlullen lassen. Sie waren der Feind. Die Amerikaner hatten sein Land okkupiert, und jetzt glaubten sie, sie könnten ihn bestrafen, weil er sich verteidigt hatte. Wer gab ihnen das Recht dazu?

Einige Tage später durfte er den grünen Pyjama ablegen und bekam seine Kleider zurück. Ebenso Raouf, den er nicht mehr gesehen hatte, seit sie gekommen waren. Mit verbundenen Augen, die Hände hinter dem Rücken gefesselt, wurden die Brüder zu einem Auto geführt und an einen anderen Ort gebracht.

Damit verließen sie Klein-Amerika und die Baracken mit menschenwürdigen Richtlinien. Sie verließen die Freundlichkeit und fuhren ins wirkliche Afghanistan, ihr eigenes Land.

Es waren mehrere Gefangene im Auto, und die Brüder konnten ein paar Worte wechseln. Baschir sagte rasch, dass sie Mussahi nicht erwähnen sollten, um die Bewohner nicht in Gefahr zu bringen. Sie sollten sagen, dass sie aus Dschalalabad kämen.

»Ich habe nur eine Frau«, flüsterte er. Er wollte Yasamin und ihre Familie nicht erwähnen. »Galai ist meine einzige Frau, und ich habe zwei Söhne.«

Der Wagen hielt an. Als Baschir hörte, wo sie waren, lief es ihm kalt den Rücken hinunter: Riyasat 90 – die Verhörräume des afghanischen Sicherheitsdienstes. Hier erkennen sie Leute wie uns in einer Sekunde, dachte er. Diese Adresse war etwas anderes als der *Room Service* der Amerikaner.

Riyasat 90 lag im Distrikt Schasch Darak in Kabul, direkt neben dem Verteidigungsministerium, der amerikanischen Botschaft sowie den Hauptquartieren der ISAF und des CIA. Doch *The Internationals* verschlossen die Augen vor dem, was dort geschah.

Von dort bekamen sie ihre Geständnisse.

Baschir dem Afghanen wurden mehrere Verbrechen zur Last gelegt: Terroranschläge auf Behörden, Kidnapping und Erpressung, ein größerer Angriff auf das Verteidigungsministerium und andere öffentliche Gebäude, Untergrabung der afghanischen Sicherheitskräfte, Angriffe auf Polizeistationen, Militäreinrichtungen und NATO-Basen. Vieles davon hatte er getan, manches nicht. Dennoch würde er alles abstreiten, vor allem seine wahre Identität. Er sollte der schweigsamste Häftling werden, der je in Riyasat 90 gesessen hatte.

Am ersten Tag zählten sie alle Gruppen auf, die er in den Provinzen Lugar, Paktia, Paktika und Chost geleitet hatte. Mehrere Personen hatten bezeugt, dass sie von ihm persönlich entführt und nach Miran-schah verschleppt worden seien, wo sie gefangen gehalten wurden, bis das Lösegeld bezahlt wurde. Darüber hinaus wurde er der Planung und Organisation von Selbstmordattentaten angeklagt, darunter der schockierende Bombenanschlag auf das Daoud Khan Military Hospital, sowie der Entführung zweier Professoren der amerikanischen Universität und eines bewaffneten Angriffs auf das zweite Polizeire-vier von Kabul.

Das Landeskriminalamt beschrieb ihn als führenden Kommandeur des Haqqani-Netzwerks.

Er stritt alles ab. Auch seine Identität.

Es war seine einzige Chance.

Für den afghanischen Staat waren dies subversive Tätigkeiten. Für ihn war es der Kampf gegen eine fremde Besatzungsmacht. Für das Regime war es Mord und Terror. Für ihn war es Heiliger Krieg. Er wusste, welche Strafe ihm blühte, wenn er für schuldig befunden wurde. Nichts anderes als der Tod.

Die Ermittler brauchten lange, bis er einräumte, dass er Baschir, der Sohn von Mullah Wasir, war. Eines Tages zeigten sie ihm ein Foto des Ehemannes einer Schwester Galais.

»Wer ist das?«

Er sah sich das Bild genau an. »Keine Ahnung.«

»Dein Schwager hat uns alles über dich erzählt. Er kann bezeugen, wer du bist«, sagte der Ermittler.

Baschir schüttelte nur den Kopf.

»Du bist ein Hadschi, du warst in Mekka, du hast mit den Sau-dis zusammengearbeitet. Für einen Hadschi geziemt es sich nicht zu lügen«, versuchte der Ermittler. Baschir war nie auf Pilgerreise in Mekka gewesen, dazu hatte er keine Zeit. Vor einigen Jahren jedoch hatte er die Mutter eines saudischen Dschihadisten dafür bezahlt, die

Pilgerreise für ihn durchzuführen. Weil sie die Runden um die heilige Kaaba mit Baschirs Ansinnen in ihren Gedanken durchgeführt hatte, konnte er sich nun Hadschi nennen. Aber er war nicht dort gewesen – der Ermittler wusste also nicht alles.

»Ich habe noch ein Bild«, sagte er. »Und nun musst du, bei Allah, ehrlich antworten.«

Es war ein wenige Jahre altes Bild aus Wasiristan. Baschir wurde nervös, auf dem Bild waren viele bekannte Gesichter. Woher hatten sie es?

»Bist du das, oder ist es dein Bruder?«

Das Bild zeigte Baschir mit einem breiten Lächeln. Er erinnerte sich genau, es war kurz nach einem gewonnenen Kampf. Möge Allah dem Fotografen helfen, dachte er.

»Ich weiß nicht, wer das ist«, sagte er.

»Nun, sieht aus wie du. Oder ist es dein Bruder?«

»Keiner von uns. Ich weiß es nicht.«

Zurück in der Zelle, packte ihn die Unruhe. Er lag auf dem nackten Zementboden, Matratzen wie in Bagram gab es hier nicht, nicht einmal Decken. Sie gaben ihm zu viel Zeit zum Grübeln. Die Zelle ging ihm auf die Nerven. Am späten Abend kamen mehrere Ermittler herein. Einer ging direkt auf ihn zu. Baschir stand auf, im Verteidigungsmodus. Der Mann trat dicht an ihn heran und steckte seine Hände unter Baschirs Gewand.

»Was tun Sie da?«

Der Mann kitzelte ihn. Wollten sie ihn vielleicht dazu bringen, genauso breit wie auf dem Bild zu lächeln, das sie ihm gezeigt hatten? Die Stimmung war seltsam locker, die Männer lachten, und schließlich musste er nachgeben und lachte mit.

Am nächsten Tag fragten sie ihn, ob er einen *lungi* binden könne – einen typisch paschtunischen Turban. Baschir zeigte es ihnen, er rollte das Tuch zusammen und knotete es, wie es üblich war. Der Ermittler befahl ihm, den Turban aufzusetzen. Dann machte er ein Bild mit seinem Telefon. Sie zeigten ihm ein älteres Bild, auf dem er einen

Turban trug, und legten es neben das neue Bild. Der Turban war auf genau dieselbe Weise gebunden. Baschir zeigte auf das neue Bild und sagte: »Das bin ich. Wer der andere ist, weiß ich nicht.«

Die Verhöre gingen weiter. Zwischendurch kam der Vizechef des 90. Direktorats herein. Die Fragen blieben die gleichen, und Baschir stritt alles ab. Die Ermittler verloren die Geduld und drohten damit, einen Verwandten zu verhaften und an seiner Stelle zu bestrafen. Sie hätten sein Bild in alle Provinzen geschickt, und inzwischen hätten ihn viele identifiziert, sagten sie.

»Wie können sie mich besser kennen als ich mich selbst?«, fragte Baschir nur.

Eines Tages wurde er in einen langen, schmalen Raum geführt, in dem mehrere Ermittler saßen, und wieder war der Vizechef anwesend. Auf dem Tisch vor ihm lag eine Mappe, die mit »Baiat Mawlawi« beschriftet war. *Baiat* bedeutet Treueeid. Die Taliban schworen vor jedem Einsatz ihrem jeweiligen Anführer die Treue. Sie stellten ihm etliche Fragen über seine Zeit in Wasiristan, die pakistanischen Stammesgebiete und das Verhältnis zu den Anführern der Taliban. Er beantwortete keine einzige und bestritt jede Beziehung zur Führung der Taliban.

An der Wand hing ein Bildschirm, auf den alle Blicke gerichtet waren. Sie zeigten ein Video aus Wasiristan, das er selbst aufgenommen hatte.

»Ich bin Mawlawi Baschir, und ich schwöre Mullah Mansour die Treue.« Mansour hatte 2016 die Führung der Taliban übernommen, nachdem Mullah Omar gestorben war.

»Und?«, sagte ein Ermittler triumphierend.

»Welcher Idiot würde nicht einmal sein eigenes Video akzeptieren?«, sagte ein anderer.

Ein Dritter zog ein Blatt Papier und einen Stift hervor.

»Unterschreibe hier, dass du Baschir bist.«

Baschir nahm den Stift. »Richtet mich hin, wenn ich Baschir wäre«, schrieb er.

In einer Nacht ließen sie ihn nicht schlafen. Die Wärter wechselten sich in seiner Zelle ab und ließen ihn nicht die Augen schließen. Wenn er den Kopf sinken ließ, schlugen sie ihn.

Um acht Uhr am nächsten Morgen war er wieder im Verhörzimmer. Nach einer Weile schlief er auf dem Stuhl ein, und sie befahlen ihm, im Stehen weiterzumachen. Die einzigen Pausen, die er bekam, waren die Gebetszeiten. Das Gebet respektierten sie.

Nach sieben schlaflosen Nächten und fünfzehn Tage nach seiner Festnahme machten sie Ernst und verhafteten einen Verwandten. »Mohammed Khan, kennst du ihn?«, fragten sie.

Es war der Deckname seines Neffen Sifat.

»Tja«, antwortete er.

»Dein Neffe ist hier. Wenn er deine Geschichte bestätigt, kommt dein Bruder raus.«

Sifat war fünfzehn Jahre alt und nicht eingeweiht. Er wusste nicht, was seine Onkel sagen würden, wenn man sie festnahm. Sie hatten nicht damit gerechnet, dass sie ein Kind verhaften würden. Baschir zerbrach sich den Kopf. Was konnte er tun? Er wusste, dass Neuankömmlinge oft lange auf dem Korridor standen, bis sie eine Zelle zugeteilt bekamen. Nach dem Morgengebet bat er, zur Toilette gehen zu dürfen. Hier gab es keine Latrine in der Zelle, wie bei den Amerikanern.

Baschir sah sich um. Sein Blick streifte Sifat, der in einer Ecke des Korridors schlief. Als er von der Toilette zurückkam, schlief er noch immer. Baschir wurde begleitet. Er musste es noch einmal versuchen, jetzt, wo die Schlafwächter fort waren. Er klopfte an die Tür.

»Durchfall, Durchfall, ich muss aufs Klo, schnell«, rief er und durfte erneut heraus. Die neuen Gefangenen saßen mit dem Gesicht zur Wand, sodass sein Neffe ihn nicht sehen konnte. Irgendwie musste er seine Aufmerksamkeit erlangen. Er rief laut: »Ich heiße Sor Gul. Ich habe nur eine Frau!« Der Wärter starrte ihn an und fragte, was für einen Unsinn er da erzähle. »Du kennst Baschir nicht. Du hast nie von ihm gehört!«, fuhr Baschir fort.

Als er auf dem Rückweg an seinem Neffen vorbeiging, sagte er: »Ich habe zwei Söhne. Nur zwei Söhne. Mawia ist der Ältere.«

Hatte Sifat ihn gehört und verstanden?

Baschir verlangte von seinen Soldaten, dass sie scharfsinnig und listig waren. Sifat war keines von beidem. Nach kurzer Zeit klopfte Baschir wieder an die Tür und klagte erneut über Durchfall. Sein Neffe saß noch immer mit dem Gesicht zur Wand. Im Vorbeigehen sprach Baschir dieselben Sätze, damit der Fünfzehnjährige sie sich einprägen konnte.

»Ich war nie im Leben in Mussahi!«, fügte er hinzu.

Der Wärter sah ihn verärgert an. Er glaubt wohl, ich sei verrückt geworden, dachte Baschir. Er befürchtete noch immer, dass Sifat es nicht verstanden hatte, sein Neffe hatte keinerlei Anzeichen gemacht. Also klopfte er zum vierten Mal an die Tür. Zum Glück war sein Neffe noch da.

»Hast du verstanden?«, flüsterte Baschir.

»Keine Angst«, antwortete Sifat. »Alles hier drin.« Er tippte sich mit dem Finger an die Stirn.

Spät am Freitagabend, nach der zweiten schlaflosen Woche, saß Baschir in seiner Zelle und wartete auf das Gebet. Ein Wärter kam und beorderte ihn ins Verhörzimmer. Dort warteten mehrere Männer.

»Wie viele Frauen hast du?«

»Eine.«

»Was, wenn du zwei hast?«

»Ich habe eine.«

»Dein Neffe sagt, du hast zwei.«

»Ich habe nur eine.«

Der Ermittler stand auf und schlug ihm fest ins Gesicht. Bis dahin hatte niemand Hand an ihn gelegt. »Wie viele Frauen hast du? Wie viele Frauen hast du?«

»Eine. Eine!«

Baschirs Hände waren wie immer hinter dem Rücken gefesselt. Sie stülpten ihm einen Sack über den Kopf und zerrten ihn ein Stockwerk höher, wo sie ihn an einen Stuhl fesselten. Zwei Männer kamen herein.

»Sag nichts. Hör nur dem Gespräch zu«, sagte der eine.

Sifat war dort. Sie fragten ihn aus. »Wie viele Frauen hat dein Onkel?«

Der Junge zögerte, ehe er kaum hörbar antwortete: »Zwei.«

»Kennst du ...?«

»Ja.«

»Wo hast du ihn getroffen?«

»Dort.«

Baschir wollte seinen Neffen anschreien. Er gab genau das zu, was er nicht verraten sollte! Baschir öffnete die Lippen, um etwas zu sagen, doch sie schlugen ihm fest auf den Mund und auf den Hals. »Halts Maul!«

Baschirs Lippen bluteten, er konnte kaum atmen. Sein Mund schmeckte nach Blut. Er stieß einen Laut aus.

»Nicht sprechen!«

»Ich spreche nicht, ich habe nur keine Luft bekommen«, sagte er.

Einer schlug ihn ins Gesicht, andere am Körper.

»Gib zu, dass du Baschir bist, sonst wird es deinem kleinen Neffen übel ergehen.«

»Ich bin nicht Baschir, ich bin Sor Gul.«

Sie schlugen ihn mit etwas, das ihn laut aufstöhnen ließ. Er spürte eine Metallstange an der Seite, sie schlugen ihn auf die Rippen, sie schlugen ihn auf die Füße. Die Stöcke trafen so fest auf seine Sohlen, dass die Haut platzte.

Mehr Fragen, mehr falsche Antworten. Die Schläge fühlten sich an, als würde ihm jemand das Fleisch vom Körper reißen. Womit schlugen sie ihn? Solche Schmerzen hatte er nie verspürt. Als die Augenbinde herunterrutschte, sah er, dass seine Hand ganz schwarz war, als wäre sie verbrannt. Da verstand er, dass sie ihn nicht geschlagen, sondern ihm Stromstöße verpasst hatten. Es hatte sich wie Schläge angefühlt. Sie machten weiter. Er versuchte mit aller Kraft, nicht zu schreien. Als sie den elektrischen Stab an seinen Kopf legten, fühlte es sich an, als würde ihm jemand die Augen ausreißen.

Er begann zu zählen. Vier Stöße, fünf Stöße. Dann Fragen. Vier weitere Stöße. Fragen. Drei weitere, eine kurze Pause, dann wieder Fragen. Er kam bis achtundzwanzig. Dann fiel er in Ohnmacht.

Am nächsten Abend holten sie ihn wieder. Und am nächsten. Die Abendverhöre waren am schlimmsten. Dann schlugen sie am härtesten zu, dann waren sie am aggressivsten. Diesmal schleiften sie ihn nicht nach oben, sondern zwei Etagen tiefer und hinaus auf den Hof. Dort warfen sie ihn in ein Auto und fuhren ihn zu einem anderen Gebäude. Baschir hasste das Gefühl, nicht zu wissen, was mit ihm geschah. Sie führten ihn in einen Keller. Dort fesselten zwei Männer seine Füße, während vier weitere mit Metallrohren bereitstanden.

Ganz ruhig forderte der Verhörleiter ihn auf, zu gestehen.

Er weigerte sich.

Sie hängten ihn kopfüber auf und schlugen ihn, bis das Blut von seinen Füßen über den Bauch lief, dann weiter über die Brust und sein Gesicht. Die Schmerzen waren nicht mehr auszuhalten. Baschir rief: »Ich gestehe!«

Augenblicklich hörten sie auf, ihn zu schlagen, und nahmen ihn von dem Haken herunter.

»Unter zwei Bedingungen.« Baschir sah sie an.

»Bedingungen?«

»Ja. Ich will den Vizechef von Riyasat 90 sprechen. Und mein Bruder soll freigelassen werden.«

Als sie ihn zum Verhörzimmer im ersten Gebäude zurückbrachten, konnte Baschir nicht mehr laufen. Er stürzte und blieb am Boden liegen. Zwei Wärter griffen ihm unter die Arme, zwei andere hoben seine Beine an, und so schleppten sie ihn in das Auto. Als sie endlich angekommen waren, forderte einer der Büttel ihn auf, auf ein Blatt

Papier zu schreiben, dass er Baschir sei und alles gestehe, wofür er angeklagt war. Dann dürfe er schlafen.

Baschir bestand weiter darauf, den Vizechef zu sehen.

»Willst du gestehen?«

»Ich habe Bedingungen gestellt!«

Sie schleppten ihn wieder zum Auto. Zurück ins andere Gebäude. Jetzt schlagen sie mich nicht noch mehr, dachte Baschir, so blöde können sie nicht sein, wenn sie mich lebend wollen. Er fühlte sich, als wäre er nicht mehr aus einem Stück. Doch sie schlugen weiter. Jetzt sterbe ich, dachte er, bevor er das Bewusstsein verlor.

Sie ließen ihn am Boden liegen. Weit, weit entfernt hörte er jemanden zum Morgengebet rufen. Ein Mann kam zu ihm.

»Wie heißen deine Neffen?«

»Nasrat, Umar, Hekmat…«

Hatte er den Verstand verloren? Es waren die Namen der kleinsten Jungen daheim. Der Mann rief jemanden an und sagte: »Baschir hat gestanden. Kommt und holt ihn.« Dann schlief er wieder ein. Als er aufwachte, konnte er nicht aufstehen, aber gleichzeitig war es auch nicht auszuhalten, wenn er liegen blieb. Der Schmerz saß im ganzen Körper. Er fiel erneut in Ohnmacht und wachte wieder auf, weil die Büttel ihn anschrien. Er erbrach sich. Das ist schlimmer als der Tod. So muss die Hölle sein, dachte er. Er drehte sich auf die Seite und spie seinen Mageninhalt aus.

»Der Vizechef wartet nebenan«, sagte einer der Büttel.

Baschirs Kleider waren voller Erbrochenem, Schleim und Blut. Sie schleppten ihn in ein Bad, drehten den Wasserhahn auf und wuschen ihn. Er bekam Shampoo. Sein Kopf und seine Hände waren nicht so schlimm verletzt wie die Füße, bemerkte er, als das Blut abgewaschen wurde. Er bekam frische Kleider. Sie halfen ihm die Treppe hinauf und in das Zimmer, wo der Vizechef sein sollte, was nicht der Fall war. Stattdessen saßen zwei Offiziere dort. Sie sagten, sie seien überrascht, dass er noch nicht gestanden habe, und nun wollten sie warten, bis er seine Verbrechen gestehe.

»Macht, was ihr wollt. Ich gestehe nicht.«

Er sank zu Boden. Jedes Mal, wenn er aufstehen wollte, wurde ihm schwarz vor Augen. Früher war er nie in Ohnmacht gefallen. Bis dahin war das Leben wie ein Spiel gewesen. Zwei Büttel näherten sich ihm mit ihren Stangen. Nein, mehr Schläge würde er nicht aushalten. Er konnte nicht mehr. Er sagte, er wolle reden.

»Ich war neun Monate in Wasiristan. Dort traf ich den Kalifen und das gesamte Haqqani-Netzwerk. Ich bin Kommandeur der Taliban.« Er machte eine Pause, dann raffte er sich wieder auf. »Aber ... ich bin nicht Baschir. Ich bin Sor Gul ...«

Dann sank er wieder zu Boden.

Eines Tages wohnten zwei Amerikaner dem Verhör bei. Von ihnen hatte er nichts mehr gesehen, seit sie ihn vorigen Monat aus Bagram abgeholt hatten. Dabei schienen die Fragen beim Verhör von drei Seiten zu kommen: den USA, Pakistan und Afghanistan.

Einer der Amerikaner war ein kräftiger Kerl mit blondem Bart, der Paschtunisch sprach.

»Assalam aleikum«, sagte er.

»Aleikum assalam«, antwortete Baschir. »Sie sind Amerikaner, aber Sie sehen aus wie ein Mullah«, sagte er, obwohl der Ausländer westlich gekleidet war.

»Wir haben dein Geständnis«, sagte der Amerikaner.

»Nein, das habt ihr nicht. Ihr habt das«, sagte Baschir und zeigte ihm seine zerschundenen Füße. Sie hatten tiefe, eiternde Wunden. Seine Beine waren geschwollen, die Haut hatte schwarze, blaue, rote und gelbe Flecken.

Der Amerikaner drehte sich weg.

»Ich bin ein einfacher Mann aus einem kleinen Dorf und Handelsreisender. Ich heiße Sor Gul. Ich bin weder Taliban noch Terrorist. Ich bin ein Hadschi.«

Jetzt sah sich der Amerikaner Baschirs Wunden an, die Füße, die Verletzungen im Gesicht, die blauen Flecken, die Platzwunden.

»Wenn du hierbleibst, überlebst du nicht«, sagte er. »Willst du zurück nach Bagram?«

Das wollte Baschir.

Die zwei Amerikaner sprachen miteinander. Baschir schnappte ein paar Worte auf, er glaubte, den Namen *General Miller* zu hören. Sie sagten etwas von Taliban und Haqqani, und dann benutzte der eine Amerikaner das paschtunische Wort für »Verhandlungen«.

Nach fünf Monaten im 90. Direktorat wurde Baschir wieder nach Bagram verlegt. Es war *eid*, das Fest des Fastenbrechens. Alle Gefangenen bekamen eine gute Mahlzeit. Im Direktorat war das Essen spärlich gewesen, und jetzt, allein in seiner Zelle, konnte er sich nicht entscheiden, ob er zuerst essen oder schlafen sollte. Er schlief mit Hand in der Reisschüssel ein.

Er schlief drei Tage lang, nur zum Essen und Beten war er wach.

In Bagram gab es keine physische Gewalt, keine Folter. Die Amerikaner hatten sein Leben gerettet, so fühlte es sich an.

Eines Tages kam seine Mutter zu Besuch. Sie umarmten einander. Wie gut es war, sie zu sehen! Doch ihm war sofort klar, dass etwas nicht stimmte.

»Ich weiß es schon«, sagte er. »Erzähl mir alles.«

In Wirklichkeit wusste er nichts von dem, was er nun hörte.

Seine beiden großen Brüder waren tot.

Der Älteste, Hassan, war zweiundfünfzig Tage nach Baschirs Festnahme von einer Drohne getroffen worden. Auch Yaqubs Leben war ein halbes Jahr später von einer Drohne beendet worden.

Den Brüdern war es stets wichtig gewesen, dass einer von ihnen bei ihrer Mutter blieb. Jetzt hatte sie keinen mehr. Zwei getötet, einer gefangen.

Hala erzählte, was sie wusste. Hassan kam im Distrikt Kharwar in der Provinz Lugar ums Leben. Seine Gruppe hatte unter schwerem Beschuss gestanden und sich in Dreiergruppen aufteilen müssen, um einen übermächtigen Gegner von mehreren Seiten anzugreifen.

»Weiß Gott, woher die Amerikaner das wussten! Sie bombardierten alle Gruppen gleichzeitig, an verschiedenen Orten.«

Hassans Gruppe hatte sich in einem Haus verbarrikadiert. »Er kämpfte bis zum letzten Blutstropfen und wurde zum Märtyrer.« Hala hatte Tränen in den Augen, und nun weinte Baschir auch.

Hassan. Der Älteste, der sich immer benommen hatte, als wäre er der Jüngste. Immer locker und fröhlich, ein Krieger, seit er heranwuchs, nie weit von der Opiumpfeife. Was für ein schönes Leben sie zusammen gehabt hatten!

Seine Mutter hatte ihm ein Bild mitgebracht. Ein Märtyrerbild. Hassan lag tot und bleich mit hochgebundenem Kinn auf einem Bett von Rosen. Die Blumen waren gephotoshoppt. In einer Augenhöhle steckte nur ein Wattebausch. Er strahlte wie ein Prophet und wartete zufrieden darauf, dass ein Engel ihn ins Paradies geleitete.

Nachdem ihr Sohn zum Märtyrer geworden war, konnte sich Hala einiges leisten. Die Stimmung im Haus war so traurig, weshalb sie eine Verlobung arrangieren wollte. Bestimmt würde es Hassans ältesten Sohn aufmuntern, wenn er sich mit Yaqubs Tochter verloben durfte. Er war fünfzehn, sie war zwölf, die Hochzeit musste also warten, aber ein großes Verlobungsfest konnten sie sich erlauben.

Wieder kamen ihr die Tränen, denn nun war auch Yaqub tot.

Die Drohne hatte ihn im Auto auf dem Weg von Chark nach Kharwar getroffen, in der Nähe des Ortes, wo Hassan gestorben war. Mehr wusste sie nicht. Seine Leiche war in drei Stücken angekommen, ganze Körperteile waren weggesprengt. Aber sein Gesicht war ganz.

Sie zog ein Bild von Yaqubs Leichnam aus dem mitgebrachten Briefumschlag, diesmal ungeschönt. Sein Gesicht war voller Schnitte, die Nasenspitze fehlte. Zwischen den Augen war ein Loch. Die Haut war blutig, einen Märtyrer durfte man nicht waschen. Auf dem Kopf trug er ein perlenbesetztes *kepi*, um welches das weiße Tuch gewickelt war, in dem er begraben werden sollte. Ein Auge war bedeckt, das andere geschlossen. Um ihn herum lag ein Kranz in vielen Farben, wie der, den Kinder bekamen, wenn sie den Koran auswendig gelernt hatten und *hafiz* wurden. Der Kranz hatte rosarote, knallgelbe, lila, grüne und blaue Quasten. So konnte der Engel, der ihn ins Paradies und das ewige Leben geleiten würde, ihn besser finden.

Im Mai darauf fiel das Urteil.

Der Prozess hatte mehrere Tage gedauert. Auf der Anklagebank saßen er, Raouf und Sifat, der inzwischen sechzehn war. Jeder von ihnen hatte einen Pflichtverteidiger, die ihrer Meinung nach nicht viel taten. Baschir hatte sowieso beschlossen, sich selbst zu verteidigen.

Er wurde in den Gerichtssaal geführt und ging am Tisch des Richters vorbei. Als er die Papiere sah, die dort lagen, durchfuhr es ihn.

Hinrichtungsbefehl, stand auf einem Blatt.

Er hatte es ja gewusst. Aber es schwarz auf weiß zu sehen, war etwas anderes. Galt es ihm? Bestimmt. Er hoffte nur, dass es nicht für Raouf bestimmt war. Dann hätte seine Mutter keinen einzigen Sohn mehr.

Der Richter las die Begründung des Urteils vor.

»Mawlawi Baschir ist einer der höchsten Kommandeure der Taliban. Die Anklage lautet auf Terroranschläge gegen Behörden sowie Entführung und Erpressung von Ausländern und wohlhabenden Bürgern. Außerdem gilt er als Verantwortlicher für Angriffe auf das Verteidigungsministerium und andere öffentliche Gebäude, an denen er auch beteiligt war. Er betreibt mehrere subversive, bewaffnete Gruppen in Lugar, Paktia und Chost.«

Die Reihe der Richter hörte schweigend zu, während Beweise vorgelegt wurden.

»In einem Video bestätigt der Angeklagte, dass er den Taliban angehört, und dass er nach Mullah Omars Tod Mullah Mansour die Treue geschworen hat. Auf diesem Video ist auch sein Bruder Raouf zu sehen.«

Baschir wurde eine ganze Reihe von Entführungen zur Last gelegt. Der Richter nannte nur einige davon.

»Hadschi Muhammed Gardizi bezeugt, dass er von Baschir persönlich entführt und nach Miranschah verschleppt wurde. Mehrere andere Geschäftsleute sagen dasselbe aus. Außerdem wird er für schuldig befunden, zwei Universitätsprofessoren in Kabul entführt zu haben. Mehrere Morde und Hinrichtungen wurden von ihm persönlich durchgeführt, zum Beispiel der Mord an Mohamadullah, Sohn von Nazir ...«

Die Liste war lang. Er wurde für Anschläge auf ein Krankenhaus, eine Polizeistation und als Drahtzieher mehrerer Selbstmordanschläge verurteilt.

Das Urteil umfasste auch Aktionen, bei denen er nicht dabei gewesen war.

»Mawlawi Baschir wurde verhaftet, weil aufgedeckt wurde, dass er gemeinsam mit Siradschuddin Haqqani ein Selbstmordattentat auf die Militärakademie in Kabul geplant hatte. Dafür hatte er 20 000 Dollar erhalten. Dieser Anschlag wurde durch seine Verhaftung zum Glück vereitelt.«

Dann las er die Strafe vor.

»Wir, die Richterschaft des Gefängnisgerichts von Bagram, verurteilen Sor Gul, bekannt als Mawlawi Baschir, zu einem Jahr Gefängnis für die Benutzung gefälschter Passdokumente. Außerdem wird er zu fünf Jahren Gefängnis für die Mitgliedschaft in einer Terrorgruppe verurteilt.«

Hinzu kamen zwölf Jahre für die Entführung eines Geschäftsmannes.

Der Richter las weiter.

»Wegen subversiver Tätigkeiten verurteilen wir Sie, Mawlawi Baschir, zum Tode durch den Strang.«

DAS GROSSE SPIEL

Baschir saß nicht mehr allein in Haft. Nachdem das Urteil gefällt war und er auf die Hinrichtung wartete, verlegten sie ihn. Jetzt teilte er sich eine Zelle mit einem Dutzend anderen. Er war noch immer Sor Gul, es war besser, vorsichtig zu sein. Man wusste nie, wer einen verraten konnte, denn im Gefängnis stand alles zum Verkauf, und alles konnte gekauft werden.

Als Erstes beschaffte sich Baschir ein Telefon. Ein ganz kleines, das er leicht verstecken konnte und das wenig Strom verbrauchte. Telefone waren verboten, und es gab keine Steckdosen in der Zelle, aber das Aufladen wurde gegen Bezahlung angeboten. Man gab das Telefon einem Wärter, bezahlte ein paar Tausend Afghani und bekam es voll aufgeladen zurück. Gekauft war das Telefon ebenfalls von den Wärtern. Wer es sich anderswo beschaffte, bezahlte eine Abgabe, um es behalten zu dürfen. So funktionierte Afghanistan in Freiheit und in Gefangenschaft: An jeder Transaktion waren mehrere beteiligt, die daran verdienten.

Endlich konnte er wieder Kontakt zu seinen Milizen aufnehmen und – sofern der Akku es noch hergab – mit seiner Familie.

Keiner in seiner Zelle erfuhr von dem Todesurteil.

»Das Verfahren wurde aufgeschoben«, sagte er, als sie die übliche erste Frage stellten: Wofür sitzt du und wie lange?

Nach einer Weile, als das Todesurteil von einem weiteren Gericht bestätigt worden war, sagte er, er habe fünf Jahre bekommen. Er wollte nicht auffallen. Die anderen sollten ihn für einen netten, humorvollen Kerl halten, der seine religiösen Pflichten einhielt. So konnte er in Frieden weitermachen. Denn der Krieg ging weiter. Es galt, Schlachten zu gewinnen und Menschen zu töten.

Zur gleichen Zeit fand draußen ein politisches Spiel auf höchster Ebene statt. Afghanistan war zu einer äußerst teuren Zwickmühle geworden. Das afghanische Heer konnte mit Luftunterstützung einzelne Kämpfe gewinnen, aber nicht den Krieg. Es gab keine Lösung auf dem Schlachtfeld, weil es zu viele Männer wie Baschir gab, die niemals aufgaben.

»Eine blutende Wunde« hatte Michail Gorbatschow den Krieg genannt, den er geerbt hatte. In den USA war die Operation *Enduring Freedom* inzwischen vom dritten Präsidenten übernommen worden.

Donald Trump war 2016 zum Präsidenten gewählt worden und führte die USA auf neue Wege. Afghanistan war dabei keine Ausnahme. Trump wollte Obamas Pläne von Rückzug und politischen Verhandlungen nicht durchführen. Er wollte siegen! Möglichst rasch und ohne eigene Verluste. Nie hatte das amerikanische Militär mehr Luftangriffe geflogen als 2017, Trumps erstem Jahr an der Macht. Es waren dreimal so viele wie im Jahr zuvor. Im August, dem Monat, in dem Baschir verhaftet wurde, versprach Trump, die USA würden in Afghanistan bleiben, bis al-Qaida und der IS besiegt seien. »Die Folgen eines voreiligen Rückzugs sind unvorhersehbar und inakzeptabel«, sagte er.

Aber noch ehe ein Jahr vergangen war, wurde er Afghanistans überdrüssig. Kurzerhand ernannte er zwei alte Haudegen, den zutiefst konservativen John Bolton zum Sicherheitsberater und den CIA-Chef Mike Pompeo zum Außenminister, und bat sie, die Afghanistan-Frage zu lösen. Trump beschloss, den afghanischen Präsidenten Aschraf Ghani, den er *a crook* (einen Schurken) nannte, zu umgehen und direkt mit den Taliban zu verhandeln. Für diese Aufgabe holte er einen weiteren alten Fuchs in den Ring: Salmai Khalilsad, der George Bushs mächtiger Botschafter in Afghanistan gewesen war. Khalilsad gehörte seit der Bonner Konferenz zu den Drahtziehern und war während Karzais Regierungsperiode der »Kaiser von Kabul« genannt worden.

Der neue Sondergesandte kannte Aschraf Ghani gut. Als Söhne der afghanischen Elite hatten beide in den Sechzigerjahren in den USA studiert, und während *Zal* seine Doktorarbeit an der University of Chicago schrieb, promovierte Aschraf an der New Yorker Columbia University in Kulturanthropologie. Das Verhältnis der beiden war stets von Konkurrenz geprägt.

Trumps Befehl war klar: *Make a Deal with Taliban!*

Im Oktober 2018, zwei Monate nachdem Baschir das Todesurteil erhalten hatte, traf Khalilsad den Mann, den er seit einem halben Jahrhundert kannte. Sie trafen sich im Präsidentenpalast von Kabul, wo Ghani mit seiner Frau und seiner 7000 Bücher umfassenden Privatbibliothek residierte. Er war sehr jähzornig und ging schnell auf Kollisionskurs mit anderen, unfähig, Koalitionen einzugehen, Kompromisse zu schließen oder mit politischen Gegnern zu kommunizieren. Seine Mitarbeiter wurden oft ausgewechselt, und der innere Kreis um den Präsidenten wurde immer kleiner.

Für das Treffen hatte Ghani eine Power-Point-Präsentation vorbereitet.

Er stellte sich vor, auf der Seite der USA am Tisch zu sitzen, gegenüber die Taliban. Khalilsad lehnte dies als unrealistisch ab. Die Taliban verlangten seit einem Jahrzehnt, mit den USA allein zu verhandeln. Interne afghanische Friedensverhandlungen zwischen Ghanis Regierung und den Taliban könnten erst stattfinden, nachdem die USA sich zurückgezogen hätten, meinte er.

Wie damals als Heranwachsende misstrauten sie einander, sie mochten sich nicht und waren einander preisgegeben.

Die formellen Verhandlungen fanden im Januar 2019 im Außenministerium von Katar in Doha statt. Kern des Gesprächs war, wann und wie die USA und die NATO ihre Truppen aus Afghanistan zurückziehen sollten. Die beiden Parteien mussten eine Waffenruhe schließen. Die Taliban sollten garantieren, dass keine Terrorgruppe die NATO-Soldaten bei dem Prozess angriff. Danach sollten die Taliban mit der afghanischen Regierung über eine Machtverteilung verhandeln.

Die Gespräche zogen sich hin. Die Taliban stimmten zu, keine internationalen Streitkräfte anzugreifen, aber eine formelle Waffenruhe lehnten sie ab, denn ihr Krieg gegen das afghanische Regime sollte weitergehen. Dieser Kampf war eine interne Angelegenheit, die die Ausländer nichts anging.

Die Verhandlungen in Doha erfuhren von vielen Seiten Kritik. Die Unterhändler der Taliban wurden in der Bewegung als weiche Männer betrachtet. Der Verhandlungsführer Scher Abbas Staniksai war so modern, dass er sogar seine Frau ins Restaurant mitnahm.

Khalilsad, der seit Ronald Reagans Präsidentschaft hohe Ämter bekleidet hatte, mahnte, dass die Amerikaner nicht zu viel verlangen sollten, wenn die Führung der Taliban in Kandahar das Abkommen akzeptieren sollte, denn diese war wesentlich dogmatischer als die Doha-Delegation. Ein Mitbegründer der Taliban, Mullah Baradar, wurde eingeflogen, um an den Verhandlungen teilzunehmen – ein Zeichen dafür, dass auch die Führung die Gespräche ernst nahm. Auch Baradars Leben war eng mit Khalilsads verwoben. Letzterer hatte im Herbst 2018 die Freilassung des Mullahs aus einem Gefängnis in Pakistan bewirkt, wo er mithilfe der CIA verhaftet worden war und acht Jahre gesessen hatte. Nun trafen sie sich in Baradars luxuriöser Suite mit Aussicht auf den Pool des Hotels. Frauen in Bikinis sonnten sich auf Liegestühlen oder planschten im Wasser.

»Das muss wohl wie ein Paradies für Sie sein«, scherzte Khalilsad, womit er auf das Versprechen des Korans für Dschihadisten anspielte. Mullah Baradar ging zum Fenster und zog die Gardinen zu.

Die Doha-Gespräche zogen sich bis zum Februar 2020. Sie fanden sowohl im Plenum als auch in Hotelzimmern oder in sozialen Medien statt. Khalilsad galt als einer der wichtigsten Drahtzieher, während sein alter Rivale Ghani sich darüber beschwerte, dass er nur auf der Reservebank saß. Der Durchbruch scheiterte an der Waffenruhe. Die Amerikaner verlangten weiterhin, dass die Taliban im ganzen Land die Waffen niederlegten, die Taliban verweigerten dies. Stattdessen stellten sie im Juli 2019 eine Gegenbedingung: Sie wollten, dass mehrere Tausend Taliban aus afghanischen Gefängnissen freigelassen wurden.

Wenige Tage darauf wurde der Entwurf für das Abkommen aktualisiert. Die Taliban wollten *bis zu* 5000 ihrer Männer aus der Gefangenschaft befreien.

Im selben Monat, als die Taliban neue Bedingungen stellten, flog auch Jamila Afghani nach Katar. Die USA und die Taliban machten eine Verhandlungspause, und Repräsentanten der afghanischen Zivilgesellschaft waren in den Golfstaat eingeladen, um direkt mit den Taliban zu reden. Jamila war eine von elf Frauen unter etwa fünfzig Männern.

Sie grauste sich. Nie zuvor hatte sie einen Taliban persönlich getroffen. Als sie in den Neunzigerjahren an der Macht waren, war sie in Pakistan, und als sie nach Kabul zurückkam, waren die Taliban verschwunden. Indirekt waren sie noch da, in Form einer immerwährenden Bedrohung durch Selbstmordattentäter, Autobomben oder Raketen auf die Loja Dschirga. Sie waren der Feind schlechthin, und nun sollte sie ihnen von Angesicht zu Angesicht entgegentreten.

Die Idee war, einen direkten Dialog zwischen den Taliban und der afghanischen Zivilgesellschaft anzustoßen. Man wollte herausfinden, wie der Frieden nach der Unterzeichnung des Abkommens gewahrt werden könnte.

Am ersten Abend blieb Jamila auf ihrem Bett sitzen. Sie hatte nicht die Kraft, aufzustehen. Nicht, weil sie keine Krücken hatte oder ihr Bein schmerzte. Etwas anderes lähmte sie. Ein Grauen. Zu viel Blut war geflossen. Sie konnte sich nicht überwinden, hinunterzugehen und sie zu treffen. Auf ihrem Hotelbett trug sich ein innerer

Kampf zu. Sie sagte zu sich selbst: Du bist auserwählt worden, um die Stimme der afghanischen Frauen in die Welt zu tragen. Du redest für diejenigen, die gelitten und verloren haben. Du musst deiner Nemesis entgegentreten.

Sie sah auf die Uhr. Sie war spät. Das Abendessen hatte bereits begonnen. Sie sammelte sich, stand auf und sah im Spiegel nach, ob ihr diskreter hellbrauner Hidschab richtig saß.

Alle saßen an ihren Plätzen, als sie hereinkam. Am ersten Tisch saß eine Gruppe Männer mit Turbanen. Das sind sie, fuhr es ihr durch den Kopf.

»*Salam*«, murmelte sie und suchte einen freien Platz an den anderen Tischen.

»*Wa aleikum assalam wa rahmatullahi barakatuh*«, antworteten die Männer im Chor, manche laut, manche leiser, aber alle Lippen bewegten sich. Die Taliban hatten die respektvolle Form gewählt – Möge Gottes Frieden, Barmherzigkeit und Gnade mit dir sein –, während sie nur die Kurzform benutzt hatte, was entweder intim oder frech war. *Assalam aleikum*, hätte sie sagen sollen. Sie grämte sich, und es kam ihr vor, als würden alle sie anstarren. Sie ging auf einen freien Stuhl neben Fausia Kufi zu, der Vizepräsidentin der afghanischen Nationalversammlung, die selbst einen Mordanschlag der Taliban überlebt hatte.

Ehe Jamila angekommen war, sah sie, dass einer der Taliban vom ersten Tisch aufgestanden war und ihr folgte. Was wollte er? Wollte er sie ausschimpfen, weil sie ihnen keinen Respekt erwiesen hatte? Wollte er sie gar schlagen? Warum folgte er ihr? Als sie angekommen war und schon die Hand am Stuhlrücken hatte, hörte sie den Mann mit dem Turban hinter sich.

»Schwester, ist alles in Ordnung mit dir? Ich sehe, dass du Schwierigkeiten beim Gehen hast, tut dir dein Bein weh?«

Sie hielt die Luft an. Er zeigte auf ihren Platz.

»Ist dieser Stuhl bequem genug? Soll ich dir einen besseren Platz besorgen?«

Jamila stellte die Krücken ab und setzte sich. Sie bekam kein Wort heraus und nickte nur stumm.

»Stets zu Diensten. Wenn du etwas brauchst, sage bitte Bescheid.« Sie nickte noch einmal.

»Was hat der Taliban zu dir gesagt?«, fragte Fausia.

»Er sagte, er wolle einen besseren Stuhl für mich holen …«

Unruhig blieb sie sitzen. Das stimmte überhaupt nicht mit dem Bild überein, das sie von ihnen hatte. Irgendetwas stimmte nicht.

Am nächsten Morgen wachte sie auf und sah, dass mehrere verpasste Anrufe auf dem Telefon waren.

Sie kamen von einer Verwandten aus Gasni, die vor einer Woche ihren Sohn bei einem Schusswechsel verloren hatte. Afghanische Regierungssoldaten hatten ihn mit einem Taliban verwechselt und auf seinem Acker getötet.

Jamila rief sie zurück.

»Sie sind im Krankenhaus! Sie sind verwundet! Es gibt etliche Tote!«, rief die ältere Frau.

Am selben Morgen hatten die Taliban vor dem Büro des Geheimdienstes in Gasni eine Autobombe gezündet. Ein Dutzend Menschen waren gestorben, fast zweihundert verwundet, einschließlich vieler Kinder aus der Schule nebenan.

Zwei von ihnen waren Söhne des Mannes, der auf seinem Acker erschossen worden war.

Es war die Großmutter der Jungen, die anrief.

»Du bist in Katar und sitzt mit den Taliban an einem Tisch. Frag sie: Warum tötet ihr uns? Sag ihnen, sie sollen damit aufhören.«

Es war hoffnungslos. Hier saßen die Taliban quasi-zivilisiert und sprachen über Frieden, und gleichzeitig töteten sie Schulkinder in Afghanistan!

Als sie den Saal betrat, hatte sie noch immer Tränen in den Augen. Der Saal war riesig, und die zwei Parteien saßen sich in großen Halbkreisen gegenüber. Die Tapeten, Gardinen und der Teppichboden waren in hellen Pastellfarben gehalten und hatten goldene Fäden eingewebt.

Es fiel ihr schwer, den einleitenden Reden zu folgen. Als sie an der Reihe war, legte sie die Worte, die sie in Kabul aufgeschrieben hatte, zur Seite.

»Heute möchte ich Ihnen eine Geschichte erzählen«, sagte sie. »Von zwei Jungen, die nichts anderes als Krieg kennen.«

Sie erzählte, wie die beiden vor nur einer Woche ihren Vater verloren hatten. Wie sie trotzdem jeden Tag zur Schule gegangen waren. Weil sie lernen wollten, weil sie lernen mussten, weil sie nun die Ältesten in der Familie waren.

»Aber heute Morgen, während wir uns vorbereiteten, über Frieden zu reden, habt ihr«, sie richtete den Blick auf die Taliban, »in Gasni eine Autobombe gezündet. Sie sollte die Sicherheitsdienste treffen, aber euch war es egal, dass dabei Kinder – Afghanistans Kinder, für die dieser Friede geschlossen werden soll – getötet werden konnten. Die beiden Jungen sind meine Verwandten, und sie sind schwer verwundet. Ihr Zustand ist ungewiss.«

Sie holte tief Luft.

»Warum tötet ihr uns?«

Sie machte eine Pause.

»Was haben wir euch getan? Ist es wegen Pakistan? Wegen den USA?«

Sie sah die Taliban direkt an.

»Ihr nennt euch ein islamisches Emirat. Und ihr ...«

Sie richtete den Blick auf zwei junge Männer, die als Regierungsberater in Arg tätig waren.

»Ihr nennt euch eine islamische Republik.«

Sie ließ den Blick über die Versammlung schweifen.

»Aber wo ist der Islam in alldem? Was bedeutet dieses Wort, das ihr beide benutzt?«

Ein Taliban wischte sich die Augen mit dem Zipfel seines Turbans.

Sie wussten es alle. Der Begriff »Islam«, mit dem sich beide Parteien schmückten, bedeutete Kapitulation und Unterwerfung.

Als Jamila ihre Rede gehalten hatte, gab es eine Teepause. Sie war nass geschwitzt und nervös und ging zur Toilette, um sich zu beruhigen. Nach einer kurzen Atempause ging sie zurück in die Halle, aber die Nervosität kam sofort zurück, als ein Taliban auf sie zukam.

»Schwester, du hast so recht«, sagte er. »Du hast mich zu Tränen gerührt. Mein Herz hat geweint.«

»Wenn du das ernst meinst, dann hör auf, uns zu töten. Stoppt diese sinnlose Gewalt!«, antwortete sie.

»Ich bin auf Frieden eingestellt, aber es gibt viele Herausforderungen ...«

»Egal! Es liegt in euren Händen!«

Sie war so aufgeregt, dass sie den Mann nicht einmal ansah.

An Fausia Kufis Tisch war ein Platz frei. Dort wurden die Diskussionen mit den Taliban weitergeführt. Fausia erzählte ihnen, wie ihr Ehemann von den Taliban gefangen genommen wurde und sie geschlagen wurde, weil sie Nagellack benutzte.

»Als ihr das letzte Mal an der Macht wart, wurden Frauen geschlagen, wenn sie keine Burka trugen«, sagte sie. »Wie definiert ihr korrekte Kleidung jetzt?«

Ein Taliban antwortete.

»Nach unserem Verständnis des Islam ist der Schal, den du um den Kopf trägst, ausreichend. Damit haben wir keine Probleme. Aber wenn andere Frauen eine Burka tragen wollen, wie es in Afghanistan Tradition ist, haben wir auch keine Probleme damit.«

Sie waren so diszipliniert, sowohl in ihren Antworten als auch in ihrem Benehmen. Zu den Mahlzeiten, auch zum Frühstück, erschienen sie immer gemeinsam. Alle trugen frische, gebügelte Gewänder, und selbst ihren Turban hatten alle auf dieselbe Weise gebunden, mit dem Ende des Tuchs auf der linken Schulter. Sie waren eine wohltrainierte Truppe. Übung des Tages: Diplomatie.

Jamilas Gruppe verteilte sich. Die Leute redeten mit verschiedenen Delegationen, gingen von Meeting zu Meeting, telefonierten oder texteten. Neben den Aktivisten und Ghanis Leuten gehörten auch einige Kriegsherren oder deren Nachkommen zu den Delegierten, zum Beispiel die Söhne von Dostum und Atta Noor. Sie waren als Erben ihres jeweiligen Kleinkönigreiches im Norden Afghanistans aufgewachsen und hatten ebenso wenig mit Jamila gemeinsam wie die Taliban. Es war eine bunt zusammengewürfelte Versammlung.

Die Taliban-Truppe hatte einen jungen Mann mit einer perlenbesetzten Kandahari-Kappe dabei, der alles notierte und stets die richtigen Referenzen fand: die korrekte Ausgabe eines UN-Rapports, einen Bericht von Amnesty International, eine Analyse des amerikanischen Kongresses. Im Vergleich zu den Männern mit Turban wirkten die Repräsentanten der Zivilgesellschaft unorganisiert, ja geradezu chaotisch.

Die Stimmung im Saal war verbittert.

»Ihr habt meinen Vater getötet, ihr habt meinen Bruder getötet. Aber ich bin hier, um mit euch zu reden«, sagte Matin Bek, ein Berater Ghanis. Auch Nader Naderi, ein enger Mitarbeiter des Präsidenten und langjähriges Mitglied der afghanischen Menschenrechtskommission, kam mit harten Worten. Er nannte die Verhandlungspartner Terroristen und Mörder. Die beiden Regierungsberater frühstückten am nächsten Morgen mit Khalilsad, und Bek sagte: »Um Gottes willen, wach auf! Die Taliban wollen keine Verhandlungen, sie wollen keine politische Lösung. Sie wollen einen Siegesmarsch!«

Ruhig und geduldig ertrugen die Turbangekleideten alle Ausfälle. Genau wie Bek fragte sich auch Jamila, ob sie wirklich »echte« Taliban waren. Vielleicht war dies nur ein diplomatisches Spiel vor den Kameras? Um ein Abkommen zu erreichen und dann die Macht zu ergreifen?

Bevor sie nach Kabul zurückkehrten, trafen die Aktivisten Khalilsad. Er betonte, dass die Friedensverhandlungen für die USA hauptsächlich vier Zwecke erfüllten: die nationale Sicherheit der USA, Terrorbekämpfung, Waffenruhe und Machtverteilung.

»Wie stellen Sie sich das Afghanistan der Zukunft vor, wenn Sie ein Abkommen mit den Taliban schließen?«, fragte Jamila. »Welche Rolle werden die Frauen darin spielen?«

»Wir bauen nur den Rahmen«, antwortete Khalilsad. »Ihr malt das Bild.«

Zurück in Kabul, wurden alle Delegierten nach Arg eingeladen. Aschraf Ghani wollte alle Details wissen.

Bevor Jamila an der Reihe war, erwähnten mehrere ihre Rede über die Explosion in Gasni. Sie fanden sie »wirkungsstark« und »wunderbar«. Sie habe die Taliban zu Tränen gerührt, erzählte einer.

Als sie dann vor ihm stand, war Ghani aufgeregt.

»Sie hätten ihnen sagen sollen: Warum weint ihr? Trocknet die Tränen und stoppt die Morde! Haben Sie das gesagt?«

Sein Zeigefinger zitterte. Der Jähzorn hatte ihn gepackt.

»Warum zeigen Sie mit dem Finger auf mich?«, fragte Jamila. Sie war nicht mehr seine Vizeministerin und brauchte sich nicht vor ihm zu rechtfertigen. Er war nie für sie da gewesen, wenn sie ihn gebraucht hätte, obwohl er ihr damals versprochen hatte, sie zu unterstützen.

»Von jetzt an müssen alle, die nach Doha reisen, von meinem Büro anerkannt sein. Wir können nicht alle möglichen Leute mit ihrer persönlichen Agenda dorthin schicken. Alle müssen unsere nationale Agenda vertreten, wir müssen Geschlossenheit zeigen.«

»Der Präsident will alle Bürger des Landes kontrollieren«, beklagte sich Jamila hinterher bei Kakar. In letzter Zeit hatte es viele neue Gesetze zur freiwilligen Arbeit gegeben. Alle Hilfsorganisationen mussten an neue Instanzen rapportieren und höhere Steuern bezahlen. Auch in den von den Taliban kontrollierten Gebieten mussten sie Abgaben zahlen. Jeder wollte ein Stück vom Kuchen, wie üblich.

Von da an beobachtete Jamila die Verhandlungen von der Seitenlinie. Vor ihrer Reise nach Doha hatte sie die Regierung für relativ stark gehalten, zumindest solange sie weiterhin Unterstützung aus dem Ausland erhielt. Doch nachdem sie gesehen hatte, wie gut die Taliban organisiert waren, kam die Angst wieder.

Fortan überwachte der afghanische Präsident, wer nach Doha reisen durfte. Er hakte die Namen seiner Unterstützer ab und strich diejenigen, die er nicht mochte. Nur wer sich vehement gegen die Taliban aussprach und die Regierung aktiv unterstützte, durfte reisen. Von einem Kollegen hörte Jamila, dass er die Teilnehmerliste auch seiner Frau gab, die sie noch weiter bearbeitete. Jamila war frustriert über die Gleichschaltung, die der früher scheinbar liberale Anthropologe praktizierte. Das durfte sie nicht mitmachen, dachte sie. Es war nicht ihre Rolle, für irgendeinen Machthaber Partei zu ergreifen. Sie musste sich aus der Politik heraushalten.

Vor den Verhandlungen in Doha hatte Jamila geglaubt, die Taliban würden etwa ein Viertel der Sitze in einer neuen Regierung bekommen, höchstens ein Drittel, doch nun hatte sie gesehen, worin ihre Kraft lag: in ihrer Geduld und Beharrlichkeit. Sie hatten unendlich viel Zeit. Ihr Standpunkt war unerschütterlich. Sie gaben sich nicht mit halben Dingen zufrieden, sondern wollten alles oder nichts. Eine gleichmäßige Machtverteilung würden sie nie akzeptieren. Wenn sie die Mehrheit der Ministerposten bekamen, wie würde Afghanistan dann aussehen? Würde der Sieger alles nehmen, wie bei der Bonner Konferenz 2001, als die Taliban außen vor standen, nachdem sie den Krieg verloren hatten?

Jamila war oft auf Treffen der UN in Kabul, wo viele ausländische Diplomaten und Organisationen aufeinandertrafen. Auch dort herrschte nun eine andere Stimmung.

In der amerikanischen Botschaft schien man die Nase voll zu haben. »Wir pumpen so viel Geld ins Land, wie lange soll das noch weitergehen? Warum schafft ihr es nicht, selbst etwas aufzubauen?«

Sie haben recht, dachte Jamila.

Zumindest in vieler Hinsicht. Aber nicht in jeder. Auch die ausländischen Geldgeber waren dafür verantwortlich, wen sie unterstützten. Zweimal traf sie den US-Außenminister Mike Pompeo in Kabul. Er versuchte nicht einmal, diplomatisch zu sein.

»Afghanistan verschlingt Milliarden von Dollars«, sagte er. »Wir injizieren gleichsam das Geld und haben euch ausreichend Zeit gegeben, das System zu ändern, aber die Korruption wird immer schlimmer, und nun fragen unsere steuerzahlenden Bürger: Wohin fließt unser Geld?« Er fügte hinzu: »Wann ist man volljährig, mit achtzehn?«

Achtzehn Jahre lang hatten die USA versucht, sie zu erziehen. Es war an der Zeit, auf eigenen Beinen zu stehen. »Afghanistan ist die Verantwortung der Afghanen. Wir haben unseren Teil getan.«

Frauenrechte – dafür seien sie nun selbst verantwortlich. Menschenrechte ebenso, fügte er hinzu.

Was war mit der Sprache geschehen, die sie früher benutzt hatten?

Sie waren mit Schlagworten wie »Frauenrechte« ins Land gekommen. Sie wollten den Schulbesuch für Mädchen ermöglichen. Freiheit und Demokratie. Donald Trump war wenigstens ehrlich, dachte Jamila. *America first*. Alles andere und alle anderen waren ihm egal. So einfach war es.

Die Doha-Verhandlungen gingen den Sommer über weiter. Die Amerikaner verlangten ein Ende der Kriegsführung, die Taliban weigerten sich. Und wenn man eine Waffenruhe in einigen von Afghanistans 34 Provinzen ausrief? Der Vorschlag kam von Khalilsad. Dann könnten die USA dort mit dem Rückzug beginnen, und im Rest des Landes könnte der Krieg weitergehen. Wenn die Taliban das afghanische Heer angriffen, würden die USA weiterhin zu Hilfe eilen, aber selbst würden sie keine Angriffe mehr auf die Taliban starten. General Austin Miller, dem Befehlshaber der »Mission Resolute Support«, war dies nicht genug. Er wollte auch Taliban angreifen dürfen, die einen Angriff *planten*.

Khalilsad flog nach Kabul und legte Ghani einen Entwurf des Abkommens vor, doch er zeigte ihm nicht alle Details, weil er befürchtete, sie würden nach außen gelangen. Der Präsident war sowieso nicht zufrieden und griff zum Rotstift. Weder Pompeo noch Khalilsad berücksichtigten Ghanis Korrekturen. Schließlich hatte Donald Trump gesagt, sie sollten sich nicht um diesen Schurken scheren.

Ende August 2019 akzeptierten die Taliban den Entwurf und versprachen, keine NATO-Truppen mehr anzugreifen. »Wenn ein einziger Amerikaner stirbt, nachdem das Abkommen unterzeichnet ist, … *the deal is off*«, sagte General Miller zu den Gesandten der Taliban.

Trump wollte die Taliban sogar an seinen Ferienort Camp David einladen, um das Abkommen zu unterzeichnen, aber am 5. Dezember detonierte eine Autobombe in Kabul. Ein Dutzend Menschen wurden getötet, darunter ein amerikanischer Major.

Donald Trump zog das Friedensabkommen mit einem Tweet zurück: »Wenn sie nicht einmal die Waffenruhe während dieser äußerst wichtigen Friedensverhandlungen einhalten können und sogar zwölf unschuldige Menschen töten, sind sie wohl kaum in der Lage, ein sinnvolles Abkommen zu verhandeln.«

Doch Khalilsad rettete das Abkommen, indem er die Freilassung der zwei Professoren bewirkte, die das Haqqani-Netzwerk in Wasiristan gefangen hielt, und für deren Entführung Baschir angeklagt war. Die beiden waren seit 2016 in der Gefangenschaft der Taliban. Als Gegenleistung musste Ghani drei Männer freilassen, von denen zwei ganz oben auf der Wunschliste des Netzwerks standen: Anas Haqqani, Siradschuddins bebrillter kleiner Bruder, und Mali Khan Haqqani, sein Onkel.

Das Abkommen zwischen Trump und den Taliban wurde am 29. Februar 2020 unterzeichnet.

Die USA sollten ihre Truppen in gut einem Jahr komplett abziehen. Die Taliban sollten Verhandlungen mit der afghanischen Regierung aufnehmen, um einen dauerhaften Frieden zu schaffen.

Der Anführer der Taliban, Hibatullah Achundsada, schickte einen

Kommentar von seinem geheimen Aufenthaltsort. Das Abkommen sei ein großer Sieg für alle Muslime, behauptete er.

Einen Tag nach der Unterzeichnung rief Trump Ghani an, um mit ihm über die Teilung der Macht mit den Taliban zu reden.

»Wir verlassen uns darauf, dass Sie das durchziehen«, sagte Trump, denn das Abkommen »werde von den Amerikanern begrüßt«.

»Bei meinen Feinden ist es auch beliebt«, antwortete Ghani trocken.

»Rufen Sie mich an, wenn Sie etwas brauchen«, schloss der amerikanische Präsident das Gespräch ab.

Zwei Tage später rief er Mullah Baradar an.

»*You guys are tough warriors*«, sagte er. »Braucht ihr etwas von mir?«

»Wir brauchen die Freilassung von Gefangenen«, antwortete Baradar und fügte hinzu, er habe gehört, dass Ghani die Zusammenarbeit verweigere. Trump antwortete, er wolle Außenminister Pompeo bitten, den afghanischen Präsidenten zu drängen.

Im selben Frühjahr lieferten die Taliban eine Liste mit den Namen von 5000 Gefangenen, deren Freilassung sie forderten, *bevor* die Gespräche über die Machtverteilung begannen.

Auf der Liste stand Sor Gul alias Mawlawi Baschir alias Baschir der Afghane.

Unter den 5000 fanden Ghanis Leute mehrere Hundert Männer, von denen sie meinten, es sei problematisch, sie freizulassen: Mörder, Kidnapper, Drogenhändler und Terroristen. Auch Baschir war dabei.

Im Mai 2020 wurden knapp 1000 Gefangene freigelassen.

Die Taliban gaben nicht nach. Alle 5000 oder keine Verhandlungen.

Sie wussten, dass die Amerikaner die Verhandlungen brauchten, um erhobenen Hauptes abzuziehen. Aus diesem Grund drängte Trump den afghanischen Präsidenten, anstatt Druck auf die Taliban auszuüben, worauf Ghani schließlich antwortete: »Wenn ihr abziehen wollt, dann zieht ab. *No hard feelings.*«

Die bittere Wahrheit war, dass das afghanische Regime vollkommen abhängig von der militärischen und finanziellen Unterstützung der USA war, um zu überleben. Seit 2001 war das afghanische Militär von amerikanischen Bombenfliegern, Raketen und Drohnen unterstützt worden. Nun war es sich selbst überlassen. Ghani weigerte sich lange, Gefangene freizulassen, die zum Tode verurteilt waren. Diese Verantwortung wollte er nicht tragen.

Am Ende fand er eine afghanische Lösung. Er berief eine *Loja Dschirga* ein, um über das Schicksal der problematischsten Taliban zu entscheiden. Im August 2020 stimmte die Versammlung der Freilassung aller Gefangenen auf der Liste der Taliban zu.

Als Erste wurden Raouf und sein Neffe Sifat freigelassen, die zu zwanzig beziehungsweise fünf Jahren Gefängnis verurteilt waren. Sie fuhren direkt heim nach Dschalalabad, wo Hala ein großes Fest arrangierte. Aber das Glück hielt nicht an. Wenige Tage später stürmte afghanisches Militär das Haus. Sie verprügelten Raouf, bis er blutend am Boden lag, und unterzogen Sima einer brutalen Leibesvisitation, weil sie ihren Mann nicht loslassen wollte. Dann warfen sie ihn in ein Auto und fuhren davon.

Dass Ghani schummelte, erfuhren auch die restlichen Gefangenen. Offenbar ließ er die 5000 frei, jedoch nur, um viele von ihnen direkt wieder zu verhaften.

Am Ende waren nur noch achtzig im Gefängnis. Die Namen auf der Liste, die als die Gefährlichsten von allen galten.

Einer von ihnen war Baschir.

Doch an einem warmen Tag Mitte August holten ihn die Wärter. Ein Offizier nahm zum letzten Mal seine Fingerabdrücke, gab ihm eine Kopie seines Urteils, auf dem Baschir damals »nicht einverstanden« neben seiner Unterschrift vermerkt hatte, und zuletzt bekam er eine druckfrische Entlassungsurkunde.

Draußen wartete ein Kamerad in einem Auto.

Sie fuhren nicht nach Hause. So leicht sollten sie ihn nicht bekommen.

MY HEART WILL GO ON

Der alte Mann sah sie fest an. Er war schwer krank, vielleicht war es das letzte Mal, dass sie mit ihm zusammen sein konnten. Um sie herum blühte es. Die kleinen, dunkellila Fliederknospen, für die die Parwan-Provinz bekannt war, hatten sich vor Kurzem geöffnet. Sie saßen auf der Terrasse der Großeltern.

»Mein Traum«, sagte der Großvater, »ist, dass eines meiner Enkelkinder später mal Richter wird.«

Über ihnen hingen die Äste eines großen Apfelbaums. Es duftete nach Frühling, die Nachmittagssonne wärmte.

Baba Musa war selbst als »Sohn des Richters« aufgewachsen. Sein Vater war ein respektierter Richter unter Zahir Schah gewesen, doch seit dem Sturz der Monarchie hatte es keiner in der Familie mehr so weit gebracht.

»Du bist die Klügste«, sagte er zu Ariana. Er hob mühsam den Zeigefinger. »Aber es ist deine Entscheidung.«

Der Großvater war ein strenger und ambitionierter Mann. Als seine eigenen Kinder klein waren, hatte er sich jeden Abend, außer freitags, mit den vier auf den Boden gesetzt, die Lampe angezündet und sie Diktat schreiben lassen oder sie unterrichtet. Seine Frau, die nie zur Schule gegangen war, brachte ihnen Tee und Nüsse. Die Kinder brauchten nicht im Haus mitzuhelfen. »Nein, nein, ihr müsst lernen«, sagte sie. »Lest eure Bücher, ich kümmere mich um die Hausarbeit.«

In ihrer Kindheit war Nadia neidisch auf ihre Cousins und Cousinen, die draußen Spaß hatten. Nach den Diktaten ging Baba Musa alle Wörter mit ihnen durch, und ein Gewinner wurde gekürt. Wer war am besten gewesen? Wenn jemand zu viele Fehler machte, gab es Schläge auf die Finger.

Streng, aber liberal. Mädchen sollten Großes erreichen, so Baba Musa.

Ihm hatte nicht gefallen, wie sehr es an seiner Tochter zehrte, dass das Militär Karim zu ständig neuen Posten an verschiedenen Orten im Land schickte und sie immer wieder neu anfangen mussten. So lange, bis der Schwiegersohn eine permanente Stelle habe, sollten Nadia und die Kinder bei ihm und seiner Frau auf dem Land wohnen, bestimmte er. So wurde es gemacht. Kurz darauf erhielt Karim eine feste Stelle.

Baba Musa selbst arbeitete als Steuereintreiber in der Provinzverwaltung der Kleinstadt, in der er lebte. Er verdiente gut, die Menschen grüßten ihn respektvoll, wenn er auf dem Weg zur Moschee vorbeiging.

Doch er war niemals Richter geworden wie sein Vater.

Ariana stand kurz vor ihrem Schulabschluss. Sie nickte.

Richterin? Der Gedanke war ihr noch nie gekommen. Ursprünglich hatte sie überlegt, Lehrerin zu werden wie ihre Mutter. Da sie dank all der Kurse nun so gut Englisch sprach, hatte die Direktorin sie gefragt, ob sie gegen ein geringes Gehalt eine Klasse unterrichten wolle. Es waren sechzig Schülerinnen, und sie bekam dreitausend Afghani, rund 26 Euro, im Monat. Sie liebte es, in die Klasse zu kommen, alle Blicke der Schülerinnen auf sich gerichtet; sie mit einem *Good morning!* zu begrüßen und ein einstimmiges *Good morning, Miss Ariana!* zurückzubekommen. Wie sie dort saßen, mit ihren weißen Kopftüchern, neuen Stiften und schönen Notizbüchern – Ariana konnte sich keinen schöneren Anblick vorstellen.

Inzwischen aber sah ihr großer Traum ganz anders aus: einen Koffer packen, sich von ihrer Familie verabschieden, reisen, in ein anderes Land ziehen. Ariana wollte andere Lebensweisen sehen, andere

Wege des Lernens, die Möglichkeiten ergreifen, die sich ihr unterwegs boten.

Ihr Vater war strenger geworden, da es in Kabul zunehmend unsicherer wurde. Jede Woche verübten die Taliban mehrere Bombenanschläge, und Karim wollte, dass seine Töchter möglichst zu Hause blieben. Ariana durfte keine weiteren Kurse besuchen.

Aber sie *musste* die Abiturprüfungen unbedingt mit Bestnote bestehen und begann, sich deswegen Sorgen zu machen. Sie brauchte Zusatzkurse in Chemie, Physik, Mathe, alle gingen zu Kursen, alle redeten über ihre Kurse, so kam es ihr vor. Zuletzt überzeugte ihr Onkel, Baba Musas ältester Sohn, der in Kanada lebte, ihren Vater, sie weitermachen zu lassen. Der Vater gab nach, unter der Bedingung, dass sie in ihrer Schuluniform ging. Ariana schämte sich. Alle anderen trugen Jeans oder Leggins mit halblangen T-Shirts darüber, einige hatten einen Gürtel straff um die Taille gebunden. Warum war ihr Vater so streng? Sie hatte Fotos von ihrer Mutter in jungen Jahren gesehen, aus den Achtzigern, darauf trug sie kurze Röcke, knielang, und weiße Socken, die Beine waren bloß. Auf dem Kopf hatte sie … gar nichts! Manche Bilder zeigten ihre Mutter mit lockigem Haar, auf anderen war es geglättet und mit Spangen zu einem Seitenscheitel frisiert. Ihre Mutter hatte erzählt, dass Jungen und Mädchen in dieselbe Klasse gegangen seien, sogar zusammen am Tisch gesessen hätten. Warum war diese Zeit nicht zurückgekommen?

Nadia, ihre Mutter, hatte unter den Kommunisten in der Schule begonnen und sie zu Zeiten Doktor Nadschibullahs beendet, dem Helden des Großvaters, dem Präsidenten, der hingerichtet und an einen Laternenpfahl gehängt worden war, als die Taliban 1996 die Macht übernahmen.

Nach dem Sturz der Taliban war der Großvater rasch zu einem großen Anhänger von Hamid Karzai, den Amerikanern, der NATO und jetzt von Aschraf Ghani geworden. Er erinnerte sich noch an ein der Welt gegenüber offen eingestelltes Afghanistan, damals, als das Land noch ein Königreich gewesen war, und nun begrüßte er jedwede Unterstützung durch den Westen. Es gab keinen Weg darum herum. Das Land musste modernisiert werden. Sein ganzes Leben hatte er sich in Anzug und Krawatte gekleidet. Nur an Freitagen, wenn er den ganzen Tag zu Hause blieb, zog er das weiche Baumwollgewand mit den weiten Hosen darunter an.

»Na, welcher Platz?«, lautete seine allererste Frage, wann immer sie zu Besuch kamen. Ariana konnte es kaum erwarten zu antworten, doch ihr großer Bruder war als Erster dran. Er machte immer eine schlechte Figur, lag auf dem zwanzigsten Platz oder dahinter. Arianas jüngere Schwester schlug sich besser und belegte häufig den vierten oder fünften Platz, einmal sogar den dritten. Doch Ariana übertrumpfte sie stets; sie hielt ihre gesamte Schulzeit hinweg den ersten Platz.

»Ausgezeichnet«, sagte Baba Musa dann. »Ausgezeichnet!« Und dann durften alle nacheinander eine Runde auf seinem Motorrad mitfahren.

Doch jetzt war er im Sterben begriffen. Gegen Ende des Abends hieß es nicht länger: »Aber es ist deine Entscheidung.« Der Großvater blickte Ariana fest an und sagte: »Du musst dich fürs Jurastudium bewerben. Jemand muss unserem Namen wieder Leben einhauchen!«

Einen Platz fürs Jurastudium zu bekommen, war nicht einfach. Sie musste sehr gut bei den Aufnahmeprüfungen abschneiden, um angenommen zu werden. Nicht alle brauchten sich gleichermaßen anzustrengen. Studienplätze ließen sich kaufen, und im Falle von Jura waren mehrere davon Söhnen und Töchtern wichtiger Männer vorbehalten.

Die Studienplätze an der Universität Kabul waren am begehrtesten. Man musste sich bewerben, während noch die Abiturprüfungen liefen, konnte also nicht erst die Noten abwarten. Obzwar Ariana als eine der Jahrgangsbesten die Schule verlassen würde, wusste sie, dass sie mit einer Bewerbung in Kabul riskierte, überhaupt nicht angenommen zu werden und ein ganzes Jahr zu verlieren. In der Provinz war es einfacher. Sie bewarb sich an einer Universität in der Nähe ihrer Großeltern. So konnte sie an manchen Wochenenden bei ihnen entspannen und an anderen nach Hause zu ihren Eltern, ihrem großen Bruder und den fünf jüngeren Geschwistern fahren.

Ariana bestand die Aufnahmeprüfung mit Bravour und erhielt einen Studienplatz. Baba Musa konnte sie gerade noch feiern, ehe er starb.

Die Universität lag in einer weitläufigen Ebene, die zu drei Seiten an Berge und zu einer an Wüste grenzte. Ihr Vater fuhr sie mit dem Auto und half ihr, den Koffer ins Studentenwohnheim zu bringen. Eigentlich war er gegen die ganze Sache gewesen. Bei all den Selbstmordattentaten, den Kämpfen, den Entführungen und dem Erstarken der Taliban, wie sicher war die Tochter da eigentlich so ganz allein?

Ein alter Wachmann nahm den Koffer und wollte sie nach drinnen führen. Ariana konnte die Tränen nicht länger zurückhalten.

»Mach dir keine Sorgen, du wirst viele neue Freunde finden«, versicherte ihr der alte Mann.

Im Wohnheim waren Dutzende Mädchen. Alle schienen beste Freundinnen zu sein. In der ersten Woche sprach Ariana mit kaum jemandem und zählte die Tage bis zum Wochenende.

Das änderte sich rasch. Nach einigen Wochen wollte sie gar nicht mehr nach Hause. Sie war am besten Ort der Welt, mit fünf Zimmergenossinnen, jede mit ihren eigenen Dramen und Leidenschaften und Marotten. Sie engagierte sich beim Studierendenverband der juristischen Fakultät, besuchte Vorträge, belegte Informatikkurse für Fortgeschrittene und bekam einen kleinen Job beim Studentenradio. Es war ein reines Frauenradio, sie machten alles selbst. Zweimal die Woche war sie dort und entwarf Programme, nahm Fragen von Hörern entgegen und konzipierte Wettbewerbe. Nach einer Weile war sie auch als Sprecherin zu hören. Sie nahm an einem Workshop zum Thema Konfliktlösung und Friedensarbeit teil und lernte, dass es viele Möglichkeiten der gesellschaftlichen Teilhabe gab. Sie saugte das Wissen auf. Sie fühlte sich so gut. Ariana liebte das Leben, und das Leben liebte sie.

Sie kaufte sich ein Smartphone. An der Fakultät gab es kostenloses WLAN und etliche Computer, und wenn alle Lesesäle geschlossen, der Unterricht zu Ende und die Debattierklubs zur Ruhe gekommen waren, setzten sie und ihre Zimmergenossinnen sich auf ihr Bett und sahen Filme. Sie sahen *Titanic*. Sie sahen *Top Gun*. Sie sahen *Spider-Man* und *Stolz und Vorurteil*, alles auf dem kleinen Handydisplay. Sie litt mit den Helden der Liebesdramen und dachte an all das, was sie noch nicht erlebt hatte. Mehrere Frauen hatten sich an ihre Mutter gewandt und im Namen ihrer Söhne um ihre Hand angehalten. Doch die Mutter hatte sie alle abgewiesen, sogar ihre eigene Schwester. Ariana sollte studieren, so wie Baba Musa es gewollt und so wie sie selbst es getan hatte.

Eines Tages in der Kantine, wohin das zierliche, bleiche Mädchen stets mit einem Bärenhunger zum Mittagessen kam, weil sie es in dieser Zeit nie schaffte zu frühstücken, rief eine Kommilitonin nach ihr. Aufgeregt erzählte sie ihr von einem Wettbewerb namens Jessup. Es war ein Wettbewerb für Jurastudierende weltweit; sie sollten Probleme lösen, und das Finale würde in Washington, D. C. abgehalten! Dort würden die Finalisten in einem Hotel untergebracht und in Vierergruppen gegeneinander antreten. Doch um überhaupt bei Jessup teilnehmen zu dürfen, musste man erst einen Test absolvieren.

»Wann ist der Test?«, fragte Ariana.

»Jetzt! Jetzt gleich!«

»Dann los«, antwortete Ariana.

Sie eilten zu dem Raum, in dem der Test geschrieben wurde, und schlüpfen gerade noch rechtzeitig hinein, bevor die Türen hinter ihnen geschlossen wurden. Ein fünfseitiger Test mit Fragen wurde verteilt.

»Nehmt euch fünf Minuten, um euch die Fragen anzuschauen«, sagte eine der Dozentinnen. »Wer meint, dass er die Antwort nicht weiß, kann gehen. Das ist jedem selbst überlassen.«

Ariana las sich die Fragen durch. Sie waren kompliziert. Als die fünf Minuten um waren, schaute sie sich um und sah, dass die meisten wieder gingen. Angestrengt nachdenkend begann sie, die Fragen zu beantworten. Manches konnte sie, anderes hatte sie noch nie gehört. Am nächsten Tag wurden die Ergebnisse veröffentlicht. Sie hatte die dritthöchste Punktzahl erzielt und wurde Mitglied der »Jessup Community«. Universitäten im ganzen Land stellten Teams zusammen, die gegeneinander um die Teilnahme am Finale kämpften.

Die erste Aufgabe des Wettkampfs bestand darin, ein Land zu verteidigen, das beschuldigt wurde, Kriegsverbrechen begangen zu haben.

Es war das Interessanteste, was Ariana je getan hatte.

Sie und die drei Jungs, die mit ihr für das Team ihrer Universität ausgewählt worden waren, warteten gespannt auf die Ergebnisse. Schließlich kamen sie ins nationale Halbfinale, bei dem Teams aus dem ganzen Land ein langes Wochenende zusammen im Hotel verbrachten.

Allmählich machte sich Ariana einen Namen an der Universität. Sie bemerkte, dass ihr unbekannte Leute wussten, wer sie war. Mehrere der Projekte und Workshops, an denen sie teilnahm, wurden von verschiedenen Institutionen in den USA gefördert. Im Rahmen eines Semesterabschlusses der Universität wurde sie gebeten, einen Aufsatz vorzulesen, den sie bei einem Workshop des American Peace Centers geschrieben hatte, einer Art Verein, der Seminare, Zusammenkünfte und Englischkurse anbot. Der Titel lautete, »Warum es wichtig ist, Englisch zu können«.

Ihr graute davor, vor allen Studierenden und Dozenten stehen zu müssen, und sie bereitete sich tagelang vor.

An jenem Morgen zitterte sie vor lauter Nervosität, doch sowie sie die Bühne betrat, war es, als hätte sie einen Schalter umgelegt und würde von Energie geflutet. Sie wusste, was sie sagen würde. Sie sah sich um, merkte, dass sie natürlich wirkte, sie fühlte sich sicher.

»Wenn man eine Sprache spricht, ist es, als würde man einen Menschen kennen. Wenn man eine Weltsprache lernt, kennt man gleichsam die ganze Welt! Man kann überall hinreisen, sich mit allen unterhalten ...«

Über dieses Thema hatte sie viel zu sagen. Sie wusste, dass ihr Vortrag Anklang fand, sie ihre Sache gut machte. Glücklich und erleichtert nahm sie den Applaus entgegen.

Anschließend kam es ihr vor, als würde die ganze Universität ihren Namen rufen.

»Also du bist Ariana!«

»Da kommt Ariana!«

»Toll, dich kennenzulernen, Ariana.«

Sie wurde sogar von einem der Informatikdozenten angerufen. Er gratulierte ihr für den großartigen Vortrag und fragte, wo sie so gut Englisch gelernt habe.

Sie wusste nicht recht, was sie antworten sollte.

»Dein Englisch ist wirklich toll, ich war schwer beeindruckt«, sagte er.

»Alle im Raum waren beeindruckt«, entfuhr es ihr ungewollt scharf.

Der Dozent lachte. »Das steht außer Frage, ich war einer von ihnen.«

Er sagte, er habe ihre Nummer von ihrer Fakultät bekommen. »Ich hab dich schon oft gesehen«, erzählte er. »Du kommst immer an meinem Fenster vorbei. Gib mir doch deine Adresse, ich würde gern mit dir in Kontakt bleiben.«

»Darüber muss ich erst nachdenken«, sagte Ariana überrumpelt, doch dann fasste sie sich. »Nein, ich möchte keinen Kontakt, ich weiß überhaupt nicht, wer Sie sind.«

»Na ja, jetzt hast du jedenfalls schon mal meine Nummer. Melde dich, wann immer du magst, frag mich, was du willst. Schreib mir, ruf mich an.«

Sie schüttelte die ungewollte Aufmerksamkeit ab und wandte sich dem zu, wovon sie mehr wollte, dem, was um sie herum vibrierte:

dem Studentenleben, dem Gelächter, der ihr offenstehenden Welt. Sie spürte ein vorfreudiges Kribbeln.

Heute Abend würden sie ein weiteres Mal *Titanic* sehen oder ein paar Folgen von *Stranger Things*.

Am Wochenende im Schulbus, wenn sie und ihre Kommilitoninnen aus Kabul nach Hause fuhren, war sie DJane. Dann spielte sie Justin Bieber, Beyoncé und Céline Dion. *Love yourself!*

Zum Schluss sangen sie alle aus voller Kehle *My heart will go on, and on, and on!* – auch die, die kaum ein Wort Englisch konnten –, bis eine andere eingriff und ihre Lieder spielen wollte, denn die meisten im Bus mochten indische oder afghanische Songs lieber. Doch Arianas Blick war in die Ferne gerichtet.

TEIL 3

KOLLAPS

Als Nadia vor sechs Uhr wach wurde, schlief ihr Mann noch immer tief. Weder Ariana noch ihre Schwester mussten zur Uni, daher würden sie ausschlafen. Die Vögel zwitscherten im Garten, in der Ferne rauschte der Verkehr, ansonsten war es still.

Es war ein heißer August gewesen. Der Sandstaub in der Luft klebte auf der Haut und blieb als klamme Schicht am Körper haften. Nachts ließ die drückende Hitze ein wenig nach, doch wenn sie morgens aufwachten, war von der Kühle schon nichts mehr zu spüren.

Nadia drehte sich auf die andere Seite, während die für den Tag anstehenden Erledigungen in ihre Gedanken drangen. Der körperliche Stress wurde zu Listen der dringlichsten Aufgaben, die sich als Aufzählungspunkte in ihrem Kopf manifestierten. Mehrere ihrer Klassen hatten am heutigen Sonntag ihre Prüfungen, und damit alle drankamen, musste zwischen den vorgesehenen Zeitfenstern vom frühen Morgen bis in den Nachmittag hinein ein fliegender Wechsel erfolgen.

Sie stand auf, um Tee zu kochen, holte Joghurt aus dem Kühlschrank und das Brot vom Vortag heraus. Die Prüfungen für die achten und neunten Klassen begannen um acht. Jahrgang zehn war um elf an der Reihe und die Jüngeren dann nach dem Mittagessen. Karim schnarchte gleichmäßig und friedlich. Sie weckte ihn mit einem Tätscheln der Wange und nahm eine seiner Uniformen aus dem Schrank, in dem vier Arbeitsmonturen und eine Paradeuniform hingen. Karim war gerade dabei, sie anzuziehen, als sie den Kopf ins

Zimmer steckte und ihn bat, sich zu beeilen. Sie schlürften ihren Tee und nahmen einige Bissen Brot zu sich. Das musste reichen.

Als ihr Mann die Haustür öffnete, warf Nadia einen Blick in den Spiegel. Ihr kam ein Gedanke, und sie ging zum Kleiderschrank. *Ich muss mich heute anständig kleiden.* Sie griff sich eine *Abaya*, ein weites, fußlanges Kleidungsstück, das man bei Verlassen des Hauses überzog, damit die Figur verhüllt wurde.

Draußen erwachte Kabul allmählich. In einem Karren waren Tomaten zu perfekten Pyramiden gestapelt, andere bogen sich vor Aprikosen. Lastflächen mit Melonen warteten auf Käufer, Ladenbesitzer entfernten die Türgitter, ein Teehaus stellte Tische und Stühle hinaus.

Nadia war Direktorin einer Schule in der Nachbarschaft, der Weg zur Arbeit und zurück war ihr Freiraum. Während dieser Zeit konnte sie nichts anderes tun als gehen. Sie merkte, dass ihr das Atmen mit den Jahren schwerer fiel. Ihre Kleidung spannte, sie schwitzte bereits, bald würde die Sonne glühen wie am Vortag.

Der Duft von frisch gebackenem Brot verschiedener Bäckereien folgte ihr von Verkaufsstand zu Verkaufsstand. Auf dem Boden davor saßen Frauen, viele mit kleinen Kindern, die sich an sie drückten. Kriegswitwen, andere Witwen, Verlassene, die Elenden. Die Bettlerinnen trugen allesamt Burka, ein Kleidungsstück, das im Stadtzentrum selten zu sehen war. Die Armut war allgegenwärtig. Etliche Angestellte des öffentlichen Dienstes hatten seit mehreren Monaten kein Gehalt bekommen, und auch das der Lehrer wurde häufig verspätet ausgezahlt. Nadia verfluchte diejenigen, die das Geld in ihre eigenen Taschen fließen ließen, während die Hände, die dort auf dem Boden aus den Burkas gestreckt wurden, leer blieben.

Den Großteil des Jahres war der Unterricht wegen der Pandemie ausgefallen, doch jetzt waren die Schulen endlich wieder geöffnet. Viele Schüler hatten ein ganzes Jahr zu Hause gesessen. Jetzt konnten sie weiterlernen!

Nachdem Nadia die *Abaya* in ihrem Büro aufgehängt hatte, ging sie durch die Klassenräume, in denen die Prüfungen geschrieben wurden. Sie sah überall nach dem Rechten, nickte den Aufsicht habenden Lehrerinnen zu und nahm den Anblick noch einen Moment in sich auf. Es fühlte sich so friedlich an, all die Mädchen zu betrachten, wie sie konzentriert über ihre Arbeiten gebeugt dasaßen und schrieben.

★

Es klopfte an der Tür.

Jemand hämmerte gegen das Metall. Eine kurze Pause, dann klopfte es erneut. Gleichzeitig bimmelte Baschirs Handy, leuchtete auf und vibrierte. Baschir schnarchte weiter und hörte nichts, Galai hingegen schon. Schlaftrunken stieß sie ihn an.

»Geh dran.«

Sie schüttelte Baschir und drückte ihm das klingelnde Telefon in die Hand.

Eine Stimme rief am anderen Ende.

»Dschalalabad ist gefallen!«

Baschir setzte sich im Bett auf. Galai lauschte jedem Wort des Telefonats, wie immer, wenn Baschir angerufen wurde. Als er im vergangenen Jahr aus dem Gefängnis kam, war es, als hätte sie ihn von den Toten zurückbekommen. Sie passte wie eine Löwin auf ihn auf.

»Komm mit! Die Karawane zieht weiter!«, rief der Taliban am Telefon.

Baschir zog sich in Windeseile an.

Er ließ häufig im Vagen, wohin er ging, und wenn er es nicht von sich aus erzählte, fragte Galai nicht nach, jetzt aber sagte er: »Wir fahren nach Kabul!«

Er sprach ein rasches Gebet, nahm die AKS-74U, die kleine Schwester der Kalaschnikow, und verschwand nach draußen.

Galais Magen zog sich zusammen. Auch wenn die Nachrichten der letzten Tage freudig gewesen waren, hieß das nicht, dass es jedes Mal gut ging. Doch sie sagte nichts.

Draußen warteten Baschirs Freunde mit laufendem Motor. Baschir sprang ins Auto.

Der Wagen reihte sich in die Fahrzeugkolonne mit ungepflegten Soldaten in schmutzigen Gewändern und mit verfilzten Bärten. Der Feldzug hatte vor zehn Tagen begonnen. Die Männer saßen auf Ladepritschen oder bei offenen Fenstern auf den Sitzen zusammengequetscht. Sandkörner stoben um sie herum auf. Einige trugen Sonnenbrillen, andere hatten Tücher um ihre Gesichter geschlungen, sodass nur ein schmaler Schlitz für die Augen frei blieb.

Sie waren auf dem Vormarsch.

Nach Kabul!

Nach Kabul!!

Viele von ihnen waren noch nie in der Hauptstadt gewesen. Die Mehrheit der Taliban kam aus dem Süden und Osten des Landes. Einige in der Kolonne waren noch nicht geboren, als die Taliban das letzte Mal die Stadt regiert hatten. Für sie war Osama bin Ladens »Flugoperation« eine Heldensage, etwas, das vor ihrer Zeit geschehen war. Sie fuhren in wilder Fahrt durch die Wüstenlandschaft, vorbei an Dörfern, Basaren und Imbissbuden, die Tee und am Spieß gegrilltes Fleisch verkauften. Zu beiden Seiten der Straße erhoben sich Berge – auf der einen so nah, dass die Männer beinahe die raue Felswand berühren konnten, auf der anderen weit entfernt am Horizont –, die nun im Licht der Morgensonne schimmerten.

Nach einer Weile machten die Männer die Umrisse des Grenzpostens zwischen den Provinzen Lugar und Kabul aus. Das rostrote Bauwerk ragte wie ein Triumphbogen auf und hieß sie von Weitem in Kabul willkommen. Von hier war es noch eine Stunde bis zum Rand der Hauptstadt.

Mehrere Tausend Talibankämpfer waren aus verschiedenen Himmelsrichtungen auf dem Weg nach Kabul.

Die Polizeikräfte am Grenzposten Sang-e-Neveshta erkannten rasch, dass sie es mit einer Übermacht zu tun hatten. Angesichts des

Konvois aus Taliban blieb ihnen nichts anderes übrig, als die Waffen zu strecken und die Hände zu heben.

Baschir und die anderen hielten an. Nicht ein Schuss fiel. Die Wachposten waren überrumpelt worden und schienen Todesangst zu haben. Die Taliban übernahmen den Grenzposten und ließen sie gehen. Sie folgten der Anweisung von oberster Stelle: Amnestie für jeden, der sich kampflos ergibt.

Weder Baschir noch die anderen Taliban hatten damit gerechnet, dass der Weg nach Kabul Mitte August 2021 vollkommen offen stünde. Alles war so schnell gegangen. Die erste der vierunddreißig Provinzhauptstädte des Landes war vor gerade mal einer guten Woche erobert worden. Selbst die Taliban waren überrascht – und unvorbereitet – angesichts dieser Entwicklung.

Der zweite Befehl von Hibatullah Achundsada, dem Emir der Taliban, lautete: »Wartet auf Anweisungen, ehe ihr weiterfahrt.« Also blieben sie, wo sie waren, am gewaltigen Tor nach Kabul. Die bärtigen Männer schlüpften rasch in ihre neuen Rollen: Aus dem Terrorheer wurden Verkehrspolizisten.

★

Als Hala zu Hause in Dschalalabad das Frühstück machen wollte, fiel ihr ein, dass kein Speiseöl mehr da war. Sie schickte Yaqubs Sohn Hamza mit etwas Haushaltsgeld los, das sie in einer Blechdose verwahrte.

Ihr Enkelsohn kam mit einer guten und einer schlechten Nachricht zurück.

Die gute war dieselbe, die Baschir bereits einige Stunden zuvor erhalten hatte. Dschalalabad, ihre eigene Stadt, war im Lauf der Nacht an die Taliban übergegangen, ohne dass ein einziger Schuss gefallen war! Hala und ihre Enkelkinder, mit denen sie allein zu Hause war, hatten es nicht mal mitbekommen.

Die schlechte Nachricht war, dass das Geld nicht für Öl gereicht hatte. Der Preis war ein weiteres Mal in die Höhe geschossen.

»Vierzehnhundert Afghani?«, rief Hala bestürzt.

Doch ohne Öl kein Essen, daher holte die ältere Frau notgedrungen vier weitere Hunderter aus der Dose und schickte den Jungen erneut los.

Kurz darauf kam er mit einem schweren Kanister Speiseöl zurückgerannt, derselben Sorte aus gelbem Hartplastik, die sie zur Herstellung von Sprengfallen verwendet hatten, als sie noch in Wasiristan lebten. Hamza stürmte zu seiner Großmutter und zeigte ihr die Nachricht, die er auf seinem Handy erhalten hatte, dem einzigen Smartphone im Haus. Es war ein Bild.

Baschir lächelte breit in die Kamera. Hinter ihm der eroberte Grenzposten. Und dahinter, am Fuße der Berge, das Dorf, in dem Hala seit Ewigkeiten nicht mehr gewesen war: Mussahi.

Um den Hals trug ihr Sohn einen großen Kranz aus leuchtend bunten Plastikblumen. Wer hatte ihm den gegeben?, fragte sie sich. In den Händen hielt er seine AKS-74U. Hala kannte dieses Lächeln. Das Siegeslächeln. Sie vergoss eine Träne und sprach ein Gebet für ihre Söhne, die beiden, die noch am Leben waren, und die beiden, die das Geschehen aus dem Jenseits mitverfolgten.

★

Karim saß im Bus zum Verteidigungsministerium. Er musste fast eine Stunde Fahrzeit einkalkulieren. Der Verkehr in Kabul war reine Anarchie, alle versuchten, einander zu überholen, auszuscheren, zurückzusetzen, sonst gelangte man nirgendwohin. An den Kreuzungen mühten sich Verkehrspolizisten, das Chaos zu regeln, sie hielten Autos an oder ließen sie fahren, doch ihre Pfeifen wurden meistens ignoriert, es herrschte das Recht des Schnelleren. Mit jeder neuen Straßensperre, jeder neuen Bombenschutzmauer wurde die Stadt beengter. Die Mauern sollten Selbstmordattentäter oder Autos mit Sprengstoff abhalten, sie beschützten Botschaften und Ministerien, die Universität, Banken, Privatschulen und die Häuser wohlhabender

Leute. Häufig waren sie mit optimistischen Botschaften zu Demokratie, Gleichberechtigung und Fortschritt beschrieben, doch die Straßen wurden schmaler, und die Gehwege verschwanden.

Als Karim die Sicherheitskontrolle zum Verteidigungsministerium passiert hatte, setzte er sich an seinen Schreibtisch, ohne so recht zu wissen, was er mit sich anfangen sollte. Seine eigene Zeit als Soldat lag zwanzig Jahre zurück. Ganz am Anfang von *Enduring Freedom*, als Ariana ein Jahr alt und Hakim vier gewesen war, war Karim zum Kampf gegen die Taliban in die Helmand-Provinz beordert worden. Doch Nadias Onkel hatte eingegriffen und dafür gesorgt, dass er stattdessen einen sicheren Schreibtischjob in der Finanzabteilung des Verteidigungsministeriums erhielt. Hier wurde er darin geschult, wie man Budgets kalkulierte und Lagerbestände verzeichnete. Im Lauf der Zeit stieg er bis zum Schreibtischoberst auf.

Während er nun an seinem penibel aufgeräumten Büroplatz saß, brach das Land auseinander. Neun Tage zuvor, am 6. August, hatten die Taliban die Kontrolle über den Verwaltungssitz der Nimrus-Provinz im Süden des Landes übernommen. Es war die erste eroberte Provinzhauptstadt, seit die Taliban Anfang Mai ihre Angriffe gegen die Regierungstruppen intensiviert hatten. Am Tag darauf war die nördliche Provinz Dschuzdschan gefallen. Damit kontrollierten die Taliban nicht länger nur Dörfer oder nur südliche Provinzen. Die Kämpfe um die Provinzhauptstadt waren heftig gewesen. Die Regierungstruppen hielten lange stand, mussten sich zum Schluss jedoch zurückziehen.

Vor sieben Tagen, vergangenen Sonntag, war die Provinz Sar-i Pul gefallen. Am selben Tag fiel auch Tachar, wo die Taliban die Gefängnisse öffneten und mit einem Schlag Tausende neue Soldaten hatten. Krieg ist Krieg. Die reiche und mächtige Provinz Kundus verteidigte sich lang, doch nach hohen Verlusten am »blutigen Sonntag« zogen sich die Regierungstruppen zunächst aus dem Stadtkern, dann von ihrer Militärbasis und zum Schluss vom Flugplatz zurück. Jetzt stand den Taliban das Tor zu den rohstoffreichen Provinzen im Norden, ja zu ganz Zentralasien offen.

Jeder Verlust hatte sich für Karim wie ein Schnitt ins Fleisch angefühlt. Der Fall jeder einzelnen Provinz, einer nach der anderen, schmerzte. Doch jedes Mal hatte er gedacht, dass dies nun wirklich das letzte Stück Land sei. Den Rest bekämen sie nicht. Dann war ein weiterer Teil verschwunden, und er hatte gedacht, *das* war der letzte Verlust.

Die Kollegen in der Finanzabteilung hatten einander im Lauf der Woche unterstützt, damit die Analysen stimmten. Natürlich hatten die Amerikaner alles im Griff, das Ganze war Teil ihres Plans. Die USA hatten vergangenen Winter ein Friedensabkommen mit den Taliban geschlossen, eine Vereinbarung, die der afghanische Präsident nach bestem Vermögen hinausgezögert hatte. Aschraf Ghani war nicht an einer ausgehandelten Machtverteilung interessiert gewesen, das rächte sich nun. Damit faire Verhältnisse zwischen den Taliban und der Regierung herrschen, lassen die Amerikaner sie einige Provinzen übernehmen, sagten die Kollegen zueinander. Das war sicher Teil der Absprache, damit beide Parteien als Ebenbürtige über eine neue Regierung verhandeln konnten. Die Amerikaner mussten die verschiedenen Einheiten der Armee angewiesen haben, sich zurückzuziehen, da mehrere Provinzen ohne jede Gegenwehr gefallen waren. Ja, anders ließ es sich nicht erklären.

Dann war noch ein Schnitt gefolgt. Und dann weitere zwei.

Am Tag nach dem blutigen Sonntag war die Provinz Samangan gefallen. Am Dienstagmorgen hatten die örtlichen Behörden bestätigt, dass Farah im Westen eingenommen worden war. Am selben Tag hissten die Taliban die weiße Flagge in Baglan. Am Mittwoch dann, vor vier Tagen, war Badachschan gefallen. Am Donnerstag war Gasni an der Reihe gewesen, und die gesamte Stadtregierung flüchtete nach Kabul. Am selben Tag fiel Herat, die drittgrößte Stadt des Landes.

Das Messer wurde tief in Afghanistans Bauch gebohrt, schnitt Eingeweide und Fleisch heraus, so fühlte es sich an. Stück für Stück wurde die Republik zu einem Emirat.

Es ging nicht länger um Gleichgewicht und Machtbalance. Was sie jetzt sahen, war etwas vollkommen anderes. Wie konnte die Armee zulassen, dass Herat fiel? Ein Kollege im Büro beruhigte die anderen damit, dass es bestimmt einen Plan gab, alles würde gut werden. Die nördlichen Provinzen standen noch. Dort lebten Tadschiken wie Karim, dort lebten Usbeken und Hasara. Es war ausgeschlossen, dass die Taliban noch weiter nach Norden vorrückten. Bald würden Verhandlungen einberufen werden, man würde eine politische Lösung finden und eine neue Übergangsregierung bilden.

Die USA und die NATO hatten Milliarden von Dollar investiert, um die afghanischen Streitkräfte zu trainieren und auszustatten. Karim überblickte lediglich einen Bruchteil des Budgets. Der Großteil des Geldes verschwand. Auf dem Papier bestand die Armee aus dreihunderttausend Soldaten, die wirkliche Zahl entsprach kaum einem Drittel davon. Militärbeamte kassierten das Gehalt der sogenannten »Geistersoldaten« und verkauften Waffen, Munition und Rationen, die diesen Schatten zugeteilt wurden.

Am Donnerstagabend, nachdem Karims Kollegen vor dem arbeitsfreien Freitag nach Hause gegangen waren, hatten die Taliban Kandahar eingenommen. Danach Helmand. Im Lauf des Wochenendes hatten sie die Provinzen Badghis, Ghor, Urusgan, Zabul und Lugar erobert. Mehrere davon kampflos. Dann war Masar-e Scharif gefallen.

»Was ist jetzt noch übrig?«, hatten die Kollegen einander gefragt.

Am heutigen Morgen war Dschalalabad in der Provinz Nangarhar gefallen, wie sie erfuhren, als sie ins Büro kamen. Jetzt blieb kaum noch etwas zum Wegschneiden. Abgesehen vom Pandschir-Tal und dem Hindukusch-Gebirge.

Aber in Kabul gewährleisteten die Amerikaner und die afghanische Armee die Sicherheit, sagten die Kollegen. Die Hauptstadt befand sich unter Kontrolle der Regierung.

Dann klingelte das Telefon.

★

Kakar drehte den Schlüssel um. Jamila wandte sich ein letztes Mal zu der braunen Tür mit der goldenen Klinke, dem Türspion und dem zusätzlichen Sicherheitsschloss. Vor dem Türrahmen hing ein Staubschutz aus Kunststoff, um den Sand abzuhalten, der in sämtliche Kabuler Gebäude fegte. Während Kakar und die Kinder das Gepäck trugen, stieg Jamila schweren Herzens die Treppe hinunter.

Sie würden bald zurückkommen. Sie musste bald zurückkommen. Es gab noch so viel zu tun, aber die Drohungen hatten zugenommen. Nicht von den Taliban, die waren mit ihrem Krieg beschäftigt, sondern von der Mafia. Obwohl Jamila als Ministerin zurückgetreten war, ließ der Tarakhil-Clan sie nicht in Ruhe, seit sie »ihren Brunnen trockengelegt« hatte. Schon vor Monaten hatten Kakar und sie entschieden, dass sie fortmussten – zumindest für eine Weile. Eigentlich hatten sie schon vor einer Woche abreisen wollen, doch es war noch so viel zu erledigen gewesen, sowohl mit den Ausbildungsprogrammen als auch mit der Bibliothek, die sie und Kakar im Keller eingerichtet hatten und die gefüllt war mit islamischem Wissen. Außerdem war Jamilas Vater krank, und einer ihrer Brüder hatte sie in einer Angelegenheit um Rat gefragt. So hatten sie die Abreise verschoben, dann erneut, und dann waren sie nochmals ein wenig länger geblieben.

Schließlich hatten sie Tickets nach Istanbul für den 15. August gekauft. Die Koffer waren mit Gedanken daran gepackt, dass sie bald, wenn auch nicht allzu bald, zurückkehren würden.

Der Verkehr staute sich. Unruhe hing in der Luft, seit das Heer der Islamisten stetig größere Stücke des Landes schluckte. Es hatte Jamila geschmerzt, als ihre Heimatstadt Gasni fiel, und der Schock war groß, als Herat, eine der progressivsten Städte des Landes, den Taliban freie Hand gewährte, wenn diese im Gegenzug die Stadt nicht angriffen.

Am Morgen hatte der Präsident auf Facebook versichert, dass die Armee die Sicherheit von Kabul gewährleiste. Außerdem waren ja noch die Amerikaner da, wenngleich sich das Ende der Frist für ihren

Abzug näherte. Mehrere Organisationen schränkten ihre Tätigkeit ein, jetzt, da die ausländischen Truppen sie nicht länger beschützen würden. Einige hatten den hiesigen Mitarbeitern bereits gekündigt, seit die internationalen Streitkräfte das Land verließen. Geschäfte und Lokale hatten weniger Kunden. Viele fühlten sich im Stich gelassen.

Klammheimlich, im Schutz der Dunkelheit, hatten die Amerikaner sechs Wochen zuvor ihr Hauptquartier, die Bagram Air Base, Epizentrum des von ihnen geführten Kriegs gegen die Taliban, verlassen. Die schweren Waffen nahmen sie mit, die leichten ließen sie da. Die Munition hatten sie zuvor vernichtet, alles andere blieb zurück; die afghanischen Behörden sollten nichts von der geplanten Abreise mitbekommen. Der einheimische Kommandant wusste nicht, dass die US-Truppen den Luftwaffenstützpunkt in der Nacht auf den ersten Freitag im Juli verlassen würden.

Pünktlich zwanzig Minuten nach Abheben des letzten Flugzeugs schaltete sich der Strom wie vorprogrammiert ab. Über den Stützpunkt, der mit Schwimmbad, Kino und Burger King die Dimensionen einer Kleinstadt hatte, senkte sich totale Finsternis. Dies war das Signal für die niemals schlafenden kriminellen Banden, sich ihren Weg hineinzusprengen. Die Plünderer brachen die Tore der bis dahin von USA und NATO verwendeten Basis auf. Sie durchforsteten die Baracken, die Zelte, die Hangars. Die Fahrzeuge hatten die Amerikaner ohne Schlüssel zurückgelassen, während die Kühlschränke noch immer mit Coca-Cola und Energydrinks gefüllt waren.

Am nächsten Morgen beschwerte sich Joe Biden, der vierte US-Präsident mit Befehl über die Operation in Afghanistan, dass ihm so wenig Wohlwollen entgegengebracht werde. »I want to talk about happy things, man«, erwiderte er den Journalisten, die seiner Meinung nach zu negative Fragen stellten. Nach zwanzig Jahren müssten die Afghanen selbst für ihr Land Sorge tragen, erklärte er.

★

Täglich um neun Uhr früh hielt Aschraf Ghani im Arg eine Besprechung mit seinen Mitarbeitern ab. So auch an diesem Sonntag.

Der afghanische Präsident stand seit Unterzeichnung des Doha-Abkommens im Februar 2020 zunehmend isoliert da, während sich die Taliban im Land ausbreiteten.

An erster Stelle unter den wenigen Verbliebenen im Kreis des Präsidenten war Hamdullah Mohib, Ghanis rechte Hand und – in seinen Augen – möglicher Nachfolger. Als Ghani ihn 2018 zum nationalen Sicherheitsberater ernannte, besaß der Fünfunddreißigjährige keinerlei militärische Erfahrung. Dafür hatte er große Erfahrung mit Ghani, für den er seit dem Wahlkampf gegen Karzai im Jahr 2009, als Ghani drei Prozent der Stimmen erlangte, ehrenamtlich gearbeitet hatte.

Mohib wurde mit der Zeit zum Türsteher für den Präsidenten und pflegte Besucher, die eine Audienz hatten, aufzufordern, »nicht so negativ« zu sein. Innerhalb der Mauern des Präsidentenpalastes hatte Ghani dafür gesorgt, dass sein junger Wächter ein Haus neben seinem eigenen erhielt. Mohibs Kinder spielten im Garten des Präsidenten, und seine Frau wurde zur Freundin der Präsidentengattin, während er selbst eine Administration aus jungen, gebildeten und wortgewandten Kadern aufbaute, die größere Zufriedenheit darin fanden, den Krieg in den sozialen Medien zu gewinnen, als die Verluste in Chost und Kandahar mitzuverfolgen. Unter Mohibs Leitung wurden Tausende Fake-Konten auf Facebook und Twitter erstellt, um die Regierung in ein gutes Licht zu rücken und die Kritiker zu attackieren – in einem Land, in dem nur wenige Einwohner Internetzugang hatten.

An diesem Sonntag hatte Mohib in den frühen Morgenstunden über den verschlüsselten Messenger Signal an einem Gruppen-Chat mit den hochrangigsten Geheimdienstchefs und Sicherheitsbeamten des Landes teilgenommen. Die Nacht hatte schlechte Entwicklungen gebracht. Zusätzlich zu den gefallenen Provinzen wurde gemeldet, dass die Taliban direkt vor Kabul standen. Mehrere Polizeibeamte der Hauptstadt hatten ihre Posten verlassen, dasselbe galt für einige Soldaten und Sicherheitskräfte.

Zur selben Zeit, als Mohib den Präsidentenpalast betrat, kam einen Katzensprung entfernt der Chargé d'Affaires der US-Botschaft zu dem Schluss, dass die Sicherheit der sogenannten Grünen Zone, in der sowohl der Arg als auch die amerikanische Botschaft sowie weitere offizielle Gebäude lagen, nicht länger gewährleistet sei. Der Diplomat hielt mit Washington Rücksprache und ordnete anschließend die sofortige Evakuierung des gesamten verbliebenen amerikanischen Botschaftspersonals an. Aus Furcht, etwas könne zu den Taliban oder dem IS durchsickern, unterließ der Diplomat es, den afghanischen Präsidenten über die Gefahrenlage für den Palast in Kenntnis zu setzen.

Am selben Morgen traf der US-Chefverhandler Salmay Khalilsad im Ritz-Carlton in Doha seinen Gegenpart Mullah Baradar. Der Taliban versprach dem Amerikaner, dass die Truppen Kabul nicht betreten würden. Khalilsad kam auf die geforderte Waffenruhe zu sprechen. Der Mullah würdigte ihn keiner Antwort.

Als Präsident Ghani in der Neun-Uhr-Besprechung von Baradars Zusicherung gegenüber Khalilsad hörte, die Taliban würden Kabul nicht betreten, erwiderte er bloß trocken, er erachte beide Quellen als unzuverlässig.

Bis zu diesem Moment hatte Aschraf Ghani in erster Linie die Frage beschäftigt, wie seine Büchersammlung zu transportieren wäre, sollte er den Palast verlassen müssen. Um elf traf er einen Diplomaten der Vereinigten Arabischen Emirate, um eine eventuelle Evakuierung zu besprechen. Sie saßen im Garten. Trotz der frühen Uhrzeit war es bereits heiß. Der Diplomat versprach, dass schon am nächsten Tag ein Flugzeug für Ghani bereitstehen könne. Über ihnen war auf einmal ein Schwarm Black Hawks zu hören, der vom Heliport bei der amerikanischen Botschaft abgehoben hatte. Vor dem Palast erklangen Schüsse. Ghanis Leibwächter schafften den Präsidenten in Windeseile in den Palast.

Gegen zwölf saßen Mohib und Ghani in der Bibliothek. Sie vereinbarten, dass Rula, die Frau des Präsidenten, auf schnellstem Wege in die Emirate ausreisen solle. Sie bekam einen Platz in einem Linienflug der Fluggesellschaft Emirates am Nachmittag. Ghani bat Mohib, mit ihr zu fliegen, um die Gespräche zwischen Khalilsad und Baradar mitzuverfolgen. Er wollte seinen Vertrauten vor Ort wissen, wenn die beiden Kabuls Schicksal besprachen.

Gegen dreizehn Uhr erhielt Mohib eine Textnachricht. Khalil Haqqani wolle ihn sprechen. Ein Anruf folgte, von einer pakistanischen Nummer. Die Stimme sagte: »Ergebt euch!«

Als Mohib erwiderte, sie müssten zuerst verhandeln, wiederholte der Mann die Forderung und legte auf. Khalil war Siradschuddin Haqqanis Onkel und vom Netzwerk im Falle einer Übernahme Kabuls als Zuständiger für die Sicherheit in der Hauptstadt ausgewählt worden.

Um vierzehn Uhr fand sich Mohib in der Residenz ein, um Rula zu einem Heliport hinter dem Palast zu eskortieren. Von dort sollten die beiden zum Hamid-Karzai-Flughafen gebracht werden, um den Emirates-Flug zu erreichen.

★

Das Zimmer roch nach dem Schweiß der Mädchen. Die Luft war heiß und stickig. Schmale Streifen grellen Sonnenlichts fielen durch die Vorhänge. Es musste schon spät am Tag sein. Ariana reckte sich und schaltete den Ventilator an der Decke ein, dankbar, dass der Strom zurück war. Der August war gnadenlos, trocken und sengend heiß. Sie hörte die Schritte ihres Vaters in der Wohnung. Komisch, warum war er nicht arbeiten?

Ohne sich darum zu kümmern, dass sie womöglich ihre Schwester weckte, spielte sie Justin Biebers *Stay* ab, in einer Lautstärke, die den Ventilator übertönte.

Sie hatte mehrere ungelesene Nachrichten auf ihrem Handy, also hatten ihre Freundinnen die Diskussionen fortgeführt, nachdem sie eingeschlafen war. Sie würde den Thread weiterlesen, aber erst wollte sie noch ein bisschen mit geschlossenen Augen liegen bleiben.

Leise sang sie mit. Ihr Handy leuchtete neben ihr.

Auf einmal stand ihr Vater in der Tür. Er wirkte vollkommen geistesabwesend, während er das Gewand zuknöpfte, in das er soeben geschlüpft war. Warum war er nicht auf der Arbeit?

Er sah Ariana an, dann ihre jüngere Schwester, die immer noch döste.

»Schalt die Musik aus!«

Ariana stellte widerwillig leiser.

»Die Taliban stehen vor Kabul!«, entfuhr es ihm.

»Was?«

Ihr Vater sah sie hilflos an. Dann ging er wieder hinaus.

Zohal setzte sich im Bett auf.

»Was ist los?«

Ariana checkte ihr Handy. Alle Nachrichten drehten sich um dasselbe. Taliban. Taliban. Taliban.

Aber man konnte doch nicht einfach so Kabul einnehmen? All die Soldaten, all die Hubschrauber, die Absperrungen, die Amerikaner. Ihr Vater war Oberst bei der Armee. Er musste es wissen.

»Papa!«

Aber jetzt telefonierte ihr Vater.

Taliban? Ariana war im letzten Jahr ihrer Herrschaft geboren. Sie hatte die Geschichten von Burkas, Auspeitschungen und Steinigungen gehört, aber das alles hatte so fern gewirkt. Es war ja quasi vor ihrer Geburt passiert. Außerdem hatten sie verloren. Die Taliban hatten damals Fernsehen und Musik verboten. Das war schwer vorstellbar. Arianas Schwester war süchtig nach türkischen Soap Operas, sie selbst konnte ohne Netflix und Justin Bieber nicht leben.

Nein, das war unmöglich, niemand wollte die Taliban hier in Kabul. Die gesamte Bevölkerung würde sich gegen sie auflehnen. Die Leute würden sich in den Straßen sammeln und protestieren. Letzte Woche war sie mit ihren Freundinnen bowlen gewesen. Sie hatten eine Bahn gemietet, ihre eigene Musik mitgebracht. Auf der Bar neben ihnen hatte eine Jungsclique mit ihnen geschäkert. Das war spannend und gegen das Gesetz – und machte das Leben lebenswert. Erst kürzlich hatten sie *Spider-Man: Far from Home* gesehen, der derzeit in ganz Kabul lief. Von den Geschichten ihrer Eltern erinnerte sie sich, dass all diese Orte geschlossen wurden, als die Taliban das letzte Mal an die Macht kamen. Nein, das waren bestimmt nur Gerüchte. Außerdem passten die Amerikaner auf sie auf.

Ihre Mutter kam herein. Ihre Miene war grimmig.

»Ich musste die Prüfungen abbrechen«, sagte sie. »Die erste Gruppe, die vor dem Mittagessen dran war, ist noch fertig geworden, aber den Rest musste ich absagen.« Sie sah ihre Töchter an und brach in Tränen aus.

Sie war von Karim gewarnt worden, als er selbst das Ministerium verließ.

»Nadia! Geh nach Hause. Die Taliban stehen am Rand von Kabul!«, hatte er in den Hörer gerufen.

Sie war zum Fenster geeilt, von wo aus man den gesamten Stadtteil überblickte. Alles war wie immer. Autos hupten. Obstverkäufer priesen ihre Ware an. Der Eiswagen fuhr vorbei. Dann war sie auf den Flur gegangen. Dort war es vollkommen still, und das einzige Geräusch aus den Klassenräumen war das Kratzen der Stifte auf dem Papier der Mädchen gewesen. Es kann nicht stimmen, hatte sie gedacht und entschieden, noch eine Weile abzuwarten, wenigstens bis die Schülerinnen fertig waren. Sie hatten so viel nachzuholen nach einem Jahr Unterrichtsausfall, das Letzte, was sie jetzt brauchen konnten, war eine abgebrochene Prüfung.

Kriegshandlungen gab es in diesem Land, seit die Mädchen auf der Welt waren. Für sie hatte es zur Folge gehabt, dass sie in umkämpften Gebieten lebende Verwandte nicht besuchen konnten. Gleichzeitig hatten sie in Kabul in einer Art Frieden gelebt, überschattet nur von den Jahr für Jahr zunehmenden Selbstmordattentaten. Die letzten anderthalb Jahre, die Zeit nach den Friedensverhandlungen in Doha, waren die gewaltsamste Periode gewesen, seit die Extremisten vor zwanzig Jahren in die Flucht geschlagen worden waren. Die Machtübernahme der Taliban, zunächst in den ländlichen Gebieten im Osten, dann im Süden, anschließend im Westen, war so sukzessive vonstattengegangen, dass die Bevölkerung sich Stück für Stück der neuen Normalität angepasst hatte. Einer schiefen Normalität – Ka-bubble.

Nadia ging zum Haupteingang der Schule. Dort standen die Schülerinnen der zweiten Prüfungsgruppe beisammen und schwatzten, während sie warteten. Was sollte sie tun? Sie nach Hause schicken?

Sie sah auf ihr Handy, mehrere simsten dasselbe: Die Taliban waren auf dem Vormarsch.

Sie gab sich einen Ruck und sagte den plaudernden Mädchen, dass die Prüfung verschoben werden müsse und sie bitte schnell nach Hause gehen sollten. Aus Sicherheitsgründen, fügte sie hinzu. Anschließend ging sie in die Klassenräume, wo die erste Gruppe gerade zum Ende kam. Sie bat sie, ihre Arbeiten abzugeben und sich sofort auf den Heimweg zu machen.

Sie selbst ging ebenfalls los, während sie sich fragte, ob die Gerüchte wirklich stimmten. Die Bürgersteige waren genauso voll wie immer. Hatte sie übertrieben? War es ein Fehler gewesen, die Nachmittagsprüfungen abzusagen?

Zu Hause beugten sie und Karim sich über ihre Handys und lasen Nachrichten. Jetzt gesellten sich auch Ariana und Zohal zum Rest der Familie, die sich im Wohnzimmer auf Matratzen entlang der Wände versammelt hatte. Die Wohnung, in die sie gezogen waren, lag im dritten Stock eines Mehrfamilienhauses ein Stück außerhalb der Innenstadt. An den großen Fenstern hingen dünne Gardinen mit imitiertem Blattgold. Davor befand sich ein kleiner Balkon, auf dem der Vater Dahlien gepflanzt hatte, tiefrot wie Blut.

»Kabul einzunehmen wird doch bestimmt nicht so leicht?«, fragte Arianas älterer Bruder. Er war immer der Ängstlichste unter den Geschwistern gewesen, der Vorsichtigste, und blieb meist für sich. »Wird es schwere Kämpfe geben?«

Der Vater antwortete nicht. Seine gesamte Abteilung und alle anderen Mitarbeiter des Ministeriums waren ja einfach nach Hause gegangen, hatten ihre Uniform ausgezogen und sie weggelegt. Die Streitkräfte hatten dasselbe getan.

Er hatte innerhalb weniger Minuten ein Gewand, die Uniform des Volkes, übergezogen.

Wer also sollte den Kampf aufnehmen?

★

Mohib begleitete die Präsidentengattin zu den Helikoptern. Er hatte eine kleine Reisetasche für Doha gepackt, wohin er aufbrechen würde, sobald er Rula und ihr Gefolge in Abu Dhabi abgesetzt hätte. Während er ihr in den Hubschrauber folgte, dachte er daran, was der Chef der präsidialen Leibgarde gesagt hatte.

»Ich möchte, dass Sie den Präsidenten mitnehmen.«

Der Chef der Leibgarde fürchtete, dass er Ghani nicht würde beschützen können. Sollten die Taliban in den Palast eindringen, war ungewiss, wer und wie viele der Leibwache loyal bleiben würden.

Mohib wies die Piloten an, auf weitere Anweisungen zu warten. Rula blieb sitzen, während der junge Sicherheitsberater zurück zur Residenz fuhr. Dort fand er Ghani und nahm seine Hand: »Herr Präsident, es ist Zeit. Wir müssen los.«

Ghani wollte noch ein paar Sachen holen, doch Mohib hatte Sorge, dass mit jeder Minute weitere Menschen etwas von ihrer Abreise mitbekämen. Panik könnte ausbrechen, die Wachen könnten meutern.

Als die Taliban das letzte Mal Kabul übernommen hatten, hatten sie den Ex-Präsidenten Mohammed Nadschibullah gelyncht, ihn kastriert, seinen Leichnam an ein Auto gebunden und waren um den Arg herumgefahren, ehe sie ihn direkt vor dem Palast an einer Straßenlaterne aufhängten.

Ghani erschien es daher besser, Mohibs Aufforderung Folge zu leisten und so zu gehen, wie er war.

Auf dem Heliport kam es zum Streit darum, wer mitfliegen durfte.

Die Piloten sagten, jeder der Hubschrauber könne sechs Passagiere mitnehmen. In die Maschine des Präsidenten quetschten sich zwölf.

Mehrere seiner engsten Mitarbeiter befanden sich noch immer im Arg, als die Piloten die Motoren starteten. Einer von ihnen hatte gerade Khalilsad an der Strippe und diskutierte, wie sie eine Waffenruhe mit den Taliban aushandeln könnten, als der Hubschrauber des Präsidenten abhob und über die Palastgärten flog, wo sich die Gärtner mühten, die Pflanzen in der Sommerhitze am Leben zu halten.

★

Am Hamid-Karzai-Flughafen standen Jamila und ihre Familie in langen Schlangen. Warum ging es heute so langsam? Die erste Sicherheitskontrolle von Passagieren und Gepäck wurde bereits vor dem Zaun durchgeführt, darauf folgte ein Metallscan, dann eine Leibesvisitation, ehe sie ins eigentliche Terminalgebäude kamen. Dort konnten sie endlich einchecken. Die schweren Koffer wurden aufs Band gelegt und verschwanden im Schlund des Flughafens, bevor sie nach der Passkontrolle durch eine weitere Kontrolle mussten, diesmal des Handgepäcks. Erschöpft ließ sich Jamila in der großen Wartehalle nieder, von wo man durch ein riesiges Panoramafenster aufs Rollfeld blickte.

Sie hatte ihre Krücken neben sich abgestellt und saß nun über den Laptop gebeugt, die Finger auf der Tastatur, während die Kinder auf ihren Handys spielten und Kakar die Nachrichten las.

»Sieht nicht gut aus«, sagte er zu Jamila.

Verspätungsmeldungen wurden über die Lautsprecher durchgegeben. Der Vormittagsflug schien zu einem Nachmittagsflug zu werden. Jamila hörte Lärm und drehte sich um. Eine Menge gut gekleideter Männer kam die Treppe hochgerannt. Sie machte einige bekannte Gesichter unter ihnen aus: Minister, Vizeminister, Männer aus der Verwaltung des Präsidenten. Sie sprinteten weiter, flankiert von ihren Sicherheitskräften, die Leute zur Seite stießen, ehe sie am Gate für die

Flüge nach Istanbul und Islamabad stehen blieben. Beide Maschinen waren abflugbereit.

Was machten diese Männer hier? Sie strömten in die Halle, es waren so viele! Wie sollten sie alle Platz finden? Der Wartebereich war bereits voll.

Jamila beugte den Kopf wieder über ihren Laptop und schrieb weiter Mitteilungen, die sie vergessen hatte, ihrem Büro zu schicken.

Endlich wurde über die Lautsprecher zum Boarding gerufen. Jamila packte ihren Laptop ein und erhob sich mühsam. Die ganze Familie bewegte sich in ihrem Tempo Richtung Schranke, doch ehe sie dort waren, wurden sie von bewaffneten Männern zurückgehalten, die ihnen die Bordkarten abnahmen.

Reisende, die bereits ins Flugzeug gestiegen waren, wurden von ihren Sitzen gezerrt. Männer mit Waffen gewannen ein weiteres Mal.

Der Flug nach Istanbul hob ohne Jamila und ihre Familie ab.

Die Stimmung im Taxi, das sie für die Heimfahrt gerufen hatten, war düster. Jamila sah sich um. In den Straßen waren keine Polizisten zu sehen. Sämtliche Sicherheitskräfte hatten sich mit ihren Militärfahrzeugen aus dem Staub gemacht. Selbst die Verkehrspolizisten waren verschwunden. Die Stadt war schutzlos.

Zurück in der Wohnung, kam die Nachricht: Die Taliban hatten Kabul eingenommen.

Den Abend verbrachten sie mit dem Verbrennen von Unterlagen. Dokumente, Briefe, Bücher, Notizen, Verträge, Festplatten, Bilder. Es blieb keine Zeit, Familienfotos von Aufnahmen zu trennen, die jemanden in Gefahr bringen konnten. Blatt um Blatt, Gesicht um Gesicht verschwand in den Flammen.

Dann bekam sie eine Textnachricht von einer Kollegin: Der Präsident hatte das Land verlassen.

Er hatte sie alle verraten. Jamila und ganz Afghanistan.

DER SIEGER

Keine Phase in Baschirs Leben hatte länger angedauert als der Dschihad.

Nichts hatte ihn mehr geprägt als der Tod.

Kühn, scharfsinnig, selbstständig, so charakterisierte man ihn in den eigenen Reihen. Stur, eigenwillig, kontrovers, sagten die, die ihn aus der Ferne beobachteten.

Er war über zwei Jahrzehnte hinweg im Rang gestiegen, indes seine Kommandeure nach und nach getötet wurden; sofern ihre Männer es wünschten, hatte er sie übernommen. Ein Krieger konnte beim Kommandeur seiner Wahl um Aufnahme bitten, um dann in der Gruppe angenommen oder als nicht geeignet befunden zu werden. Kam der Betreffende ums Leben, traten neue Todeswillige an seine Stelle.

So gewannen die Taliban den Krieg.

Sie waren im Kampf in der Unterzahl. Sie waren waffentechnisch unterlegen. Sie verfügten über einen Bruchteil der finanziellen Mittel. Aber sie hatten etwas, was die größte Armee und die stärkste Militärallianz der Welt niemals haben würde: Männer, die mit Freuden in den Tod gingen.

Die Märtyrer waren in Baschirs Geschichten präsenter als die Lebenden. Sie kehrten in den Heldensagen wieder. Manchmal sprach er über sie, als weilten sie noch immer unter ihnen.

Walid hat immer gesagt ... ja, jetzt ist er tot ...

Qasim war so was von lahmarschig ... bis er die Kugeln abgefangen hat, damit wir entkommen konnten ...

Als wir Latif gefunden haben, war sein Körper unversehrt und hat nach Moschus geduftet ...

Und Scharifullah, der sich die Uniform eines Generals angezogen hat, er ...!

Die Männer redeten über die Höhepunkte, nicht über den Alltag. Sie sprachen von den großen Triumphen, aber auch von den schrecklichen Niederlagen, wenn Allah eine ganze Gruppe holte, doch selten von der Langeweile, dem Hunger, den Läusen, der Sehnsucht.

Häufig saßen die Männer am Abend zusammen und unterhielten sich bis in die Nacht. Sie tranken Tee und zeigten sich Videos von großen Gefechten. Sie schickten Aufnahmen von Body-Cams amerikanischer Soldaten herum, auf denen zu sehen war, wie diese getötet wurden, Aufnahmen, die ins Internet gelangt waren. Sie zeigten sich Bilder von kürzlich stattgefundenen Enthauptungen. Sie speicherten Fotos von körperlichen Überresten eines *fedayin*, sofern der Anschlag vom IS durchgeführt worden war. Den Selbstmordattentätern in den Videos war das Alter gemein: Sie waren so jung. Mehrere Sequenzen waren mit Musik unterlegt. Ein Dauerbrenner waren Lastwagen, Humvees und Panzer, die über eine Sprengfalle fuhren und in die Luft flogen, gefilmt von denen, die am Abhang standen und sie ausgelöst hatten. Sie machten Clips von sich selbst, wie sie Raketen auf Innenhöfen, in Apfelgärten und auf Weizenfeldern abfeuerten. Der plötzliche Frieden war wie eine Art Urlaub, in dem sie über den Krieg reden, an den Krieg denken, den Krieg planen konnten, denn es kam doch bestimmt ein neuer?

Zwanzig Jahre lang hatte Baschir Zerstörung gesät. Seine Kugeln hatten warme, lebende Körper getroffen. Seine Sprengladungen waren explodiert, dass es Backsteine, Betonsplitter und Bewehrungsstahl auf unschuldige Passanten regnete. Er hatte andere dazu gebracht, sich selbst in die Luft zu sprengen. Stets mit dem einen Ziel vor Augen: größtmögliche Zerstörung.

Jetzt fand er keinen Halt in dieser schwindelerregenden Zeit, in der alles Bekannte auf Pause stand. Die Kämpfe waren eingestellt. Die Patronen blieben im Magazin. Niemand brauchte seine Kommandos. Die Terrorarmee war zur Ordnungsmacht geworden. Jetzt mussten sie das Land aufbauen.

War er fähig, etwas aufzubauen? Frieden zu schaffen? *Peace Building*, hatten die Amerikaner ihr Unterfangen genannt, jedenfalls nach einer Weile. *Nation Building*, hatten die Europäer gesagt. Jetzt war es an den Taliban zu bauen. Waren sie dazu fähig?

Suchte man die Antwort in der Vergangenheit, war das wahrscheinlichste Szenario ein baldiger Bürgerkrieg. Der Zyklus aus gewaltsam errungenen Machtwechseln entsprach dem normalen Gang.

Deshalb war es am besten, nach vorn zu sehen.

»Berufliche Neuorientierung«, nannte Baschir es, wenn ihn jemand fragte. Aber das war Schönrederei – einmal Kommandeur, immer Kommandeur.

Nach der Eroberung Kabuls hatte Baschir zwei Stellenangebote als Dank für seine Dienste von den neuen Behörden bekommen. Nur hatte ihn keines davon gereizt.

Zweimal seit dem Fall der Republik und dem Triumph des Emirats war er vom neuen Innenminister einbestellt worden, dem Mann, der ihn aufgenommen hatte, bevor er kampfbereit war, der ihm Tee auf der Veranda serviert und ihm die Verantwortung für die Schlüssel zum Waffendepot übertragen hatte – dem Kalifen selbst.

Siradschuddin Haqqani – der Kopf hinter der Militärstrategie der Taliban im östlichen Afghanistan, der Mann, der für so viele Selbstmordattentate gegen ausländische Streitkräfte verantwortlich war wie sonst keiner – bekleidete nun das Amt des Innenministers, eine Stellung, dank der er einer der mächtigsten Männer des Landes blieb. Als er für den Posten ernannt wurde, existierte kaum ein Bild von ihm. Die US-amerikanischen Behörden hatten zwei Bilder von ihm auf die Website *Rewards for Justice* gestellt. Auf dem einen verdeckte ein Wolltuch den Großteil des Gesichts, doch das Profil ließ markante Züge, schwarzes, volles Haar und buschige Augenbrauen erkennen.

Das andere Bild war am Computer gezeichnet, so wie man sich sein Aussehen vorstellte. Seine Haut sei »hell, mit Falten«, stand dort.

Die Haqqanis hatten sich ursprünglich als Gegenkraft zum Kandahar-Kreis um den verstorbenen Mullah Omar aufgebaut. Während des Krieges hatten sie im Großen und Ganzen an einem Strang gezogen. Haqqani hatte sich der obersten Führungsriege untergeordnet.

Jetzt sollten sie zusammen das Land regieren. An der Spitze stand der Emir der Taliban, Hibatullah Achundsada. Er hatte den Titel *Amir al-Mu'minin* – Befehlshaber der Gläubigen – von Mullah Mansour geerbt, der 2016, drei Jahre, nachdem er Mullah Omars Position übernommen hatte, von einer amerikanischen Drohne getötet wurde.

Achundsada hatte seinen eigenen Sohn als Selbstmordattentäter in den Tod geschickt, führte ein zurückgezogenes Dasein und verließ Kandahar nur selten. Als im August der Sieg verkündet wurde, überließ er anderen den Auftritt im Rampenlicht, ließ jedoch öffentlich verlauten, dass die Taliban alle internationalen Gesetze, Verträge und Verpflichtungen einhalten würden, solange diese nicht mit islamischem Recht in Konflikt stünden.

»In Zukunft wird das gesamte Leben und jegliche Machtausübung gemäß den Gesetzen unserer heiligen Scharia erfolgen«, sagte er und beglückwünschte das Volk dafür, von der ausländischen Herrschaft befreit worden zu sein.

Siradschuddin Haqqani stand noch immer auf der Most-Wanted-Liste des FBI, zehn Millionen Dollar waren auf ihn ausgesetzt. Er war einer der Gründe, weshalb die USA den Großteil der afghanischen Staatskasse eingefroren hatten.

Wie bestrafte man Terrorführer? Indem man sie boykottierte? Indem man die Bevölkerung verhungern ließ? Die Weltgemeinschaft wusste nicht, was tun, wenn mehrere der neuen Regierungsmitglieder auf der Terrorliste der USA und der Sanktionsliste der Vereinten Nationen standen. Das erschwerte Verhandlungen über Finanzen. Man konnte die Leute nicht einfach von den Listen streichen, auch wenn sie sich nun mit Titeln wie Innenminister oder Premierminister schmückten. Die früheren Regierungen Afghanistans hatten neun Milliarden Dollar – einen Großteil der Zentralbankreserven – in westlichen Banken deponiert. Diese Gelder waren eingefroren, sodass die neuen Behörden nicht auf sie zugreifen konnten. Die Taliban nannten es Diebstahl.

Mit oder ohne die eingefrorenen Mittel, das Land musste regiert werden, und Siradschuddin Haqqani musste einen Stab aufbauen. Er brauchte verlässliche Männer in den Provinzen. Jetzt, solange der Frieden noch frisch war, wollte er die Unruhestifter in den Schoß der Gemeinschaft holen.

Bereits im September war Baschir von einem Boten abgeholt worden. Es war das erste Mal seit dem Sieg gewesen, dass er und der Kalif sich trafen. Sie dankten Gott dafür, dass er sie am Leben gelassen hatte, um dieses Ereignis mitzuerleben. Da es der Wunsch des Allmächtigen war, konnten sie sich nun demütig neuen Aufgaben zuwenden.

Haqqani hatte gesagt, Baschir könne zwischen verschiedenen Ämtern wählen. Welchen Posten könne er sich vorstellen? Wolle er eine bestimmte Provinz? Lugar vielleicht, in der Nähe seines Geburtsortes? Oder lieber eine weiter im Osten, an der Grenze zu Wasiristan?

Baschir hatte gezögert, gesagt, er sei sich nicht sicher.

Der Kalif machte ihm einen konkreten Vorschlag.

Baschir lehnte ab.

Einen Monat später war er abermals einbestellt worden.

Auch diesmal lehnte er ab.

»Ich entscheide hier, nicht du!« Siradschuddin war verärgert gewesen. »Ich schicke dich, wohin ich will.«

Baschir hatte geschwiegen. Ein Verwaltungsjob war nicht Teil seines Plans. Vor allem nicht, wenn eine solche Stellung nur mit Problemen verbunden war. Es gab kein Geld, die Leute bekamen kein Gehalt, viele würden über den Winter Hunger leiden. Nein, den Frieden zu kontrollieren, war nichts für ihn.

Dank der Bande aus dem Krieg konnte er es sich herausnehmen zu schweigen und Siradschuddins Befehl nicht nachzukommen. Zwischen ihnen herrschte eine starke Verbundenheit. Bei ihrer ersten Begegnung war Baschir vierzehn gewesen und Siradschuddin dreißig.

Dennoch hatte Baschir eine Warnung bekommen. Siradschuddin ließ keinen Zweifel offen, wer hier der Chef war.

»Wenn du das nächste Mal gerufen wirst, gehst du dahin, wohin ich dich schicke«, hatte er verlangt. Baschir hatte genickt, so schwach, dass es kaum die Andeutung eines Ja war.

Wäre es nach dem Wunsch des Kalifen gegangen, würde er jetzt als Distriktverwalter oder Polizeichef in irgendeiner Provinz hocken. Doch Baschir verfolgte am liebsten seinen eigenen Plan. Deckte sich dieser mit Haqqanis, war es gut, wenn nicht, würde er stillsitzen, bis der Sturm sich legte, und hoffen, dass er bekam, was er wollte.

Der Frieden brachte familiäre Herausforderungen mit sich, beispielsweise die Frage, wo sie wohnen sollten. Baschirs Familie gehörte zum Husseinkhel-Clan – einem Zweig des großen Ahmadzai-Stammbaums. Sie waren Fremde in Dschalalabad. Auf dem Land, in Mussahi, wie seine Mutter es wünschte, wollte er auch nicht wohnen. Er wollte nach Kabul und suchte dort nach einem Haus.

Mit Kind und Kegel umfasste sein Hausstand an die dreißig Personen. An der Spitze stand die Matriarchin. Dann kamen Baschir und sein Bruder Raouf. Zusammen hatten sie drei Frauen und vierzehn Kinder. Darüber hinaus trugen die Brüder die Verantwortung für Hassans und Yaqubs Frauen und deren Kinder sowie für einige Söhne ihrer Schwestern.

Eines Tages rief ein Freund an und sagte, er hätte ein Haus gefunden, von dem er glaubte, dass es Baschir gefallen würde. Er wollte mit ihm hinfahren, damit er es besichtigen konnte. Sie ließen das Stadtzentrum weit hinter sich. Dies war der Teil von Kabul, wo der Asphalt aufhörte, wo die Autos bei Regen im Matsch rutschten und die Reifenspuren zu tiefen, harten Rinnen eintrockneten.

Sie fuhren an kleinen Läden vorbei, die gackernde Hühner und Joghurt in großen Eimern anboten. Andere verkauften Nüsse und Trockenfrüchte, Softdrinks und Dosenessen aus Pakistan. Hier lebten die Menschen in namenlosen Gassen. Von der Straße aus war nichts zu sehen als hohe Lehmwände und schwere Eisentore. Es gab keine prächtigen Fassaden, keine Namensschilder, nichts, was die Identität der Bewohner preisgab.

In der Mitte eines schmalen Sträßchens hielten sie vor einem grauen Tor, von dem die Farbe abblätterte.

Als Baschirs Freund öffnete, war es, als hätte sich die Himmelspforte aufgetan. Hinter einem gefliesten Innenhof erhob sich ein prunkvolles Haus.

Es war cremefarben mit einem Hauch von Rosa und hatte drei ausladende Stockwerke. Ein mintgrüner Balkon zog sich um den Bauch des Hauses. Das Geländer war mit orientalischen Motiven verziert und die Vorsprünge rosa und mintgrün gestrichen. Mehrere der Fenster, einige bogenförmig, andere rechteckig, hatten Spiegelglas, sodass man nicht hineinsehen konnte. Vor den violetten Scheiben war schönes Holzflechtwerk angebracht. Das Haus war eine Mischung aus einer asiatischen Pagode, einem orientalischen Palast und einem griechischen Tempel. Am Eingang standen korinthische Säulen mit goldverzierten Kopfstücken.

Drei breite Stufen führten zum Eingang. Der senkrechte Teil der Stufen war mintgrün, die Trittfläche ein Mosaik aus pastellfarbenen Marmorfliesen. Die Überdachung der Treppe hatte ein silbernes Muster. Die breite Tür mit floralem Schnitzwerk war aus dunklem Holz.

Über der Tür, in einem Feld aus rosafarbenem Spiegelglas, stand *Maschallah* ins Holz geschnitzt. Der arabische Ausdruck bedeutete »alles geschieht, wie Gott will« und sollte vor dem bösen Blick schützen und dafür sorgen, dass sich keine bösen Geister im Haus breitmachten. Außerdem half er gegen Eifersucht.

»Du kannst darin wohnen, solange du willst«, sagte der Freund, der das Haus in Besitz genommen hatte. Vorher hatte hier ein Parlamentsabgeordneter gewohnt. Wo der jetzt sei?

Der Freund zuckte mit den Achseln. Vielleicht in Amerika. Er war mit den Verrätern verschwunden.

Kurze Zeit später bezog die Familie das Haus. Schnell hatten sie sich darin eingerichtet.

Vor der Tür lagen Unmengen von Schuhen durcheinander: matschverkrustete Schlappen, abgetretene Sandalen, rissige Stiefel, ausgelatschte Pantoffeln, Turnschuhe – die meisten klein, einige groß.

Es passte nicht recht zusammen, das kostbare Mosaik und das alte Schuhzeug, die Spiegelglasfenster und die abgerissenen Sandalen. Es war, als hätten die Besitzer der Schuhe die riesige Villa erobert.

Eine Kriegsbeute war es in jedem Fall und dazu das schönste Haus, das Baschir je besessen hatte.

Er habe es nur geliehen, sagte er den Leuten.

Der Parlamentsabgeordnete hatte sich das Haus vielleicht selbst unrechtmäßig angeeignet, diese Leute stahlen alles, was nicht niet- und nagelfest war, sagten Baschirs Freunde. Vielleicht hatten sie recht, denn was gekauft und was gestohlen war, ließ sich in Afghanistan nicht immer feststellen. Es gab nur zwei Regeln. Der Gewinner nimmt alles. Und nichts währt ewig.

Mit Ausnahme von Gott war alles flüchtig, und jetzt, da nach dem Sieg die Ernte eingefahren wurde, ging dieses Haus in Baschirs Besitz über. Genau wie der weiße Land Cruiser, den er auf einmal fuhr. Auch ihn hatte er von einem Freund bekommen.

Vor dem Tor, in dem staubigen Sträßchen, postierte er zwei junge Männer mit Gewehren. Das gab zu erkennen, dass hier ein wichtiger Mann wohnte.

Dies war Kommandeur Baschirs Tor.

Am Ende der Straße, an der Ecke zur Ebene, befand sich eine kleine Werkstatt, die Träume verkaufte. Ein Drachenbauer fertigte Drachen aus dünnem Plastik und Holzstäben an, mit einer Schnur zum Festhalten. Von dort konnten die Kinder zu der großen Ebene auf der anderen Straßenseite laufen, die im Frühjahr einen schwachen Grünschimmer hatte, die meiste Zeit des Jahres jedoch trocken wie eine Wüste war. Bei gutem Wind würden die Drachen flattern und fliegen. Manchmal rissen sie sich los und verschwanden gen Himmel.

Doch Baschirs Kinder durften nicht mit Drachen spielen. Sie hatten anderes zu tun.

VERLOREN

Ariana durfte nicht vor die Tür. Mit Ausnahme der Mutter, die ab und zu einkaufen ging, blieben alle zu Hause.

Am meisten Angst hatte der Vater. Karim fürchtete, dass die Taliban hinter ihm her waren, dass sie sich an den Verrätern rächen würden – denjenigen, die für die afghanische Armee gearbeitet hatten, die so viele von ihren Brüdern getötet hatten. Karim hatte niemanden getötet, aber er hatte die Auszahlung der Gehälter an diejenigen veranlasst, die es getan hatten. An welcher Stelle auf der Racheliste befand er sich damit?

Den Großteil des Tages saß er da und starrte Löcher in die Luft. In der ersten Zeit hatte er noch von der Nationalen Widerstandsfront gesprochen, die ihre Basis in Pandschir hatte. Nach einer Weile erwähnte er sie nicht mehr, so wie er überhaupt aufhörte zu sprechen. Was gab es noch zu sagen?

Die Mutter hockte daheim, weil ihre Schule geschlossen worden war. Seit sie die zweite Prüfungsgruppe nach Hause geschickt hatte, war sie nicht mehr dort gewesen. Einige Grundschulen hatten zwei Wochen nach der Machtübernahme wieder aufgemacht, doch viele blieben aus praktischen Gründen geschlossen. Die Taliban sagten, sie würden alle Schulen wieder öffnen, sobald die Sicherheit dies zuließe.

Arianas ältester Bruder hockte daheim, weil die Firma, bei der er tätig gewesen war, den Betrieb eingestellt hatte.

Eine Schwester hockte daheim, weil es mit ihrem Biologiestudium nicht weiterging.

Die nächste Schwester hockte daheim, weil die Zahnarztpraxis, bei der sie ein Praktikum machte, die gesamte Einrichtung verkauft und geschlossen hatte.

Der vierzehnjährige Bruder hockte daheim, weil die weiblichen Lehrkräfte nicht länger Jungen im Teenageralter unterrichten durften.

Die jüngste Schwester hockte daheim, weil die Erzieherinnen des Kindergartens im Viertel nicht mehr zur Arbeit kamen. Deshalb hockte auch der jüngste Bruder daheim.

Ariana hockte daheim, weil die Universität geschlossen war. Sie erfüllte die Bestimmungen hinsichtlich der Geschlechtertrennung nicht.

Das Schuljahr war ohnehin bald vorbei. Alle öffentlichen Schulen waren von Mitte Dezember bis zur Frühlingstagundnachtgleiche – Nouruz, dem persischen Neujahr – geschlossen. Das hatte praktische Gründe: Die meisten Schulen in Afghanistan waren einfache Lehmbauten ohne Heizung, sodass es während der Wintermonate schlicht zu kalt für den Unterricht war.

Der Herbst neigte sich dem Ende zu. Die Tage – und die Stimmung in der Wohnung – wurden immer düsterer.

Eines späten Nachmittags stieg Karim auf das Flachdach des Hauses. Dort trockneten sie die Wäsche an langen Leinen, und manchmal kamen die Kinder herauf, um ihre Drachen steigen zu lassen, da oben war so schöner Wind. Doch an diesem Tag nahm Karim die Treppe allein. Er ging an dem kleinen Raum am Treppenabsatz vorbei, in den er normalerweise seine Dahlien zum Überwintern stellte. Blumentöpfe und Eimer standen in einer Ecke gestapelt, die Schaufel lag in einem Korb. Er hatte nicht die Kraft, sich um die Blumen zu kümmern, die ihm sonst immer solche Freude bereiteten, jetzt, da alles andere sinnlos war. Außerdem war er nicht wegen der Dahlien nach oben gekommen.

Karim stellte den schweren Benzinkanister ab, den er mitgeschleppt hatte. Neben der Tür zum Treppenhaus stand ein großes Ölfass.

Er spürte eine nie gekannte Traurigkeit. Früher hatte es immer

Hoffnung gegeben. Egal was geschah, er hatte immer Träume gehabt, oder ein Ziel. Jetzt hatte er nichts dergleichen. Gleichzeitig fürchtete er um das, was ihm noch blieb – sein Leben, Nadia und die Kinder.

Er ging wieder nach unten.

Im Schlafzimmer öffnete er den Kleiderschrank und nahm die fünf Uniformen heraus. Jedes Jahr bekamen sie eine neue Uniform, manchmal trugen sie sich ab, in anderen Jahren häuften sie sich. Jetzt stellten sie eine Gefahr für ihn dar. Die Taliban hatten mit ihrer zweiten Runde Razzien begonnen, sie waren schon ein Mal bei ihnen gewesen, um nach Waffen zu suchen. Karim hatte die Waffe abgegeben, die laut Listen des Verteidigungsministeriums auf ihn registriert war.

Als die Taliban kamen, hatte einer von ihnen sich an den jüngsten Sohn gewandt. »Wo ist das Gewehr deines Vaters?«

Der Siebenjährige hatte nicht geantwortet. Der Taliban hatte seine eigene Waffe hochgehalten.

»So wie das hier«, sagte er. »Wo ist es? Zeig es uns, sonst stecken wir dich ins Gefängnis!«

Sie hatten es gut sein lassen, als Karim sie anflehte zu gehen, er habe junge Mädchen im Haus, sagte er, es sei entwürdigend, und er habe bereits alles abgegeben. Doch bevor sie gingen, fragten sie, wo das Bad sei. Sie wollten sich waschen, da es Zeit fürs Gebet war. Er zeigte es ihnen. Sie gingen sich waschen. Dann knieten sie sich zum Beten ins Wohnzimmer.

Sie konnten jederzeit wiederkommen, er hatte von jemandem gehört, der von den Taliban zusammengeschlagen worden war, weil sie die Uniformen im Schrank gefunden hatten.

»Wir haben unserem Land gedient«, klagte Karim im Gespräch mit dem Kollegen, der ihm davon erzählte. »Jetzt sind wir Niemande.«

Karim war 1969 geboren und unter Dr. Nadschibullah, einem Mann, dem er die Treue geschworen hatte, dem Militär beigetreten. Er hatte gelernt zu schießen, die Uniform zu respektieren und sorgsam damit umzugehen, sowie das Land zu verteidigen, auch wenn er weit vom Schlachtfeld entfernt in der Buchhaltung gelandet war.

Jetzt trug er alle fünf Uniformen die staubige Treppe hinauf, öffnete die schmale Tür zum Dach und ging hinüber zu dem Metallfass. Er warf vier der Uniformen hinein, schüttete Benzin darüber und zündete sie an. Es flammte auf.

Er blickte ins Feuer. Als Nadia heraufkam, barg er das Gesicht in den Händen. Dreißig Jahre lang hatte er Uniform getragen. Er verbrannte seine Identität. Sie verschwand in den Flammen.

Erneut überkam ihn die Angst. Bald würde die Dunkelheit hereinbrechen. Vielleicht sah einer der Nachbarn, was er tat.

Er nahm die letzte, die schwarze Paradeuniform, und hielt sie in den Händen. Sie war dazu gedacht, ein Leben lang zu halten und nur bei besonderen Anlässen getragen zu werden, wenn man einen Orden oder eine Auszeichnung erhielt, bei einer Abschiedszeremonie oder am Unabhängigkeitstag, wenn Afghanistan die Befreiung von den Briten im Jahr 1919 beging. Es war ein Verbrechen, sie zu verbrennen.

Er warf sie ins Feuer.

Jetzt weinte Nadia mit ihm.

Rasch war nicht mehr zu erkennen, dass der Klumpen in der Tonne einst eine schwarze und vier grüne Uniformen mit goldenen Knöpfen gewesen war.

Karim ging in die Wohnung und holte Dokumente und Zertifikate aus dem Ministerium. Abschlusszeugnisse, Teilnahmebescheinigungen, Bilder der Kollegenschaft – alles landete in der Tonne.

Nur eines sparte er aus: die drei Sterne, die auf die Schulterklappe der Paradeuniform genäht waren. Sie hatte er abgetrennt. Er brachte es nicht über sich, sie ins Feuer zu werfen. Auch wenn alles andere verkohlte; seine Grade konnte ihm niemand nehmen.

Einige Wochen, nachdem er mit roten Augen vom Dach heruntergekommen war, erhielt Karim einen Anruf aus dem Verteidigungsministerium. Die Taliban bestellten ihn ein. Sie verstanden irgendetwas im Computersystem nicht.

Sollte er hinfahren und den Taliban helfen, die sein Büro übernommen hatten? Was, wenn sie ihn ins Gefängnis warfen? Wagte er es, sich der Aufforderung zu widersetzen? Sie wussten, wo er wohnte. Sie hatten ihn nicht gebeten zu kommen, es war ein Befehl. Ihm blieb keine Wahl. Er hatte sich schön gehorsam am nächsten Morgen einzufinden.

Erstmals seit Mitte August, seit fast zwei Monaten, verließ er das Haus. Es war kühl geworden, das Laub hatte sich gelb gefärbt, einige Blätter waren bereits herabgefallen. Karim trug ein Gewand mit weiten Hosen darunter.

Denselben Weg zu nehmen wie an *jenem Tag*, kam nicht infrage. Er hatte nicht nur seinen Job verloren, sondern auch seinen Selbstrespekt. Wer war er ohne die Armee im Rücken? Was war ein Familienoberhaupt ohne Einkünfte?

Beim Verteidigungsministerium angekommen, wo er früher bloß seine ID-Karte hatte vorzuzeigen brauchen, um durch die Schleuse gewunken zu werden, musste er sich nun durchsuchen lassen.

»Sie haben mich als Feind bezeichnet«, hatte ein Kollege ihm am Telefon erzählt. Genau wie Karim hatten die Taliban ihn ins Ministerium bestellt, um etwas für sie in Ordnung zu bringen. »Ich habe sie gefragt, warum sie so unhöflich sind, so grob. Ich meinte zu ihnen, so könnten sie mich nicht behandeln.«

»Muck nicht auf«, hatte der Taliban geantwortet und dem Mann ins Gesicht geschlagen.

Karims Kollege war so aufgebracht, dass er sich beim zuständigen Talibanchef über den Wachmann beschwerte.

Nachdem der Chef ihn angehört hatte, sagte er ihm ins Gesicht: »Sei froh, dass wir dich nicht umgebracht haben!«

Der einzige Grund, weshalb sie ihn am Leben gelassen hätten, sei die Generalamnestie. Er solle es also besser nicht darauf anlegen.

Mit diesen Worten im Sinn ließ Karim die Leibesvisitation demütig über sich ergehen. Er wurde die Treppen hinaufgeführt, die er schon Tausende Male gegangen war, ins Stockwerk, in dem er sich immer nach links gewandt hatte, den Gang entlang, durch die Tür, er sah den Schreibtisch, an dem er einst gesessen hatte. Alles, was zur Armee gehört hatte, war heruntergerissen worden. Plakate, Embleme und Flaggen des islamischen Emirates waren stattdessen aufgehängt worden. Die Taliban gingen mit Munitionsgürteln und Waffen durch die Korridore. Die meisten Schreibtische waren leer.

Karim wurde aufgefordert, die Tabellenkalkulationen im Computersystem auf den neuesten Stand zu bringen.

Von da an musste er einmal im Monat kommen, um die Bilanz für die letzten dreißig Tage aufzustellen.

Die Taliban waren mit anderen Dingen beschäftigt.

Ihr Vater hatte sich verändert.

Die erste Zeit über hatte er bloß stumm vor sich hingestarrt. Brachten sie ihm Tee, vergaß er ihn. Er aß wenig. Manchmal telefonierte er mit Kollegen, sie tauschten Schreckensgeschichten aus, die sie gehört hatten. Aber meistens saß er einfach nur da. Bis der Haustyrann in ihm erwachte.

Von morgens bis abends kommandierte er Frau und Töchter herum.

Bring mir ein Glas Wasser!

Ich will einen Tee!

Koch mir ein Ei!

Hol mir Nüsse!

Aprikosen!

Bring mir mein Kissen!

Schüttle mein Kissen auf!

Gib mir eine Decke!

Wo ist meine Brille?

Wo ist die Fernbedienung?

Bring sie mir!

Ich will schlafen, mach das Licht aus!

Oft, wenn sie sich hinsetzten, um zu lesen, einen Film zu sehen,

Musik zu hören oder sich einfach zu unterhalten, erklangen weitere Befehle. Sie hatten ihn so was von leid. Sie hatten einander so was von leid. Sie begannen, sich anzufahren. Jeder meckerte. Auch die Mutter.

Warum hockt ihr bloß rum?

Geh die Küche sauber machen!

Aber ich hab sie doch grade schon sauber gemacht, pflegte Ariana darauf zu antworten.

Geh trotzdem in die Küche!

Was machst du an deinem Handy?

Mit wem redest du da?

Mit wem schreibst du da?

Das Netflix-Passwort, das Ariana von einer Uni-Freundin bekommen hatte, funktionierte noch. Wenn sie sich die Kopfhörer aufsetzte und *Das Damengambit* schaute, vergaß sie die Welt um sich herum. Sie drehte die Lautstärke voll auf und war auf einmal das Mädchen in der Serie. Oder als sie anfing, *Stranger Things* zu schauen. Da bekam sie Superkräfte wie das Mädchen namens Eleven.

Da vergaß sie sogar ihre verlorene Zukunft.

Eines Tages im Herbst rief ihre Tante väterlicherseits an, die in einem kleinen Ort in der Nachbarprovinz lebte. Sie war alleinerziehende Mutter von mehreren Kindern und hatte Unterstützung bei einer lokalen Hilfsorganisation beantragt. Als Witwe war ihr Hilfe bewilligt worden, sie musste das Geld allerdings selbst in Kabul abholen. Da sie sich in der Großstadt nicht zurechtfand, bat sie ihren Bruder, sie zu begleiten. Das Büro, zu dem sie musste, lag im Stadtteil Shahr-e-Now.

»Das ist direkt beim Yummy«, sagte Ariana, als sie die Adresse hörte. Oh, das Yummy! Der Gedanke an ihren Lieblingsort versetzte ihr einen Stich, die weißen Plastiktische und roten Bänke, wo sie und ihre Freundinnen sich manchmal eine Mahlzeit gegönnt hatten. Im Yummi gab es das beste Essen der Welt: Chicken-Nuggets, Pommes und Burger. Dort hatten sie mit Strohhalmen und fettigen Fingern gesessen und aus dem Fenster geblickt und gedacht, dass die Welt immer größer für sie wurde. So war es ja auch, bis diese Männer aus den Bergen und aus ihren Höhlen kamen und alles kaputt machten.

»Ariana kann mit dir hingehen«, sagte ihr Vater. Ariana sah ihn fassungslos an. Durfte sie allen Ernstes nach draußen?

Es wäre das erste Mal seit *jenem Tag*.

Sie kleidete sich in eine Abaya und ein schwarzes Tuch und zog die Covidmaske über. Das sollte reichen. Als ihre Tante kam, war sie startklar.

Die Adresse entpuppte sich als großes, fünfstöckiges Haus. Ein Türwächter wies sie die Treppe hinauf. Im Büro im vierten Stock hingen die Wände voller Plakate.

»Bildung für alle!«, stand auf einem. »Frauen haben ein Recht auf Arbeit!« Sie las den englischen Namen der Organisation – *Women's International League for Peace and Freedom* – WILPF.

An einem langen Tisch saßen mehrere Frauen und diskutierten miteinander. Einige mit Kopftuch, andere nicht. Frauen gingen in den Büros ein und aus, hielten Papiere in Händen, stellten Computer auf die Schreibtische. Sie telefonierten, warfen sich hastig ein Kopftuch über und eilten hinaus.

Was für ein Ort war das hier?

Ariana hörte, wie ihre Tante zögernd ihren Namen nannte und sagte, man habe sie hergebeten, um das Geld abzuholen. Sie war überrascht, als die Tante tatsächlich den versprochenen Betrag erhielt. Zehntausend Afghani. Die erwachsene Frau sah Ariana mit Tränen in den Augen an. Doch Ariana war mit den Gedanken ganz woanders.

Hier wollte sie bleiben.

Wie konnte sie das erreichen?

Die frühere Ariana, die jede sich bietende Gelegenheit beim Schopf packte, war erwacht. Sie nahm ihren Mut zusammen.

»Ich spreche fließend Englisch. Ich war immer Klassenbeste. Ich habe mehrere Wettbe...«

Die Frau, die ihrer Tante den Umschlag mit dem Geld gegeben hatte, sah sie sanft an.

»Ich brauche einen Job«, sagte Ariana. »Ich kann übersetzen, ich kann mit Computern umgehen, könnten Sie meinen Namen aufschreiben? Vielleicht ist ja eine kleine Teilzeitstelle frei?«

Die Frau notierte ihren Namen und ihre Telefonnummer.

Auf dem Weg die Treppe hinunter dachte Ariana an einige der Aushänge, die sie Seite an Seite mit dem Glaubensbekenntnis dort oben an den Wänden gesehen hatte: »Sinnvolle Beteiligung von Frauen am Friedensprozess!« »Gerechtigkeit im Klimakampf!« »Rechte für Menschen mit Behinderung!« Zum Schluss hatte sie einen dort liegenden Aufruf gelesen, auf dem stand, dass auch Männer mobilisiert werden müssten, um die Frauenrechte zu stärken. Nicht nur Frauen sollten den Frauenkampf führen. Es war ein Menschenrecht. Alle Menschen sollten gleiche Rechte haben.

Ein revolutionärer Gedanke.

Natürlich brauchten sie sie nicht.

Die Wochen verstrichen, und Ariana schämte sich beim Gedanken daran, dass sie nach einem Job gefragt hatte. Für wen hielt sie sich eigentlich?

Die Familie hatte ihr Erspartes fast aufgebraucht. Fleisch hatten sie schon lange nicht mehr gegessen. Huhn auch nicht. Es gab Kartoffeln, Reis und Brot. Karotten und Kohl jetzt im Herbst, die billigsten Lebensmittel auf dem Markt. Aber sie hatten Salz, sie hatten noch ein paar Kräuter, und sie wurden satt. Doch auch wenn ihre Mägen gefüllt waren, fühlten sie sich innerlich leer, hohl und ausgezehrt.

Eines Tages rief plötzlich die Frau an, der sie ihre Nummer gegeben hatte, nicht um ihr einen Job zu geben, sondern um ihr die Teilnahme an einem Kurs anzubieten. Ariana verstand nicht ganz, worum es ging, die Frau sagte etwas von »mentalem Frieden« und »Stressbewältigung«.

Ein psychosozialer Kurs, wie sie es ausdrückte. Ob sie daran teilnehmen wolle? Der Kurs ginge fünf Wochen, und man bekäme die Buskosten erstattet.

Ariana sagte aus dem Stand zu, bevor ihre Eltern Nein sagen konnten. Alles war besser, als zu Hause zu sitzen. Da riskierte sie lieber einen Streit mit ihrem Vater, damit er sie gehen ließ. Es sei zu gefährlich, sagte er dauernd. Die Taliban könnten sie entführen. Sie kidnappen und mit einem ihrer Soldaten verheiraten, dann würden sie sie nie wiedersehen. So etwas kam vor, das hatte er schon gehört.

Merkwürdigerweise bekam sie die Erlaubnis.

Sie würde endlich wieder einen *Kurs* besuchen!

Für die nächsten Dienstage, immer zwei Stunden, fünf Wochen lang, hatte sie wieder eine Beschäftigung.

Etwa zwanzig Frauen allen Alters saßen eng beisammen um einen länglichen Tisch. Sie waren hübsch zurechtgemacht und trugen typische Mittelklassekleidung, manche ein Kostüm, andere ein Kleid, Einzelne hatten einen Gürtel um die Taille gebunden; sie steckten nicht in einem Zelt, so wie die neuen Herrscher es wollten.

Am Kopfende des Tisches stand eine Frau in engem, kurzem Rock über einer Jeans, der ihre Rundungen zur Geltung brachte. Sie hieß alle willkommen und sah sie mit geschminkten Augen unter markant gezogenen Augenbrauen an. Sie stellte sich als die Psychologin vor.

Die Frauen um den Tisch blickten die energische Kursleiterin resigniert an. Sie waren Lehrerinnen, Anwältinnen, Ökonominnen, Studentinnen, die über Nacht von einem aktiven Berufsleben in die häuslichen vier Wände verbannt worden waren.

Die Psychologin fragte, wie sie *sich fühlten*.

Es war, als hätte sie eine Lawine losgetreten. Eine nach der anderen begannen sie zu erzählen. Von der Angst. Von der Hoffnungslosigkeit. Von der Armut. *Ich fühle mich so schwach. Welchen Sinn hat das Leben jetzt noch? Mein Sohn ist krank. Muss zum Arzt. Habe kein Geld. Mein Leben ist vorbei. Ich war Vertreterin der Anklage in Strafprozessen, in Terrorprozessen. Ich habe Taliban verurteilt. Ich war Lehrerin. Die Schule ist geschlossen. Die Mädchen wurden nach Hause geschickt. Ich habe für ein amerikanisches Unternehmen gearbeitet, sie haben die Zelte abgebrochen. Ich musste hierbleiben. Ich war mitten im Masterstudium. Kann nicht weitermachen. Selbst wenn die Uni wieder öffnen würde, woher soll ich das Geld für die Bücher nehmen? Meine Eltern sitzen auch zu Hause. Die ganze Familie weiß nicht, was sie tun soll.*

Die, die Kinder hatten, sprachen von ihren Kindern. Sie selbst würden schon irgendwie klarkommen, aber die Kinder! Was sollte aus ihnen werden, aus den Schulmädchen, den Studentinnen? Die Sorge um die Kinder wog schwerer als alles andere und mischte sich mit der allgemeinen Verzweiflung, wenn eine ganze Familie sämtliche Einkünfte verloren hatte.

Ariana kam an die Reihe. »Ich bin so enttäuscht«, begann sie. »Nur noch ein Semester, dann wäre ich mit dem Jurastudium fertig gewesen. Ich will etwas werden, ich *wollte* etwas werden. Jetzt habe ich alle meine Ziele verloren, ich versuche, an etwas anderes zu denken, aber es geht nicht. Ich kann nur daran denken, was ich alles verloren habe. Ich glaube nicht, dass sie die Unis noch mal für uns öffnen.« Sie sah die Psychologin an. »Egal, was ich mache, ich denke ständig an die Uni.«

Als jede ihre Geschichte erzählt hatte, erfüllte die Erschöpfung den Raum. Die Psychologin blickte einen Moment lang stumm in die Runde der verweinten Frauen.

»Könnt ihr das alles für eine Minute vergessen?«

Sie sahen sie skeptisch an. »Wir könnens versuchen«, sagte eine von ihnen.

»Schließt die Augen. Stellt euch vor, ihr seid draußen. Die Temperatur ist angenehm. Es ist ein schöner Ort. Herrliche Natur. Bäume. Der Wind streicht durch die Zweige, die Blätter rascheln. Atmet tief ein. Zieht frische Luft in die Lungen. Und jetzt langsam durch den Mund wieder aus. Streckt die Arme über den Kopf. Spreizt die Finger …«

Alle Augen waren geschlossen. Die Gesichter sahen friedvoll aus.

»Und noch einmal. Streckt die Arme über den Kopf. Spreizt die Finger. Ballt die Fäuste. Lockert sie wieder. Öffnet die Augen und steht auf!«

Sie fuhren mit den Dehnübungen fort, bis die Psychologin sie bat, wieder Platz zu nehmen.

»Jetzt lasst uns noch mal von vorn anfangen. Erzählt mir von euren Problemen. Jetzt sprechen wir ganz ruhig darüber. Ihr müsst positiv denken. Sagt euch, dass alles wieder in Ordnung kommen wird. Dass ihr euren Job zurückbekommt. Dass das Leben wieder so wird, wie es vorher war.«

Atmung. Lunge. Sehnen. Muskeln. Es war ein Ganzes. Bauch. Hals. Hände.

Das Leben, wie sie es gekannt hatten, gab es nicht mehr. Aber sie würden sich von den Taliban nicht stressen lassen.

EXIL

Eine dünne Eisschicht hatte sich über Alta gelegt. Blank wie Wasser, so durchscheinend, dass man sie nicht sah, ehe man dalag. Der Schnee war ab Ende Oktober als feiner Puder gefallen. Eine weiche Decke hatte sich zunächst auf die Berge im Westen, dann aufs Hochplateau im Osten, anschließend auf den Fichtenwald, die Stadt und den Kai gelegt. In der ersten Novembernacht war alles geschmolzen, zunächst unten am Wasser, dann in der Stadt, wo das Schmelzwasser gefror und launisch und unsichtbar Treppen, Bürgersteige und Wege überzog. So ist der Winter, ehe er sich entscheidet, und hier draußen am Arktischen Ozean ist das Eis am glattesten. Wenn sich die Temperaturen um den Nullpunkt bewegen, lässt die feuchte Luft sämtliche Flächen spiegelblank werden, sodass nur die Einheimischen, die den eisigen Barfrost vor dem richtigen Winter gewohnt sind, zurechtkommen.

Jamila Afghani war zum Stürzen verurteilt.

Sie löste das Balanceproblem, indem sie nicht nach draußen ging. Das war kein allzu großes Opfer, sie verließ das Haus ohnehin niemals ohne triftigen Grund. Ein notwendiger Besuch, ein wichtiges Treffen, eine geplante Reise. Auch wenn sie viele Bräuche ihrer Eltern nicht für sich übernommen hatte, waren gewisse Lebensregeln so tief in ihr verwurzelt, dass sie sie sich unbewusst zu eigen gemacht hatte. Spazieren gehen, einfach nur der frischen Luft wegen, war ein Konzept, mit dem sie nichts anfangen konnte. In Afghanistan war es mit dem Gehen ohnehin so eine Sache. Dass eine Frau ohne bestimmtes

Ziel durch die Gegend lief, reichte schon, um ins Gerede zu kommen. Wo wollte sie hin? Was machte sie draußen? Legte sie es darauf an, gesehen zu werden? Wollte sie jemanden verführen? In der Gasni-Provinz, aus der Jamilas Familie stammte, reichte die Ungewissheit, was eine Frau eigentlich außer Hauses gemacht hatte, um ihren Ruf zu zerstören. Doch auch in der Hauptstadt war das Ausgehen gefährlich. Geschichten darüber, was jungen Mädchen da draußen, also direkt vor der Haustür, zustoßen konnte, waren Teil der Erziehung. Angst machte gehorsam, Verbote und Schranken erschienen dadurch logisch und leichter einzuhalten.

Als Jamila ab einem gewissen Zeitpunkt das Haus verlassen musste, wog sie stets Risiko und Nutzen gegeneinander ab. Als junges Mädchen ertrug sie die Schikanen und Beschimpfungen, danach übersah sie die Vorwürfe in den Blicken der Männer, später überhörte sie die Warnung, im Kreuzfeuer zu landen, gekidnappt, Opfer von Selbstmordattentätern zu werden oder, ganz konkret, nachdem sie begann, ihre Stimme zu erheben, dass jemand aus den Drohungen, die man ihr schickte, Ernst machen könnte.

An diesem Novembermorgen saß sie barfuß in einer kleinen Stadt in einem kleinen Land weit nördlich des Polarkreises im Haus und beobachtete die Menschen, die vor dem Fenster vorbeischlitterten. Der Morgen war bläulich, die Sonne war noch nicht aufgegangen, obwohl es schon zehn war. Bald würde sie ganz wegbleiben, hatte man Jamila gesagt, bereits Ende November würde sie bis zum Frühjahr verschwinden.

Sie schaukelte mit dem Stuhl. Sie lebte in größerer Sicherheit als je zuvor, doch innerlich war sie leer wie noch nie.

Exil.

So sicher ein Ort auch sein mag, das Leben dort kann qualvoll sein, wenn man nicht dorthin gehört. Sie hatte nicht nur ihren ganzen Besitz zurückgelassen; eine ganze Welt war verloren. Das Licht in Kabul war anders, es war gelber, gedämpfter als hier. Gelb vom feinen

Sandstaub, der schwerelos ein Teil der Luft wurde, oder gräulich vom Smog, niemals blau und eiskalt wie hier. Farben, Gerüche, Geschmäcker, alles war fremd. Das Haus, das ihnen zugeteilt worden war, hatte keinerlei Farben außer Braun, Schwarz und Weiß. Abgesehen vom Bad. Das hatte grüne Fliesen. Manchmal ging sie hinein, nur um die Fliesen anzusehen. Sie weckten Erinnerungen in ihr.

Jamila sah sich im Wohnzimmer um; sie sollte einen Teppich besorgen. Das würde den Raum behaglicher machen. Außerdem saß sie gern auf einem Teppich. Für die Mahlzeiten deckte sie lieber wie zu Hause auf dem Boden. Der Esstisch war kantig und fremd, die Familie sah sich an dem rechteckigen Tisch anders an, als wenn sie im Kreis um einen Topf saßen.

Die kleine Stadt wirkte ebenso hart und kantig wie der Esstisch. Kein Fleck, kein Makel, kaum ein Laut. Die Menschen sprachen gedämpft, riefen weder Segnungen noch Verwünschungen aus. Selbst die Fußgängerzone war von blitzsauberem, grau schimmerndem Schiefer bedeckt. Wie in einem Palast, blank und eisglatt.

Aber sie, wer war sie hier?

In dem Fragebogen, den sie bei der Ankunft bekommen hatten, sollte sie ankreuzen, welche Art Job sie interessieren würde. Die Auswahl war groß.

Putzen.

Kochen.

Mechanik.

Elektronik.

Verkauf.

Arbeiten mit Kindern.

Arbeiten mit alten Menschen.

Sie war entwurzelt worden. Doch es schien, als wollte ihr neues Heimatland nicht, dass sie hier ihre Wurzeln in die Erde steckte und sie wachsen ließ, nein, sie wollten andere Knollen pflanzen, damit eine effiziente Reinigungskraft oder eine nette Altenpflegerin aus ihnen heranwuchs.

Exil. Eine glatte Oberfläche und eine bebende, blutige Unterseite, wo der Rest, der Großteil, lag.

Der Schock war noch nicht gewichen. Auf einen Schlag hatte sie alles verloren. Die Sehnsucht bebte in ihr. Exil bedeutet, die Kontrolle zu verlieren, das Gewohnte zu verlieren. So verkorkst ihr Leben und ihr Land auch gewesen sein mochte, es war ihres gewesen.

Ein Teil von ihr bereute, dass sie gegangen war. Hätte sie bleiben sollen? Sie sah auf ihr Handy. Etliche neue, verzweifelte Nachrichten.

Hilf mir raus! Setz mich auf eine Liste! Wie komme ich an einen Platz in einem Flugzeug? Visum! Ticket! Raus, raus, raus, raus!

Sie hörte die Nachrichten in doppelter Geschwindigkeit ab, sonst wäre sie zu nichts anderem mehr gekommen – verzweifelte Stimmen, Frauen, die sie kannte, Frauen, die sie nicht kannte, einige waren namenlos; sie schickten lange Sprachnachrichten voller Angst.

Ihren Pass hatte sie bei der Ankunft abgegeben. Rein physisch lag er bei der Ausländerbehörde in Oslo. Er gehörte jetzt Norwegen. Konfisziert, anschließend würde er wahrscheinlich vernichtet werden. Ein afghanischer Pass, was war der heute noch wert? Es schmerzte. Der Pass war so viele Jahre hinweg ein so wichtiger Teil von ihr gewesen. Sie hatte Visa für elf Länder darin eingeklebt und -gestempelt, er war dick geworden von all den Visa. Ihr Pass hatte einmal etwas bedeutet, er hatte ihr Freiheit und Akzeptanz verliehen. Jetzt war er weg. Wenn sie dann neue Reisedokumente erhielt, würden diese ihr die Einreise in sämtliche Länder ermöglichen, ausgenommen eines: Afghanistan. Fuhr sie dorthin, würde sie ihren Aufenthaltstitel in Norwegen verlieren.

Man hatte sie zur Polizeistation in Alta gebracht.

»Das System lässt mich Sie nicht registrieren«, hatte die Frau am Schalter gesagt. Es gäbe irgendwelche technischen Probleme ihre Akte betreffend, hieß es. Sie war seit drei Monaten im Land, trotzdem war sie niemand. Einladungen aus der ganzen Welt strömten in ihr E-Mail-Postfach. Sie wurde gebeten, für die UN in New York das Leben der Frauen in Afghanistan nach Machtübernahme der Taliban zu beschreiben. Sie wurde nach Stockholm eingeladen, nach Vilnius und Istanbul. Sie musste allen eine Absage erteilen. Der Prozess mit den neuen Reisedokumenten stockte, weil sich ihr Fingerabdruck nicht registrieren ließ.

Daher besaß sie keinerlei Papiere. Als ihr Fingerabdruck endlich aufgenommen werden konnte, sollte sie binnen einer Woche eine sogenannte Aufenthaltskarte erhalten, erklärte ihr die Mitarbeiterin des früheren Flüchtlingsdienstes in Alta, der nun in Integrations- und Kompetenzzentrum umbenannt worden war. Dann würde sie eine Personenkennnummer erhalten, dann könnte sie ein Bankkonto eröffnen, und dann könnte sie in ein Flugzeug steigen – jedenfalls für einen Inlandsflug. In der Zwischenzeit arbeitete sie online und hielt Zoom-Meetings ab. Afghanistan war dreieinhalb Stunden in der Zeit voraus, daher begann sie um sechs Uhr früh mit den Gesprächen dorthin. Das Büro in Genf lag in derselben Zeitzone wie Alta, gegen Nachmittag erwachten sie in New York.

Sie hatte die Posten in ihrem Heimatland angenommen, weil sie geglaubt hatte, etwas bewirken zu können. Ihr ganzes Leben lang hatte sie daran geglaubt. Und sie hatte nur dieses eine Heimatland.

Es zu verlassen, war eine schwere Entscheidung. Sie hatte den Namen ihres Landes angenommen. Sie hieß Jamila Afghani – *die Afghanin*. Als sie heiratete, wollte sie nicht den Namen ihres Vaters oder den ihres Ehemanns, sie wollte einen Nachnamen, der weder Ethnizität noch Clan markierte. Ihre gesamte Identität war um Afghanistan herum aufgebaut.

Eine Woche lang hatten sie versucht, in den Flughafen zu gelangen. Jeden Morgen hatten sie die Tür abgeschlossen und sich auf den Weg gemacht, mit immer weniger Gepäck. Jeden Abend mussten sie umkehren. Zwischen Tausenden anderen wateten sie durch eine Kloake von Fluss, kämpften sich über Stacheldraht, gefangen in der Menschenmenge.

Die Amerikaner bewachten den Flughafen. Sie, die Einheimischen, wurden von ihnen, den Eindringlingen, zurückgehalten. Jamila hatte das Gefühl, dass sie ihr die Identität nahmen, ihre Würde, ihren Wert als Mensch. Wie hatten sie den Amerikanern nur vertrauen können? Sie hatte in der Regierung gesessen, sie war bei den Verhandlungen in Doha dabei gewesen, man hatte sie eingeladen, vor dem UN-Sicherheitsrat eine Rede zu halten. Darin hatte sie davor gewarnt, was letztlich eintrat: dass Frauen im Friedensprozess außen vor blieben, die Zivilgesellschaft vergessen wurde. Westliche Diplomaten und Politiker redeten von Frauen, Demokratie und Mitbestimmung, doch was bedeutete das, wenn sie durch Dreck und Kloake wateten, um in ihrem eigenen Land aufs Flughafengelände zu gelangen, während sie, *The Internationals*, sicher in ihren Büros saßen und Maßnahmenpläne erstellten.

Es war schmachvoll, es war erniedrigend.

Zehn Tage nach der Flucht des afghanischen Präsidenten landete das militärische Transportflugzeug, in dem die Familie zum Schluss einen Platz ergattert hatte, am Osloer Flughafen. Sie wurden in einem Lager untergebracht, gemeinsam mit anderen evakuierten Afghanen – Menschenrechtskämpfern, Übersetzern für die Armee, Botschaftsmitarbeitern. Binnen achtundvierzig Stunden nach Ankunft wurde entschieden, wo jeder von ihnen wohnen würde, ohne den geringsten Versuch, die Leute so zu verteilen, dass sie sich nützlich machen oder ihre Arbeit fortsetzen konnten.

Alta also. Eine Stadt mit zwanzigtausend Seelen, hohen Bergen im Westen und der Finnmarksvidda im Osten. Hier gab es Flüsse voller Lachse und ein Schwimmbad, ein Säge- und ein Kraftwerk, eine Molkerei und eine Bibliothek. Es gab Nordlichter und Mitternachtssonne und Polarnacht. Und es war höllisch glatt.

Jamila und ihre Familie waren mit dem gekommen, was sie am Leib trugen. Im Aufnahmezentrum hatten sie aus gespendeten Kleidern wählen dürfen. Jetzt liefen sie in Norwegerpullis und -strickjacken herum. An den Füßen trugen sie noch immer die Schuhe aus

Kabul. Außerdem besaß Jamila nur ein Paar Schuhe. Die trug sie, wenn sie unter Menschen ging. Im Haus ging sie barfuß. So ließ sich leichter das Gleichgewicht halten.

In das Haus im Kirkevejen in Alta zu kommen, war ein merkwürdiges Gefühl gewesen. Es hatte Erinnerungen in ihr geweckt. An ihre Kindheit. Natürlich war alles anders, das glatte Parkett, die Kaminöfen, die Kochnische, das große Wohnzimmer, doch die Fenster zeigten in dieselbe Richtung: zu den Bergen. Es waren die Fliesen im Bad gewesen, bei deren Anblick ihr die Tränen gekommen waren. Sie hatten exakt denselben Grünton wie die, die ihre Mutter für das Wohnzimmer ihres Elternhauses gewählt hatte.

Einige Türen waren eingetreten, Griffe abgebrochen; vor ihnen hatten bereits andere Asylbewerber hier gewohnt, Männer, die allein von Gott weiß wo geflüchtet waren und wütend und frustriert gewesen sein mussten.

Sie konnte verstehen, warum. Ohne sie zu kennen. Exil. Glatt an der Oberfläche, wund und fransig und blutig darunter. Naheliegend, dass ein paar Türen darunter litten.

Vom Küchenfenster und dem Esstisch aus blickte man direkt auf eine weiße Kirche mit einem hohen, schmalen Turm. Die Kinder hatten versucht, hineinzugehen, doch die Kirche war jedes Mal verschlossen gewesen. Wenn es dunkel wurde, veränderte sich die Aussicht. Die Gräber um die Kirche begannen zu leuchten. An den schneebedeckten Grabsteinen standen Laternen und Grablichter, an einigen Kreuzen hingen leuchtende LED-Herzen. Andere Steine waren mit Lichterketten und -kränzen geschmückt. Der ganze Friedhof erwachte in der Nacht zum Leben.

Meist setzte Jamila sich mit dem Rücken zu ihm. Ihr Sohn war völlig verzweifelt gewesen, als ihnen ein Haus in direkter Nachbarschaft zu einem Friedhof zugeteilt wurde. »So viele Tote direkt neben uns«, weinte er.

»Tod!«, entgegnete sie. Wenn irgendwo der Tod sei, dann da, wo sie herkämen. »Hier werden wir überleben.«

Wenn sich das Haus leerte, wenn die Kinder zur Schule gingen und ihr Mann zum Norwegischkurs, saß sie dort, mit dem Rücken zum Friedhof, wählte sich ins Internet und rief in Kabul an.

Es klingelte an der Tür. Draußen stand Helene vom Integrations- und Kompetenzzentrum, eine sanfte, aufrechte Frau mit starken Nerven.

»Hast du die Nachricht nicht bekommen?«, fragte sie Jamila, die barfuß in der Türöffnung stand.

»Welche Nachricht?«

»Du hast einen Termin bei der Berufsberaterin. Jetzt um zwölf!«

Jamila gehorchte, schaltete ihren Laptop aus und ging ins Schlafzimmer, um sich umzuziehen. Sie holte den Klotz, mit dessen Hilfe der Fuß im Schuh gehalten wurde, zog die Schuhprothese an und befestigte sie am Knie. Im Flur setzte sie sich auf einen Hocker und mühte sich, den anderen Schuh anzubekommen.

»Du brauchst einen Schuhlöffel!«, rief Helene aus.

Auf der spiegelblanken Treppe vor dem Haus fügte sie hinzu: »Und Spikes für die Schuhe.« Sie half ihr die Treppe hinunter und ins Auto.

»Und für die Krücken«, murmelte sie zu sich selbst.

Jamila müsse bei der Hilfsmittelzentrale Spikes für die Krücken beantragen, erklärte Helene. Sie schilderte das Antragsverfahren, während sie mit festem Griff ums Lenkrad den Siebensitzer die kurvige Straße hinunter zum am Fjord gelegenen Integrations- und Kompetenzzentrum steuerte.

Dort angekommen, begrüßte die Berufsberaterin sie freundlich und teilte Jamila mit, dass die Dolmetscherin bereit sei. Bei ihrer Ankunft in Alta hatte Jamila angegeben, dass sie keinen Dolmetscher benötigte, da sie die Termine gerne auf Englisch wahrnähme statt auf Dari, Paschtu, Farsi, Arabisch oder einer der anderen Sprachen des Dolmetscherdienstes, die sie beherrschte.

»Die Dolmetscherin ist für mich!«, lachte die Berufsberaterin, als Jamila darauf hinwies, dass sie keine Übersetzung benötige. Die Beraterin wollte das Gespräch lieber auf Norwegisch führen.

Sie setzten sich in einen der Unterrichtsräume des Zentrums. Durch eine Fensterfront blickte man auf den Fjord. Auf den Bergen gegenüber lag ein rosa Schimmer. Hier sollte Jamila darin unterstützt werden, ihre Karriere aufzubauen. Um sich in Norwegen zu integrieren.

Putzen.

Kinder.

Alte Menschen.

Kochen.

Wie wäre es denn mit einer Stelle als Verkäuferin?

»Spikes«, hatte Helene gesagt. »Für die Schuhe und die Krücken.«

Damit sie nicht stürzte.

Doch Jamila hatte bereits den Halt verloren.

ZEIT FÜR ZÄRTLICHKEIT

An ein goldenes Kissen gelehnt, saß Baschir auf einer Matratze und hörte zu. Die Blumenranken auf dem Stoff schlängelten sich hinter seinem breiten Rücken. Das Leben war gut. Sein Bauch wölbte sich unter dem Gewand, die Wangen waren rund wie bei einem Kleinkind. Das lockige, schulterlange Haar war frisch gewaschen, der Bart üppig. Über dem Gewand trug er eine Weste und auf dem Kopf eine braune, runde Mütze mit hochgerollter Krempe.

Es war Zeit, Gäste zu empfangen.

Neben ihm lag ein Gewehr. Eine russische AKS-74U, entworfen vom Schöpfer der Kalaschnikow, dieses Modell aber war kürzer, schnittiger, schneller hervorzuholen, fast wie eine Maschinenpistole, mit einklappbarem Schaft.

Das Gewehr kam erst nach Invasion der Sowjets 1979 in Gebrauch und erlangte rasch den Status einer Trophäe, da die Afghanen nur durch Erbeutung in ihren Besitz gelangten. Es war eigens für Fahrer von Panzern und Piloten von Helikoptern designt, wo wenig Platz für die Handhabung der langen Kalaschnikows war.

Prestige erlangte die AKS-74U außerdem, da sie zu Osama bin Ladens Lieblingswaffe wurde.

Jetzt lag sie auf dem Kissen. Nicht, weil Baschir sie zu Hause benötigte, nur, wo sollte sie sonst liegen?

Baschir saß im Obergeschoss des rosa Hauses, in einem hellen Raum mit drei Fensterwänden, wie ein an die Dachterrasse angrenzender Wintergarten. Die Gäste wurden über eine Außentreppe hinaufgeschleust, damit sie die Frauen des Hauses nicht zu Gesicht bekamen. Die Stufen führten zu einem zwischen dem zweiten und dritten Stock gelegenen Balkon, von hier aus ging man zur inneren Treppe und über diese das letzte Stück hinauf, ehe man zur Terrasse gelangte, die sich über die halbe Dachfläche erstreckte. Von hier konnte man über den gesamten Garten und die umliegenden Häuser bis nach Kabul blicken. An den Fenstern, die mit dünnen Holzsprossen in schöne Muster geteilt waren, hingen feine, hellblaue Gardinen, die zu bauschigen Knoten hochgebunden waren, damit sie diejenigen, die an die Wände gelehnt saßen, nicht störten. In der Ecke lag ein Stapel zusammengefalteter Decken, oft wurden Gäste eingeladen zu übernachten. Waren es viele, schliefen sie draußen auf den Fliesen unter offenem Himmel. Von den Textilien abgesehen, war der Raum leer. Dies war die Welt der Männer.

In Baschirs Haus waren Gäste stets willkommen, in der Küche brannte der Herd ab den frühen Morgenstunden. Die Leute, die Baschir besuchten, um Rat zu erbitten, Pläne zu schmieden oder zu tratschen, waren ein ewiges Ärgernis für die Frauen, die ständig angewiesen wurden, den rückwärtigen Garten zu verlassen oder sich von Fenstern und Haustür fernzuhalten. Oft vergaßen die als Boten fungierenden kleinen Neffen, Bescheid zu sagen, wenn wieder freie Bahn war, sodass die Frauen den Großteil des Tages versteckt im Haus saßen. Sie beschwerten sich bei Baschir, der rasch eine Lösung ersann.

Neben dem Parkplatz, auf der anderen Seite einer Pergola mit Weinranken, die noch keine Blätter ausgetrieben hatten, lag eine unbenutzte Fläche.

Hier könnte er sein eigenes Gästehaus bauen, überlegte Baschir. Dann könnten die Männer, wenn sie kämen, direkt hinter den Autos nach rechts gehen, die Frauen dagegen nach links und die breiten Stufen zum Haupteingang des Hauses hinauf.

Gedacht, getan. Nur wenige Tage später grub eine Gruppe junger Männer in sandfarbenen Gewändern im Garten. Es war eine fremde Arbeit, die Männer waren es gewohnt, Gewehre zu halten, keine Schaufeln. Ihre Bewegungen waren steif, sie gruben schlampig und ließen Erde fallen, es dauerte seine Zeit. Doch in Baschirs Haus herrschte keine Eile, hier labte man sich noch immer am Sieg.

Baschir hatte gedanklich bereits mit der Einrichtung des neuen Gästehauses begonnen. Einen weichen Teppichboden musste er haben. Er schaute auf Wohnungseinrichtungsseiten im Internet. Einer in Blautönen, wie wäre das?

Jetzt saß er im Wintergarten und lauschte konzentriert, den Blick auf den Sprecher geheftet. Das Einzige, was sich bewegte, war seine Hand mit der Gebetskette. Eine nach der anderen ließ Baschir die Perlen durch die Finger gleiten.

Auf dem Boden standen Gläser, randvoll mit hellgrünem Tee gefüllt, dazwischen ein Teller mit Nüssen, Rosinen und getrockneten Erbsen. Ein Schälchen mit Sahnebonbons war vor die beiden Besucher gestellt worden. Die beiden saßen einander im Schneidersitz gegenüber.

Im Krieg das Kommando über tausend Männer zu haben, war eine Sache, in Friedenszeiten die Verantwortung für sie zu tragen, eine ganz andere. Im Krieg gehorchten die Soldaten, sie folgten jedem Befehl. Jetzt mussten sie plötzlich den Alltag bestreiten und wandten sich Rat suchend an ihren alten Kommandeur. Männer, die unter Männern gelebt und sich als bevorzugte Methode der Gewalt bedient hatten, waren nach Hause gekommen, um Väter und Ehemänner zu sein. Dort saßen sie nun, in kleinen, zugigen Häusern, ohne Geld, ohne Job. Da lag es nahe, zur selben Lösung zu greifen, derer sie sich im Krieg bedient hatten.

Gewalt war ein einfaches Mittel.

Die beiden Besucher, ein älterer und ein junger, saßen auf ihrer jeweiligen Matratze und schilderten nacheinander ihr Anliegen.

Einer von Baschirs Kriegern hatte im Streit seine Frau verprügelt. Leider hatte sie sich das Handgelenk gebrochen. Die Frau war die Schwester eines anderen von Baschirs Soldaten, der sich an seinem ehemaligen Mitstreiter rächte, indem er dasselbe mit seiner Frau machte, die wiederum die Schwester des ersten Mannes war, der zuerst geschlagen hatte. Man könnte sagen, die Männer wären quitt. Sie hatten beide ihre Frau verletzt, die Schwester des jeweils anderen. Baschir schwitzte. So vergingen die Tage.

»Ich kann mir nicht vorstellen, dass die Generale in Amerika die Alltagsprobleme ihrer Soldaten lösen müssen«, beklagte er sich bei seinen Freunden. »Wenn der Krieg für Amerika vorbei ist, ist er es auch für die Generale, glaubt ihr nicht?«

Doch, das glaubten sie gern. So war es bestimmt in Amerika.

Aber das hier war Kabul. Alles und jeder hing zusammen. Es war das stärkste Gewebe und das schwächste Glied des Landes, dass die Menschen so eng verbunden waren, verantwortlich füreinander, dass sie Ehre und Schande übereinander brachten, Glück und Unglück. Niemand war bloß ein einzelner Mensch.

Die Männer, die dort mit je einem Glas Jasmintee saßen, repräsentierten je einen Misshandler. Der jüngere war der Bruder des Mannes, der seiner Frau das Handgelenk gebrochen hatte. Der ältere war der Vater der Frau, die aus Rache verdroschen worden war. Wie sich nun zeigte, waren sie keineswegs quitt.

Die Sache dürfe nicht eskalieren, lautete Baschirs Einschätzung, nachdem er beide angehört hatte. Vergeltungsprügel waren keine Lösung. Er redete beiden gut zu und schlug ein Versöhnungstreffen zwischen den Familien vor. Ließen diese sich nicht darauf ein, sollten sie noch mal zu ihm kommen. Die Männer dankten ihm und priesen Gott, ehe sie gingen. Der Nächste, der draußen auf der Terrasse in der Herbstsonne gewartet hatte, konnte hereingeschickt werden.

Es war ein älterer Mann, der eine Zeit lang unter Baschirs Kommando gekämpft hatte. Sein Sohn benötigte eine Operation. Der alte Krieger hatte keine Einkünfte und kein Geld für die privaten Krankenhäuser, die noch in Kabul betrieben wurden, während die staatlichen keinen Platz für seinen Sohn hatten. Sie seien voll, hatte man ihm beschieden.

Baschir versprach, einen seiner Männer zu schicken. Eine Operation in einem staatlichen Krankenhaus sollte sich mit ein klein wenig Druck arrangieren lassen. Nach zwanzig Jahren im Feld hatte er überall Freunde.

Der Nächste!

Ein Mann mit kurz geschnittenen Haaren kam herein. Er war Anwalt, der Cousin von einem von Baschirs Soldaten, und vertrat eine Türkin. Die Frau führte seit mehreren Jahren eine Baufirma in Kabul. Unter dem letzten Regime hatte sich ein Mann fast eine halbe Million Afghani von ihr geliehen, an die viertausendfünfhundert Euro. Jetzt weigerte er sich, das Geld zurückzuzahlen. Was sollte sie tun?

Baschir dachte nach, fragte einiges zu dem Schuldner und sagte, dass sie als Druckmittel auf ihn verweisen könnten.

»Wenn er nicht zahlt, werde ich Stärke demonstrieren«, versicherte Baschir.

Der Anwalt bedankte sich. Baschir atmete aus.

Eigentlich fand er, dass der Platz einer Frau zu Hause war. Doch sie war Türkin, niemand besaß sie, also seis drum. Sie musste ihr Geld zurückbekommen, es war nicht richtig, dass sie von einem Afghanen betrogen wurde.

Genug Bittsteller für heute. Einige von Baschirs Männern waren zum Mittagessen gekommen. Sie umarmten einander, ehe sie Pistolen und Kalaschnikows fallen ließen. Nur die Jüngsten stellten ihre Maschinengewehre ordentlich an die Wand, indem sie zwei Stützbeine aus dem Schaft zogen. Ein Paar Handschellen baumelte von einer schwarzen Maschinenpistole, die Farid gehörte, dem ältesten und kräftigsten der Männer.

Die beiden Jüngsten, Jamal und Muslim, die ihre Waffen noch immer mit Ehrfurcht behandelten, waren Baschirs Leibwächter und Handlanger. Sie sorgten dafür, dass der Wagen stets draußen bereitstand, sie nahmen Mitteilungen für ihn entgegen, erledigten Besorgungen und begleiteten ihn. Jemand, der Leben genommen hat, wird immer Feinde haben.

Jamal war ein bildhübscher Jugendlicher mit Lachgrübchen und glänzenden Locken, er trug eine hellbraune Weste, deren Taschen sich vor Munition beulten. Drei Ampullen, die man einknickte, damit sie im Dunkeln leuchteten, waren an einer Schlaufe befestigt. Auf der Brust stand »Afghanistan Special Forces«.

Auch sein Kamerad Muslim trug den Skalp des Feindes in Form einer kleinen Tasche mit der Aufschrift »Enduring Freedom« bei sich. Er hatte sie im August in Kabul gefunden. Die Taliban nahmen alles, was die Amerikaner zurückgelassen hatten: Autos, Waffen, alles, was den afghanischen Regierungstruppen zugedacht gewesen war.

Talibansoldaten hatten ihren eigenen Stil. Ein bisschen was Gewonnenes, ein bisschen was Gefundenes, ein bisschen was Geliehenes und ein bisschen was Gestohlenes. Amerikanische Uniformen wurden mit gewebten Tüchern und Palästinenserschals kombiniert. Andere kleideten sich in Gewand und weite Hose. Sie trugen Ringe an den Fingern, Armbänder und goldene Uhren. An den Füßen wechselten sie zwischen erbeuteten Militärstiefeln, pakistanischen Turnschuhen und Plastiksandalen. Bei Besuchen, ganz gleich, ob bei jemandem zu Hause, in einem Ministerium oder einer Polizeistation, wurde alles Schuhwerk an der Tür abgestreift. Jetzt saßen sie mit Strümpfen da, einige hatten die verschwitzten Socken ausgezogen und in die Ecke geworfen.

Kein Taliban mit Respekt vor sich selbst hatte den Kopf unbedeckt. Einer der Mittagsgäste trug einen schwarzen Turban, ein anderer einen weißen. Zwei eine bestickte *kepi*, eine flache, mit Glasperlen verzierte Mütze. Einer trug eine Kappe mit einem Tuch darunter und einer Sportbrille darüber, der Letzte hatte sich in einen *patu* gehüllt, einen dünnen Wollschal. Baschir hatte seinen *pakol*, die runde, braune Wollmütze, weit in die Stirn geschoben. Er holte sein Handy heraus, klickte auf die Kamera und drehte sie, um sich zu spiegeln. Er studierte sein Gesicht, hob das Kinn, beschaute die Zähne, sah sich in die Augen und musterte den Haaransatz.

Farid, der mit den Handschellen, trug eine schwere Flecktarnjacke und lachte über seine Eitelkeit. Als der mit den meisten Jahren an Baschirs Seite konnte er sich das erlauben. Er kommentierte Baschirs frisch gebügeltes schwarzes Gewand.

»Du trägst Schwarz?«

Baschir sah ihn gespielt dümmlich an.

»Wie ein kleiner Junge!«, fuhr der Freund fort. Alle lachten. Erwachsene trugen kein Schwarz. Sie kleideten sich in Weiß, wenn sie es sich leisten konnten, in Hellgrau, wenn sie seriös wirken wollten, und in stetig dunkleren Schattierungen von Grau oder Braun, abhängig davon, wie oft sie es sich leisten konnten, das Gewand zu waschen. Aber Schwarz, das trugen in den Augen der Männer nur kleine Jungs.

Baschir grinste. Er hatte sich nämlich aus einem besonderen Grund so gekleidet. Er spiegelte sich weiter.

Die Männer lachten ihn aus.

»Jungchen!«

Er lächelte. Mit irgendetwas musste er sich in dieser Zeit der luftigen Pläne schließlich die Tage vertreiben. Wenn der Krieg eine Pause machte, war es Zeit für neue Liebe.

An diesem Abend würde er den Mann treffen, der, wenn alles nach Plan lief, sein nächster Schwiegervater werden würde. Der dritte.

Es hatte begonnen, als eine Gruppe Krieger bei Baschirs Verwandten in Mussahi versammelt saß. Aus dem Blauen heraus hatte er gesagt, dass er den Wunsch habe, wieder zu heiraten.

Obaidullah, ein Taliban aus Mussahi, der sowohl Mullah als auch Krieger war, hatte geschwiegen, dabei jedoch an seine Tochter gedacht. Die Älteste hatte er bereits an einen Krieger verheiratet, jetzt war Mariam an der Reihe. Sie war gerade sechzehn geworden.

Er sagte nichts, dennoch hatte er womöglich die richtigen Blicke gesendet, denn wenige Wochen darauf rief Farid an, Baschirs engster

Freund, und sagte, er wolle gern vorbeikommen. Zuvor hatte Farid seine Frau geschickt, um das Mädchen in Augenschein zu nehmen. Sie hatte sie begutachtet und gutgeheißen.

Nun war es an ihm, Tee serviert zu bekommen und seine Botschaft vorzutragen. Farid saß mit Mariams Vater auf den flachen Matratzen am Ofen. Obaidullah konnte sich keine bessere Partie für seine Tochter erträumen. Baschir war stattlich, berühmt, ein guter Muslim, und er war ein Krieger. Dass er bereits zwei Frauen hatte, kümmerte Obaidullah wenig, er hatte selbst zwei Frauen, und das klappte wunderbar. Gemeinsam hatten sie ihm fast zwanzig Kinder geboren, wenn also jemand wie Baschir eine dritte Frau wollte, war das sein gutes Recht.

Baschir war perfekt. Aber das sagte Obaidullah nicht. Er sagte, er müsse die Sache mit der Mutter des Mädchens besprechen, seiner zweiten Frau.

Auch die Mutter von elf Kindern hielt Baschir für einen guten Mann. Aber sie mussten Mariam fragen.

Alle im Ort wussten, wer Baschir war. Mariam war mit Geschichten über ihn aufgewachsen. Zwar hatte er im ganzen Land gekämpft, doch seine Wurzeln waren hier in Mussahi.

Sie antwortete aus dem Stand Ja.

»Aber du wärst seine dritte Frau, magst du es dir noch mal überlegen?«, fragte ihre Mutter.

»Das ist in Ordnung, solange ich nicht mit den anderen zusammenwohnen muss«, antwortete Mariam.

»Er ist ja schon alt, Mitte dreißig, macht dir das etwas aus?«

»Nein, das stört mich nicht. Er gefällt mir«, antwortete sie.

Jetzt, einige Wochen später, spürte Baschir allmählich Aufregung. Er hatte das Mädchen noch nicht getroffen, doch es gingen Gerüchte über die schöne Jugendliche. An diesem Abend wollte Baschir sich ihrem Vater in seinem besten Licht präsentieren, sollten seine Kameraden ihn also ruhig verspotten.

Sein Freien wurde ohnehin im kleinen Kreis gehalten. Das Mäd-

chen war die jüngere Schwester von Jamal, dem bildhübschen Soldaten mit der Trophäenweste.

Bisher wussten Baschirs Männer mehr als Hala und seine Frauen.
Ihm graute davor, es ihnen zu erzählen. Vor allem seiner Mutter. Es
war das zweite Mal, dass er sich selbst eine Frau gesucht hatte. Sie
würde wütend sein. Und Galai und Yasamin … Er musste sich etwas
überlegen, um sie zu besänftigen. Aber darüber konnte er sich später
noch Gedanken machen. Es war leichter, Vergebung als Erlaubnis zu
erhalten.

Auf dem Boden zwischen den Matratzen rollten einige Jungen des
Hauses eine lange abwaschbare Tischdecke aus. Dampfende Platten
mit *Kabuli Palau* – mit Öl beträufelter Reis mit dünnen, glasierten
Karottenstückchen und Rosinen –, zubereitet von den Frauen des
Hauses, wurde neben Lammfleisch und Schälchen mit Petersilie und
Frühlingszwiebeln serviert.

Die Männer benutzten die Finger, um mundgerechte Portionen
Reis zu formen, und schaufelten das Fleisch mit Brotstreifen, die sie
von den noch warmen Fladen abrissen, die Hala und Yasamin gebacken hatten.

Die Geräusche von essenden Männern lösten das Geplauder ab.
Baschir hatte einen Bluetooth-Empfänger im Ohr. In regelmäßigen
Abständen leuchtete der Bügel bläulich unter seinen Locken auf,
und ein Gespräch war im Gang. Wichtiges und Unwichtiges unterbrach das Kauen. Mal ging es um ein weiteres Mediationstreffen, mal
um Ausstattung, die er benötigte, dann regte er sich wegen des Ver-
lusts eines Schlüssels für den Land Cruiser auf. Ein neuer koste achthundert Dollar, sagte man ihm. »Finde einen für zweihundert«, befahl
er.

Nach dem Essen blieben Baschir und Farid sitzen und hakten ihre
Finger ineinander. Afghanische Krieger pflegen eine natürliche Nähe
zueinander; der Großteil des Tages wird mit Männern verbracht.
Wenn sie so beisammensaßen, satt von der Mahlzeit, streichelten sich

viele und kuschelten miteinander, sie tätschelten sich die Schenkel, während sie sich unterhielten, spielten mit den Fingern des anderen.

Diese Männer, die nun nach der schweren Mahlzeit wohlig die Zehen streckten, waren Baschirs engste Vertraute. Sie würden ihm zur Seite stehen, worum auch immer er sie bat. Das wusste er. Er hatte viel Zeit auf Inneneinrichtung verwandt, doch jetzt begann er, unruhig zu werden. Ein rastloser Gedanke nahm Gestalt an.

Der Dschihad war nicht vorbei.

Der Dschihad konnte niemals aufhören.

Heiliges Kriegerblut rann in seinen Adern.

Er war Siradschuddin Haqqani gegenüber unehrlich gewesen. Jetzt, da der Kalif Innenminister geworden war, würde er Baschirs Pläne nicht unterstützen, nicht zum gegenwärtigen Zeitpunkt jedenfalls. Siradschuddin wollte Ruhe im Land, der Welt zeigen, dass er alles unter Kontrolle hatte, doch Baschir hatte noch nicht zu Ende gekämpft.

Sein Blick war gen Osten gewandt. In den pakistanischen Stammesgebieten hatte er Verwandte. Sie hatten die gleiche Idee: Sie wollten die Freundfeinde im Osten talibanisieren. Wenn die Zeit reif war, würden sie das ungläubige Regime im Nachbarland stürzen. Sie würden nicht aufgeben, ehe es fiel wie Ghanis Luftschloss. Sie hatten Afghanistan befreit, jetzt war es an der Zeit, die Pakistaner zu befreien.

Frieden in dieser Welt aufzubauen, war nichts für Baschir. Erst musste alles, was nicht Teil von Gottes Bild war, gestürzt werden.

Im Frühjahr, wenn die Knospen aufbrachen und die Kampfsaison begann, würde er losziehen.

Im Frühjahr, wenn die Sonne wieder wärmte, würde es passieren, alles zusammen. Die Hochzeit. Die Blüte. Ein neuer Krieg. Die Engel Allahs passten sicher noch immer auf ihn auf.

Ah, das Leben lächelte ihm zu.

Er zog ein Päckchen Zahnseide aus der Tasche. Einer der Männer rieb sich das braune Glasauge. Ein anderer hustete. Draußen vor dem Fenster brach die Dunkelheit herein.

WILLST DU DIE TALIBAN TREFFEN?

Über Alta hatte sich die Polarnacht gesenkt. Es war rund um die Uhr dunkel. Die Lichter auf dem Friedhof vor dem Küchenfenster flackerten Tag und Nacht. Manchmal sahen sie Schatten dort, Gestalten, die die Blockkerze in einer Laterne anzündeten oder die Batterien einer Lichterkette wechselten. Bei minus dreißig Grad hielten die Batterien nicht lange, man musste sie im Blick behalten, wollte man es hell für seine Toten haben.

Die Tage waren zunächst kürzer geworden, bis die Sonne Ende November ganz verschwand. Am Vormittag ließen sich einige Streifen Licht erahnen. Die Strahlen der unter dem Horizont stehenden Sonne gaben einen schwachen Widerschein. Salahuddin und Kakar fanden es faszinierend, Jamila fand es schrecklich. Die Mädchen nahmen das Wetterphänomen wie das meiste im Leben, es passierte halt, nun war es so – bevor sie sich wieder in das vertieften, was von Bedeutung war: neue Freundinnen und das iPad. Manchmal flammten die Nordlichter fluoreszierend gelb und grün, rot oder lila über den Himmel. Salahuddin und Kakar gingen häufig hinaus, um das Naturschauspiel zu sehen, es war erschreckend schön, doch es wärmte nicht. Der Wind vom Hochplateau hatte die Kälte ins Haus gebracht. Es war feuchtkalt am Boden, beinahe eisig an der Tür, die elektrischen Heizkörper glühten, schafften es jedoch nicht, das zugige Haus mit den Panoramafenstern aufzuheizen. Im Wohn- und im Esszimmer standen je ein großer Kachelofen, doch wo sollten sie Holz herkriegen?

Alles war so überfordernd.

Am dritten Januar war die Schonfrist vorbei. Jamila Afghani musste zum Norwegischkurs. Im ersten Herbst war sie freigestellt gewesen. Die Familie war spät im Kurshalbjahr angekommen, und Jamila hatte so viel mit ihren Organisationen in Afghanistan zu tun gehabt. Schließlich hatte man ihr Aufschub bis ins neue Jahr gewährt, während Kakar vom ersten Tag an teilgenommen hatte. Er war fleißig und drückte gern die Schulbank. Als Arabischlehrer begeisterte er sich für Grammatik, Flexion, Satzbau, Regeln und Ausnahmen. Der Norwegischkurs wurde ein Pfeiler in einer Zeit, in der das Leben, das er gekannt hatte, eingestürzt war. Er passte sich an, so wie er sich immer Jamila angepasst hatte.

In Norwegen hatten »Zuwanderinnen und Zuwanderer, die einen dauerhaften Aufenthalt anstreben« das Recht und die Pflicht, dreihundert Stunden Norwegischunterricht zu absolvieren. Keiner kam so ohne Weiteres um den Unterricht herum. Man konnte nicht einfach herkommen und denken, man habe Wichtigeres zu tun. Wer die Arbeit für grundlegende Menschenrechte im Heimatland fortführen wollte, musste das in der Freizeit tun. Die Hauptbeschäftigung von Geflüchteten sollte der Norwegischunterricht sein. Er war wie ein Job, von acht bis fünfzehn Uhr, und für abends gab es Hausaufgaben.

Am ersten Schultag im Januar standen sie bei Dunkelheit auf, und es war dunkel, bis sie ins Bett gingen. Dunkel war es auch in Jamilas Kopf. Sie dachte an alles, was sie Sinnvolleres hätte tun können, als norwegische Wörter zu lernen. Sie hatte das Gefühl, dass ihre Kräfte falsch verwendet wurden. Dass sie in Kabul hätte bleiben sollen.

Wie sie sich nach ihrer Stadt sehnte! Den Menschen, dem Büro, der Aussicht auf die Berge.

Am Abend rief Torpekai an, die stellvertretende Leiterin der WILPF und Bürochefin während ihrer Abwesenheit. Sie sagte, dass sie auf Granit bissen. Mehrere Programme standen still. Sie bekamen keinen Kontakt zu den Behörden.

Es war schwer, sich daran zu gewöhnen, dass die Taliban jetzt die Behörden waren. Früher oder später mussten sie sie notgedrungen aufsuchen, um die Genehmigungen für die Weiterführung der Hilfs- und Bildungsprojekte zu erneuern. Torpekai hatte Angst, sowohl geschriebene als auch ungeschriebene Vorschriften zu brechen und den Taliban damit einen Vorwand zu geben, das Büro zu schließen. Sie war sogar so weit gegangen, Männer einzustellen. Das hatten sie noch nie getan, schließlich waren sie eine Frauenorganisation. Bis auf die Wachen am Eingang waren sie stolz darauf gewesen, alle Stellen mit Frauen besetzt zu haben. Jetzt war alles anders. Die Taliban empfingen keine Frauen, sie antworteten nicht auf Anfragen von Frauen. Glücklicherweise hatten sie einige nette junge Männer gefunden, die sich den hergebrachten Abläufen der Frauenorganisation unterordneten. Torpekai und Soraya leiteten nach wie vor das Büro, doch für alle Aufträge außer Hauses mussten sie einen Mann schicken.

Morgens verließ die ganze Familie im Dunkeln das Haus. Chadidscha und Fatima machten sich in neuen rosa Jacken, Stepphosen, Reflektoren und gefütterten Stiefeln auf den Weg zur nächstgelegenen Schule. An der Ecke trafen sie sich mit einer Klassenkameradin. Wie an alles andere gewöhnten sie sich rasch daran, allein zu gehen. In Kabul waren sie nie ohne Begleitung draußen gewesen.

Salahuddin verschwand in entgegengesetzte Richtung zur weiterführenden Schule, auch er hatte Freunde gefunden. Jamila hatte Anspruch auf Fahrdienst zum Norwegischkurs unten am Fjord, und Kakar fuhr mit ihr. Der Fahrer war häufig Abdul, der Mann für alles beim Flüchtlingsdienst. Er war selbst vor einigen Jahren aus Syrien geflüchtet. »Æ elske Alta«, ich liebe Alta, war das Erste, was er ihnen beibrachte. »Du brauchst einen Rollstuhl«, sagte er auf Arabisch zu Jamila, als er sah, wie sie sich auf der Straße abmühte. »Meine Frau hat auch einen«, fügte er hinzu, allerdings falle ihr das Gehen noch schwerer als Jamila. Sie hatten kleine Kinder, und Abdul war der festen Überzeugung, dass es keinen besseren Ort auf Erden gab als diese Stadt. Er zählte die vielen Angebote auf, die tollen Menschen, die Nordlichter, das Himmelsschauspiel. Dann waren sie am Ziel.

Die Mädchen kamen gegen halb zwei von der Schule. Die anderen um drei. Zum ersten Mal in ihrem Leben waren sie allein zu Hause. Jamila sah, wie ihre Töchter aufblühten. Sie wurden von Freundinnen zum Spielen abgeholt, zum Rodeln, zum Schneeburgenbauen, und sie kamen mit blauen Flecken vom Skitraining nach Hause, mit leuchtenden Augen und Schneekristallen in den Haaren.

Ihre Kontaktperson von der Kommune lud die ganze Familie zum Hundeschlittenfahren ein. Die Frau zeigte ihnen Bilder ihrer Alaskan Huskys auf dem Handy. Jamila könne auf warmen Rentierfellen auf dem Schlitten sitzen, die anderen dürften selbst einen Schlitten lenken, den Wind im Gesicht spüren und über das Hochplateau fegen, dann würden sie ein Feuer machen, Kaffee kochen und es sich gut gehen lassen.

Jamila nickte desinteressiert. So was war nichts für sie. Sollten Kakar und die Kinder gehen.

Aber vielleicht hätte das Kompetenzzentrum einen etwas weniger intensiven Kurs für sie? Könnte sie etwas kürzere Tage bekommen? In Afghanistan passierte täglich etwas, sie musste auf dem Laufenden bleiben, an digitalen Besprechungen teilnehmen und ihren Mitarbeiterinnen antworten. Sie hatte Berichte zu schreiben, Gespräche zu führen, und die Zeitverschiebung zwischen Kabul, Genf und New York war dieselbe wie zuvor.

Der weniger intensive Kurs sei für Analphabeten, Leute, die nach Norwegen gekommen waren, ohne je zuvor zur Schule gegangen zu sein, antwortete ihr die Frau mit den Huskys. Die Lerninhalte seien völlig andere. »Sie passen nicht in diese Klasse«, sagte sie. Das habe überhaupt keinen Sinn.

Nach dem Norwegischunterricht musste das Mittagessen zubereitet werden. Jamila kochte ungern, das fraß bloß Zeit. Der Ansicht war sie immer schon gewesen. Jetzt kostete es sie die letzten Kräfte. Sie hatte an etlichen Stellen Belastungsschmerzen. Im Rücken, in der Schulter und in der Hand. Die medizinischen Untersuchungen in Alta zogen sich hin. Sie war bei einem Arzt in Kristiansand gewesen, als sie dort in der Aufnahmeunterkunft wohnten und auf die Zuteilung in eine Kommune warteten. Dort hatte man sie geröntgt, allerdings war sie zu diesem Zeitpunkt mit einer falschen Personenkennnummer registriert, weshalb die Bilder unter ihrer Personennummer nicht auftauchten. Jamila hielt es für unsinnig, neue machen zu lassen, die alten lagen schließlich irgendwo. Man versuche, sie zu beschaffen, ließ man sie wissen, doch die Wochen verstrichen.

»Ich habe solche Schmerzen, aber immer noch keinen Termin beim Arzt«, klagte sie gegenüber Kakar. Sie brauchte wirklich dringend einen Termin. Doch dann nahm sie lieber noch ein paar Schmerztabletten mehr und setzte sich an die Hausaufgaben.

»*Æ elske Alta*« gehörte nicht zur Lektion.

Ende Januar wurde Jamila angerufen. Das Außenministerium war dran.

Eine Frau sagte, in Oslo solle ein Treffen stattfinden. Sie wollten Vertreter der afghanischen Zivilgesellschaft einladen, und eventuell, ja, vielleicht kämen auch Taliban.

Jamila wurde hellhörig.

»Was steht auf der Tagesordnung?«, fragte sie.

»Im Augenblick haben wir keine Tagesordnung«, antwortete die Mitarbeiterin des Außenministeriums. Die Afghanen selbst sollten die Besprechungen mit Inhalt füllen. Die Frau betonte, dass das mögliche Treffen bis zum Stattfinden geheim gehalten werden müsse.

Jamila war unsicher. Was sollte sie sagen? Vielleicht kamen Taliban?

Bis alles in trockenen Tüchern sei, unterstrich die Frau, dürfe sie niemandem von dem Gespräch erzählen.

»Okay«, sagte Jamila.

Kaum aufgelegt, rief sie Torpekai an.

»Natürlich musst du hin!«, rief ihre Kollegin in Kabul. »Hier hört uns niemand zu! Wenn die Taliban wirklich nach Norwegen kommen, musst du sie treffen!« Vielleicht, so die Hoffnung der Bürochefin, würde sie dort Gehör finden.

Jamila rief die Frau in Oslo zurück und teilte ihr mit, dass sie gern an dem Treffen teilnehmen würde, falls Zweifel daran bestanden hätten.

Wenig später erhielt sie eine E-Mail, aus der sie allerdings auch nicht recht schlau wurde. Abermals wurde betont, dass sie die Informationen mit niemandem teilen dürfe, bis das Treffen endgültig bestätigt sei.

Es dauerte nicht lang.

Zwei Tage darauf flogen Jamila und Kakar nach Oslo. Jamila musste das Büro bitten, eine Rede für sie zu schreiben. Sie hatte keine Ahnung, was von ihr erwartet wurde, und so blieb zunächst nichts anderes zu tun, als die Krücken einzupacken, ein paar große Tücher sowie das, was Salahuddin ihr Baby nannte, ihren Laptop.

Vom Flughafen Oslo-Gardermoen wurden sie zum Holmenkollen gefahren. Dort, oben auf dem Berg, inmitten der besten Skiloipen der Oslomark, sollte das Treffen stattfinden. Unter den Angehörigen der afghanischen Diaspora in Norwegen war hitzig debattiert worden, inwieweit es richtig war, die Taliban zu treffen. Einige meinten, es würde wie eine Anerkennung des Regimes wirken, andere sahen keine andere Möglichkeit als den Dialog, wenn man die Taliban beeinflussen wollte.

Als Jamila den Schieferboden der einfachen Rezeption im Hotel Soria Moria betrat, wurde sie von ihren Gefühlen überwältigt. Unmittelbar vor ihr standen Frauen, die sie aus Afghanistan kannte. Mahbouba, Masouda, Nazifa, einige waren direkt aus Kabul angereist. Sie hatten sich seit der Evakuierung nicht mehr gesehen; jetzt setzten sie sich auf eine Sofagruppe, während sie darauf warteten, die Schlüssel für ihre Zimmer ausgehändigt zu bekommen. Erstmals kam Jamila der Gedanke, dass ein Teil von ihr, vielleicht ihr Herz, schon vor langer Zeit in diesen Frauen Wurzeln geschlagen hatte. Während all der Jahre hatten sie, jede auf ihre Weise, für dieselbe Sache gekämpft: die Teilhabe der Frauen an der Gesellschaft. Bei ihrem Anblick war es, als würde wieder ein kleiner Keim in ihr sprießen.

»Weiß jemand von euch, was auf der Tagesordnung steht?«, fragte eine.

Die anderen schüttelten den Kopf.

Beim Mittagessen ließ man sie wissen, dass von norwegischer Seite keine Agenda vorgegeben sei. »We provide the space«, sagte ein Vertreter der Behörden. Die Wahl der zu diskutierenden Themen sei den Afghanen überlassen. Am nächsten Tag würden Politiker und Vertreter der afghanischen Zivilgesellschaft Gelegenheit haben, sich zu besprechen, ehe sie am darauffolgenden Tag die Repräsentanten der Taliban träfen. Von diesem vorgegebenen Zeitrahmen abgesehen, überließen die Norweger den Inhalt der Gespräche den Afghanen. Dies war ihr Treffen.

Am selben Tag hob ein Privatjet der Luxusklasse vom Flughafen in Kabul ab. Das Außenministerium hatte gebeten, die Flugreise möglichst nicht an die große Glocke zu hängen, doch der Sprecher des Außenministers der Taliban postete mehrere Bilder der turbangekleideten Delegation in cremefarbenem Interieur auf Twitter. *The Special Flight*, wie er den Flug nannte, hatte sechzehn Sitze, sechs Plätze und WiFi. Die Erste, die den Tweet kommentierte, war eine Norwegerin: »Vergesst nicht, dass dieser Flug von norwegischen FRAUEN und Männern bezahlt wurde. Mit unseren Steuergeldern. Norwegen ist reich, weil sowohl Frauen als auch Männer arbeiten. Außerdem sind Frauen und Männer in unserem Land gleichberechtigt. Versucht, etwas zu lernen, während ihr hier seid!«

Ein Direktflug nach Norwegen sei aus Sicherheitsgründen nötig, und das ginge nur mit einem Privatflug, so das Außenministerium.

Die eingeladenen Vertreter der Zivilgesellschaft hatten höchst unterschiedliche Hintergründe, und die Meinungen und Priorisierungen gingen weit auseinander. Einige waren den Taliban gegenüber positiv eingestellt, andere standen mit ihnen auf Kriegsfuß. Jamila bewegte sich wie üblich zwischen den Extrempositionen im Raum. Das Wichtigste für den Moment war ihrer Meinung nach, dass sie einen Dialog erreicht hatten, nun würden sie von hier aus versuchen, voranzukommen. Sie machte sich keine Illusionen, setzte jedoch große Stücke auf die Kunst des Möglichen.

Den Taliban am meisten gewogen war Jamilas Einschätzung nach ein Angehöriger der Hasara-Minorität. Ein anderer Teilnehmer hatte für Hamid Karzai gearbeitet und war mit allen einer Meinung. »Pass auf, sonst bist du bald auch noch mit den Taliban einer Meinung!«, zogen sie ihn auf. Eine Frau aus der Kunstbranche sprach sich lautstark gegen das aus, was sie als Normalisierung von Terroristen bezeichnete.

Die vierzehn Afghanen verbrachten den ganzen Tag dort oben inmitten der Loipen damit, Form und Inhalt ihres Treffens mit den Taliban zu diskutieren. Um zehn Uhr abends hatten sie sich endlich auf einen Vorschlag geeinigt, den sie am nächsten Tag präsentieren würden. Sie würden die Taliban bitten, eine Kommission zur Revision des Grundgesetzes einzusetzen, sowie zum Dialog darüber einladen, welcher Art die Änderungen sein sollten. Das würde voraussichtlich ein oder zwei Jahre dauern, veranschlagte die Gruppe. Bis eine neue Verfassung vorlag, sollte eine Übergangsregierung eingesetzt werden. Anschließend müsse man Wahlen ausschreiben.

Im Gegensatz zur Taliban-Delegation war die afghanische Delegation keine einheitliche Gruppe; es gab keine natürliche Hierarchie unter ihnen, wer also sollte bei dem Treffen in ihrem Namen sprechen? Schließlich einigten sie sich darauf, dass jeder von ihnen gleich viel Zeit bekäme, um sich selbst und die eigenen Standpunkte vorzustellen, während einer für alle die Zeit im Blick behalten würde. Sie entschieden, ihr Bestes zu tun, um den Taliban auf diplomatische Weise zu begegnen.

In der Nacht schlief Jamila kaum. Ihr graute vor dem morgigen Tag, vor dem Lärm, vor dem Treffen mit den Taliban. Die Führung hatte bisher gesagt, dass sie nicht an Wahlen und die Demokratie glaube, sondern sich an die Scharia halte. Wie also sollte ein Dialog zustande kommen?

Zum Frühstück erschienen die Taliban vor ihr und Kakar. Wie in Doha saßen sie zusammen, bevor sie zum Buffet schlenderten. Hinter den Kaffeekannen prangte ein riesiges Gemälde mit schneebedeckten Bäumen. Es zeigte die aufgehende Sonne hinter einigen ausladenden, von der Last des Schnees gebeugten Fichten. Ein Dompfaff schaute von einem herabhängenden Ast aus zu.

Bei der anschließenden Besprechung war die Zivilgesellschaft als Erste vor Ort, platziert an einem Tisch mit Namensschildchen, wie bei einer Verhandlung. Die Wände waren mit Motiven aus norwegischen Volksmärchen bedeckt. Einige davon ziemlich gewagt, wie Theodor Kittelsens *Alvelek*, auf dem eine nackte blonde Fee einen Mann in ihrem durchsichtigen Schleier fängt. Jetzt mussten die Taliban aufpassen, wo sie hinsahen.

Die Delegation kam der Reihe nach herein, in Gewändern über weiten, knöchellangen Hosen, die meisten mit Turban und fast alle mit langen Bärten.

Obwohl Jamila sich gewappnet hatte, erschütterte es sie, Anas Haqqani zu sehen, Siradschuddin Haqqanis jüngeren Bruder. Warum hatten sie die Schlimmsten geschickt? In ihren Augen war das Haqqani-Netzwerk eine terroristische Vereinigung, allein der Name ließ sie noch immer zusammenfahren, nach all den Selbstmordattentaten und Autobomben.

Sie war nervös. Hier war so viel gesammelte Wut.

Der Senior der Gruppe, der Außenminister der Taliban, der gegenüber einer Darstellung von Aschenper aus dem Märchen *Die wortschlaue Prinzessin* saß, hielt die Eröffnungsrede. Jamila spannte die Schultern, ihr graute vor der ersten Unterbrechung.

»Wir haben viele Fehler, wir haben viele Fehler gemacht«, begann Amir Khan Muttaqi, mit dem Rücken zur weißen Winterlandschaft sitzend. »Wir waren nicht bereit. Wir wurden in diese Situation versetzt, weil der Präsident das Land verlassen hat«, fuhr er fort. »Wir hatten erwartet, einen kleinen Anteil an der Macht zu bekommen, doch dann wurde uns die gesamte Verantwortung auferlegt! Die Situation ist sehr schwierig für uns, also helft uns! Gebt uns Rat, sagt uns, was ihr denkt.«

Die Rede entspannte die Atmosphäre. Jamila sah sich um. Sie war die Einzige, die ihren Laptop dabeihatte und alles mitschrieb.

Der Mann mit der Macht hatte einen versöhnlichen Ton angeschlagen, ein wenig Wasser auf die Flammen gegossen. Am Vorabend hatten die Vertreter der Zivilgesellschaft beschlossen, dass jeder von ihnen fünf Minuten bekommen solle. Jeder sollte über ein Thema sprechen, anschließend sollte eine offene Debatte darüber stattfinden. Anders ging es nicht, wenn sie alles abdecken und nichts vergessen wollten. Mahbouba Seraj, die Älteste unter ihnen, hatte vorgeschlagen, dass sie keine Zeit damit verschwenden sollten, über Kleidervorschriften für Frauen zu sprechen, sonst riskierten sie, dass die Zeit für Diskussionen über Burka und Hidschab draufging. Sie mussten über Macht reden. Über die Verfassung. Über Wahlen, nicht über Kleidung.

Jamila saß so, dass sie als Letzte an die Reihe kam. Für sie war der mit Abstand wichtigste Punkt das Recht der Mädchen auf Bildung, auf allen Stufen. Sie hatte sich entschieden, die Sprache und Terminologie der Taliban zu verwenden – als Zeichen des Respekts, aber auch, um ihre Aufmerksamkeit zu gewinnen. Sie wollte den neuen Behörden zeigen, dass ihr gemeinsamer Glaube Raum für mehr ließ, als sie im Moment gestatteten.

»Keine Religion, keine Ideologie, kein Gesetz und keine Verfassung kann Mädchen den Zugang zu Bildung verwehren«, begann sie. »Das widerspricht jeglicher Vernunft.« Wenn den Taliban wirklich an den Afghanen und der Zukunft des Landes gelegen sei, müssten sie handeln. Und zwar jetzt. Sie verwies auf den Islam. »Der Prophet hat gesagt, dass jeder Mensch die Pflicht hat, nach Wissen zu streben. ›Suche nach Wissen, und sei es in China‹, besagt ein bekannter Hadith. Hierbei unterscheidet der Prophet nicht zwischen Jungen und Mädchen. Mit welchem Recht tut ihr es?«

Zu diesem Zeitpunkt im Jahr waren die Schulen über den Winter geschlossen, üblicherweise markierte die Frühlingstagundnachtgleiche den Schulbeginn. Jamila hielt das für zu spät. Nach der Pandemiepause und der Unterbrechung nach Machtübernahme der Taliban waren viele Schüler weit zurück.

»Worauf wartet ihr?«, fragte sie. »Im Süden könnt ihr die Schulen schon im Februar wieder öffnen, dort ist es warm genug.«

Sie folgte dem Blick des für die Bildung verantwortlichen Taliban. Da sieh an, diese Möglichkeit hatte er nicht bedacht. Es gab viele Provinzen, in denen die Schulen bald wieder öffnen konnten. Allein beim Gedanken daran packte sie die Ungeduld.

»Afghanistan ist unser Land«, endete sie. »Und unsere gemeinsame Verantwortung. Aber ihr habt die Macht. Wie lange sollen wir um diese Angelegenheit ringen? Lasst alle zur Schule gehen!«

Sowohl der Außenminister als auch mehrere andere machten sich währenddessen Notizen und stellten anschließend Fragen. Sogar Anas Haqqani schwieg respektvoll und hörte zu. Er hatte während des ganzen Treffens noch kein Wort gesagt. Sie dachte daran, wie er freigelassen wurde, um die Verhandlungen zwischen Trump und den Taliban wieder in Gang zu bringen, und die Amerikaner im Gegenzug die entführten Professoren herausholen konnten.

Beim Mittagessen, das ohne Tischordnung und Namensschilder erfolgte, sah sie Haqqani gemeinsam mit den anderen der Delegation Platz nehmen, er grüßte nach rechts und links, führte gedämpfte Unterhaltungen. Jamila sah, wie eine aus ihrer Gruppe, eine Frau aus Herat, zu ihm trat. Sie spitzte die Ohren. Die Frau erzählte, sie habe große Probleme mit den örtlichen Taliban in ihrer Heimatprovinz, sie ließen sie nicht arbeiten, schikanierten die Frauen in ihrer Organisation.

Haqqani sagte ihr seine Hilfe zu. »Hier ist meine Telefonnummer.« Er notierte einige Zahlen auf einem Zettel. »Ruf mich an, wenn ich zurück bin, und sag mir, wie ich dir helfen kann.«

Auch Kakar, der bei der Besprechung mit den Taliban nicht dabei gewesen war, nutzte die sich durch das gemeinsame Essen bietende

Gelegenheit. Die Taliban hatten die Verteilung von Essen und Decken durch die NECDO unterbrochen. Erst hatte die Organisation die Erlaubnis bekommen, dann hieß es, die Taliban wollten die Hälfte der Hilfsgüter abhaben. Als Kakars Kollegen in Kabul hörten, dass er die Taliban in Oslo treffen würde, riefen sie ihn an. »Bitte, frag sie! Hier hören sie nicht auf uns.«

Kakar richtete sich mit dem Anliegen direkt an Haqqani, der ihm zuhörte und versprach, die Sache zu regeln.

Die norwegischen Gastgeber hatten dafür gesorgt, dass das ganze Mittagsbuffet *halal* war. Mit einem Koch aus dem Nahen Osten war alles in besten Händen. Es gab Reis und Lamm, Huhn und Kichererbsen, Auberginenpüree und Fladenbrot; Essen, das sie gewohnt waren.

Nach dem Mittagessen waren zwei Stunden zur Debatte vorgesehen. Die Taliban antworteten auf einige der zur Sprache gebrachten Vorschläge. Sie kommunizieren tatsächlich, dachte Jamila.

Vielleicht war es das gewesen, was es gebraucht hatte, die Eröffnung eines Dialogs?

Während der Besprechungen waren beide Seiten sich einig gewesen, dass sie die Kommunikation untereinander verbessern mussten. Auch in anderen Punkten herrschte Einigkeit. Die Mehrheit stand den USA, die große Teile der afghanischen Bankreserven zurückhielten, kritisch gegenüber. Doch die Vertreter der Zivilgesellschaft betonten, dass die westlichen Länder Bedingungen stellen müssten. Nur so konnten die Taliban in die richtige Richtung geschubst werden.

Am meisten überraschte Jamila eine, wie sie es auffasste, Haltungsänderung. Als sie die Taliban vor zwei Jahren in Doha getroffen hatte, hatten sie menschlicher gewirkt als in ihrer Vorstellung. Jetzt machten sie einen noch entgegenkommenderen Eindruck. Die Debatte wurde mit einer Runde um den Tisch abgeschlossen, und die Taliban hatten Geschenke für alle Teilnehmer dabei: ein Kästchen Safran aus Herat für jeden.

Sich langsam auf Krücken aus dem Raum zu bewegen, gab Jamila die Gelegenheit, ein paar letzte Worte zu äußern. Sie ging zum Außenminister.

»Es liegt in deinen Händen«, sagte sie zu ihm.

Er nickte und sagte, er habe sich ihre Worte zu Herzen genommen.

»Ihr seid jetzt die Führer des Volkes«, antwortete Jamila. »Also müsst ihr euch um unser Wohl sorgen!«

Taten sie das? Sorgten sie sich eigentlich um das Wohl der Leute? Sie war sich nicht sicher.

Zugehört hatten sie zwar, aber was hatten sie eigentlich versprochen?

Das konkreteste Ergebnis der gemeinsamen Aussprache war die Einigung der Teilnehmer darauf, dass die Probleme in Afghanistan nur durch Zusammenarbeit gelöst werden konnten.

In den Gesprächen hatten die Taliban zugesichert, dass die Schulen im März für alle geöffnet würden. Wobei, hatten sie das wirklich?

Während des Flugs nach Norden war die Stimmung zwischen den Eheleuten leicht optimistisch. Doch ein nagender Zweifel lauerte direkt unter der Oberfläche.

Würde es dasselbe Spiel sein wie in Doha, als die Taliban alle zum Narren gehalten hatten?

»Anscheinend haben sie verstanden, dass es nicht leicht ist, ein Land zu regieren«, sagte Kakar.

»Töten ist leicht, getötet werden ist leicht. Gerecht regieren ist etwas anderes. Dafür gibt es keine Zauberformel«, sagte Jamila.

Sie überquerten den Polarkreis. Vor dem Fenster war es schwarz. Schlagartig wurde es dunkel in ihr. Im Soria Moria war sie jemand gewesen. Sie hatte etwas bedeutet. Am kommenden Morgen musste sie wieder zum Norwegischkurs. Dort war sie niemand.

Zu Hause im Kirkevejen sah sie auf Twitter, dass die Taliban ein neues Bild aus dem Privatjet gepostet hatten, der sie zurück in die Heimat bringen sollte. Sie bezeichneten das Treffen als Erfolg.

»Wir konnten die Bühne mit der Welt teilen«, sagte der Außen-minister des Emirats, ehe er nach Kabul zurückflog, um exakt so zu regieren wie vorher.

DIREKTOR ROTBART

In Kabul herrschte Frieden. In Kabul herrschte Unfrieden.

Die Leute zogen die Köpfe ein. Passten sich an. Warteten ab, ob etwas passierte.

Entspannen konnte sich niemand. Geraubte Macht kann wieder entrissen werden. Keine Position war sicher.

In den Straßen herrschten Krieger über Kopftücher und Bärte. Einst Bombenbauer, jetzt Polizist. Einst Terrorist, jetzt Ordnungshüter. Männer mit Turbanen gingen von Tür zu Tür. Einwohner lieferten ihre Gewehre ab. Die Imame verhängten Strafen. Heilige Krieger warteten darauf, in Ämter gehoben zu werden. Was war die Belohnung für zwanzig Jahre Waffendienst?

Die Belohnung ließ auf sich warten. Es war kein Geld da. Jobs wurden ohne Gehalt angeboten. Die Leute nahmen sie dennoch an, vielleicht wären sie auf diese Weise die Ersten in der Schlange, wenn die Staatskasse eines Tages wieder gefüllt würde.

Die Bevölkerung fror. Sie hungerte. Der um Neujahr herum weich und versöhnend auf Betonwände und Stacheldraht gefallene Schnee war nun zu festen Haufen geschaufelt und eher schwarz als weiß.

Viele blieben zu Hause. Am ruhigsten verhielten sich die, die alles verloren, aber noch immer eines zu verlieren hatten: ihr Leben. Richter, die Taliban verurteilt hatten, Vertreter der Anklage, Folterer, die sie gequält hatten, gnadenlos, Spezialsoldaten, die sie getötet hatten. Verzweifelt versuchten sie, aus dem Land zu gelangen, all jene, die es nicht zu den Evakuierungsflügen geschafft hatten.

Die Taliban kannten ihre Identität. Einige waren bereits ermordet worden. Namen und Adressen der Akteure des ehemaligen Rechtssystems ließen sich einfach herausfinden. Die Archive waren in Schubladen und Schränken in den Ministerien zurückgelassen worden, als der Präsident flüchtete und die, die sich retten konnten, das Land verließen. Die neue Ordnungsmacht konnte jeden Moment an die Tür klopfen und sie auf die Straße zerren. Die von den Taliban erlassene Amnestie war voller Lücken.

Man kann sich eine Zeit lang verstecken, aber nicht ewig.

Die Taliban hatten Zeit. Das Töten eilte nicht. Momentan jedenfalls nicht. Sie warteten darauf, dass die Weltgemeinschaft ihnen die in ausländischen Banken eingefrorenen Staatsgelder zurückgab, anschließend würden sie, so fürchtete man, ihr wahres Gesicht zeigen. In diesem grauen, kalten Winter wusste niemand mit Sicherheit, wie das wahre Gesicht der Taliban aussah. Die oberste Führungsebene in Kandahar meldete sich selten zu Wort, zeigte sich kaum. In Kabul war man vollauf damit beschäftigt, von einem Tag zum nächsten zu regieren, während die wichtigen Ämter des Landes mit Kriegern besetzt wurden.

Sie hatten gekämpft, sie hatten gelitten, sie hatten Opfer gebracht, sie hatten Brüder, Väter, Söhne, Gliedmaßen verloren. Sie hatten die mächtigste Militärmacht der Welt besiegt. Jetzt wollten sie tun, was ihnen beliebte. Weil sie es verdient hatten.

*

»Zieh dir was Hübsches an. Wir bekommen Besuch!«

Ariana sah ihre Mutter verwundert an und anschließend an sich herab. Sie trug eine weiße Hose und hatte das karierte Hemd ihrer Schwester über ein Baumwolloberteil gezogen. Ihr langes, kastanienbraunes Haar hing offen über die Schultern.

»Wer kommt denn? Warum soll ich mich hübsch anziehen?«

»Jemand aus der Heimat.«

»Verwandte?«

Nein, keine Verwandte, aber die Besucher stammten aus der Provinz, in der die Eltern geboren worden waren.

Der Stressbewältigungskurs war zu Ende. Jetzt sollten Sie das Gelernte im Alltag umsetzen, hatte die Psychologin ihnen mitgegeben. Nun verbrachte Ariana wieder jeden Morgen, jeden Abend, jeden Moment mit ihren Eltern und den sechs Geschwistern. Der Kurs erwies sich als wenig hilfreich gegen die Gereiztheit, die sich wie eine schwere und lästige Decke über sie alle gelegt hatte.

Ariana verstand nicht, warum sie sich fein machen sollte, nur weil ihre Mutter Gäste bekam, deshalb behielt sie das weiche Flanellhemd ihrer Schwester an, schlang sich aber ein Tuch um den Kopf.

Als es klingelte, ging die Mutter zur Haustür hinunter, um die Gäste zu empfangen. Drei Frauen, eine ältere und zwei jüngere, kamen die Treppe herauf. Die üblichen Begrüßungsformeln und Lobpreisungen folgten. Ariana bemerkte, dass ihre Mutter die Besucher nicht sonderlich gut zu kennen schien, sie sprachen über gemeinsame Bekannte, als wären sie Fremde. Ariana und Zohal wurden gebeten, Tee zu servieren. Sie stellten Kekse, Rosinen und Nüsse hin.

»Setz dich zu uns«, sagte die Mutter, als Ariana allen Tee eingeschenkt hatte. Das neue Jahr hatte mit eisiger Kälte begonnen, doch für den Besuch hatten sie den Holzofen im Raum großzügig befeuert. Normalerweise saßen sie eingemummelt in dicke Decken mit Wärmflaschen darunter, an denen sie sich fast verbrannten. Jetzt knisterte es behaglich im Kamin.

Trotzdem blieb Ariana nur wenige Minuten sitzen, dann entschuldigte sie sich. Die Frauen stammten aus einer Bauernfamilie. Sie erzählten, wie viel Land sie besaßen. Wie ihr Haus aussah, von den Obstbäumen im Garten, was sie auf ihren Feldern anbauten. Ariana wollte zurück zu Netflix. Ihre Schwester blieb sitzen.

Wenig später kam Zohal zu ihr ins Zimmer.

»Die haben von dir geredet«, sagte sie. »Und von ihm.«

»Von wem?«

»Sie haben gesagt, sie hätten einen Sohn. Einen echten Gentleman ...«

Jetzt verstand sie. Sie waren ihretwegen gekommen.

In ihr wurde es schwarz. Das war in den letzten Monaten mit so vielen ihrer Freundinnen passiert. Die Eltern hatten ihre Arbeit verloren und kamen nicht über die Runden. Wie bei ihnen selbst. Das Geld reichte kaum für eine Familie von neun Personen. Und sie war bereits einundzwanzig. Tränen brannten ihr in den Augen. Mehrere ihrer Freundinnen waren vor vollendetem Studium in aller Eile verheiratet worden – Mädchen, die völlig andere Pläne für ihr Leben gehabt hatten. In vielen Fällen hatte sie infolgedessen den Kontakt zu ihnen verloren. Jetzt, da sie anderen Familien angehörten, durfte Ariana sie nicht besuchen, und die Freundinnen kamen nicht zu ihr.

Zohal erzählte, die drei Frauen seien die Mutter, die Schwester und die Schwägerin des Prachtexemplars.

Alles in ihr sträubte sich. Sie wollte studieren, sie wollte lernen, sie wollte arbeiten, sie wollte reisen, sie wollte allein leben, sie wollte frei sein!

Als ihre Mutter sie rief, weigerte sie sich, zum Verabschieden der Gäste nach draußen zu kommen.

»Seit wann bist du so unhöflich?«, fragte ihre Mutter anschließend.

»Ich hab kein Interesse!«

»Er hat jede Menge Land!«

»Das interessiert mich erst recht nicht!«

»Wir haben so viel Positives von ihm gehört.«

»Er ist nicht mein Typ.«

»Sag so was nicht!«

»Ich bin nicht interessiert. Ich will mein Studium beenden!«

Sie hörte selbst, wie hohl die Worte klangen. Es gab ja gar kein Studium.

»Vergiss dein Studium«, erwiderte ihre Mutter. »Die Taliban respektieren Bildung nicht. Es ist besser, wenn dein Vater und ich eine gute Partie für dich finden. Für dich und deine Schwestern.«

Ein einziges Semester hatte ihr bis zum Abschluss des Jurastudiums gefehlt, als die Taliban die Macht ergriffen!

Ariana fühlte sich streitlustig. Eine gute Partie für dich. Die Worte hallten in ihrem Kopf wider. Für dich und deine Schwestern.

Ihre Eltern waren während des Kommunismus aufgewachsen. Sie hatte gehört, damals dateten die Leute; sie gingen ins Kino und hielten Händchen, so stellte sie es sich vor. Sie hatten Bildung erhalten, und jetzt warfen sie plötzlich alles weg, woran sie geglaubt hatten, um »die Zukunft ihrer Töchter zu sichern«.

»Aber vielleicht öffnen die Taliban die Uni ja wieder ...«, sagte Ariana hoffnungsvoll.

»Das wird nicht passieren«, erwiderte ihre Mutter. »Mach dir keine Hoffnungen!«

Etwas hatte sich in ihrer Familie verändert. Etwas Fundamentales. Bisher hatte sie geglaubt, ihre Eltern würden, was ihre Zukunft anging, auf ihre Meinung Wert legen. Früher hatten sie Dinge miteinander besprochen. So war es nicht mehr. Auf einmal war sie niemand mehr. Sie, die immer das Goldmädchen gewesen war.

Ihre Eltern, die die Taliban verfluchten und zutiefst hassten, waren talibanisiert worden, ohne es zu merken. Ihre Mutter und ihr Vater hatten sie auf jemanden reduziert, dessen Meinung nichts wert war. Die Taliban hatten sich in ihre Köpfe geschlichen, in ihr Unterbewusstsein. Ihre Bestimmung war es, zu heiraten, und nicht, glücklich zu sein.

»Vielleicht machen sie wieder auf«, versuchte sie es erneut.

Auf einmal war aus ihr, der Rastlosen, die Geduldige geworden. Sie beharrte darauf, abzuwarten. Ihre Eltern drängten, es eile. Sie zu verheiraten, war auf einmal ihr dringlichstes Anliegen. Sie legten das Schicksal ihrer jüngeren Schwestern in Arianas Hände. Wenn sie nicht bald heirate, werde es schwer werden, einen Mann für Zohal zu finden, die eigentlich Biologin hatte werden wollen, und für Diwa, die Zahnärztin werden sollte. So hatten sie noch nie geredet. Früher hatten sie ihre Töchter träumen lassen. Sie hatten sie glauben lassen, sie könnten mehr werden als nur Ehefrauen.

Mit jedem Tag, den sie aufeinanderhockten, wuchs die Kluft zwischen ihnen.

Während sie am Holz sparten. Während sie am Essen sparten. Wenn sie sich mit Wärmflaschen unter dicke Decken legten. Ein Leben auf Sparflamme, das die Nerven aufrieb.

Auch die Taliban agierten in diesem Winter auf niedriger Flamme. Sie patrouillierten in den Straßen und gaben sich im Großen und Ganzen damit zufrieden. Peitschen wurden keine hervorgeholt, die Stöcke blieben verborgen. Die gefürchteten Säuberungen ließen auf sich warten. Vereinzelt pickten die Taliban ihre Feinde heraus, doch die allgemeine Bevölkerung wurde in Ruhe gelassen.

»Vielleicht haben sie sich gebessert«, mutmaßte Ariana. »Vielleicht sind sie jetzt weniger brutal.«

Ihre Eltern setzten sie weiter unter Druck. Sie müsse Ja sagen. Er sei eine wirklich gute Partie, seine Familie sei finanziell gut aufgestellt, er habe einen guten Namen.

»Mir ist jetzt klar geworden, dass ich ihnen nicht wichtig bin«, schrieb Ariana in ihr Tagebuch. »Vielleicht war ich das nie. Sie wiederholen nur immer wieder dieselben Sätze. Sie sind so hart geworden.«

Jetzt hätten sie seine Familie lange genug auf die Folter gespannt, sie müsse endlich Ja sagen, argumentierten ihre Eltern.

Aber sie hatte doch schon längst Nein gesagt!

»Sie warten auf dich«, erwiderten ihre Eltern, als hätten sie sie nicht gehört. »Wenn du ihn heiratest, hast du eine gute Zukunft.«

Nein, nein, nein!

Eines Tages zeigte ihr die Mutter ein Bild von ihm. So übel sah er gar nicht aus. Na ja, hübsch war er nicht, aber ganz okay. Er sah stark aus, war etwa zehn Jahre älter als sie. Er habe die Schule abgeschlossen, sagte ihre Mutter. Mit anderen Worten keine weiterführende Bildung. So eine Ehe würde nie funktionieren. Schließlich hatte sie ein fast abgeschlossenes Jurastudium, war quasi schon eine halbe Richterin. Ihre Mutter meinte, das sei ein hoffnungsloser Gedanke.

»Die Taliban werden die Universitäten nicht öffnen«, wiederholte sie. »Es würde dir auch gar nichts nützen, weil du sowieso niemals einen Job bekommst. Aber wir brauchen jetzt Geld für Essen.«

Zu alledem saßen sie weiterhin den ganzen Tag lang drinnen.

Es sei gefährlich, das Haus zu verlassen, sagten die Eltern. Riskant. Die Taliban würden junge Frauen stehlen. Für ihre Soldaten.

Du musst dich jetzt entscheiden!

Ich hab mich schon entschieden!

Du weißt nicht, was das Beste für dich ist!

Es war nicht so, dass noch nie jemand um Arianas Hand angehalten hätte. Sie war im letzten Schuljahr gewesen, als einer ihrer Lehrer an Nadia herantrat und für seinen Sohn fragte. Nachbarn hatten gefragt. Die einzige Schwester der Mutter hatte gefragt. Sie hatte nur einen Sohn und meinte, es wäre so schön, seine Cousine im Haus zu haben. Das war völlig normal. Es begann früh, und Ariana war ein hübsches Mädchen, scharfsinnig, sozial und geschickt. Bald hatte die Mutter ständig Sätze gehört wie »wir haben deine Tochter auf dieser oder jener Hochzeit gesehen und dachten, sie ...«. Sogar Freundinnen hatten ihr ihre Brüder angeboten. Aber sowohl Mutter als auch Tochter hatten die Angebote abgelehnt. Schließlich sollte sie etwas werden. Früher mal.

Die Kälte ließ langsam nach, als die Taliban Mitte Februar ein Schreiben herausgaben: »Die Universitäten öffnen in zehn Tagen.«

»Es ist zu riskant«, wehrte ihr Vater ab.

»Aber mir fehlt nur noch ein Semester!«

Die Uni läge in einer unruhigen Gegend, versetzte der Vater, da liefe es anders als in Kabul. Dort führten die Taliban Säuberungsaktionen durch. Und wer sollte für die Kosten aufkommen? Für die Bücher? Für den Schlafsaal? Für Essen und Transport?

Karim war selbst zutiefst deprimiert. Es fiel ihm schwer, aus dem

Bett zu kommen. Für nichts und wieder nichts. Den Tag zu beginnen, kostete Kraft. Ein Leben in den geschlossenen vier Wänden. Als ehemaliger Oberst des Verteidigungsministeriums gehörte er zu den Verhassten. Zu denen, die unter den Taliban niemals eine Rolle spielen würden. Anfangs hatte er sich versteckt, jetzt nicht mehr. Sie suchten nicht nach ihm. Er war zu unbedeutend. Sie ließen die Leute in Ruhe, gaben ihnen lediglich zu verstehen, dass sie unbrauchbar seien. Das war die Strafe dafür, dass sie für die afghanische Regierung gearbeitet haben. Er konnte Tee auf der Straße verkaufen oder einen Karren mit Karotten herumschieben. Aber er würde nie wieder Offizier sein.

»Und danach, was ist dann? Wenn du fertig bist?«, fragte er Ariana, aber es war, als würde er mit der Luft sprechen.

Warum spricht er nicht mit mir? Warum sieht er mich nicht an?

Ariana senkte den Kopf. Sie wandte selbst den Blick ab, ehe sie leise bat: »Bitte, Papa. Bitte. Lass mich wieder an die Uni gehen.«

Ihre Eltern redeten ständig davon, wie riskant es war, zur Uni zu gehen, nie davon, wie gefährlich es war, nicht zu gehen, das Studium nicht zu beenden. Und zu keinem Zeitpunkt sprachen sie über die Risiken, die es mit sich brachte, ihre Tochter an einen praktisch Unbekannten zu verheiraten.

An dem Tag, als die Uni öffnete, saß Ariana zu Hause und weinte. Was, wenn die Taliban bald einen noch strengeren Kurs fuhren und jetzt ihre letzte Chance war? Was, wenn sie Frauen nur noch dieses eine Semester an die Uni ließen, damit sie die eingefrorenen Gelder zurückbekamen, und sie danach alles schlossen? Wenn sie ihr Studium jetzt beendete, hätte sie einen Abschluss, vielleicht könnte sie ins Ausland gehen, einen Master machen?

Es war absurd, dass die Taliban tatsächlich die Universität geöffnet hatten, ihre Mittelklasseeltern sie aber nicht hinließen. Sie rief ihre Kommilitoninnen an. In ihrem Jahrgang waren sie vierzig gewesen.

»Wir sind nur zu dritt«, flüsterte Sauda am Ende des ersten Unterrichtstags. »Wenn sonst keiner mehr kommt, stellen sie den Unterricht ein.« Das Thema des letzten Semesters war islamische Gesetzgebung.

»Wie ist es an der Uni?«, fragte Ariana.

»Totenstill. Kein Mensch ist auf dem Campus. Wo sind alle?«

Sie hockten zu Hause, wie sie.

Am nächsten Tag rief Sauda an und sagte, es seien noch zwei weitere gekommen. Sie hätten es sich mal anschauen wollen. Am nächsten Tag kam noch eine, dann zwei weitere. Die erste Woche verstrich. Die Universität geriet nicht in die Schusslinie der Kämpfe. Der Bus kam durch. Keine der Studentinnen wurde geschlagen. Im Schlafsaal herrschte Ruhe. Sauda sagte, wer sich bis nächste Woche nicht anmelde, werde nicht fürs Semester zugelassen.

»Ach übrigens, ein Dozent hat nach dir gefragt.«

»Was? Wer denn?«

»Keiner von unseren, von einer anderen Fakultät. Ich glaube, er unterrichtet Informatik. Er wollte wissen, wo du bist, ob du nicht kommst. Er meinte, er würde dich kennen, ihr hättet schon mal miteinander geredet. Und da er von der Uni ist, habe ich nur gesagt, dass ich es nicht weiß, aber dass du vielleicht nächste Woche kommst.«

Das musste der sein, der sie nach ihrem Vortrag über die Vorteile von Englischkenntnissen angerufen hatte. Was für ein penetranter Typ. Ariana sagte, sie würde ein letztes Mal versuchen, ihre Eltern umzustimmen.

Nur noch ein Semester, dann hätte sie einen Bachelor in Jura. Taliban hin oder her, sie musste den Abschluss machen!

»Wenn nicht noch mehr kommen, kann keiner zu Ende studieren«, sagte Ariana zu ihren Eltern. »Dann schließen sie, wir sind zu wenige.«

Zu guter Letzt durfte sie hin.

Das Unigelände war wie ausgestorben. Die Studierenden gingen auf direktem Wege zu ihren Seminaren und zurück. Die Mädchen, die noch vor Kurzem enge Jeans und bunte T-Shirts getragen hatten, waren in lange, schwarze Mäntel gehüllt. Die Jungen, vorher in ausgewaschenen Jeans und mit gestylten Haaren, trugen nun Gewänder, und die Bärte wucherten.

Die Taliban hatten Wachen postiert, die dafür sorgten, dass Jungen und Mädchen nicht miteinander sprachen.

An dem Morgen, als Ariana ankam, waren die weiblichen Studierenden zu einer Versammlung im größten Hörsaal der Uni einberufen, der sich in der landwirtschaftlichen Fakultät befand. Der Direktor würde eine Rede halten. Als alle auf ihren Plätzen saßen, mit Kopftüchern, die jedes Härchen verdeckten, betrat er den Saal.

Er trug ein hellblaues Gewand und einen schwarzen Turban, und der buschige Bart war mit Henna gefärbt. Viele Afghanen färbten ihre Bärte, wenn sie grau wurden, entweder kohlschwarz oder rötlich. Der des Direktors leuchtete orange.

Der vorherige Direktor war geflohen. Gerüchten zufolge war er im Ausland. Bildete sich weiter. Der neue Direktor war einer der vormaligen Islam- und Scharia-Dozenten.

Erst rezitierte er aus dem Koran. Dann begann er mit seiner Rede. Sie war wütend, drohend. Ich hätte nicht herkommen sollen, dachte Ariana. Sie wollte einfach nur weg.

»Wir haben zwanzig Jahre hierfür gekämpft!«, sagte der Direktor. »Endlich wird Afghanistan wieder ein Land, in dem Allahs Gesetze herrschen.«

Deshalb sei es nötig, dass die Studierenden die Gesetze der Universität befolgten. Ariana machte sich Notizen.

»Ihr dürft hier keine Smartphones benutzen.

Ihr dürft nicht allein mit euren Lehrern sprechen.

Wir werden euch bestrafen.

Ihr müsst den islamischen Hidschab tragen.

Ihr dürft keine neue Kleidung tragen, sondern nur alte, abgetragene. Nichts Auffälliges.

Gespräche mit männlichen Studenten sind verboten. Auch der Austausch von Nachrichten.

Sollte ein solcher Kontakt ans Licht kommen, werden wir euch bestrafen.

Schminke ist verboten. Damit seht ihr aus wie unanständige Frauen.

Wer unanständig aussieht, wird exmatrikuliert.

Parfüm ist verboten. Das ist nicht gut für euch. Es könnte jemanden verlocken.

Es ist verboten, sich auf dem Campus herumzutreiben. Ihr geht auf direktem Weg zum Hörsaal und zurück. Und nur damit ihr es wisst, wir haben Wachen, die alles beobachten. An Orten, von denen ihr nichts ahnt. Wir haben Wachen, die ihr nicht seht. Die euch im Auge behalten.«

Wie war das möglich? Wie konnte das Leben so viele Rückschritte gemacht haben? Ariana war nach Schreien zumute.

Der Direktor fuhr fort.

»Wir haben keinen medizinischen Dienst mehr. Wenn ihr krank werdet, könnt ihr euch sparen, einen Rettungswagen zu rufen. Stellt euch nicht krank. Das ist sündhaft und schändlich. Solltet ihr gegen diese Vorschriften verstoßen, werden wir euch bestrafen. Das Gefängnis ist nicht weit entfernt. Direkt hier bei der Universität. Solltet ihr euch uns, den Vorschriften, den Gesetzen Gottes, in irgendeiner Weise widersetzen, landet ihr dort. Erst mal für ein paar Tage. Das wird euch mit den Vorschriften bekannt machen.«

Er sagte es, ohne auch nur zu blinzeln.

Gefängnis?

Über der Tafel waren weiße Blätter mit Koranzitaten aufgehängt. Der Mann mit dem hennafarbenen Bart hob den Zeigefinger. »Ab jetzt haben wir euch im Auge. In der ersten Woche war das noch nicht so. Ihr dürft euch nicht auf die Bänke draußen setzen. Auch nicht aufs Gras. Ihr habt direkt vom Hörsaal zum Schlafsaal zu gehen.«

Auch im Studentenwohnheim herrschten neue Regeln. Obwohl der Innenhof von vier hohen Mauern umgeben war und sie ausschließlich Mädchen waren, durften sie sich nicht länger dort aufhalten. Überhaupt durften sie das Gebäude nach zwölf, wenn das Vormittagsgebet begann, nicht mehr verlassen. Nur von acht bis zwölf, wenn sie Unterricht hatten, durften sie draußen auf den Universitätsplatz oder die Wege, aber auch nur, um sich direkt zum Ziel zu begeben.

»Wer sich nicht daran hält, für den ist Schluss mit Universität, mit Schlafplatz, mit Bildung, der kann nach Hause fahren!«

Im Anschluss flüsterte Ariana ihrer Freundin zu:

»Wir dürfen uns nicht schminken, aber er darf sich den Bart rot färben!«

BESUCH BEI DEN TOTEN

Frieden ist nicht jedermanns Sache.

Als der Winter dem Ende zuging und Baschir sich eine Weile zu Hause ausgeruht hatte, wurde er unruhig. Die Triebkraft des Krieges, immer mehr, immer weiter, die Kämpfe an mehreren Fronten hatten ihn geformt. Jetzt gab es wenig zu tun. Er begann, seine alten Freunde zu vermissen. »Sightseeing!«, lachte er. Schließlich hatte er nie gesehen, was sein Land alles zu bieten hatte. Er wollte eine verdiente Urlaubsreise durch die befreiten Gebiete machen.

Nangarhar, Parwan, Lugar, Kapisa, Paktia, Paktika, Chost. Begleitet von seinen Leibwächtern Muslim und Jamal sowie einer Schar Freunden, machte sich Baschir in dem gepanzerten Land Cruiser auf den Weg. Sie füllten zwei Autos mit Männern und Gewehren, Westen und Decken. Sie besuchten Waffenbrüder, lebende wie tote. Bei den Lebenden aßen sie Grillfleisch, dicke Scheiben roher Zwiebeln und ganze Chilis. Bei den Toten verrichteten sie Gebete an den Gräbern.

Eines Tages begab er sich zum Haus eines Talib, der ihm während seiner Inhaftierung geholfen hatte. Samiullah saß bereits seit fünf Jahren ein, als Baschir nach dem Todesurteil in seine Zelle überführt wurde. Sie blieben Zellennachbarn, bis beide im Rahmen des Doha-Abkommens freikamen. Der junge Mann war ein hingebungsvoller Gläubiger, und häufig leitete er das Gebet unter den Gefangenen. Außerdem wusste er am besten, wie Kauf und Verkauf von Diensten abliefen, welche Wachen am einfachsten zu bestechen waren, wie man Nachrichten schickte und Antworten hereinschmuggeln ließ.

Baschir stand in der Taliban-Hierarchie über ihm, und die beiden lachten sich ins Fäustchen, als sie von den Drohungen erfuhren, die seine Männer dem Sicherheitsberater des Präsidenten geschickt hatten: Sollte Baschir gehängt werden, würde Hamdullah Mohib den Tag nicht überleben.

Samiullah war es auch, der gemeinsam mit Baschir betete, als der ein weiteres Kind verlor. Nachdem die ersten beiden Kinder von Yasamin gestorben waren, brachte sie einen Sohn und eine Tochter zur Welt, die am Leben blieben. Eines Morgens, während Baschir im Gefängnis saß und die Frauen zu Hause in Dschalalabad das Frühstück bereiteten, verschwand die Tochter. Yasamin saß auf dem Boden und knetete Mehl in einen schweren Trog mit Brotteig, daher bat sie den fünfjährigen Sohn, sie zu finden. Der Junge kam zurück: »Mama, sie ist im Bad.«

Yasamin sah auf. »Dann hol sie.«

»Ich schaffe es nicht«, sagte der Fünfjährige.

Yasamin stand auf und ging in das kleine Badezimmer. Dort trieb die Tochter in dem großen Bottich mit Wasser. Sie war hochgeklettert und hineingefallen. Sie wurde anderthalb.

Yasamin sagte Baschir nichts. Nach einigen Monaten jedoch erfuhr er von seinem Bruder Raouf, der es von seiner Frau gehört hatte, vom Tod seiner Tochter. Als Baschir Yasamin anrief, sagte sie immer noch nichts.

Baschir sagte, er wolle ein bisschen mit den Kindern sprechen, und sie holte den Fünfjährigen ans Telefon. Nachdem er eine Weile mit ihm geredet hatte, sagte Baschir, er wolle auch die Tochter sprechen.

»Sie schläft«, sagte Yasamin.

»Dann weck sie!«, sagte Baschir.

»Es geht ihr nicht so gut …«

»Ich will ihre Stimme hören.«

Am anderen Ende wurde es still.

Yasamin, die stets gehorchte, sich immer fügte, konnte seinen Wunsch nicht erfüllen.

In dieser Nacht betete Baschir mit Samiullah für seine tote Tochter. Baschir und Yasamin hatten drei ihrer vier Kinder verloren.

Die beiden Zellenkameraden wurden im Sommer 2020 freigelassen und führten den Kampf jeweils auf ihre Weise fort. Ein Jahr darauf, wenige Tage, nachdem der afghanische Präsident aus dem Land geflohen war und Baschir öffentliche Gebäude bewachte, damit sie nicht geplündert wurden, begab sich Samiullah zum Flughafen, wo die Evakuierung in vollem Gange war.

Wenn er Amerikaner töten wollte, war es bald die letzte Gelegenheit. Ihre Tage in Afghanistan waren gezählt.

Als sie Samiullahs Haus in einem kleinen Dorf in der Provinz Lugar erreichten, hieß Baschir seine Leibwächter draußen warten. Nur seinen besten Freund Farid nahm er mit.

»Ich wünschte, ich dürfte mein Leben für eures geben!«, rief Samiullahs Mutter aus. »Er hat seine Freunde so geliebt …«

Weiter kam sie nicht, ehe sie in Tränen ausbrach.

Die Männer wurden in den ersten Stock des bescheidenen Hauses und in ein Zimmer mit türkisfarbenen Wänden geführt. Die Sonne schien durch ein großes, beinahe deckenhohes Fenster, das teilweise von weißen, durchsichtigen Gardinen verdeckt war. Die beiden Kameraden setzten sich jeweils in eine Ecke und legten ihre Gewehre neben sich auf die hellblaue Matratze.

»Deine Freunde sind gekommen!«, schluchzte die Mutter ins Leere, als richte sie sich an ihren toten Sohn. »Ach, mein mutiger Märtyrer! Allah hat dich mir nicht gelassen!«

Jetzt weinten auch die beiden Dschihadisten. Farid fand als Erster die Worte wieder. »Liebe Mutter, sei dankbar, dass dein Sohn ein Märtyrer ist. Er ist jetzt beim Allmächtigen und wird am Tag des Gerichts unter den Glücklichen sein. Uns wollte der Allmächtige nicht, dein Sohn aber ist auserwählt!«

»Er ist gestorben, bevor so viele von unseren Wünschen erfüllt wurden!«

»Allah hat gewählt, liebe Mutter. Samiullah hat hart für den Sieg gekämpft, sodass wir unsere neue Regierung bekommen konnten«, sagte Farid.

Samiullah hatte sich im frühen Jugendalter den Taliban angeschlossen. Zur Verzweiflung der Eltern hatte er die Schule geschmissen und war Krieger geworden. Er war noch kaum im Kampf gewesen, da wurde er festgenommen. Seine Mutter glaubte, Verwandte hätten ihn angezeigt. Sie hatten für die Regierung gearbeitet und fürchteten, seinetwegen Probleme zu bekommen. Ihn anzuzeigen, war die einfachste Lösung, auf diese Weise blieben sie selbst unbehelligt.

»Sieben Jahre und vier Monate hat er eingesessen«, sagte die Mutter. »Sein Vater starb, während er im Gefängnis war, dann kam er frei, und dann …!«

»Diese Art von Tod ist selten, es ist ein strahlender Tod. Nicht alle haben das Glück, Märtyrer zu werden«, sagte Baschir.

Ein kleiner Junge kam mit *Waziri Chai* herein – Kardamomtee mit warmer Milch – und stellte einen großen Teller mit dicken Scheiben Kastenkuchen vor sie. Baschir und Farid wiederholten immer wieder dieselben Sätze, während die Mutter sich die Tränen wegwischte.

Samiullah werde am Jüngsten Tag seine Belohnung erhalten. Er werde ihr ins Paradies verhelfen. Dies sei die beste Art zu sterben. Ihr Sohn sei mutig, mutiger als alle anderen. »Also, wie kannst du deshalb traurig sein?«, fragte Baschir.

»Genau das hat mein Sohn auch gesagt«, sagte die Mutter. »›Wenn ich Märtyrer werde, sei nicht traurig, weine nicht. Meine Mutter ist stark‹, hat er zu seinen Kameraden gesagt. ›Sie ist sowohl Mutter als auch Vater für mich.‹«

»Ja, genau das hat er im Gefängnis auch zu mir gesagt!«, rief Baschir. »Und weißt du noch, was ich dir gesagt habe, als wir uns im Gefängnis getroffen haben? Dass du so schnell wie möglich ein Mädchen für ihn finden musst. Und das hast du getan!«

Drei Monate, bevor Samiullah beschloss, zum Flughafen zu gehen, um Amerikaner zu töten, heiratete er die Fünfzehnjährige, die seine Mutter für ihn ausgewählt hatte.

»Wo ist sie jetzt? Hast du sie mit einem deiner anderen Söhne verheiratet?«, fragte Baschir. Samiullah hatte zwei ältere Brüder, das Übliche wäre gewesen, dass sie die Zweitfrau von einem der beiden wurde.

»Nein, wir haben sie mit meinem Stiefsohn verheiratet.« Es handelte sich um den Sohn ihrer Mitfrau, der zweiten Frau ihres verstorbenen Ehemannes.

»Ist er älter oder jünger als Samiullah?«

»Er ist vierzehn.«

»Wie gut, dass du sie mit ihm verheiratet hast«, sagte Baschir.

»Ja, ich wollte sie nicht hergeben. Deshalb habe ich meinen Stiefsohn gewählt, auf diese Weise bleibt sie im Haus.«

Eine Witwe blieb in aller Regel bei der Schwiegerfamilie wohnen. Nach einer dreimonatigen, *iddah* genannten Wartezeit, um sicherzugehen, dass die Frau nicht schwanger war, wurde sie an einen Verwandten des Verstorbenen verheiratet.

»Sei nicht traurig, liebe Mutter, jetzt ist sie seine Frau. Wo hätte sie sonst hingesollt?«

»Ja, du hast recht, es war die einzige Möglichkeit.«

Baschir wollte etwas mehr darüber wissen, was genau eigentlich am Flughafen passiert war. Die Amerikaner hatten die Evakuierung mit den Taliban koordiniert, die ihren Leuten befohlen hatten, nicht zu schießen. Samiullah hatte sich diesem Befehl widersetzt.

»Es war direkt, nachdem die Taliban Kabul eingenommen hatten, ich glaube, am Tag danach. Er kam gegen zwei nach Hause, hat sich hingelegt, da drüben«, die Mutter zeigte hinter sich, »dann bekam er einen Anruf und wurde gebeten, nach Kabul zu kommen. Er wusch sich und sagte, er würde am nächsten Tag zum Frühstück nach Hause kommen. Am folgenden Morgen bei Sonnenaufgang, kurz vor dem Morgengebet, hat er mich angerufen. Er sagte, es sei still in Kabul, das Gefängnis wäre leer, die Gefangenen frei, und er sei dankbar, dass Afghanistan endlich vom Islam regiert wird.« Sie holte Luft. »Dann ist er zum Flughafen. Ich weiß es nicht, ich war ja nicht dabei, aber es heißt, er hätte auf die Amerikaner geschossen, und die hätten das Feuer erwidert. Dort wurde er zum Märtyrer. Es heißt, er hätte zwei Amerikaner getötet. Um zwei Uhr hat man ihn hergebracht.«

Die Tür zum Gang stand angelehnt. Dahinter saßen drei Mädchen im Jugendalter und lauschten. Eine von ihnen war die junge Witwe, die ganze drei Monate mit Samiullah gelebt hatte. Die beiden anderen waren seine jüngeren Schwestern. Die Mädchen schraken zusammen, als die alte Frau sie entdeckte, aber sie ließ sie dort sitzen bleiben.

»Das ganze Dorf vermisst ihn schrecklich! Er war mein jüngster Sohn, er hat mich immer umarmt. Als ich von seinem Tod erfahren habe, hat es sich angefühlt, als würde mir die Leber herausgeschnitten. Das ganze Dorf, sechzig Häuser, alle haben geweint!«

Baschir wusste, dass der Anschlag missglückt war, sagte jedoch nichts. Kein Amerikaner wurde auf dem Flughafen getötet, ehe der IS am zehnten Tag der Evakuierung eine Bombe zündete. Der Familienmythos strahlte: Der Märtyrer hat zwei Ungläubige mit sich in den Tod gerissen.

Neben dem Besucherzimmer stand eine weitere Tür angelehnt. Sie führte zu einem Schlafzimmer, wo der Sohn ein letztes Nickerchen im Ehebett gehalten hatte. Jetzt hatte sein großer Bruder sowohl sein Bett als auch seine Frau übernommen.

Das runde Bett nahm fast den gesamten Raum ein. Der helle Bezug der halbkreisförmigen Rückenlehne war gegen Schmutz und Staub geschützt, da die Plastikhülle noch nicht entfernt worden war, als würden die neuen Besitzer zögern, das Bett richtig in Gebrauch zu nehmen.

»Du hast Glück«, sagte Baschir beim Abschied zu Samiullahs Mutter. »Mit einem Märtyrer als Sohn gesegnet zu sein, ist nicht allen vergönnt.«

Er ließ ein Bündel Scheine in ihre Hand gleiten. Sie protestierte schwach, behielt das Geld jedoch und weinte noch ein bisschen.

Baschir musste weiter. Es gab so viele Märtyrer.

Draußen muhten die Kühe. Es war Zeit fürs Melken.

Staubwolken wirbelten hinter den beiden Autos auf, die in wilder Fahrt durch die öde, wüstenähnliche Landschaft in der Lugar-Provinz fuhren.

Baschir hatte große Stücke auf Latif gehalten. Er war klug, stark und diszipliniert – Baschirs wichtigste Auswahlkriterien für seine Männer. Wenn die Bewerber noch sehr jung waren, kam ein weiteres Kriterium hinzu: Sie durften nicht zu hübsch sein. Baschir wollte nicht, dass es hieß, er halte sich eine Art Harem. Er hatte ein gutes Gespür dafür entwickelt, wer in der Gemeinschaft und im Kampf funktionierte. Latif war so jemand.

»Du musst besser darauf achten, wen du aufnimmst«, hatte Latif zu ihm gesagt, als er seit einigen Wochen bei ihm war.

»Ach ja?«

»Du hast keine meiner Referenzen überprüft. Du hast mir sofort Waffen gegeben. Ich hätte dich töten können.«

Baschir lachte über den Tadel. »Ich folge jeder deiner Bewegungen. Ich habe Männer, die dich beobachten. Die ganze Gruppe hat dich im Auge. Dazu kommen noch alle, die du nicht siehst, die dich ebenfalls im Blick haben. Bist du jetzt zufrieden?«

»Ich will nur nicht, dass dich irgendwann jemand hintergeht«, murmelte Latif.

Während Samiullah von den Amerikanern erschossen worden war, war Latif vom einzigen Feind getötet worden, den die USA und die Taliban gemein hatten: dem IS.

Die Gruppe nannte sich IS-K. Das K stand für Khorasan, den Namen der historischen Region, die große Teile von Zentralasien, dem Iran und Afghanistan umfasste. Der IS etablierte sich 2015 in Afghanistan, als er auf dem Höhepunkt seiner Macht war und noch immer sein Kalifat im Irak und in Syrien regierte. In Afghanistan griffen sie internationale Streitkräfte, die Regierungstruppen sowie Schiiten an – und Taliban. Die Gruppierung bestand aus frustrierten Mitgliedern der Tehrik-i-Taliban Pakistan, Ausbrechern aus dem Haqqani-Netzwerk und al-Qaida. Die Zwietracht und die Zersplitterung waren einer der Gründe, weshalb Baschir damals die Stammesgebiete verließ.

Der IS war ein Rivale, den er nicht brauchen konnte.

Dschalalabad in der Provinz Nangarhar war zu ihrem Kerngebiet geworden, und als ein Freund von Baschir zum Anführer der Kämpfe in einem Distrikt ernannt wurde, in dem der IS stark aufgestellt war, bot Baschir ihm seine besten Männer an. Wir müssen ihre Anführer töten, ihre Leute übernehmen und ihren Salafismus untergraben, meinte er. In den Augen des IS-K waren die Taliban nicht gläubig genug. Sie hielten Stammesgesetze höher als die Scharia, trugen Amulette und heilten mit Magie. Außerdem ließen sie die Schiiten am Leben und standen dem säkularen pakistanischen Geheimdienst zu nah.

Die Taliban vertrieben den IS-K erfolgreich aus einigen der Dschalalabad umgebenden Distrikte. Aber der Kampf kostete Opfer. Latif wurde bei einem Angriff aus dem Hinterhalt erschossen.

Jetzt hatte seine Schwester um Hilfe gebeten. Sie hatte mehrfach angerufen, zunehmend verzweifelt, jedoch nicht sagen wollen, worum es ging. Sie hatte unzusammenhängend von einer Verlobung geredet und wirkte ängstlich.

Es kam selten vor, dass sich eine Frau an Baschir wandte, Mediation war Männerdomäne, auch wenn die meisten Konflikte mit Frauen zu tun hatten. Manchmal ging es um ihr Leben. Manchmal war Todesblut der letzte Ausweg, um eine Familie reinzuwaschen. Letzteres versuchte Baschir stets zu vermeiden, da es selten mit einem einzigen Leben getan war.

Er hatte wenig Lust gehabt, zu fahren, doch dann hatte er an Latifs Opfer gedacht und an die Verantwortung, die er für die Familien seiner Männer übernommen hatte.

Kurz nach Latifs Tod war sein Vater gewaltsam ums Leben gekommen. Daraufhin waren die Mutter und seine Schwestern als Pächter zu Verwandten gezogen. Die Schwester hatte Baschir gebeten zu kommen, während die Verwandten verreist waren, damit sie frei sprechen konnte.

Er näherte sich dem Ziel. Die Sonne stand noch hoch am Himmel. Verstreut in der Wüstenlandschaft erhoben sich hohe, quadratförmig und rechteckig angeordnete Mauern. Dahinter verbargen sich kleine Lehmhäuser, Vieh, häufig ein Brunnen, vielleicht ein paar Obstbäume. Innerhalb der Mauern lebten die Menschen in Großfamilien zusammen.

Baschir, der selbst am Steuer des Land Cruisers saß, bog von der Straße ab und folgte einer Reifenspur bis zu einer abseits gelegenen Ummauerung. Überall waren Steine und Sand. Er bremste. Ein Tor wurde geöffnet. Einige Meter dahinter im Innenhof stand eine bedeckte Frau.

Malala war mager, hatte hohe, spitze Wangenknochen, große, tief liegende Augen und einen breiten Mund. Latifs Tod lag vier Jahre zurück, und die Trauer war nicht mehr so präsent wie bei Samiullahs Mutter. Sie war resigniert, gedämpft, der fehlende Mann in der Familie machte die Frauen schutzlos und verwundbar.

Baschir wurde in den Besucherraum der verreisten Verwandten geführt.

»Erzähl mir alles, möglichst schnell, da ich nicht lange bleiben kann«, sagte er. »Ich muss noch zum Haus eines anderen Märtyrers.« Er bekam Tee serviert, ließ sich bequem an ein Kissen gelehnt nieder und gab durch seinen Gesichtsausdruck zu erkennen, dass er bereit zum Zuhören war. Malala setzte sich vor ihm auf den Boden.

»Vor bald drei Jahren bekam meine Mutter Besuch von einer Frau. Sie kam, um im Namen ihres Bruders um meine Hand anzuhalten. Er sei reich, hätte mehrere Häuser, sechzig Läden, zweihundert *Dscharib* Land, einen gut bezahlten Job, mehrere akademische Grade und jede Menge Gold. Außerdem sei er jung und gut aussehend.«

Der Mann sei ein Geschenk des Himmels, sagte ihre Mutter. Das Leben bei den Verwandten war hart, sie und die Töchter gehörten nun zur Dienerschaft des Hauses, weit weg von der Heimat. Der andere Sohn hatte sich im Kampf die Hand verletzt und war in die Türkei geflohen.

Ihre Mutter ließ sich mit der Aussicht auf einen reichen Schwiegersohn ködern. Das würde all ihre Probleme lösen. Malala, zu diesem Zeitpunkt achtzehn, wollte den Freier erst treffen, doch das war gegen die Tradition. »Akzeptierst du etwa nicht, was deine Mutter für richtig hält?«, fragte ihre Mutter, als Malala darauf bestand, den Mann zu sehen.

Malalas Traum war es, Hebamme zu werden. Sie beschloss, einige Bedingungen zu stellen, bevor sie dem Freier ihr Ja gab, um zu sehen, was für ein Mensch er war. Er musste sie studieren lassen, er musste sie arbeiten lassen, das war das Wichtigste. Außerdem wollte sie einen hohen Brautpreis – *walwar* – festsetzen, damit ihre Mutter ein besseres Leben hätte als jetzt, und eine hohe Mitgift – *mahr* –, die Aussteuer und Kleidung für sie selbst beinhaltete.

Der Freier akzeptierte sämtliche Bedingungen.

Die Verlobung wurde durch Stellvertreter eingegangen. Erst zwei Monate später trafen sie sich.

»Ich wäre fast in Ohnmacht gefallen«, erzählte Malala Baschir hastig und nervös. »Er war mindestens fünfundvierzig! Ich habe mir gesagt, dass man Leute nicht nach ihrem Alter oder ihrem Aussehen beurteilen darf, aber glaub mir, er ist alles andere als attraktiv. Ich dachte, bestimmt ist er trotzdem ein guter Mann, schließlich hatte er alle Bedingungen akzeptiert, und meine Mutter brauchte das Geld dringend, außerdem hatten wir keine besseren Angebote. Als er das erste Mal kam, sagte er, als meine Mutter gerade in der Küche war, dass er mich gern ab und zu besuchen kommen würde, dann könnte ich ihm Tee machen und ein bisschen Zeit mit ihm verbringen.« Sie sprach leise und immer schneller.

»Als ich nicht wollte, ist er wütend geworden. Er wollte wissen, warum nicht. Ob ich mich für jemand anderen aufheben würde? ›Wir sind Paschtunen‹, habe ich geantwortet, ›laut unserer Tradition darf der Verlobte vor der Hochzeit nicht mit der Braut alleine sein.‹ Er hat immer weiter gedrängt. Schließlich habe ich ihm eines Tages, als niemand zu Hause war, erlaubt zu kommen. Er war so nett zu mir, bis er erreicht hatte, was er wollte.« Jetzt flüsterte sie fast. »Dann war er plötzlich wie ausgewechselt. Er meinte, er würde meine Bedingungen doch nicht akzeptieren, und dass ich nichts dagegen tun könnte, weil ich ja, also, weil ich … weil er seinen Willen mit mir bekommen hatte. Er hat gesagt, ab jetzt müsste ich alles tun, was er befiehlt, und dass er zu mir kommen kann, wann immer er will. ›Wenn du mich nicht kommen lässt, löse ich die Verlobung auf und mache dir das Leben zur Hölle‹, hat er gedroht. Und an diesem Punkt sind wir jetzt immer noch …!«

»Wo wohnt er?«, fragte Baschir.

»Da drüben. Seine Familie kann unser Haus von dort aus sehen, da es etwas höher liegt.« Sie zeigte aus dem Fenster in Richtung der braunen, unwirtlichen Berge.

Gerade war der Verlobte in Gasni, doch sein Haus hatte Augen. Während Baschir sich Malalas Geschichte anhörte, schickte der Bruder des Verlobten seinen Sohn los, um herauszufinden, wer zu Besuch gekommen war. Der Junge trat zu Baschirs Leibwächtern, die vor dem Tor standen.

»Wer seid ihr? Und was macht ihr hier?«, fragte er.

Jamal und Muslim wimmelten ihn ab. »Die Gattin des Kommandeurs besucht die Frauen des Hauses«, sagten sie, so wie es ihnen aufgetragen worden war. Der Junge ging zurück nach Hause.

»Sie haben uns betrogen«, fuhr Malala fort. »Habe ich übrigens erwähnt, dass er schon mal verheiratet war? Das immerhin hat uns die Schwester gleich gesagt, damit war ich einverstanden. Da er mich studieren lassen wollte, fand ich es in Ordnung. Aber jetzt will er den vereinbarten Preis nicht bezahlen und meine Bedingungen nicht erfüllen. Seit fast zweieinhalb Jahren sage ich ihm: ›Erst musst du bezahlen, was du versprochen hast, dann können wir heiraten.‹ Die Zeit vergeht. Ach, du hättest sehen sollen, wie ich vor zwei Jahren aussah, ich war fett und schön, jetzt bin ich abgemagert und alt …«

Nur ein Mann konnte eine Verlobung auflösen, doch wenn Malalas Verlobter sie auflöste, wäre Malala bereits besudelt.

»Wenn er es sich nicht leisten kann, kann er es sich nicht leisten«, sagte Baschir. »Aber wenn du jetzt nett zu ihm bist, wird er es dir hoch anrechnen und künftig erwidern. Er wird sich dankbar zeigen.«

»Ich bin seit zweieinhalb Jahren nett zu ihm! Kennst du das Sprichwort ›Respektierst du einen klugen Menschen, wird er dich ebenfalls respektieren, respektierst du aber einen Betrüger, wird er dich niemals wertschätzen‹?«

»Wenn du die Sache noch weiter hinauszögerst oder darauf beharrst, dass er die Verlobung auflöst, wird er dir das Leben schwer machen«, erwiderte Baschir. »Folgendes rate ich dir: Heirate ihn. Wenn er herkommt und dich gewaltsam holt, kann keiner etwas dagegen machen. Es ist sein Recht. Es gibt kein Gericht in Afghanistan, an das du dich wenden kannst. Nur er kann das.«

»Aber Bruder, ich habe dir doch erzählt, wie er mich betrogen hat.«

»Wir sind hier nicht in Europa, sondern in Lugar«, sagte Baschir und führte die Schariagesetze bezüglich der *nikah*, der Eheschließung, aus.

Malala unterbrach ihn. »Aber ich habe nur eingewilligt, ihn zu heiraten, weil er meine Bedingungen akzeptiert hat!«

»In unserer Kultur hast du das Recht auf eine Mitgift«, sagte Baschir. »Sofern er die versprochene Aussteuer und Kleidung nicht erbringt, hast du das Recht, ihn nicht zu heiraten. Aber das hat nichts mit dem Islam zu tun, sondern allein mit dem Paschtunwali.«

»Er sagt, er will mich, ohne dafür zu bezahlen, und dass ich nichts dagegen tun kann, weil er mich schon in Besitz genommen hat.«

»Tja, da hast du einen schweren Fehler begangen. Aus diesem Schlamassel kann ich dir nicht heraushelfen. Der Fehler geht auf dein

Konto. Du hättest ihn nicht in deine Nähe kommen lassen dürfen. Du hättest sagen sollen: ›Erfülle erst die Bedingungen, dann tue ich, was du möchtest.‹«

»Das heißt, du verteidigst ihn? Er hat mich betrogen!«

»Ich verteidige ihn nicht. Ich beschreibe die paschtunische Kultur.«

»Du bist doch genau wie er! Du lässt deine Töchter nicht zur Schule gehen! Aber wenn deine Frau krank wird, möchtest du dann einen Arzt oder eine Ärztin für sie? Eine Ärztin natürlich! Wenn Mädchen keine Ausbildung bekommen, wo willst du dann in Zukunft die Ärztinnen für deine Töchter herkriegen? Und wie sollen deine Kinder sicher geboren werden, wenn es keine ausgebildeten Hebammen gibt?«

»Widersprichst du ihm so wie jetzt gerade mir?«, fragte Baschir. »Selbst wenn ein Mann seine Frau verflucht, hat sie kein Recht, ihm zu widersprechen. Ein Wort führt zum nächsten. Sie hat ihm zu gehorchen! Und was euer Dorf angeht, kein Mädchen geht hier zur Schule, das weißt du genau, wie konntest du glauben, er wäre damit einverstanden?«

Dann schlug Baschir einen etwas versöhnlicheren Ton an, da er vielleicht ein wenig streng zur Schwester des Märtyrers gewesen war. »Manchmal streite ich mich mit meinen Frauen, gebrauche harte Worte, und sie zahlen es mir mit gleicher Münze heim. Das ist normal zwischen Mann und Frau. Möchtest du übrigens ein Foto von meiner Verlobten sehen? Meiner dritten Frau?«

»Ich will lieber, dass du mir zuhörst!«

Baschir reichte ihr dennoch sein Handy mit dem Bild.

»Sie ist nicht mal hübsch!«, rief Malala. »Du willst ein schönes, wohlerzogenes Mädchen aus einer angesehenen Familie. Du willst gute Dinge für dich. Das will ich auch. Wenn deine Frauen nicht tun, was du ihnen sagst, beschwerst du dich. Ich beschwere mich, wenn mein Verlobter mich nicht respektiert. Aber ich bin arm, ich bin schwach, ich habe keine Macht.«

Malala saß mit aufrechtem Rücken vor Baschir auf dem Boden, während sie sprach.

»Ich kenne dich über unseren *Bruder*«, sagte Baschir. »Latif war ein mutiger Mudschahed. Gott sei mit ihm. Ihm hätte nicht gefallen, wie ihr jetzt lebt. Das ist kein gutes Leben! Ohne einen Mann im Haus werdet ihr zum Gerede werden. Vor allem jetzt, da du deinen Verlobten gegen dich hast. Niemand wird sich trauen, dich oder deine jüngere Schwester zu heiraten. Mein Rat an dich: Heirate. Ihr könnt hier nicht länger ohne einen Mann im Haus wohnen.«

Die Mutter kam mit Tee und Kuchen herein. Sie hatte dieselben hohen Wangenknochen wie ihre Tochter und tiefe Augen, die beinahe blind waren. Die eingefallene Frau Ende vierzig war noch magerer als die Tochter, und seit ihr Sohn und ihr Mann getötet worden waren, nahm sie starke, betäubende Medikamente gegen Angst.

»Oh, Mawlawi Saib, lieber Mawlawi, mein Sohn ist ein Märtyrer!«, brach es aus ihr heraus.

»Warum bittest du deinen anderen Sohn nicht, zurückzukommen und sich um euch zu kümmern?«

»Das habe ich ja, aber er will nicht.«

»Er kann doch wohl Geld aus der Türkei schicken?«

Der Plan war gewesen, dass Latifs jüngerer Bruder Geld nach Hause schickte, doch sie hatten kaum von ihm gehört, und geschickt hatte er bisher überhaupt nichts.

»Ihr seid seine Angehörigen. Wie kann er euch als einziger Mann der Familie einfach im Stich lassen? Bitte ihn, zurückzukommen! So könnt ihr nicht ewig weiterleben. Du hast noch eine Tochter. Wer soll sie heiraten, wenn Malala die Verlobung auflöst?«

Die Mutter begann zu weinen. Baschir überlegte. Es gab noch eine Lösung.

»Verlasst das Dorf! Geht irgendwohin, wo euch die Verlobung nicht einholt. Hier könnt ihr nicht bleiben, wenn sich die Sache noch länger hinzieht. Es ist nicht mal euer Dorf. Ihr als Frauen, ganz allein, das geht nicht. Das wäre die schlechteste Lösung.« Die Mutter senkte den Kopf. Baschir wandte den Blick zu Malala. »Der einzige Weg, deinen Verlobten loszuwerden, ist, wegzugehen. Und der einzige Ort, wo man sich verstecken kann, ist Kabul.«

»Wovon sollen wir in Kabul leben?«, fragte Malala.

Baschir sagte, er könne ein Haus für sie organisieren, aber nur, wenn ein Mann bei ihnen lebe. Der Bruder müsse aus der Türkei zurückkommen.

Malala gefiel keine der vorgeschlagenen Lösungen. »Setz uns in ein Flugzeug zu unserem Bruder!«, bat sie.

»So ein Leben wünsche ich euch nicht«, wiegelte Baschir ab.

»Latif ist vor vier Jahren zum Märtyrer geworden, wer hat uns seitdem geholfen? Niemand! Du hast nur ein einziges Mal mit mir gesprochen!«

»Wie bitte, ein Mal?«

»Telefonate zählen nicht! Keiner hat uns geholfen!«

»Ich schwöre«, sagte Baschir, »alles, was ich erübrigen kann, geht an die Familien der Märtyrer. Das Geld kommt nicht von den Behörden, es stammt aus meiner eigenen Tasche. Die Taliban helfen nur Witwen und Vaterlosen. Ich habe dich mehrfach angerufen, bin aber nicht gekommen, um deine Ehre zu schützen. Die Leute hätten über dich geredet. Und sag nicht, ich hätte dir nicht geholfen. Ich habe Geld geschickt. Und vergiss nicht: Das hier ist Afghanistan, du musst dich nach der Kultur richten. Du hast zwei Möglichkeiten, geh weg oder heirate den Mann.«

»Was ist die Strafe dafür, jemanden zu betrügen?«

»Was denkst du?«

»Ein Schuss in die Stirn.«

»Wenn du ein Gewehr brauchst, sollst du es haben!«

»Kannst du nicht mit ihm reden?«

»Das würde alles nur schlimmer machen. Er würde denken, dass seine Verlobte mit allen über alles spricht. Ich rate dir: Liebe deinen Verlobten, dann wird es dir gut ergehen.«

»Wenn das dein Rat ist, bleibt mir keine andere Wahl, als mir das

Leben zu nehmen. Du, mein Bruder, stehst nicht auf meiner Seite, obwohl du die Macht hast.«

»Hör zu …«

»Nein, ich höre dir nicht zu. Eine Kugel ist genug, um all meine Probleme zu lösen.«

»Es ist spät, ich muss los«, sagte Baschir und machte Anstalten, aufzustehen. Er hatte Latif Ehre erwiesen, er hatte seine Schwester beraten, aber jetzt war es genug.

Malala blieb auf dem Boden sitzen. Ihre Mutter verabschiedete Baschir sanft. Er rollte einige Scheine zusammen und ließ sie in ihre Hand gleiten, so wie er es bereits bei Samiullahs Mutter getan hatte. Jetzt musste er weiter, zu einem dritten Märtyrer.

Die Toten warteten nicht.

Aus dem Grab beeinflussten sie das Leben ihrer Familie. Ihre Abwesenheit war allgegenwärtig.

Ach, diese Märtyrer, die ihre Probleme mit einer Kugel gelöst hatten.

Jetzt ließen sie es sich im Paradies gut gehen.

SONNENFINSTERNIS

Die Schule sollte glänzen. Die Klassenzimmer, die Katheder, die Pulte, alles, was seit Übernahme der Taliban Staub angesammelt hatte. Bald würde die Märzsonne durch die frisch geputzten Fenster strahlen. Es war zu viel Arbeit für das Reinigungspersonal, deshalb fassten sowohl die Lehrer als auch die Schulleiterin mit an. Nadia hatte ihre Töchter mitgebracht, damit sie halfen, nur Ariana war zu Hause und lernte für das Examen.

Das Schuljahr begann nach Nouruz, dem ersten Tag im Sonnenkalender. Von Lastkarren und kleinen Läden wurden bunte Fahnen und Dekoration für das Fest zum Verkauf angeboten. Diejenigen, die es sich leisten konnten, luden Gäste ein und bereiteten Festmähler zu, um den Frühlingsbeginn zu feiern. Das persische Neujahr war immer ein Feiertag gewesen, Geschäfte und Büros blieben geschlossen. Doch zwei Tage vor Nouruz gaben die Taliban per Dekret bekannt, dass das Fest unislamisch sei. Angestellten des öffentlichen Dienstes wurde mitgeteilt, dass sie ein ganzes Monatsgehalt verlieren würden, wenn sie nicht zur Arbeit erschienen. Von nun an würde das Land nur noch zwei Feste begehen: Eid al-Fitr und Eid al-Adha. Der Prophet Mohammed hatte seinerzeit gesagt, dass heidnische Feiern durch diese beiden ersetzt werden sollten. Die Taliban folgten dem Propheten. Das bedeutete, keine Geburtstage, kein Muttertag, kein Vatertag, kein Unabhängigkeitstag – und kein Nouruz.

Doch die Macht der Taliban war weniger absolut als zuvor. Von den Karren wurden weiter Bänder mit den schönen Frühlingsfarben verkauft, in den Läden wurden Tüten mit *Haft Mewa* angeboten, einer Mischung aus in Wasser eingeweichten getrockneten Früchten und Nüssen, bestreut mit Kardamom.

Wichtiger als die bunten Bänder und die getrockneten Früchte war die Kleidung, die am nächsten Tag in Gebrauch genommen werden sollte: die Schuluniformen. Für die Mädchen bestand sie aus einem langen oder halblangen schwarzen Kleid, je nach Alter, und einem großen weißen Tuch, das Kopf, Schultern und Brust bedeckte. Für die Jungen aus einem klassischen Gewand mit weiter Hose darunter.

Nadia hatte eine neue Schulglocke gekauft, da die alte völlig verrostet gewesen war. Jetzt polierte sie auch diese mit einem Lappen. Sie mochte den Klang der neuen Glocke und freute sich darauf, dass sich der schmale Platz vor dem Schulgebäude bei ihrem Läuten mit Schülerinnen füllte.

Sie hängte Namenslisten an die Türen der Klassenzimmer. In ihrem Büro hatte sie Kopien der Listen, eine Übersicht über die Lehrerinnen, die Fächer, die sie unterrichteten, die Adressen der Schülerinnen, ihre gesetzlichen Vormünder. Alles war notiert, abgehakt, durchgestrichen, getauscht, wieder zusammengeflickt worden. Den Schultag für alle zu organisieren, war ein großes Puzzle gewesen. Aber zum Schluss hatte sie es hingekriegt. Wenn die Schülerinnen in drei Schichten kamen, klappte es.

Auf Nadias Schule gingen Mädchen von der ersten Klasse bis zum Abitur, verteilt auf Klassen mit jeweils fünfzig Schülerinnen. Früher waren Jungen und Mädchen gemeinsam unterrichtet worden, aber jetzt hatten sie die Jungen an andere Schulen geschickt und Mädchen von anderen Schulen zurückbekommen. Dasselbe galt für die Lehrkräfte; die männlichen waren an Jungsschulen versetzt worden, während Nadia weitere Lehrerinnen eingestellt hatte.

Im Lauf des Winters hatte sie alles vorbereitet, ohne sicher zu wissen, ob und wenn ja, wann die Schulen öffnen würden, und für wen. Nadia hatte gegenüber Karim geklagt, sie wünsche sich ihren Job als normale Lehrerin zurück. Da konnte sie einfach zur Arbeit kommen, unterrichten und wieder nach Hause gehen. Als Schulleiterin wog die Verantwortung schwerer. Das System war schwerfällig, es war mühsam, Antworten zu bekommen, die Aussagen waren vage, alles zog sich hin, bis plötzlich ein Dekret mit neuen Vorschriften von den Taliban kam.

Mitte März, eine Woche vor der geplanten Schulöffnung, hatte das Bildungsministerium alle Kabuler Schulleiterinnen und Schulleiter zu einer Versammlung einberufen. Beim Einlass wurden die Männer auf Plätze in der vorderen Hälfte des Saales verwiesen, dahinter befand sich ein abgesperrter Bereich, die Frauen mussten sich in die letzten Reihen setzen.

Der Leiter des Kabuler Bildungssektors, Mullah Khitab genannt, stieg aufs Podium. Sein Name bedeutete »einer, der Reden und Predigten hält«, und in dieser Rolle schien er sich zu gefallen.

Nach langem Zitieren aus dem Koran und Verweisen auf die Opfer, die die Taliban über zwanzig Jahre hinweg erbracht hatten, begannen die Ermahnungen.

»Was auch immer ihr tut, und wo auch immer ihr seid, Gott, der Allmächtige, sieht euch! Wenn ihr schlechte Arbeit macht, wenn ihr schlampt, wird er es merken. Wenn ihr faulenzt, sieht er es. Wenn ihr betrügt, sieht er es. Wenn ihr Bestechungsgelder annehmt, sieht er es.«

Nadia kochte innerlich. Die Schulen öffneten in einer Woche, und er fing so an!

»Unter dem letzten Ministerium haben viele die Schule ohne echtes Wissen verlassen. Das werden wir ändern. Wir müssen die Unterrichtsqualität verbessern. Die Kinder müssen in der richtigen Lehre unterwiesen werden! Ihr müsst hart arbeiten!« Um ans Ziel zu gelangen, müsse die Gesellschaft in die von Gott gewiesene Richtung gelenkt werden.

Mullah Khitab ließ sich lange über Kleidung und Verschleierung aus. Wie sich die Lehrer kleiden sollten, was die Schüler tragen durften. Sowohl Schüler als auch Lehrer müssten Kopf und Körper bedecken.

Die *purdah*, die Geschlechtertrennung, war das nächste Thema. In den Mädchenschulen hatten Männer keinen Zugang mehr, das galt auch für Väter. Sie mussten ihre Töchter vor dem Schulgebäude abliefern und durften auch die weiblichen Lehrkräfte nicht treffen.

Es folgte eine lange Ermahnung zur pfleglichen Behandlung des Schuleigentums. Stühle, Tische, Tafeln, damit war sorgsam umzugehen, die Dinge gehörten ihnen nicht!

Früher wäre eine solche Versammlung auf Dari abgehalten worden, zuvor die Sprache der Behörden. Jetzt wurde alles vom Podium auf Paschtu mitgeteilt, einer Sprache, von der Nadia schätzte, dass ein Fünftel der Anwesenden sie zu Hause sprach. Doch es war die Sprache der Taliban, daher hatte sie nun Vorrang bei offiziellen Anlässen.

Nadia hatte befürchtet, dass die Taliban einen neuen Lehrplan vorlegen und Naturwissenschaften und Mathematik durch eine rein islamische Lehre ersetzen würden. Mullah Khitab erwähnte nichts dergleichen, außer dass ein neuer Lehrplan in Arbeit sei.

»Wie ihr seht, sind jetzt Mullahs und Taliban an der Macht. Sie haben keine weiterführende Schule besucht, trotzdem sind sie größer als alle anderen«, hatte der neue Bildungsminister des Landes, Scheich Noorullah Munir, gesagt. Doktor- und Mastergrade seien nicht länger relevant, hatte er hinzugefügt.

Als eine Frau die Hand hob, um etwas zu fragen, sagte Khitab, es sei weder gestattet noch nötig, Fragen bezüglich des Gesagten zu stellen.

Nadia verlor den Mut. Früher waren Schulleiterinnen bei solchen Anlässen die Heldinnen gewesen, sie hatten sichtbare Rollen bei Diskussionsrunden und Debatten innegehabt. Man hatte ihnen applaudiert. Sie war so stolz gewesen, als sie ihre erste Stelle als Schulleiterin bekam, sie war sich bedeutsam vorgekommen. Jetzt wurde sie wie ein Schmutzfleck betrachtet.

23. März – Nadia hatte das Datum im Kalender rot eingekringelt. Sie wurde schon um vier Uhr wach, vor lauter Aufregung, dass die Schule endlich begann, und nervös, ob auch wirklich alles bereit war.

Sie schminkte und frisierte sich, befestigte ein Tuch mit Stecknadeln um den Kopf und zog eine Abaya über die Kleidung. Mullah Khitab hatte nichts zu Farben gesagt, aber sie wollte sichergehen, daher wählte sie die schwarze mit einem einfachen Muster aus schwarzen Perlen. In der Dämmerung eilte sie aus dem Haus, ihre Familie musste sich heute selbst ums Frühstück kümmern.

In der Schule angekommen, prüfte sie als Allererstes, ob das Mikrofon funktionierte und die Lautsprecher angeschlossen waren. Sie würde drei Reden halten, eine für jede Schicht. Einige Schülerinnen würden Gedichte vortragen, andere aus dem Koran rezitieren.

Die erste Schicht bestand aus den Jahrgangsstufen acht bis zehn. Schon eine Stunde vor Schulbeginn fanden sich die Ersten ein. Nadia hörte ihre Stimmen, die sich draußen auf dem Schulhof hoben und senkten. Sie sah aus dem Fenster; die Mädchen hatten ihre Kleider gebügelt, die Schuhe geputzt, ihre Kopftücher gewaschen. Sie waren bereit. Sie war bereit.

Um Punkt sieben läutete die neue Glocke. Das Mikrofon wurde eingeschaltet.

»Willkommen, liebe Schülerinnen!«

Nadia blickte in die Reihen aus weißen Kopftüchern und erwartungsvollen Blicken. Ihr Hals schnürte sich zusammen. Sie hatten es geschafft!

»Ihr müsst hart arbeiten. Die Schule ernst nehmen. Ihr habt viel Zeit verloren, ein halbes Jahr in den letzten Monaten und fast ein ganzes Jahr während der Pandemie. Deshalb müsst ihr euch jetzt besonders ins Zeug legen.«

Die vor ihr stehenden Mädchen blickten sie mit ernsten Gesichtern an.

»Wir haben alles geputzt. Bitte haltet die Klassenzimmer sauber. Kümmert euch gut um die Schule, sie gehört euch. Behandelt sie wie euer eigenes Zuhause. Und das Beste: Wir haben neue Bücher für euch. Alle bekommen neue Bücher. Geht sorgsam damit um, andere wollen sie nach euch benutzen.« Mit Gedanken an Mullah Khitab bat sie die Schülerinnen, die Kleidungsvorschriften einzuhalten. Ein schwarzes Kleid und ein weißes Kopftuch, alles andere war verboten, keine Muster, kein Glitzer, keinerlei Schattierungen im Stoff. Wenn das der Preis dafür war, dass die Taliban sie lernen ließen, dann seis drum.

Die Schülerinnen folgten ihren Lehrerinnen klassenweise ins Gebäude. Nadia ging die Treppe zu ihrem Büro hinauf. Sie sank auf den schwarzen, weichen Schreibtischstuhl.

»Ich bin eine Heldin! Wir haben es geschafft!«, sagte sie zu sich selbst.

Sie blieb einen Moment sitzen und genoss den Augenblick, lehnte sich zurück und schaukelte ein wenig auf dem Stuhl. Ihr Büro lag im obersten Stock. Die eine Wand bestand komplett aus Fenstern mit Ausblick auf Kabul. Braune Hausdächer, Antennen, Wäscheleinen, so weit das Auge reichte, bis zur Hangseite, wo sich die Armenviertel hinauffraßen, und dahinter die Berge.

Das Telefon klingelte. Es war der Leiter der Jungsschule, mit dem gemeinsam sie die Schüler verteilt hatte. Sie hatten einander gut kennengelernt, als das Schüler-Lehrer-Puzzle gelegt wurde, und tauschten fleißig Gerüchte, Tipps und Erfahrungen miteinander aus. Jetzt begrüßte sie ihn gut gelaunt und wünschte ihm alles Gute für das Schuljahr.

»Ich bin so erleichtert«, sagte Nadia, bevor er sie unterbrach.

»Aber habt ihr denn geöffnet?«

»Ja, die erste Schicht hat um sieben angefangen, volle Anwesenheit, alles lief super …«

»Weißt du denn schon mehr?«, unterbrach er sie erneut.

»Was meinst du?«

»Es heißt, die Mädchenschulen sollen doch nicht öffnen.«

»Lass die blöden Witze!«

Nadia ärgerte sich. Das war ein schlechter Scherz in einer derart angespannten Lage.

»Alles ist in Ordnung. Die Mädchen sind hier, und hier bleiben sie auch. Ich muss mich auf die nächste Schicht vorbereiten.«

Sie beendete das Gespräch und legte auf. Doch das zufriedene Gefühl war verpufft. Was hatte er damit gemeint?

Die Kabuler Schulleiter hatten eine eigene WhatsApp-Gruppe. Sie holte ihr Handy heraus und entsperrte es. Zahlreiche ungelesene Nachrichten erschienen auf dem Display. Sie scrollte nach unten, klickte auf eine Nachricht. Las. Las sie erneut. Las weitere. Es war ein chaotischer Thread. Viele Gefühlsausbrüche. Keiner wusste mit Sicherheit, was passiert war oder passieren würde. Einige verwiesen auf eine Meldung, die das Bildungsministerium am Morgen auf Twitter veröffentlicht hatte, andere meinten, die Nachricht sei Fake.

Eine Sprachnachricht vom Sprecher des Bildungsministeriums wurde von mehreren weitergeleitet. Nadia klickte sie an.

»*Assalam aleikum*! Wie geht es euch, liebe Schulleiter?«, sagte die Stimme freundlich. »Diese Mitteilung richtet sich an die Leiterinnen der Mädchenschulen. Von der siebten bis zur zwölften Klasse gilt: Wartet noch. Es ist noch zu früh. Wartet auf weiteren Bescheid!«

Sie hörte die Nachricht ein weiteres Mal.

»Die Schulen werden wieder öffnen, sobald der entsprechende Bescheid kommt. Hier spricht das Bildungsministerium.«

Sie spielte die Nachricht ein drittes Mal ab. Mit dem Öffnen warten? Sie hatten doch schon geöffnet.

Sie saß stocksteif auf dem Stuhl, wie gelähmt. Das Büro drehte sich, sie richtete den Blick auf den Boden, dort lag ein roter Teppich. Alles wurde rot. Tiefe Verzweiflung wallte in ihr auf.

Die erste Stunde war kaum zur Hälfte vorüber. Die Lehrerinnen waren mitten im Unterricht oder verteilten gerade die Bücher. Vielleicht schilderten sie den Ablauf des neuen Schuljahres, was sie durchnehmen würden, wie sie sich organisieren würden, um den verpassten Stoff aufzuholen.

Was sollte sie tun?

Sie blieb sitzen. Solange sie nichts tat, war nichts passiert, weder für sie noch für die Mädchen. Noch wusste niemand etwas. Die Lehrerinnen nicht, die Schülerinnen nicht. Sie konnte den Mund halten, hoffen, dass alles ein Missverständnis war. Sie checkte erneut ihr Handy, wartete, dass jemand schrieb, es handele sich um einen Irrtum, dass sie das Ganze vergessen sollten.

Sie konnte hoffen … Nein! In ihrem Inneren wusste sie es. Es stimmte. So war es. Es war die Wahrheit.

Der Himmel war ungewöhnlich blau, nicht einfach nur hell, hellgrau wie sonst. Der Frühling war da. Die Blüte war angebrochen. Alles war friedlich. Stille lag über der Schule. Auf dem Dach gurrten die Tauben, und draußen, weit unten, rauschte der Verkehr.

Sie hörte die Nachricht ein weiteres Mal.

Dann stand sie auf. Sie verließ das Büro und ging den Gang entlang zum nächsten Klassenzimmer. Sie klopfte an, öffnete die Tür und trat ein. Die Mädchen standen auf, als sie sie sahen. Sie schaute auf die Kreidestriche an der Tafel. Die Lehrerin hatte den Stundenplan für das Schuljahr aufgeschrieben. Die Schülerinnen hatten gerade ihre Hefte aufgeschlagen und die Stifte hervorgeholt.

Wie sollte sie ihnen sagen, dass sie nach Hause gehen mussten?

Nein, sie brachte es nicht über sich. Konnte es nicht. Sie sagte nichts. Stand einfach nur da. Dann winkte sie die Lehrerin zu sich, zog sie hinaus auf den Gang und sagte ihr, was gesagt werden musste, in schnellem, flüsterndem Ton. »Du musst es den Schülerinnen selbst sagen. Ich muss noch zu den anderen Klassen.«

Die Lehrerin griff sie am Arm, als wollte sie sie zurückhalten. Nadia riss sich los und ging weiter.

»Es gibt eine neue Anweisung«, sagte sie im nächsten Klassenzimmer.

»Es gibt eine neue Anweisung«, sagte sie im dritten.

»Es gibt eine neue Anweisung«, sagte sie zur vierten Lehrerin.

So fuhr sie fort, bis sie in allen Klassen gewesen war. Dann ging sie in ihr Büro und schloss die Tür. Sie hielt sich am Schreibtisch fest und taumelte zu ihrem Stuhl. Dort sank sie zusammen.

Sie hatte mehrere verpasste Anrufe auf dem Handy. Sie schaltete es von stumm auf laut und nahm das nächste eingehende Gespräch an, ein Schulleiterkollege.

»Was ist bei euch los?«, fragte er.

Als Nadia antworten wollte, fehlten ihr die Worte. Sie versuchte, etwas zu sagen, begann jedoch stattdessen zu schluchzen.

»Das wird schon«, versuchte er, sie zu trösten. Er redete und redete, auch er war nervös. »Es tut mir so leid. Ich kann es nicht glauben. Was ist mit uns geschehen?«

Kaum hatte sie aufgelegt, rief eine der für den Nachmittag eingeteilten Lehrerinnen an.

»Stimmt es?«

Da hörte sie die Mädchen auf dem Flur.

Warum?

Was ist los?

Warum sollen wir nach Hause gehen?

Jetzt?

Wir sind doch gerade erst gekommen!

Die Lehrerinnen hatten sie schließlich hinausjagen müssen. Jetzt kamen alle in ihr Büro. Sie wollten Antworten.

Warum?

So spät? Am selben Tag?

Wer hat das entschieden?

Wann haben sie das entschieden?

Es stand doch schon alles fest, es hieß eindeutig …

Nadia wusste nicht mehr als sie. Ihr fiel ein, dass vor einer Weile bekannt gegeben worden war, dass Frauen dieses Jahr von der offiziellen Schuleröffnung ausgeschlossen seien. Sie hatte nicht weiter darüber nachgedacht, so war die Welt nun mal geworden, und sie hätte ohnehin keine Zeit gehabt, teilzunehmen. Aber das hier war etwas völlig anderes.

Drei Frauen kamen mit ihren Töchtern im Schlepptau herein. Sie waren wütend. Was war los? Ihre Töchter, alle Schülerinnen der Schule, standen hinter ihnen und weinten.

»Wir müssen das Land verlassen!«, sagte eine der Mütter. »Hier wollen sie nur, dass wir zugrunde gehen.«

»Lieber sterbe ich, als so zu leben«, sagte eine Schülerin.

Zwei Mädchen aus der zehnten Klasse kamen herein. Sie waren noch nicht nach Hause gegangen. Jetzt sahen sie sie flehend an.

»Liebe Frau Direktorin, macht die Schule morgen wieder auf?«

Nadia sah sie nur an und schüttelte stumm den Kopf. Sie konnte nicht mehr sprechen.

Auf dem Heimweg hätte sie am liebsten geschrien: Warum tut ihr uns das an? Aber sie schwieg. Wie die meisten Frauen in Afghanistan hatte sie noch nie öffentlich ihre Meinung kundgetan. Sie hielt sie zurück, doch in ihrem Inneren gärte sie.

Als sie nach Hause kam, fühlte sich alles leer an. Sie hatte keine Tränen mehr. Auch ihr Herz fühlte sich leer an. Sie hatte kein Herz mehr. Daheim wussten sie es schon. Die sozialen Medien in Kabul waren voller erloschener Augen und Videos von weinenden Schulmädchen.

Am Nachmittag rief Nadias Schwägerin an, die Frau ihres verstorbenen Bruders, die in einem Dorf in der Parwan-Provinz lebte. Aufgebracht erzählte sie, was in der Klasse ihrer Tochter geschehen war, als die Taliban die Schule stürmten.

»Sie sind in die Klassenzimmer marschiert und haben auf die Mädchen eingeschlagen. Die Lehrerinnen, die gerade erst Bescheid bekommen hatten, dass sie die Mädchen nach Hause schicken sollen, haben sie angefleht, aufzuhören. ›Lasst sie selbst rausgehen!‹, haben sie gerufen, aber die Taliban haben weiter an den Mädchen gezogen und gezerrt, sie gestoßen und beschimpft. Meiner Tochter haben sie mit einem Stock auf den Arm geschlagen, die Stelle tut ihr immer noch weh!«

Auf einmal habe einer von ihnen geschrien: »Zieht die Socken aus! Weg mit den Socken!«

»Und weißt du, warum?«, rief die Schwägerin. »Die Flagge der Taliban ist weiß. Die Socken waren weiß. Und auf eine heilige Farbe darf man nicht treten. Damit entweiht man den Islam, man beleidigt die Taliban ...«

In der Leitung wurde es still. Es gab nichts mehr zu sagen.

★

Weit, weit weg, nördlich des Polarkreises, konnte eine Frau nicht mehr aufhören zu weinen.

Sie schluchzte beim Wasserkocher. Sie heulte bei den Teebeuteln. Die Tränen flossen, wenn sie sich setzte. Und wenn sie wieder aufstand. Am meisten weinte sie vor ihrem Computer.

Erst hatte Jamila es nicht geglaubt. Die Twittermeldung aus dem Bildungsministerium musste gefälscht sein. Irgendwer wollte den Schulbeginn sabotieren. Der Minister persönlich hatte schließlich die ganze Woche lang bestätigt, dass alles in Ordnung sei.

Gegen Abend, nachdem sie all die Bilder aus ihrem Heimatland, die Videos mit fassungslosen Mädchen auf dem Heimweg beweint hatte, öffnete sie ihr eigenes Profil und rief in die Welt:

»Was haben die Taliban für ein Problem mit Mädchen und Frauen??«, schrieb sie. »Heute, als Tausende von Mädchen nach Monaten des Wartens zu den Schultüren kamen, hatten sie da an den Hidschab gedacht? Ihr habt die Religion lächerlich gemacht. Habt ihr eine Antwort auf all diese Tränen? Die Unterdrückung darf nicht anhalten!«

Alles, wofür sie gekämpft hatte, schien im Nichts zu versickern.

Jamila ließ sich auf den Ledersessel fallen. Draußen lag der Schnee immer noch in meterhohen Verwehungen, tagsüber war es hell, dann glitzerten die Schneekristalle. Jetzt schienen die Nordlichter schwach am Himmel über den Bergen. In Kabul wurde es bald Nacht.

Sie musste etwas tun, sie durften nicht aufgeben. Sie rief Torpekai über WhatsApp an.

»Wir müssen protestieren!«, sagte sie.

»Ja!«, antwortete Torpekai. Sie hatte den Tag damit verbracht, ihre Enkelin zu trösten, die zu denen gehörte, die nach Hause geschickt worden waren.

In Alta hatten Jamilas Töchter Skifahren gelernt, sie gingen ins Schwimmbad, in eine gemischte Klasse, sie lernten, eigenständig Grenzen zu setzen, sie lernten, allein zu sein, sie lernten, mit anderen zusammen zu sein. Für sie war nach diesem grauenhaften Tag alles wie vorher. Als Mädchen in Afghanistan aber war man verdammt.

Bei der Zusammenkunft in Oslo hatte sie geglaubt, die Taliban hätten zugehört, sich ihre und die Worte der anderen zu Herzen genommen. Nach den Gesprächen mit dem Außenminister hatte sie den Eindruck gewonnen, dass er an Bildung für alle glaubte. Er hatte das Wort *zhmena* gebraucht – Versprechen.

Hatte er sie betrogen, oder hatte er die Schlacht verloren?

★

Die Entscheidung war am Vorabend auf oberster Ebene in Kandahar gefallen. Eine Stunde vor Mitternacht erhielt das Bildungsministerium in Kabul den Bescheid.

Drei Tage zuvor hatte der *Amir al-Mu'minin* zu einer Versammlung in seiner Heimatstadt einberufen. Der in Kandahar ansässige Führungsrat war vor Ort, die ganze Regierung kam aus Kabul, zwei Dutzend islamische Gelehrte, Männer, die dem »Befehlshaber der Gläubigen« nahestanden, waren ebenfalls dabei. Die Beratungen sollten drei Tage dauern.

Es wurde spekuliert, ob der oberste Führer der Taliban Minister austauschen oder andere größere strategische Eingriffe vornehmen würde. Während der letzten Monate war es vermehrt zu internen Streitigkeiten zwischen den verschiedenen Fraktionen gekommen.

Der Emir hatte die absolute Autorität als Anführer der Bewegung. Sein Wort war Gesetz. Wollte man eine Entscheidung beeinflussen, musste man es tun, ehe er sie gefällt hatte. Die Taliban waren eine Bewegung, die auf Konsens basierte. Man versuchte, sich so zu einigen, dass alle zufrieden waren; das war einer der Faktoren, die die Bewegung so zäh und langlebig machten. Während die Regierung in Kabul für die alltäglichen Geschäfte zuständig war, sollte der Führungsrat – die *Rahbari Schura* – den Emir darin beraten, wie er über verschiedene Dinge denken sollte.

Über die Öffnung der Schulen hatten die Taliban monatelang diskutiert. Allerdings jede Gruppe, jede Fraktion für sich, ohne die Möglichkeit in Betracht zu ziehen, die anderen in der Bewegung könnten vielleicht abweichender Meinung sein. Für die Bevölkerung und die Medien war der Prozess undurchsichtig wie immer gewesen, doch diesmal hatten sich die Taliban auch intern verstrickt.

Der Bildungsminister Noorullah Munir hatte unabhängig vom Emir agiert, als er eine vollständige Schulöffnung plante. Dasselbe galt für den Außenminister Amir Khan Muttaqi, als er in Oslo seine Versprechen gab.

Beide schienen davon auszugehen, dass der Emir schon nachgeben würde. Da man die Öffnung zugesichert hatte, sowohl gegenüber der afghanischen Bevölkerung als auch potenziellen internationalen Geldgebern, und kein Einspruch vonseiten der Führung gekommen war, musste es wohl in Ordnung gehen. Gleichzeitig war allgemein bekannt, dass der Emir persönlich gegen die Bildung von Mädchen und Frauen war. Dennoch ging man davon aus, dass er sich nach der Meinung der Mehrheit richten würde, die den Unterrichtsbesuch für Mädchen, auch in den weiterführenden Schulen, befürwortete. Da der Bildungsminister nichts hörte, und der Emir wiederum weder vom Minister noch von der Regierung in der Angelegenheit kontaktiert wurde, gingen die Vorbereitungen ohne Genehmigung von oberster Ebene weiter.

Die Regierung hätte sich schon Monate vorher an den Rat islamischer Gelehrter in Kandahar wenden können, der großen Einfluss auf den Emir ausübte. Dieser hätte mit Schriftgelehrten im ganzen Land über die Frage beratschlagen können, um dann geeint auf die Entscheidung des Emirs einzuwirken.

Nichts davon war geschehen.

Weder der Emir noch der Führungsrat waren konsultiert worden.

Als daher die Konservativen bei der Kandahar-Versammlung gegen den Schulbesuch von Mädchen im Jugendalter zu argumentieren begannen, waren die pragmatischeren Kräfte nicht vorbereitet. Sie hatten blind darauf gesetzt, dass schon alles in Ordnung ging, schließlich hatte der Emir nichts Anderweitiges gesagt. Bis jetzt. Drei Tage vor Schulbeginn.

Ein Tag verging.

Zwei Tage vergingen.

Am Tag, bevor die Schulen öffnen sollten, waren die Beratungen noch immer im Gange.

So sahen die Fronten aus: Zwei Dutzend einflussreiche Gelehrte wollten eine Fatwa erteilen, laut der Mädchen über dem Grundschulalter nicht wieder zur Schule gehen durften. Es handelte sich dabei um Männer, deren Überzeugung nach Mädchen mit Beginn der Pubertät zu Hause abgeschirmt werden sollten, bis sie verheiratet wurden. Für diese Gelehrten war die Vorstellung, dass Mädchen im heiratsfähigen Alter täglich vor aller Augen zur Schule gingen, selbst voll verschleiert, ebenso verstörend wie provokant.

Andere Schriftgelehrte waren gegensätzlicher Auffassung. Es widersprach dem islamischen Ziel der Wissensaneignung, nicht beiden Geschlechtern das Lernen auf allen Bildungsstufen zu ermöglichen.

»Sollte jemand auf Basis der Scharia dagegen argumentieren, nehme ich es gern mit ihm auf!«, soll der Bildungsminister bei der Versammlung gesagt haben.

Seiner Gruppe gehörte der Großteil der Regierung an. Hardliner in anderen Dingen, wie der Innenminister Siradschuddin Haqqani, der stellvertretende Regierungschef Mullah Baradar und Verteidigungsminister Mullah Yaqub, selbst Mullah Omars Sohn, unterstützten die Schulöffnung für alle, wie auch der Außenminister, der in Oslo die Welt um Anerkennung gebeten hatte.

Aber sie waren unvorbereitet. Sie waren mit anderen Dingen beschäftigt, eigenen Machtkämpfen, so viele Punkte mussten im Lauf dieser drei Tage geklärt und entschieden werden, daher meldete sich niemand gegen die Konservativen zu Wort, es gab keinen organisierten Widerspruch.

Der Emir folgte also seinem Herzen und seiner Überzeugung und stützte sich auf die mächtige Minderheit, einen kleinen Kreis ultrakonservativer Imame.

Kandahar siegte über Kabul.

Im Lauf der Nacht liefen die Leitungen im Bildungsministerium heiß, wo die wenigsten auf den Gedanken gekommen waren, die lang versprochene Schulöffnung könnte auf der Kippe stehen. Die fatale Twittermeldung, die Jamila zunächst für Fake gehalten hatte, wurde früh am Morgen gepostet, in einem Land, in dem viele keinen Strom hatten und noch weniger Menschen Twitter benutzten. Sie wurde gepostet, während die Mädchen nichts ahnend weiße Socken anzogen, sich das weiße Kopftuch umbanden und einen letzten Blick in den Spiegel warfen, um zu prüfen, dass die Stecknadeln es auch gut festhielten.

★

Drei Tage später füllte sich der Flur in Jamilas Haus in Kabul. Auf den grünen Teppichboden, auf dem wiederum ein gewebter Kelim lag, war ein Rednerstuhl gestellt worden. Daran hing ein Blatt mit der Aufschrift: »Mädchenschulen JETZT öffnen!«. »Bildung ist unser Menschenrecht!«, hieß es weiter auf Paschtu. »Gebildete Mädchen für eine helle Zukunft!«, stand in Dari geschrieben.

Jamila und Torpekai hatten besprochen, dass die Pressekonferenz ihren Ausgangspunkt im Islam nehmen sollte. Bildung für Mädchen sollte nicht als westliche Idee gedeutet werden, das war sie schließlich nicht. Daher hatten sie mehrere weibliche islamische Gelehrte – ulama – eingeladen, die mit dem Koran in der Hand argumentieren sollten.

Eine von ihnen war Zeynab, die lange eng mit Jamila zusammengearbeitet hatte. Die Mittdreißigerin trug ein beigefarbenes Tuch, das den Kopf und den Großteil des Oberkörpers bedeckte.

»Sind etwa diejenigen, die Bescheid wissen, denen gleich, die nicht Bescheid wissen?«, zitierte sie den Koran.

Nein, der Ansicht war Gott nicht. Seiner Meinung nach sollten »die Verständigen« führen. Und wenn Mädchen keine Bildung bekamen, wie sollten sie dann verständig werden? Was die Taliban getan hatten, war gegen den Koran. Schließlich war der Islam die einzige Religion der Welt, die ein heiliges Buch hatte, das mit dem Wort *Iqra!*, *Lies!* begann.

»Die Wichtigkeit dessen, dass alle lesen, wird in unseren heiligen Texten betont«, fuhr Zeynab fort. »Als Gabriel sich Mohammed offenbart, sagt er nicht weniger als dreimal: ›Lies, lies, lies!‹«

Das Tuch fiel weich um ihren Körper, der sich jedes Mal, wenn sie einen Punkt unterstrich, bewegte.

Ein Dutzend Journalisten, hauptsächlich Frauen, war gekommen. Aus mehreren Fernsehkameras wurde gefilmt. Auf den Stuhlreihen saßen Lehrerinnen, Schulleiter, Gelehrte und Aktivistinnen. Eine schwere Wolke aus Parfüm hing im Raum.

»Man nehme nur Mohammeds Frauen. Wie Chadidscha ihn geführt hat! Und niemand hat mehr Lehrsätze des Propheten memoriert und überliefert als Aischa! Und Salama, sie hat über dreihundert Hadithe vor dem Vergessen bewahrt. Und Hafsa, die ständig beim Lösen von Problemen helfen sollte! In Afghanistan gibt es viele, selbst gelehrte, Männer, die der Ansicht sind, Mädchen bräuchten keine Bildung. Doch dem Islam zufolge stimmt das nicht! Als gebildete

Frau habe ich die Verantwortung, für die Rechte der Frauen zu kämpfen.«

Zeynab presste Daumen und Zeigefinger aneinander und blickte in die Runde der Versammelten.

»Allah sagt, es ist unsere Pflicht, nach Wissen zu streben. Uns daran zu hindern, ist, als würde man einen Muslim daran hindern zu fasten. Oder zu beten!«

Es gab mehrere Rednerinnen auf der Konferenz, als Letzte setzte sich eines der Mädchen, denen das Ganze galt, auf den Rednerstuhl. Sie hätte in der neunten Klasse anfangen sollen.

»Wir haben geduldig gewartet. Wir haben die Tage bis zum Frühling gezählt«, sagte sie. »Dreimal habt ihr uns getäuscht. Erst im Herbst, als ihr gesagt habt, wir Mädchen dürften im Frühling wieder zur Schule gehen. Dann in Oslo, wo ihr im Privatjet hingeflogen seid und euch profiliert habt. Und jetzt versucht ihr, uns zu täuschen, indem ihr sagt: ›Wartet auf weiteren Bescheid!‹«

Die Vierzehnjährige sah wütend in die Kameras.

»Wir wollen nicht länger warten. Öffnet die Schulen nächste Woche! Wir akzeptieren keine Ausflüchte!«

Doch die Führung in Kandahar hatte andere Dinge im Kopf. Einen Tag nach der Konferenz gab das Ministerium für die Förderung der Tugend und Verhütung des Lasters eine neue Bestimmung bekannt: Frauen, die »weder zu jung noch zu alt« waren, sollten draußen das Gesicht und den gesamten Körper verhüllen.

Und die allerbeste Burka, so das Dekret, sei es, zu Hause zu bleiben.

VIER KLEIDER UND EIN SMARTPHONE

Die Mandelbäume um Baschirs Haus trugen winzige, rosa Blüten. An den Weinreben sprossen leuchtend grüne Blätter. Auch in seinen Frauen wuchs neues Leben. Beide erwarteten im Sommer ein Kind. Galais Schwangerschaft war am weitesten fortgeschritten.

Yasamin, der alles rund um Körper und Schwangerschaft peinlich war, hatte sich erst nicht getraut, Baschir die Neuigkeit zu erzählen. Sie wartete, bis er es selbst sah. Da verbarg sie ihr Gesicht in ihrem Kopftuch und kicherte. Sie sah ihn selten direkt an. Wie ihre Schwiegermutter senkte sie den Blick, wann immer ihr Mann mit ihr sprach.

Sie hatte sechs Kinder zur Welt gebracht, drei waren am Leben geblieben. Der in Wasiristan geborene Obaida war zehn Jahre alt. Er war ein aufgeweckter und lieber Junge. Der siebenjährige Muhammed war nahezu taub, er konnte nur wenige Worte sagen. Sein einer Gehörgang war zusammengewachsen. Durch den anderen drangen einige Laute, doch zu wenig, um deutlich zu hören. Am liebsten wollte er in der Nähe seiner Mutter sein, doch das durfte er nicht, er saß den ganzen Tag oben zusammen mit den anderen Kindern, die alt genug waren, um den Koran zu lesen.

Nichts bereitete Yasamin größere Sorgen als Muhammed. Eines Nachts wurde Baschir wach, weil sie weinte, und als er fragte, was los sei, brachte sie schluchzend den Namen des Jungen hervor.

»Er kann nicht hören, er kann nicht sprechen, was soll aus ihm werden, wenn er erwachsen ist?«

»Alles wird gut. Allah hat einen Plan für ihn«, versicherte ihr Baschir. »Die Taubstummen sind am heiligsten. Wenn sie den Koran lesen, geht Gottes Wort direkt in sie hinein und bleibt dort.«

Muhammed war das liebste Kind und derjenige, der immer wusste, wo alles im Haus war. Mamas Pantoffeln, ihr Kopftuch, ihre Tasche. Wenn etwas, das Galai gehörte, in Yasamins Zimmer lag, legte er es zurück an seinen Platz und umgekehrt.

Galai hatte fünf Kinder. Das älteste war Mawia, der Junge, den sie beide in Wasiristan gestillt und versorgt hatten. Nach einigen Monaten mit zwei Ammen hatte Galai ihn von Yasamins Brust genommen und gesagt, jetzt sei es genug. Sie erklärte, solange Yasamin stille, könne sie nicht schwanger werden, und jetzt sei es an der Zeit, dass sie ihr eigenes Kind bekäme. Das wurde Obaida.

Wie bereits an den ganzen vor der Haustür herumliegenden Schuhen zu erkennen, war das Haus voller Kinder. Doch drinnen hörte man selten eines davon, mit Ausnahme der Allerjüngsten.

Spiele gab es keine im Haus. Die führten bloß zu Zank. Sie waren so viele, da war Streit unvermeidlich, darin waren sich die Mütter einig. Also spielten die Kinder mit dem, was sie fanden: Eine Schuhsohle wurde zu einem Auto, ein Strumpf wurde zu einem Ball zusammengerollt, sie fuhren mit je einem Hausschuh um die Wette. Die Kleinsten schlugen jubelnd mit einem Löffel auf den Boden, sie rangelten wie Löwenjunge, oder sie spielten in den Haufen mit Schmutzwäsche Verstecken.

Galais jüngste Tochter war ein einfallsreiches Kind. Die Vierjährige legte mit Nussschalen von einem Tablett Muster auf dem Teppich. Sie bastelte Puppen aus einer Serviette, kunstvolle Figuren, mit denen sie spielte, ehe sie sie wieder auseinanderfaltete und neue fertigte.

Am liebsten zog sich Hoda in eine Ecke zurück, wo sie ganz für sich war. Dort sammelte sie alles, was sie brauchte, und hielt ihre eigene Teegesellschaft ab. Mit dem Rücken zum Zimmer saß sie dort und schenkte Wasser in Tassen und Schälchen, murmelte, sprach, lachte leise, schenkte nach, trank, schmatzte, lächelte einem unsichtbaren Gast zu, sagte etwas im Flüsterton.

Im Haus gab es jede Menge herrliche Ecken und Winkel. Trat man durch die Tür unter der Maschallah-Inschrift hindurch, die die Bewohner beschützen sollte, kam man zunächst in eine riesige, an die vier Meter hohe Eingangshalle. Mehrere Türen führten von dort ab. Das erste Zimmer zur Rechten gehörte Galai, es war einfach eingerichtet, mit Matratzen entlang der Wände und dicken Kissen zum Dagegenlehnen. Jede zweite Nacht teilte sie es mit Baschir. In den anderen Nächten war er bei Yasamin.

Diese Regelung wurde streng eingehalten, es oblag Baschir, sie im Blick zu behalten. Mitunter wurde es kompliziert, da Yasamin länger als Galai in Dschalalabad wohnen geblieben war und häufig ihre Eltern in Mussahi besuchte, daher musste er in Wochen, halben Monaten und Wochenenden rechnen.

Als er aus dem Gefängnis freikam, nachdem er drei Jahre auf die Vollstreckung des Todesurteils gewartet hatte, bekam Galai die erste Nacht, da er die letzte Nacht vor seiner Verhaftung bei Yasamin geschlafen hatte. Solche Rechnungen konnte man anstellen, wenn man in einer Zelle saß, es war kein leichter Job, allen gerecht zu werden.

Yasamin hatte ein kleineres Zimmer auf der anderen Seite der Eingangshalle. Auch sie hatte nicht viel daran verändert, sondern es einfach übernommen, wie es war. Ein Teppich auf dem Boden, Matratzen, Kissen. Das wars.

Ganz anders Simas Zimmer. Raoufs Frau hatte ihr Reich wie einen orientalischen Harem dekoriert. Ein großes, weiches Himmelbett mit purpurfarbener Samtdecke und riesigen Kissen nahm die eine Seite des Zimmers ein. Vor den Fenstern hingen mehrere Lagen gelber und royalblauer Gardinen, gegenüber dem Ehebett schimmerte ein goldenes Sofa.

Außerdem besaß Sima einen Schrank. Meistens wurden Dinge in Pappkartons, in Tüten, Kisten, Koffern und großen Haufen aufbewahrt. Als ob sie noch nicht richtig im Haus eingezogen wären. Eine Kommode, Kleiderbügel, was sollten sie damit? Sie würden hier ja nicht ewig wohnen. Doch da Sima einen Schrank hatte, wurde er stetig gefüllt. Eigentlich sollte das edle Möbel mit den Glastüren ihr Schmuckstück sein, doch nun waren zwei der Fächer mit Schuhen gefüllt. Er war Medizinschrank, Aktenschrank, Geldschrank, Kleiderschrank und Schrank für wichtige Dinge.

Obendrauf standen die Verlobungssträuße der Bewohner aufgereiht, sie gehörten zu den familiären Erinnerungsstücken. Die Sträuße aus Stoff oder Plastik waren zum Schutz vor Staub in Cellophan gehüllt, doch nun hatte das Plastik eine bräunliche Färbung angenommen.

Nur der letzte Strauß blitzte, die Farbe der Blumen war noch frisch. Es war auch der mit Abstand größte. Protzig, fand Galai. Darin waren sich alle Frauen im Haus einig.

Der Strauß gehörte dem Eindringling, der sich noch nicht gezeigt hatte.

Von der Halle führte eine breite Treppe hinauf zu einem Foyer, wo die Tapete und an der Wand hängender Nippes einen Hang zur Maßlosigkeit offenbarten. Eine Wand war mit Birkenstämmen tapeziert, eine andere mit Dschungelmotiv, die dritte zeigte Wasserfälle, die vierte war voller Rosen.

In dem Zimmer, das vormals der Salon des Parlamentariers gewesen war, fiel das Licht durch zwei Fensterfronten. Die Möbel, tiefe Sessel und dunkle Massivholztische, waren an die Wand gerückt worden.

Jetzt befand sich hier Baschirs Madrasa. Er hatte seine eigene aufgemacht, damit seine Kinder keinen Umgang mit den anderen Kindern im Viertel zu haben brauchten. Alles wurde in der Familie gehalten, auch der Lehrer. Hasibullah war der Sohn von Baschirs ältester Schwester, der einzigen noch Lebenden unter den Geschwistern, die sich an ihren Vater, Mullah Wasir, erinnerte. Sie war sieben Jahre alt gewesen, als er umgebracht wurde, Baschir drei Monate. Sie pries sich glücklich, dass ihr Neunzehnjähriger ebenfalls Mullah geworden war. Hasibullah war ein großer, etwas feister Junge, der den Koran bei einem berühmten Gelehrten in Pakistan studiert hatte. Er war bestimmt, er war streng und tolerierte keinerlei Schluderei und Müßiggang von seinen kleinen Cousins und Cousinen.

Die Kinder saßen auf dem Boden im Schneidersitz. Vor sich hatten sie ein Kissen. Keines hob den Blick, wenn jemand hereinkam, sie kannten die Strafe. Aufgeschlagen auf dem Kissen lag das Buch, das alle Aufmerksamkeit einnahm. Sie lernten den Text, einige murmelnd, andere singend. Jeder fand einen eigenen Stil und eine eigene Stimme, einige rezitierten laut, andere kaum hörbar. Dabei wiegten sie den Oberkörper, vor und zurück, vor und zurück. So fiel das Memorieren leichter. Denn das war das Ziel, ein *hafiz* zu werden, einer, der Gottes Wort auswendig kann.

Erst sollten sie *qaida* lernen, das Grundlegende – das Alphabet, die Grammatik und die kleinen Zeichen, die die Aussprache markierten. Die Jüngsten, die Vier- und Fünfjährigen, sangen das Alphabet, wieder und wieder. Mit den Fingern folgten sie von rechts nach links den Buchstaben in zerfledderten Heften, die weitervererbt wurden. Anschließend sollten sie zu *nazira* übergehen – der korrekten Aussprache und den Regeln der Rezitation.

Ton und Rhythmus standen im Vordergrund. Zur Bedeutung der Worte waren sie noch nicht gekommen. Erst später würden sie erfahren, was im Buch geschrieben stand, dann sollten sie lernen, es zu deuten und, nicht zuletzt, zu befolgen. Das würde einfach sein, da ihr Unterbewusstsein die Botschaft bereits kannte. Sie war quasi bereits zu ihnen durchgedrungen, so wie Mohammed der Koran durch den Erzengel Gabriel offenbart worden war.

Zwischendurch standen die Kinder auf und gingen zu Hasibullah, um nach einem Laut oder einem Wort zu fragen. Hin und wieder rief er sie zu sich, andere Male ging er mit langsamen, schweren Schritten durchs Zimmer.

Meistens saß er im Schneidersitz gegen ein Sofa gelehnt auf der anderen Seite des Zimmers und hatte seine Schüler im Blick. Vor ihm stand eine Holzkiste, die mit den gruseligsten Dingen gefüllt war:

ein Schlauch, Stäbe, ein Stock, Kabel, eine Gerte. Wer nicht schnell genug lernte oder unkonzentriert war, bekam eine Kostprobe aus der Kiste.

Die Methoden waren vielfältig. Die einfachste waren Schläge auf die Finger. Aber auch Hiebe mit einem Stock oder einem harten Gummischlauch gegen die Fußsohlen konnten der Erinnerung auf die Sprünge helfen. Eine von Hasibullahs bevorzugten Methoden bestand darin, dem Kind, das nicht schnell genug lernte, einen Stift zwischen die Finger zu flechten, einen Finger darüber, einen darunter, einen darüber, einen darunter, und, so fest er konnte, zuzudrücken. Dann lernten sie. Manchmal legte er sie über einen Stuhlrücken und hieb ihnen mit der Gerte auf den Po.

Bei alldem hatte er Baschirs Segen. Gewalt weckte den Geist. Baschir benutzte das Wort »Folter«, wenn er beschrieb, was ihm selbst widerfahren war, als er als kleiner Junge den Koran lernte. »Folter funktioniert immer«, sagte er. Überall auf der Welt, deshalb war sie so verbreitet.

Mit jedem neuen Vers, den die Kinder paukten, wiederholten sie den vorherigen, und den davor, und so fügten sie Zeile um Zeile hinzu. So wollte Baschir es. So hatte er selbst es gelernt. Erst – mit reinem Geist – auswendig lernen. Da der Koran Gottes Zunge, Gottes Stimme war, würde ein Teil der Bedeutung ihnen ohnehin zufließen und sie beeinflussen.

Ihre gesamte Kindheit hindurch sollten sie ausschließlich religiöses Wissen erwerben. Wenn die Jungen dann im Erwachsenenalter Ärzte oder Ingenieure werden wollten, fein. Für die Mädchen genügte die Religion.

Die Kinder verbrachten den Großteil des Tages im Salon des geflohenen Parlamentariers. Vor Tagesanbruch wurden sie fürs Gebet geweckt. Anschließend bekamen sie etwas Tee und Brot und setzten sich zum Lesen an die Kissen. Um acht gab es Frühstück mit Eiern und Joghurt, bevor sie bis elf weiterlernten. Dann schliefen sie zwei Stunden, die Jungen zusammen mit Mullah Hasibullah oben im Salon auf Matratzen, die Mädchen in einem Zimmer im Erdgeschoss. Dann aßen sie zu Mittag, ehe es wieder ans Büffeln ging.

Von sechzehn bis siebzehn Uhr dreißig durften sie machen, was sie wollten. Die Jungen spielten am liebsten Kricket auf der Ebene am Rand der Siedlung. Auch die Mädchen durften aus dem Tor rennen und toben, bis sie acht oder neun waren. Das war ein Anblick, wenn die Schar das Haus verließ, im wilden Lauf über den Hof und durchs Tor hinaus, den Blick starr geradeaus gerichtet. Sie sahen weder nach rechts noch nach links, voller Angst, jemand könnte sie stoppen, bitten, die Wäsche abzuhängen, helfen, ein Fass zu tragen. Diese Zeit gehörte ihnen! Um sechs Uhr mussten sie wieder vor dem Kissen sitzen. Wer einschlief, wurde gezüchtigt. Dann schliefen sie nicht noch mal ein. Sie rezitierten weiter bis um neun, dann war es Zeit für Abendessen und Abendgebet, ehe sie die Augen schließen und träumen konnten. Von was auch immer sie wollten.

Nur die Kleinkinder waren unter Tag im Erdgeschoss.

»Möchtest du hochgehen?«, fragte Galai ihre Vierjährige, die sich in der Ecke mit ihrer Teegesellschaft vergnügte.

Hoda schüttelte heftig den Kopf, ohne sich umzudrehen.

Die Frauen lachten. Zuvor am Morgen hatte Galai Hodas Hose heruntergezogen und ihnen die roten Striemen gezeigt. Über den Po des kleinen Mädchens zogen sich lange, üble Wunden von Hasibullahs Schlägen.

»Gestern habe ich sie hoch in die Madrasa geschickt, und als sie sich geweigert hat, sich hinzusetzen, hat er die Gerte hervorgeholt.«

Alle lachten wieder und schüttelten die Köpfe. So war das nun mal.

»Möchtest du wieder nach oben?«, neckte Galai ihre Tochter.

Hoda hatte aufgehört zu spielen. Sie saß steif, mit dem Rücken zu ihnen.

»Soll ich mitkommen?«, machte ihre Mutter weiter.

Da sprang Hoda auf und versteckte sich hinter den Vorhängen, unter schallendem Gelächter der Frauen. Außer Baschirs Frauen saßen noch Sima und einige der Töchter von Hassan und Yaqub dort. Die jungen Mädchen waren nun selbst Mütter. Sie stillten ihre Babys oder fütterten sie mit in Tee aufgeweichten Brotstücken oder Keksen. Sie selbst aßen von einem goldgelben Kastenkuchen.

Hoda stand ganz still hinter den Vorhängen, durch die das Morgenlicht strömte. Wenn sie so blieb, unbeweglich, würden sie sie vielleicht vergessen.

Ihre Mutter ließ nicht locker. »Möchtest du hochgehen?«

Da rief Hoda: »Ich will nicht, ich will nicht! *Wallah*, ich schwöre bei Gott! Ich will nicht!«

Die Frauen lachten, dann plauderten sie weiter.

Nach einer Weile kam Hoda wieder hervorgeschlichen. Sie kroch über den Boden, als wäre sie dadurch weniger sichtbar, und hockte sich ganz nah zu ihrer Mutter. Dort saß sie still und hörte den Erwachsenen zu, ehe sie zaghaft eine Hand nach einem Stück Kuchen ausstreckte. Galai schnalzte scharf mit der Zunge. Ein klares Nein. Hoda zog die bittende Hand zurück. Sie senkte den Kopf, beschämt darüber, bei etwas Verbotenem ertappt worden zu sein, dann trottete sie zurück in ihre Ecke.

Der Kuchen war für die Erwachsenen, dasselbe galt für das Gespräch.

»Hat die eigentlich überhaupt keinen Anstand?«, sagte Galai. »Sie wirkt dermaßen fordernd.«

Als der Winter bitterkalt geworden und der einzig warme Ort unter der Decke war, hatte sie gespürt, dass etwas nicht stimmte. Sie hatte es im Gefühl.

»Hast du eine andere?«, fragte sie Baschir.

»Hast du eine andere?«, wiederholte sie ihre Frage am nächsten Abend. Und in der nächsten Nacht, die sie zusammen schliefen. Und am Morgen danach. »Hast du eine andere?«

Erst einen Monat nach der Verlobung erzählte er es.

»Nach Ramadan werde ich heiraten.«

Galai war abgehärtet von all der Angst, trotzdem war sie nicht vorbereitet. Sie hatte unter den Frauen das Sagen, sorgte für Ordnung, brachte Dinge in Erfahrung und hatte den Überblick. Das Einzige, was sie nicht kontrollieren konnte, waren Baschirs Entscheidungen. Ihr Ton war forsch, selbst Baschir hütete sich vor Galai, soll heißen, er tat, was er wollte, scheute sich jedoch davor, ihr Dinge zu sagen, die ihr nicht gefallen würden.

»Wenn es dich glücklich macht, bin ich auch glücklich«, presste sie hervor.

Dann weinte sie einen Monat lang.

Weil sie ihm nicht genug war, weil Baschir sich eine andere gesucht hatte, weil sie ihn nun seltener sehen würde. Es war eine Niederlage, es war furchtbar, auch wenn es das natürliche Recht ihres Mannes war, vier Frauen zu haben. Doch kein böses Wort kam über ihre Lippen. Bis Baschir ihr ein Foto der neuen Auserkorenen zeigte und Galai fragte, ob sie die Sechzehnjährige hübsch fände.

Galai studierte das Bild auf ihrem Handy. Das Mädchen hatte ein niedliches, puppenhaftes Gesicht, ein kleines, spitzes Kinn mit einem recht großen Doppelkinn darunter und tiefe Augen mit langen, geschwärzten Wimpern.

»Selbst ein schwarzer Schuh wird hübsch, wenn du ihn so schminkst!«

Da musste Baschir lachen. Und Galai auch. Aber dass das Mädchen Anstand hatte, das bezweifelte sie. Denn was die alles forderte!

Was sollte Baschir für sie geben? Was verlangte sie?

In einem Land, in dem die Ehe einen mehr definierte als alles andere, war dies eines der mit Abstand größten Gesprächsthemen unter den Frauen.

Die verlangen eine Million Afghani!

Goldschmuck und Stoff für Kleider.

Ein Smartphone.

Doch Mariam hatte vor allem eine Bedingung gestellt: Sie wollte nicht mit den anderen Ehefrauen zusammenwohnen.

Das war keine kleine Forderung. Es bedeutete, dass ein weiterer Haushalt hinzukam. Baschir gehörte zu denen, die eine Art Gehalt von den Taliban bekamen, eine halbe Million Afghani, rund 4300 Euro, im Monat. Davon musste er das Haus und die laufenden Ausgaben, Auto, Leibwächter und Märtyrer finanzieren. Im Frühjahr 2022 hatte er mit dem Kauf und Verkauf von Immobilien und Autos begonnen, sonst hätte er sich keine weitere Frau leisten können.

Der Plan war, eine Wohnung für Mariam zu finden. Die beiden älteren Frauen – Yasamin war gerade dreißig geworden, Galai würde im Sommer folgen – sollten wie gehabt in der Villa leben. Baschir würde zwischen ihnen pendeln. Lieber hätte er alle unter einem Dach gehabt, das wäre einfacher gewesen, aber er hatte die Bedingung akzeptiert.

Nun hatte er den Stadtteil Mikrorayon für die Wohnungssuche ins Auge gefasst, wo noch immer die von den Sowjets in den Sechzigern errichteten Billigwohnblöcke standen. Solche umgangssprachlich Chruschtschowkas genannten Plattenbauten waren in der ganzen Sowjetunion und alliierten Ländern gebaut worden und prägten Kabul. Hier gab es Wasser, Strom und Zentralheizung. Das Problem war, dass Mariam und Baschir nicht allein dort wohnen konnten, denn was sollte sie tun, wenn er nicht da war? Allein zu Hause bleiben ließ er sie unter keinen Umständen, nicht mal in der eigenen Wohnung, das war schlecht angesehen. Also musste eine von seinen Schwägerinnen, Hassans oder Yaqubs Frau, mit ihren Kindern dort einziehen. Denn Baschir würde viel weg sein, vor allem während der Kampfsaison. Das heißt, möglicherweise würde er während der Kampfsaison viel weg sein.

Die Voraussetzung für eine Mehrehe war, dass alle Frauen gleich behandelt wurden. Darauf hatte der Prophet Mohammed großen Wert gelegt. Für Baschir bedeutete das, dass er jeweils jede dritte Nacht mit ihnen verbringen musste.

Diese Praxis sollte Mariams Meinung nach geändert werden. Die Sechzehnjährige sagte zu ihrer Schwester, sie fände, er sollte mehr bei ihr sein, da er so viele Jahre mit den beiden anderen verbracht habe. Die neue Verlobte verfügte über eine gewisse Erfahrung mit Polygamie, sie war als Tochter einer zweiten Ehefrau aufgewachsen, und nun wollte sie ihren Ehemann möglichst mit niemandem teilen.

Mariam war streng beschützt in den Grenzen ihres Innenhofs aufgewachsen, sie war nie zur Schule gegangen, hatte weder lesen noch schreiben gelernt. Anders als ihre fünfzehnjährige Schwester, die die Mädchen, die zur Schule gehen durften, zutiefst beneidete, hatte Mariam sich nie für Bücher interessiert. »Frauen brauchen das nicht«, sagte sie.

Sie hatte Baschir noch nicht getroffen, da machte er ihr das beste Geschenk, das ein junges Mädchen sich erträumen kann: ein Handy. Ein funkelnagelneues Smartphone mit purpurfarbener Hülle. Zwar konnte Mariam die Buchstaben nicht lesen, aber sie konnte die Bilder anschauen, und jetzt füllte Baschir die Galerie mit Fotos. Von sich selbst.

Auf dem Handy waren ein Name und eine Nummer eingespeichert. Baschirs.

Mariam trug das Smartphone unter ihrem Kleid. Oder an einem Band um die Taille. Sie hatte es bei sich, wenn sie wach wurde, wenn sie sich schlafen legte, wenn sie mit ihrer Schwester zusammensaß und darauf wartete, dass der Tag Richtung Abend ging, und es kamen ständig neue Bilder. Das Display wurde zum Mittelpunkt ihres Lebens. Bald wurde sie zu einer Meisterin der Kamera. Sie füllte das Handy mit Selbstporträts. Hunderte von Fotos, bald an die tausend. Niemand sonst, nicht einmal ihre Schwester, durfte sich die Galerie ansehen. Dort lebten nur sie und ihr Verlobter. Nach einer Weile begann sie, Baschir Fotos von sich zu schicken, stark geschminkt, in den Kleidern, die er ihr geschickt hatte. Im Profil, mit Porträtfunktion, von vorn, von hinten, das Gesicht zur Kamera gedreht, als Nahaufnahme, als Ganzkörperbild, sitzend, stehend bot sie sich aus allen Winkeln dar.

Mariam hatte vier Kleider verlangt und drei davon bekommen, ein grünes, ein gelbes und ein rosafarbenes. Am vierten, einem purpurroten, nähte Galai noch. Sie hatte selbst vorgeschlagen, ein Kleid für die neue Frau zu nähen und es mit ihrem eigenen Muster zu dekorieren.

Hala hatte eine große Szene gemacht, als Baschir schließlich von seiner jüngsten Verlobung erzählte. Anschließend weigerte sie sich fünf Tage lang zu essen. Doch die Tradition zwang sie, zur Verlobungsfeier des Mädchens in Mussahi zu kommen. Mariams Eltern hatten die Frauen aus der Familie und dem Ort zu sich nach Hause eingeladen.

Mariams Elternhaus war ärmlich. Mehrere der Fenster waren zerbrochen und notdürftig mit Klebeband geflickt, damit sie noch eine Weile länger in den gesprungenen Rahmen hielten. Das Haus lag so schattig, dass das Eis vom Winter an einigen Stellen noch immer nicht geschmolzen war. Der Rest des Innenhofs war nun im Frühling überwiegend schlammig. Das erste Stück vom Tor mussten Hala und ihre Schwiegertöchter von Stein zu Stein springen, um nicht in die nasse Erde zu treten.

Normalerweise hing an allen Bäumen entlang der Steine, die einen Weg durch den Matsch bildeten, Wäsche zum Trocknen. Insgesamt hatte Mariam neunzehn Geschwister und Halbgeschwister. Kleine und große Hosen, Pullover und Unterhemden schmückten üblicherweise den Hof. Vor dem Haus befand sich eine große Platte, die sich bei Sonnenschein schnell erwärmte, und ein Großteil des Essens wurde dort gekocht, Wasser holten sie im Brunnen.

Abgesehen von den obligatorischen Begrüßungen, sprach Hala während des gesamten Festes kein Wort mit ihrer neuen Schwiegertochter. Auch Yasamin redete mit niemandem. Galai ebenfalls so gut wie gar nicht. Sie erschienen. Sie waren da. Sie standen es durch.

War Hala von vornherein schon wütend gewesen, kochte nun der Zorn in ihr hoch. Auf dem Fest wurde Musik gespielt – *haram*. Es gab Trommeln, die Leute tanzten. Außerdem gefiel Hala nicht, wie aufgetakelt Mariam in ihrem dekolletierten Kleid war. Am schlimmsten war jedoch, dass die Regel, schüchtern und bescheiden aufzutreten, gebrochen wurde. Mariam scherzte und lachte, rief laut und wackelte mit dem Hintern.

Das Trio verließ das Fest so rasch wie möglich. In Halas Augen hätte es schlimmer nicht kommen können.

Aber wenn der Augenstern es so haben wollte, wurde es so gemacht.

★

Die Verlobung änderte nichts am Alltag im rosa Haus. Die Hochzeit würde ja erst nach Ramadan, also im Mai, stattfinden, daran brauchten sie jetzt noch nicht zu denken.

Es herrschte Frieden. Sie konnten entspannen. Sie hatten so viel zusammen durchgestanden, den Krieg, die Gefangenschaft, die toten Kinder.

Das Leid hatte ein Ende. Aber früher hatte Galai es spannender gefunden. Früher, als ihre Küche voller Batterien und Kabel und Ölfässer war, als die Belohnung im Himmel wuchs, als sie wussten, dass sie mit jeder Bombe, die sie bauten, weitere Stufen auf der Treppe im Paradies erklimmen würden. Jetzt gab es wenig Belohnung zu holen, im Haus gab es mehr Frauen als Arbeit. Sie hockten herum, ein wenig antriebslos. Es war gar nicht so leicht, sich an dieses friedvolle Leben zu gewöhnen. Dabei hatten Galai und Yasamin durchaus ihre Konflikte miteinander. Ärger lösten sie, indem sie die Kinder der anderen klapsten. »Sie haut meine, ich haue ihre!«, lachte Galai. Nachdem sie sich ein bisschen gezankt hatten, redeten sie eine Weile nicht miteinander – bis sie sich wieder versöhnten und erneut eine zufriedene Melodie durch die Zimmer schwebte.

Galai versorgte die Frauen mit Informationen. Sie besaß ein Smartphone, sie las schnell und hatte dank ihres Mobilfunkabonnements Internetzugang. Sie bekam die neuen Dekrete mit, unter anderem, dass die weiterführenden Schulen für Mädchen nicht geöffnet worden waren, Frauen sich von nun an zu verschleiern hatten und ohne Begleitung durch einen männlichen Verwandten nicht fliegen oder weit reisen durften.

»Das kann uns egal sein«, sagte sie zu den anderen Frauen. Schließlich schickte sowieso niemand aus der Familie seine Kinder zur Schule. »Aber ich finde es schade für die Mädchen, die gern zur Schule gehen möchten und ihren Abschluss nicht machen dürfen.«

»Und wo sollen wir Ärztinnen herbekommen, wenn die Mädchen nur bis zur sechsten Klasse unterrichtet werden?«, fragte Yasamin, die von den Frauen am häufigsten mit männlichen Ärzten zu tun gehabt hatte. Männer gaben häufig der Frau die Schuld, wenn ihr Baby krank war, wie der Arzt in Wasiristan, der meinte, womöglich stimme etwas mit ihrer Milch nicht, als ihr Junge blutigen Stuhl hatte, bevor er starb. Oder der Arzt in Kabul, der befand, ihr Siebenjähriger höre schlecht, weil sie ihn beim Stillen mit dem Ohr nach unten gehalten habe. Ein Kind müsse mit dem Körper im Neunzig-Grad-Winkel gestillt werden, so seine Aussage.

Ach, es wäre schön, zu einer Ärztin gehen zu können, dachte Yasamin.

Baschir war, was das anging, ein gemäßigter Taliban. Für ihn war es völlig in Ordnung, wenn anderer Leute Kinder zur Schule gingen, solange er seine eigenen nicht zu schicken brauchte. Was andere taten, interessierte ihn nicht groß. Sein Haus – seine Festung. Seine Kinder – sein Gesetz.

Während sie so plaudernd beisammensaßen, hatte Galai gern eine Handarbeit zwischen den Fingern. Sie war die Näherin der Familie, sie fertigte Kissen, Matratzen, Vorhänge und einen Teil der Kleidung an. Jetzt arbeitete sie an dem purpurfarbenen Kleid für die Verlobte ihres Mannes, ausgehend von deren üppigen Maßen. Mariam war ein kleines und rundliches Mädchen, womit sie der Idealfigur der Taliban entsprach.

Auf einem Kissen vor sich hatte Galai eine Schale mit weißen, hellblauen, rosa und silbern glänzenden Perlen stehen. Eine nach der anderen zog sie sie auf die Nadel, sodass ein wellenförmiges Muster entlang dem Saum entstand. Sie leuchteten hell auf dem dunkelroten Stoff. Hinein und hinaus fuhr die Nadel mit den Perlen. Galais Muster sollte um Mariams Beine fließen.

Ganz unten auf den Rock stickte sie Sternchen in Rosa und Hellblau. In der Mitte jedes Sterns waren Silberkettchen mit zwei kleinen ineinandergefügten Ovalen befestigt. Von oben betrachtet, sahen sie aus wie winzige Handschellen.

Ausschnitt. Brustpartie. Rock. Taille.

An Mariams Körper sollte es keine Stelle geben, die nicht zuerst von Galai berührt worden war.

DIE AUSREISSERIN

Eines Tages kam eine Ausreißerin ins Haus.

Sie wurde von Kommandeur Abdul Jalil vom Polizeidistrikt fünfzehn gebracht, einem von Baschirs treuesten Männern. Am liebsten
verhörte er IS-Anhänger, und als nun der Fall der Ausreißerin auf
seinem Schreibtisch landete, suchte er sie möglichst schnell wieder
loszuwerden. Die beste Möglichkeit hierfür war, Baschir anzurufen,
dann kümmerte der sich darum, und er konnte sich wichtigeren Dingen zuwenden. Die Kriminalität in Kabul, sowohl kleine Delikte als
auch schwere Vergehen, nahm zu. Nachdem die Banden gemerkt
hatten, dass die Taliban anders als befürchtet Recht und Ordnung
nicht durch das Abhacken von Händen und Füßen aufrechterhielten,
machten sie weiter wie unter dem vorherigen Regime. Es gab jeweils
eigene Gangs für Autodiebstahl, Erpressung und Entführungen. Die
größte Bedrohung war der IS. Jede Woche ließen sie in Kabul eine
Bombe hochgehen. Die Opfer waren so gut wie immer Angehörige
der Hasara-Minorität, Ziel der Anschläge waren oftmals ihre Moscheen. In den Augen des IS waren Schiiten Ungläubige.

Die Ausreißerin sah selbst aus wie eine Hasara, dachte Abdul Jalil.
Kopf, Hals und Brust waren von einem schwarzen Tuch bedeckt. Sie
trug eine Abaya, jedoch keine Burka.

Omar, einer von Baschirs Neffen, öffnete das Tor, als die Polizisten anklopften. Das Mädchen war so klein und schmächtig, dass es
beinahe zwischen den Männern, die es flankierten, verschwand. Der
Neffe bat sie, im Hof zu warten, bis er den im Haus lebenden Frauen

Bescheid gesagt hatte. Sie überließen Baschir Galais Zimmer, damit er die Ausreißerin dort in Ruhe empfangen konnte. Die Frauen sammelten sich mit den Kleinkindern in Simas Zimmer, direkt nebenan.

Dem Mädchen wurde ein Platz auf einer Matratze gewiesen, wo es rasch die Beine unter sich anzog, sodass nur die Zehen hervorschauten. Sie hatte schön geschwungene Augenbrauen, die endeten, wo das Kopftuch abschloss, schmale Augen und markante Wangenknochen. Die Haut um die Augen war beinahe weiß, der einzige Teil des Gesichts, der nicht voller Pickel war.

Sie hieß Rawda und war achtzehn Jahre alt. Ihre Stimme flatterte nur ein wenig, als sie auf Baschirs einleitende Fragen antwortete.

»Bitte, schick mich nicht zurück zu meinen Eltern«, flehte sie. »Sie würden mich in Stücke hacken.« Langsam, einen Finger nach dem anderen, dann den ganzen Arm, anschließend die Zehen, Stück für Stück die Füße, erzählte sie Galai später, wäre die Strafe ihres Vaters dafür, dass sie vor der von ihm arrangierten Ehe geflohen war. So würde sie sterben, qualvoll, bis kein lebender Teil mehr von ihr übrig war. In ihrer Familie war schon früher getötet worden. Anschließend wurde eine schöne Beerdigung ausgerichtet, bei der die Verwandtschaft zusammenkam und beweinte, dass das Mädchen leider gestolpert und in den Brunnen gestürzt war.

Baschir sagte, sie solle sich beruhigen, er werde sie nirgendwohin schicken.

»Erzähl mir, was passiert ist, sonst kann ich dir nicht helfen.«

Mit gesenktem Blick begann sie zu sprechen. Dabei strich sie rhythmisch mit den Fingern über ihre nackten Zehen.

Vor bald einem Jahr beschlossen ihre Eltern, sie mit einem Cousin zu verheiraten. Sie stand kurz davor, die Schule abzuschließen, während ihr Cousin vom Land, der Sohn ihres Onkels mütterlicherseits, nie zur Schule gegangen war. Eine Heirat mit ihm würde bedeuten, dass sie ins Haus des Onkels ziehen müsste, und sie wusste, dass dieser sowohl seine Frau als auch seine Kinder verprügelte. Er war allgemein für seine Wutausbrüche bekannt. Außerdem war der Cousin, mit dem ihre Eltern sie verheiraten wollten, nicht »rein«. Er stellte Mädchen auf der Straße nach und belästigte sie.

Sie sprach leise und monoton, ohne jede Gesichtsregung, wie bei einem Verhör. Sie wollte lieber sterben, als ihn zu heiraten, sagte sie. Und sterben, das hatte sie auch versucht.

Die Verlobung war vor zehn Monaten ohne ihr Einverständnis geschlossen worden. Am Tag darauf hatte sie eine Flasche Whitex getrunken, ein starkes Bleichmittel, das sie zu Hause hatten, in der Hoffnung, aus dieser Welt zu verschwinden. Doch als ihr Bruder nach Hause kam, hatte er den stechenden Geruch sofort bemerkt und sie zum Erbrechen gebracht. Sie verlor das Bewusstsein und wachte im Krankenhaus auf. Schlimmere Schmerzen hatte sie nie gehabt. Sie waren im ganzen Körper, es fühlte sich an, als würde sie innerlich verbrennen. Sie konnte nicht schlucken, jeder Atemzug war eine Qual, sie hatte keine Stimme.

Als sie nach mehreren Wochen aus dem Krankenhaus entlassen wurde, konnte sie noch immer nicht essen. Sie trank nur Milch, die den ätzenden Schmerz ein klein wenig linderte.

Doch die Verlobung wurde nicht aufgelöst, und nach einer Weile kamen die Mutter und die Schwester ihres Cousins mit Süßigkeiten und einem Tuch, wodurch die Ehevereinbarung besiegelt wurde. Am darauffolgenden Tag schloss sie die Haustür hinter sich und lief weg, während die anderen unterwegs waren, fest entschlossen, nie zurückzukommen. Planlos irrte sie vom Rande Kabuls Richtung Zentrum. Nach mehreren Stunden im Verkehrsgewühl hatte sie das ärmliche Viertel, aus dem sie stammte, hinter sich gelassen und streifte durch eine der feineren Gegenden der Stadt. Sie kam in eine Straße mit etlichen Schönheitssalons und edlen Läden, in deren Schaufenstern prachtvolle Brautkleider ausgestellt waren. Dort betrat sie einen Friseursalon, keinen von den großen, schicken, sondern einen einfachen kleinen Laden. Es war kurz vor Feierabend. Sie erzählte, dass ihr Vater sie umbringen wolle und sie von zu Hause weggelaufen sei, und fragte, ob sie die Nacht dort schlafen könne.

Die Mitarbeiterinnen erlaubten es ihr, doch auf einmal wurde Rawda mulmig zumute. Was, wenn es gar kein Friseurladen war, sondern ein Bordell. Was, wenn sie sie verkaufen würden! Sie rannte aus der Tür. Als sie den Park in Schahr-i-Now erreichte, wurde sie langsamer. Sie blickte sich um, ging auf die andere Seite des Zauns und setzte sich auf eine Bank. Dort brach sie in Tränen aus.

Es dauerte nicht lang, da trat ein junger Mann zu ihr.

»Warum weinst du, Schwester?«, fragte er sanft.

Sie erzählte, dass sie von zu Hause weggelaufen sei. Er blieb in respektvollem Abstand stehen und sagte, sie könne bei seiner alten Mutter und seiner Schwester wohnen. Dort könne sie sich vollkommen sicher fühlen, seine Mutter habe ein großes Herz und würde sie wie ihre eigene Tochter behandeln.

Inzwischen war die Dunkelheit hereingebrochen, und die Atmosphäre im Park änderte sich, Frauen verschwanden von den Straßen, Männer versammelten sich. Sie folgte dem netten jungen Mann.

In der Wohnung stellte er ihr ein Ultimatum.

»Heirate mich, oder ich übergebe dich der Polizei. Ich sage einfach, du wärst eine Prostituierte.«

Der Polizei übergeben zu werden, hob Rawda hervor, war unter dem vorherigen Regime, als würde man Henkern ausgeliefert. Baschir nickte, während die Gebetskette durch seine Finger glitt, eine Perle nach der anderen.

Ein halbes Jahr lang lebte Rawda mit ihrem neuen Ehemann zusammen. Dann ging er eines Tages in den Iran. Sie blieb bei seiner Mutter und seiner Schwester. Ohne Mann wurde sie zur Sklavin; wenn die Frauen das Haus verließen, schlossen sie sie ein. Sie sagten, sie sei hässlich, deshalb habe sie es nicht geschafft, ihren Mann zu halten, und dass sie sich nie mit einer Hasara hätten einlassen dürfen. Eines Tages sagte ihre Schwiegermutter: »Verschwinde! Ich hab dich satt!«

Rawda konnte nirgends hin und bat darum, noch eine Nacht bleiben zu dürfen. Im Morgengrauen machte sie sich an ihre Arbeitsaufgaben, in der Hoffnung, die Schwiegermutter hätte den gestrigen Ausbruch vergessen, doch als sie fertig mit der Wäsche war, ging die Schwiegermutter mit einem Messer auf sie los: »Raus! Raus! Sonst ersteche ich dich!«

Das war vor zehn Tagen.

Sie rannte, bis sie bei einem Krankenhaus ankam. Dort lief sie durchs Tor. Niemand schien sie zu beachten. Nachts suchte sie sich verschiedene Stellen auf dem Krankenhausgelände. Fünf Nächte schlief sie dort, dann sagten die Wachmänner, sie könne nicht länger bleiben. »Ich kann nirgends hin«, flehte sie. »Ich kann waschen, arbeiten, egal was.«

Die Wachen riefen die Polizei. Einige Talibansoldaten kamen und holten sie ab. Sie rief ihre Schwiegermutter an und bat sie, zurückkommen zu dürfen, doch als sie einem der Taliban das Telefon gab, sagte die alte Frau, sie dürften ihr nicht trauen. Ihr Sohn habe sich bereits von ihr scheiden lassen, da sie untreu gewesen sei.

Das war eine gefährliche Anschuldigung. Als die Taliban das letzte Mal herrschten, war die Strafe für Untreue Auspeitschen bei Unverheirateten; war man verheiratet, lautete die Strafe Tod durch Steinigung. Doch auch falsche Beschuldigungen wurden hart bestraft.

Die Polizei brachte sie zurück zu ihrer Schwiegermutter.

»Mein Sohn hat sie fünfmal auf frischer Tat ertappt! Deshalb ist sie nicht länger willkommen in meinem Haus!«, schrie die Alte.

Ein Nachbar kam heraus und sagte, Rawda habe das Haus nie verlassen, die Anklage sei also haltlos. Sie musste mit zurück zur Wache. Dort blieb sie drei Nächte.

In der Zwischenzeit organisierte die Schwiegermutter die Scheidungspapiere von ihrem Sohn im Iran. Er hatte außerdem ein Video aufgenommen, das sie den Taliban im Polizeidistrikt fünfzehn zeigte. Im Video nannte der Sohn seinen vollen Namen und sagte, wessen Sohn er sei.

»Ich will mich von meiner Frau Rawda scheiden lassen. Ich will die Scheidung, weil ich sie dreimal mit einem anderen Mann erwischt habe. Zweimal habe ich ihr vergeben, aber beim letzten Mal nicht mehr.«

Dann sprach er die Worte, die man dreimal wiederholen musste, um eine Scheidung zu vollschließen: *Talaq. Talaq. Talaq.* Ich lasse mich scheiden. Ich lasse mich scheiden. Ich lasse mich scheiden.

Das war am gestrigen Abend geschehen. Da habe sie zum ersten Mal von Kommandeur Baschir gehört.

»Er wird entscheiden, was mit dir passieren soll«, sagten die Polizisten.

Baschir überlegte eine Weile, dann sagte er: »Erzähl niemandem deine Geschichte. Ich werde einen guten Mann für dich finden. Einen von meinen Soldaten.«

Rawda blieb sitzen und sah auf den Teppich. Sie versuchte, das halblange Kleid, das sie über der Hose trug, weiter herabzuziehen, damit es die Knie bedeckte.

»Sag nur, dass du von zu Hause weggelaufen bist, weil deine Eltern dich mit einem Taugenichts verheiraten wollten, der den Islam nicht respektiert. Erzähl niemandem, dass du verheiratet warst und geschieden bist!«

Sie nickte langsam.

»Nur dein neuer Mann darf die ganze Geschichte hören. Ihm gegenüber darfst du nichts verschweigen. Aber niemand sonst darf es wissen.«

Er sagte, sie könne bei ihnen wohnen bleiben, bis er einen Ehemann für sie gefunden habe. Um auszuschließen, dass sie von ihrem Ex-Mann schwanger war, konnte sie ohnehin erst nach der vom Koran vorgeschriebenen dreimonatigen Wartezeit heiraten.

Baschir sagte, er würde seine Frauen bitten, sich um sie zu kümmern, sie dürfe ihnen aber auf keinen Fall ihre Geschichte erzählen.

Mehrere von Baschirs Soldaten wünschten sich eine Frau, doch Heiraten war teuer. Die Eltern verlangten Geld für ihre Tochter, außerdem brauchte sie Brautkleidung und Aussteuer sowie möglichst auch Gold und Schmuck. Die Soldaten stammten häufig aus armen Familien, und da die Taliban kein Gehalt zahlten, konnten viele junge Männer von einer Braut nur träumen.

Jetzt hatte Baschir also eine Gratisbraut zu vergeben. Er musste gut nachdenken. Wer hatte sie am meisten verdient? Wem schuldete er einen Gefallen? Einer seiner engsten Freunde hatte neun Jahre im Gefängnis gesessen, drei davon mit Baschir, und er hatte noch immer keinen Sohn. Wohlgemerkt war er bereits verheiratet, doch seine Frau hatte ihm nur eine Tochter geboren, bevor er ins Gefängnis kam, und anschließend waren keine weiteren Kinder hinzugekommen. Sie wurde langsam alt, der Mann hatte also dringend Bedarf.

Baschir würde ihm die Ausreißerin anbieten.

Noch am selben Abend hatte Galai dem Neuankömmling die ganze Geschichte entlockt. Natürlich mit dem Versprechen, es niemandem zu erzählen.

Galai war die Einzige unter den Frauen, die Dari konnte, die Sprache, die Rawda sprach. Rawda dagegen verstand kein Paschtu, was alle anderen im Haus benutzten, sodass Galai ihre einzige Ansprechpartnerin und ihre Dolmetscherin wurde.

Unmittelbar nachdem sie das Mädchen dazu gebracht hatte, ihr alles zu erzählen, erfuhr Galai von Omar, wem Baschir sie anzubieten plante. Der Mann sagte ohne Umschweife zu.

Als Baschir am nächsten Tag unterwegs war, rief Galai die Frau des Mannes an, die noch nichts von der bevorstehenden Verlobung wusste.

»Sie ist zwei Ehemännern davongelaufen …«

Galai erzählte alles, was sie wusste.

»Ich dachte nur, du solltest das wissen. Sie hat vor einem Krankenhaus im Freien auf einer Bank geschlafen, und bei der Polizei. Ich weiß ja nicht, ob du so jemanden im Haus haben willst?«

Das wollte die Frau auf keinen Fall.

Galai machte ihr einen Vorschlag. Rawda hatte nämlich gesagt, sie wolle am liebsten in Kabul wohnen. Einer der Gründe, warum sie ihren Cousin nicht heiraten wollte, so wie es die meisten trotz allem taten, war, so vermutete Galai, dass er Bauer war und sie ihr Leben nicht mit Stallarbeit verbringen wollte.

»Sie wird dir nicht gerade eine Hilfe sein«, betonte Galai. »Erzähl das alles deinem Mann und mach eine große Szene, dann wird ihm die Lust an der Sache vergehen.«

Galai hatte es nicht geschafft, die dritte Verlobung ihres Mannes abzuwenden, doch wenn sie einer Mitschwester – einer der Ihren – helfen konnte, war sie sofort dabei.

Die Bauersfrau am anderen Ende dankte ihr für die Warnung.

»Gern geschehen, du wirst schon sehen, wir verhindern die Heirat.«

Der Auserwählte rief Baschir noch am selben Abend an und blies die ganze Sache ab. »Gib sie einem anderen«, sagte er.

Es war besser, jemanden zu finden, der unverheiratet war.

Die Wahl fiel auf Enayat. Er hatte sieben Jahre im Gefängnis gesessen, hatte kein Geld und keine Frau und wohnte am Stadtrand von Kabul. Enayat war ein hübscher junger Mann. Es war eine Schande, dass er niemanden hatte.

Er wollte das Mädchen gern sehen.

Am nächsten Abend stand er vor der Tür. Es war bald elf, im Haus war Ruhe eingekehrt. Die Kinder, die alt genug für die Koranschule waren, schliefen, sie würden vor den ersten Sonnenstrahlen geweckt werden. Selbst die Kleinkinder, die häufig nicht vor ihren Müttern einschliefen, waren still. Enayat kam allein, ohne Mutter oder Schwester, doch diese Hochzeit folgte ohnehin nicht den üblichen Regeln.

Baschir hatte Rawda gebeten, ihre Geschichte leicht abzuwandeln oder besser gesagt zu komprimieren.

»Wenn ihr euch einig werdet, kann ich euch noch heute Abend verloben.« Durch seinen Status als *mawlawi* konnte Baschir sie den ersten Schritt zur Ehe geleiten.

Er trug ihr auf zu sagen, sie sei gegen ihren Willen verheiratet worden, dass sich ihr Mann als Drogensüchtiger entpuppt habe und in den Iran gereist sei. Dann sei sie zurück zu ihren Eltern geflohen, die sie mit dem widerwärtigen Cousin zwangsverheiratet hätten, und dann sei sie in den fünfzehnten Polizeidistrikt geflohen.

Rawda nickte. So würde sie es machen. Galai führte sie hinauf in Sifats Zimmer, Baschirs Neffe, mit dem zusammen er im Gefängnis gesessen hatte, und bat sie, dort zu warten, bis der junge Mann eintraf. Die Frauen des Hauses sammelten sich wieder in Simas Zimmer, während Enayat von Baschir in den zweiten Stock gebracht wurde. Baschir schloss die Tür, und Rawda und Enayat begrüßten sich mit einem leichten Kopfnicken und einer Hand auf dem Herz. Sie saßen mit mehreren Metern Abstand zwischen sich jeweils auf einer Matratze.

Keiner hörte, dass jemand die Treppe hinaufschlich.

Es war Galai.

Um den zweiten Stock des Hauses zog sich ein schmaler Balkon. Jetzt im Frühjahr standen die Fenster häufig offen, so auch in Sifats Zimmer. Galai schlich sich über den Balkon um das halbe Haus herum und hockte sich geduckt unters Fenster.

»Ich kenne deine Vergangenheit«, hörte sie Enayat sagen. »Baschir hat mir alles erzählt. Du brauchst nicht mehr zu sagen. Ich habe kein Problem mit deinem früheren Leben.«

Baschir bestand darauf, dass sie ihm selbst alles erzählen solle. Schließlich war es auch wichtig für ihn als Kuppler zu wissen, was sie dem jungen Mann sagte, damit es später nicht zu Missverständnissen kam.

Enayat war groß und schlank, hatte braunes, gewelltes Haar, blasse Haut, das gefiel Rawda, und ebenmäßige, harmonische Gesichtszüge.

Nachdem sie ihm die neue Version ihres Lebens erzählt hatte, war Enayat an der Reihe, von sich zu erzählen.

»Ich bin nicht reich. Ich habe große Schulden.«

»Das macht nichts«, antwortete Rawda. »Ich bin hässlich. Und geschieden.«

»Du bist nicht hässlich!«, widersprach Enayat.

»Es steht dir frei, dir eine andere zu suchen. Ich verstehe, wenn du mich nicht haben willst«, sagte sie mutig.

»Baschir ist wie ein Vater für mich«, erwiderte er. »Wenn er dich für mich auswählt, vertraue ich ihm.«

Galai lehnte sich gegen das mintgrüne Geländer des nun im Dunkeln liegenden Balkons und lauschte.

Enayat fragte, ob Rawda momentan Kontakt zu ihrer Familie habe. Sie verneinte. Er sagte, auch wenn er selbst ihre Vergangenheit akzeptiere, würden seine Eltern es nicht tun. Sie müssten sich eine Version ihrer Geschichte ausdenken, die er seinen Eltern erzählen konnte. Er hatte bereits eine Idee.

»Ich kann meiner Familie sagen, dass dein Mann ein Mudschahed war und als Märtyrer gestorben ist. Sie wären dagegen, dass ich eine geschiedene Frau heirate.«

Rawda nickte. Damit konnte sie gut leben.

Aber wie sollten sie erklären, dass sie keinen Kontakt mehr zu ihren Eltern hatte?

»Ich kann sagen, sie sind tot«, schlug Rawda vor.

Jetzt war es an Enayat zu nicken. Rawda schlug eine Deckgeschichte vor, die ihr leicht über die Lippen kommen würde, da sie tatsächlich so passiert war, nur nicht ihr selbst. »Ein Onkel und eine Tante von mir sind bei einem Autounfall gestorben, als ihre Tochter fünf Jahre alt war. Sie blieb allein zurück und musste bei einem anderen Onkel leben. Ich kann sagen, *ich* wäre das fünfjährige Mädchen gewesen, denn ich weiß so viel darüber, wie es ihr als Waise ergangen ist, dass ich leicht darüber reden kann. Und dann können wir sagen, dass mein Onkel mich mit jemandem verheiraten wollte, den ich nicht mochte, und ich deshalb weggelaufen bin?«

»Überzeugend«, antwortete Enayat. »Das werde ich meiner Mutter erzählen. Ach übrigens, habe ich schon gesagt, dass wir kein eigenes Haus haben, sondern zur Miete wohnen? Ist das okay?«

Kein Problem!

Da aber stieg ein altvertrautes, eisiges Gefühl in Rawda auf. Sie war doch so hässlich. Sie dachte an ihre Pickel, von denen sie gehört hatte, dass sie mit achtzehn von selbst verschwinden würden, aber das war nicht passiert. Sie dachte an ihre Nase, die gebrochen war, als ihre Mutter sie die Treppe hinuntergestoßen hatte. Sie sah auf ihre Hände, die voller Brandmale waren, nachdem ihre Mutter glühend heiße, im Feuer erhitzte Löffel in ihre Haut gedrückt hatte. Nie im Leben würden Enayats Mutter und Schwester sie akzeptieren.

Ihr schwand der Mut. Das Urteil, das Rawda am meisten auf der Welt fürchtete, war die Verurteilung einer Mutter. Von ihrer eigenen hatte sie niemals Liebe erfahren. Die Mutter das Cousins, dem sie versprochen worden war, war ein Ungeheuer. Und die Mutter des Ehemanns, der in den Iran ging, verwandelte sich, kaum war er weg, in eine Teufelin.

Warum waren Mütter so schrecklich?

Baschir, der mit Enayat geplaudert hatte, unterbrach sie in ihren Gedanken. Er sprach ein Gebet, dann rezitierte er einige Verse aus dem Koran, und so wurden Rawda und Enayat dort oben in Sifats Zimmer im zweiten Stock einander versprochen.

Nun musste die Vereinbarung nur noch von seiner Mutter und seiner Schwester bestätigt werden.

Galai entfernte sich leise vom Fenster und schlich die Treppe hinunter. Bald wussten alle Frauen im Haus, was sich in Sifats Zimmer ereignet hatte.

An diesem Abend begann Rawda wieder zu essen.

Als sie sich schlafen legte, dachte sie an Enayat. Im Geiste sah sie sein Gesicht. Es lächelte ihr zu.

DIE JUNGS KOMMEN!

Um Richterin zu werden, musste man mehrere Fächer studieren. Im letzten Semester stand islamische Gesetzgebung auf dem Stundenplan. Arianas Jahrgang hatte die Scharia studiert, den Koran als Gesetzestext und wie er die Stammesgesetze aus Vorislamischer Zeit ersetzt hatte. Sie lernten alles über Mohammed als Gesetzgeber und wie sich überprüfen ließ, dass seine Aussagen authentisch, also wahr waren. Hierfür wurde anhand verschiedener Kriterien nachvollzogen, wer sie an wen weitergegeben hatte und wie glaubwürdig die Quellen waren. Ariana beschäftigte sich mit islamischen Gerichtsverfahren und dem Strafgesetz, mit Blutrache und Blutgeld. Sie büffelte islamisches Familiengesetz rund um Eheschließung und -aufhebung, Kinder, Erbe und Gütertrennung. Sie lernte den Unterschied zwischen *hudud* und *tazir*. Für Verbrechen, die nach dem Hudud-Prinzip geahndet wurden, war die Strafe im Koran beschrieben. Das betraf beispielsweise Untreue, aber auch, wenn man jemanden fälschlicherweise der Untreue bezichtigte, Alkoholkonsum, Blutschande und einige andere schwere Verbrechen. In der Tazir-Gruppe wurde die Strafe vom Gericht verhängt, und die Richter konnten das Strafmaß individueller gestalten.

Ariana fand das Thema spannend. Es war Teil ihrer Geschichte, ihrer Gesellschaft, und sie mochte die dem System innewohnende Logik. Außerdem war es befreiend, sich nach so vielen Monaten der Angst in die Studienfächer zu vertiefen.

Am Ende jedes Semesters wurden etliche Prüfungen geschrieben.

Diesmal waren es neun, eine für jedes Hauptthema. Nach der Klausur zum Thema Erbe, einem wichtigen Gegenstand in der Scharia, warteten sie draußen aufeinander, um gemeinsam zum Studentenwohnheim am anderen Ende des Unigeländes zu gehen, wo sie für den nächsten Prüfungstag weiterlernen würden.

»Was habt ihr bei der Frage geantwortet, ob ein Vater seinen Sohn beerben kann?«

Sie waren fünf Freundinnen, die vor dem Prüfungsraum stehen geblieben waren und die Klausur diskutierten.

»Wenn der Sohn nicht verheiratet war, erbt der Vater als Erster, dann die Mutter«, antwortete eine.

»Oh nein, dann hab ich das falsch!«

»Die Klausur war echt schwer ...«

So standen sie nervös zusammen und fragten einander aus.

»Wenn er selbst keine Kinder hat und beide Eltern noch leben«, sagte Ariana, »erbt der Vater zwei Drittel und die Mutter ein Drittel. Wenn er aber Kinder hat und die Mutter verstorben ist, erbt der Vater ein Sechstel seines Besitzes.«

»Was habt ihr bei der Frage geschrieben, wie das Erbe verteilt wird, falls der Sohn mehrere noch lebende Frauen hat?«, fragte eine von ihnen als Nächstes.

Ein altvertrautes Gefühl, das Ariana beinahe vergessen hatte, war zurück: das Streben danach, die Beste zu sein. Das kribbelnde Gefühl, wenn sie für einen Moment dachte, sie hätte eine falsche Antwort gegeben, die Erleichterung, wenn ihr klar wurde, dass ihre Antwort korrekt war. Der Traum einer fehlerfreien Klausur, das Unerreichbare war stets das Ziel.

Zwei Wachen kamen auf sie zu.

»Schert euch weg hier!«

Hatten sie die Zeit vergessen? Eine von ihnen schaute auf die Uhr auf ihrem Handy, nein, sie durften immer noch auf dem Campus sein, die Jungs waren noch nicht dran.

Die Taliban mit ihren Gewehren über den Schultern riefen weiter.

»Los, macht, dass ihr wegkommt!«

Als würden sie nicht hier studieren! Und wohnen. Die fünf Mädchen blieben stehen. Die Jurastudentinnen wussten, dass sie das Recht hatten, hier zu sein. Es war ihr Zeitfenster. Hier hatten sie islamisches Recht und Gesetz studiert, und jetzt wollten diese Rüpel ihnen erzählen, wo sie sich aufhalten durften und wo nicht. Es war erniedrigend. Sie hatten das Wissen, aber *die* hatten die Macht.

Als die Wachen fast bei ihnen angekommen waren, sah Ariana, dass sich Menschen vor dem Hauptgebäude zu sammeln begonnen hatten. Gab es ein neues Informationstreffen? Weitere Bekanntmachungen?

Sie erkannte Direktor Rotbart und mehrere andere aus der Verwaltung. Eine Autokolonne fuhr auf dem Universitätsgelände ein.

»Haut ab! Die Jungs kommen!«, riefen die Taliban. Sie riefen noch mehr, was die Mädchen nicht richtig verstanden, etwas von weiteren Personen, die kämen, und als sie bei ihnen angekommen waren, zischten die Wachen: »Verschwindet, der Gouverneur kommt!«

Es war tatsächlich der Gouverneur, der aus einem der Autos stieg, ein korpulenter und breitbeiniger Taliban mit schwarzem Turban und dickem Bauch. Die am Eingang stehenden Studenten hatten Blumen in den Händen.

Was machte er hier?

Arianas Freundinnen sagten den Wachen, dass sie am Hauptgebäude vorbeimüssten, um zum Wohnheim zu gelangen. Da stießen die Wachen sie gegen die Wand und herrschten sie an, sie sollten sich unsichtbar machen, bis die Zeremonie zu Ende sei.

Zeremonie?

»Absolventenverabschiedung!«, keuchte eine der Freundinnen. »Für die Jungs!«

Ariana erstarrte. Absolventenfeier!

Sie dachte daran, wie die Studierenden des letzten Abschlussjahrgangs gefeiert worden waren. Blumen, Bänder, Flaggen. Reden, Saft, Kuchen. Sie hatte sich so auf ihre eigene Zeremonie gefreut. Dieses Semester hatten sie nicht einmal daran gedacht, so wie sie alles andere verdrängt hatten, woraus nichts geworden war. Und jetzt erfuhren sie von der Zeremonie, indem die Wachen sie mit den Worten »Die Jungs kommen!« verjagten.

Sie blieben stumm an die Wand gedrückt stehen und warteten auf freie Bahn. Es war, als wären sie am Boden festgefroren. Keine sagte etwas, sie standen bloß da und sahen zu, was sich auf dem Platz abspielte. Sie hatten dasselbe gelernt, doch nur die Leistungen der Jungs wurden gewürdigt.

Die Jungen trugen schwarze rechteckige Abschlusshüte auf dem Kopf. Sie machten Fotos, lachten, schossen Gruppenbilder und Selfies.

Ariana schloss die Augen. Ihr einziger Wunsch war es, einen solchen Hut zu tragen und fotografiert zu werden.

Sie würde ihr Studium als eine der Besten ihres Jahrgangs abschließen. Sie hatte für neun Examen gleichzeitig gelernt. Jetzt war ihr nur nach Weinen zumute. Sie hatte so hart gearbeitet, sich mit den alten Texten abgemüht, sorgsam Notizen in unterschiedlichen Farben gemacht, und jetzt nahmen ihr die Taliban alles weg. Ssie wusste zwar, dass es im Moment keinen Platz für gebildete Frauen in Afghanistan gab, und trotzdem wollte sie die Beste sein. Außerdem wollte sie ihr Diplom mit Glanz und Gloria und Selfies überreicht bekommen.

Jetzt wurden sie daran erinnert, dass sie nur dank der Gnade der Taliban studieren durften.

»Das ist der schlimmste Moment meines Lebens«, sagte Ariana zu ihren Freundinnen an der Wand. Dies traf sie tiefer als alles andere, was sie seit Machtübernahme der Taliban erlebt hatte.

Die Universität war das Wichtigste und Schönste in ihrem Leben gewesen. Eine ihrer Freundinnen hatte Tränen in den Augen. »Wenn du weißt, dass du alles gegeben hast, und keiner ist für dich da«, sagte sie.

Sie nickten.

»Und du nicht weißt, was mit dir passieren wird«, antwortete Ariana.

Die fünf Mädchen waren alle über zwanzig. Sie waren herausragende Jurastudentinnen. Jetzt hatten sie die Examen zur Hälfte hinter sich gebracht, doch es war bereits vorbei. Keine Einzige von ihnen, das wussten sie, würde jemals werden, was sie sich erträumt hatten: Richterin, Staatsanwältin, Strafverteidigerin, Firmenanwältin.

Anschließend schrieb Ariana in ihr Tagebuch:

»Wir haben keinen Wert. Niemand würdigt unsere Anstrengungen. Wir sind nichts.«

★

Kartoffeln mit Brot. Kartoffelbrei im Brotmantel. Reis mit Brot. Manchmal Karotten, manchmal Speiserübe oder Kohl, manchmal Joghurt, je nachdem, was Saison hatte oder im Angebot war. Durch Karims fehlende Einkünfte und Nadias verspätetes Schulleitergehalt herrschte Schmalhans Küchenmeister.

Ariana suchte nach Rezepten. Sie hatte immer schon gern gekocht. Hätte sie sich nicht für Jura entschieden, wäre sie gern Köchin geworden. Jetzt suchte sie nach Rezepten fürs Abendessen mit wenigen und für sie verfügbaren Zutaten.

Ihr Vater war wieder besserer Laune. Mehrere Abende hintereinander hatte er am Telefon gesessen. Das war ungewöhnlich, normalerweise legte er sich nach dem Abendessen hin und stand kaum auf, bis es Zeit fürs Schlafengehen war. Die Telefonate gingen lang. Er klang enthusiastisch, seine Stimme erinnerte wieder mehr an früher.

Ariana fragte ihre Mutter, mit wem er telefoniere.

»Ach, nur mit einem alten Kollegen«, antwortete sie.

Eines Abends, nachdem sie ihre Kartoffeln mit Brot und einigen Frühlingszwiebeln verzehrt hatten, sagte der Vater, sie wollten etwas mit ihr besprechen.

Sie kannte diesen Blick. Sie baten sie um etwas. Sie baten sie um Verständnis und Entgegenkommen.

»Du hast einen neuen Freier.«

Ariana gefror das Blut in den Adern. Sie sah ihn an, stumm.

»Es ist ein Kollege aus dem Büro. Das heißt, sein Neffe.«

Das also hatte ihn so aufleben lassen, der Gedanke, sie zu verheiraten. Der Kollege stand in der Hierarchie ein Stück über ihm. Endlich war ihr Vater gefragt. Und sie, seine Tochter, konnte ihn wieder mit seinem verlorenen Leben verbinden.

Der junge Mann hatte ebenfalls im Militärbereich gearbeitet, wenn sie es richtig verstand. Sie fragte nicht weiter nach, aber es war in der Lokalverwaltung irgendeines Provinznests gewesen, und er hatte seinen Job verloren, als die Taliban an die Macht kamen. Er sei arbeitslos, aber nur temporär, erzählte ihr Vater. Oder für immer und ewig, wie du selbst, dachte Ariana.

Ein elendes Schicksal, das er mit Millionen anderen Afghanen teilte.

»Welche Ausbildung hat er?«, fragte Ariana.

Ihr Vater zögerte. Er habe auf jeden Fall die Sekundarstufe abgeschlossen, meinte er. Ariana seufzte. Das würde nie funktionieren, es würde nie passieren.

Zu ihrer Überraschung redeten sie weiter von diesem Neffen.

Worum ging es hier eigentlich? Sie begriff, dass es sich bei der Sache um ihren Vater drehte. Auf einmal geschah etwas in seinem Leben. Er wurde angerufen. Er diskutierte. Er verhandelte.

Sie versuchte, dem Thema auszuweichen. Jedes Mal, wenn ihre Eltern auf das Thema Ehemann zu sprechen kamen, weigerte sie sich, darüber zu reden.

»Nein, ich will nicht heiraten!«

Sie versuchten, sie zu überreden. Sie blieb eisern.

Wer würde als Erster nachgeben?

Sie konnten sie nicht zwingen. Sie musste die Worte »Ja, ich will« aussprechen.

Das würde sie nicht tun. Sie zeigten ihr ein Foto.

»Nicht mein Typ«, sagte sie zu ihrer Mutter.

»Sei nicht frech!«, gab ihre Mutter zurück.

Sie versuchten es mit Angst.

»Du bist sicherer, wenn du verheiratet bist, bei den Taliban weiß man nie, was passieren kann.«

Dann mit Zeitdruck.

»Du hast gerade deinen Abschluss gemacht. So gefragt, wie du jetzt bist, wirst du nie wieder sein.«

Dann appellierten sie an ihr Verantwortungsgefühl.

»Hast du mal daran gedacht, was mit deinen Schwestern ist, wenn du nicht heiratest? Die Leute werden sich fragen, was mit unserer Familie nicht stimmt.«

Dann wurden sie misstrauisch.

»Gibt es da jemanden, von dem wir nichts wissen?«

»Ich bin noch nicht bereit!«, rief Ariana.

So ging es den ganzen langen, hellen Mai.

Gegen Ende des Monats begann ihr Vater, von der Verlobung zu sprechen, als sei sie bereits beschlossene Sache. Er telefonierte, ohne sich darum zu kümmern, dass sie nebendran saß und zuhörte.

»Erst mal kann sie bei uns im Dorf wohnen«, hörte sie am anderen Ende. »Jedenfalls die ersten Monate, und dann können wir ein Haus in Kabul kaufen, oder vielleicht nicht kaufen, aber mieten.«

Wie sollte das gehen? Ein Haus in Kabul mieten, wo er doch keine Einkünfte hatte? Erst mal bei ihnen im Dorf wohnen, das war offensichtlich eine Falle, von dort würden sie sie nie wieder weglassen.

Karim sagte, die Hochzeit müsse unbedingt in einem schönen Hotel in der Stadt gefeiert werden.

Während der Vater zu Hause saß, arbeitete die Mutter Vollzeit in der Schule, da die Klassen eins bis sechs nach wie vor unterrichtet wurden. Sie hatte viel Verantwortung, aber wenig Mittel. Die Lehrerinnen der Sekundarstufen I und II, die keine Schüler mehr hatten, kamen häufig in ihr Büro. Würden sie weiter Gehalt bekommen, jetzt, da sie nicht mehr unterrichteten? Sie wusste es nicht. Sie fragte beim Bildungsministerium nach, doch es war unmöglich, klare Antworten von ihnen zu bekommen, oder überhaupt eine Antwort. »Warte auf weiteren Bescheid«, sagten sie nur, wenn sie anrief.

Jeden Tag setzten die Lehrerinnen ihr Kreuzchen in ein Anwesenheitsschema, um Gehalt ausbezahlt zu bekommen, vielleicht könnten die Lehrerinnen der Sekundarstufen das auch tun? Seit Übernahme der Taliban wurden die Lehrergehälter noch unregelmäßiger ausgezahlt als unter Ghani. Der Bildungs- und Gesundheitssektor des Landes war von der Weltbank finanziert worden, und jetzt hatte die Bank den Geldhahn zugedreht, um die Taliban zu zwingen, die Menschenrechte zu respektieren, mehr Frauen und Minoritätsgruppen in die Regierung einzubinden und insbesondere alle Mädchen zur Schule gehen zu lassen. Doch Leidtragende der Sanktionen war die Bevölkerung, die zwischen dem Talibanregime und der Weltgemeinschaft, die entschlossen war, den Islamisten eine Lektion zu erteilen, zerquetscht wurde.

Nadia war im Januar 2020 zur Schulleiterin ernannt worden, doch dann kam Corona, und dann kamen die Taliban. Daher war sie noch nicht dazu gekommen, sich ordnungsgemäß zu registrieren. Bald lief die Frist ab. Dann wäre sie unrechtmäßig im Amt, und die Taliban könnten sie jederzeit ersetzen.

Die Talibanadministration war zu einem Bürokratiemonster geworden, und fehlte eine Genehmigung, wurde man sofort vom Job ausgeschlossen. Sie brauchte eine Unterschrift von Mullah Khitab, dem Mann, der vor der Schulöffnung die Schimpfpredigt für die Schulleiter gehalten hatte. Die Papiere mussten schnellstmöglich abgezeichnet werden.

Am Eingang des Bildungsministeriums wurde sie von einem Talib zurückgehalten. »Warte da«, sagte er und zeigte auf die gegenüberliegende Straßenseite. Dort sollte sie stehen wie eine Bettlerin. Sie durfte nicht mal den Bürgersteig auf der Seite des Ministeriums benutzen. Beim ersten Mal hatte sie auf dem Absatz kehrtgemacht und gedacht, dass sie am nächsten Tag wiederkommen würde. Doch am folgenden Tag sah sie ein, dass ihr nichts anderes übrig blieb, als zu warten, sie brauchte diese Bescheinigung. Also blieb sie stehen. Sie, eine fachkundige Autoritätsperson mit Verantwortung für Hunderte

Schülerinnen, er ein einfacher Bauerntrampel mit Gewehr, so sah sie das. Gegen Ende des Tages, als sie sich zum Gehen wandte, sagte er nur: »Gib die Papiere da ab«, und zeigte auf eine Schranke.

Warum hatte er das nicht gleich gesagt? Doch bei näherer Betrachtung überlegte sie es sich anders, denn an der Schranke hatte den ganzen Tag kein Mensch gesessen. Sie konnte ihre Unterlagen nicht dem luftleeren Raum überlassen.

Am dritten Nachmittag wurden sie und die anderen, die sich in der Hoffnung, den Mullah sprechen zu können, versammelt hatten, endlich vorgelassen. Mehrere waren aus demselben Grund da wie sie. Alles hing an der Unterschrift von Mullah Khitab.

Sie wurden in das riesige Büro des Mullahs geführt, in dem Sofas mit Beistelltischchen entlang der Wände standen. Nadia war schon in diesem Büro gewesen, unter dem letzten Regime, und konnte keine Veränderungen feststellen, außer dem Schild an der Tür. Und dass sie jetzt vor dem Eintreten die Schuhe ausziehen mussten.

Der Mullah saß hinter einem großen Schreibtisch und nutzte die Gelegenheit, die Schulangestellten abzukanzeln.

Sie alle, ja, die gesamte Lehrerschaft hätten in der Bevölkerung Stimmung gegen die Taliban gemacht.

»Ich sehe in euren Augen, dass ihr mich nicht mögt«, sagte er. »Hier in Kabul sehe ich es sogar in den Augen der Schulkinder. Dafür seid ihr verantwortlich! Ihr seid verantwortlich für die Meinung der Kinder! Ihr habt eure Arbeit nicht gemacht. Ihr müsst die Kinder lehren, die Taliban zu lieben. Ihr müsst selbst die Taliban lieben! Hört ihr?«

Alle nickten. Alle brauchten eine Unterschrift.

»Außerdem wird von nun an nur noch Paschtu in der Schule gesprochen«, sagte er hinter seinem Bart. »Kein Dari. Alle müssen die Sprache der Taliban lernen.«

Sie nickten wieder. Alle brauchten dringend diese Unterschrift.

Und alle bekamen sie. Zuerst winkte der Mullah die Männer zu sich, dann die Frauen. Auf dem Weg hinaus hallte die Stimme des Mullahs in Nadias Ohren wider, doch in ihrer Tasche hatte sie den

Abdruck des Stifts auf Papier. Alles war geregelt, vorerst. Sie atmete aus, dann ein, und straffte aufs Neue die Schultern. Jetzt musste sie nach Hause zu ihrem Mann, ihren sieben Kindern und gedrückter Stimmung. Nach Hause zu ihrer deprimierten Familie.

Mit der Gemütslage im Haus war es auf und ab gegangen. In der Zeit nach dem Unterrichtsausschluss der Sekundarschülerinnen durch die Taliban hatte Ariana ihre Mutter getröstet, damit sie nicht zusammenbrach. Mit diesem Zusammenhalt war es vorbei; nun, mit dem neuen Freier, schienen die Bande wieder zertrennt, Mutter und Tochter entfernten sich voneinander, wurden einander nahezu fremd, oder schlimmer, feindlich gesonnen.

Schließlich willigte Ariana in ein Treffen mit dem Neffen des Kollegen ihres Vaters ein. Die Familie hatte einen guten Ruf. Nichts haftete ihnen an. Er war sicher ein guter Kerl. In Arianas Ohren klang es immer noch nach Wunschdenken, ein Haus in Kabul kaufen zu wollen, wo er doch arbeitslos war, aber vielleicht besaß die Familie Erspartes. Üblicherweise kam die Familie des Bräutigams für die Hochzeit auf, vom Brautkleid bis zur Feier hatten sie alles zu bezahlen. Ihr Vater und sein Kollege redeten und redeten. Sie wollten kein Geld für eine große Hochzeit ausgeben, hieß es von Kollege-Neffe-Seite. Nun gut, hatte ihr Vater geantwortet.

Wie sehr hatte dieser Kollege ihren Vater eigentlich in der Hand?

Und wie viel war sie wert?

Sie hatte nie von einer großen Hochzeitsfeier geträumt, aber wenn die Familie des Freiers sich so knausrig zeigte, hatte sie das Gefühl, zum Spottpreis angeboten zu werden. Trotzdem dachte sie, dass sie einmal selbst mit diesem Neffen sprechen sollte; sie musste sehen, wie er war, also stimmte sie zu, dass ihre Eltern ihm ihre Nummer gaben.

Am nächsten Tag bereute sie es schon wieder. Es kam kein Anruf. Auch am folgenden Tag nicht. Und auch nicht am dritten. Eine Woche verstrich. Schlimmer ging es wohl kaum, er hatte ihre Nummer, man hatte ihnen erlaubt, sich im Vorhinein allein, ohne Eltern, zu unterhalten, und dann rief er nicht an. Traute er sich nicht? Wollte er nicht? Er war ein erwachsener Mann, und trotzdem ließ er seine Eltern für sich sprechen!

Ihre Mutter vermittelte, dass er sie lieber persönlich treffen wolle, ohne vorher zu telefonieren. Über ihren Kopf hinweg wurde verabredet, dass er am nächsten Wochenende mit seiner Mutter und seinen Schwestern vorbeikommen würde. Doch dann wurde seine Mutter krank und der Besuch verschoben.

Warum rief er nicht selbst an?

So durfte ihr Leben nicht werden!

Eines Tages, als sie von einer Freundin aus der Nachbarschaft zurückkam, sahen ihre Eltern sie fragend an.

»Wir hatten Besuch«, sagte Karim.

War der Neffe des Kollegen da gewesen, ohne dass sie ihr Bescheid gesagt hatten?

Ihr Vater war allein zu Hause gewesen, abgesehen von den Mädchen, die nicht zur Schule gingen, als es an der Tür klingelte. Er war hinuntergegangen. Draußen standen drei Frauen. Sie stellten sich vor. Er hatte sie hereingebeten und Nadia angerufen. Sie musste von der Arbeit nach Hause kommen, er konnte die Frauen schließlich schlecht allein unterhalten. Sie hatten im Besuchsraum gewartet, bis Nadia eintraf. Dann kamen sie direkt zur Sache.

»Wir sind wegen eurer Tochter hier«, sagte die Älteste von ihnen. »Mein Sohn ist Informatikdozent. An der Universität. So sind wir auch an eure Adresse gekommen.«

Sie erzählte von ihrem Sohn, und dann hielt sie in seinem Namen um Arianas Hand an.

Nadia hatte nicht recht gewusst, was sie sagen sollte. Sie hatten ja bereits einen anderen Freier.

»Wir möchten gern, dass die beiden so schnell wie möglich heiraten. Und falls ihr nicht interessiert seid, wüssten wir es auch gern so schnell wie möglich.«

Sie vereinbarten, dass sie am nächsten Tag wiederkommen würden. Um Ariana in Augenschein zu nehmen.

»Ich weiß, wer das ist«, sagte Ariana. Sie erinnerte sich an den Dozenten, der angerufen und ihr Englisch gelobt hatte und der sich bei ihren Freundinnen nach ihr erkundigt hatte, als sie in den ersten Wochen nicht in der Uni erschien. Er musste es sein.

»Aber Mama, was wollt ihr eigentlich? Ihr habt mich einem anderen versprochen, und jetzt kommt plötzlich der ins Spiel?«

»Das konnten wir ja nicht ahnen. Er ist eine viel bessere Wahl.«

»Ich will keinen von beiden!«

»Du musst dich auf jeden Fall zeigen, das haben wir jetzt schon ausgemacht«, sagte ihre Mutter.

Am nächsten Nachmittag kamen die Frauen wieder. Nadia bat Ariana, sich hübsch zu machen. Sie weigerte sich und begrüßte die Gäste im Schlabberlook. Mutter, Schwester und Tante des Informatikdozenten waren eigentlich ganz nett. Sie erinnerten sie ein bisschen an ihre eigene Familie. Sie sprachen fast schon vertraut mit ihr, als wären sie auf einer Wellenlänge. Gleichzeitig folgten sie jeder ihrer Bewegungen mit dem Blick. Die Schwester war Hebamme, die Tante und eine weitere Schwester waren Lehrerinnen. Die Frauen kamen rasch mit Nadia ins Gespräch. Ariana blieb eine Viertelstunde bei ihnen sitzen, die Besucherinnen blieben bis zum Abend.

Sobald sie gegangen waren, kam Nadia in ihr Zimmer.

»Und, was denkst du?«, fragte sie. »Er oder der andere?«

Ihre Mutter schien guter Stimmung und sprach weiter, ehe Ariana antworten konnte. »Er hat in Indien seinen Master in Informatik gemacht!«

»Eher er, denke ich«, antwortete Ariana. »Keine Ahnung, ich kenne ihn ja überhaupt nicht. Vielleicht ist er besser, was weiß ich?«

»Ich rede mit deinem Vater«, sagte Nadia.

Damit schied der Neffe des Kollegen dann wohl aus. Aber das war Karims Problem.

»Wenigstens hat er einen Job, das ist besser, als mit jemandem zusammen zu sein, der arbeitslos ist«, überlegte Ariana anschließend im Gespräch mit ihrer Schwester. »Toll ist er vielleicht auch nicht, aber immerhin besser.«

Als die Frauen am nächsten Nachmittag zurückkamen, fragten sie: »Und, was sagt ihr? Seid ihr einverstanden?«

Nadia wandte ein, dass Ariana ihn zuerst kennenlernen müsse. Anschließend müsse sie entscheiden. Ein Treffen wurde für den nächsten Tag verabredet, in einem Grillrestaurant in der Innenstadt.

Mahmoud war klein und zierlich, kaum größer als Ariana, hatte schmale Schultern und dünne Hände. Er sah sehr jung aus und hatte ein etwas spitzes Gesicht mit ebenmäßigen, recht hübschen Zügen. Leider hatte er kaum noch Haare.

Nadia hatte beim Gespräch mit ihrem potenziellen Schwiegersohn keine Zeit zu verlieren.

»Was sind deine Ziele? Was möchtest du im Leben erreichen?«

Er wolle weiter studieren, sagte er. Aber vor allem wolle er Ariana unterstützen, bei egal was. »Einen Bachelor kann jeder machen«, sagte er, »aber ein Master ist besser.« Dabei könne er ihr helfen.

Ariana betonte, dass sie in Kabul wohnen wolle.

»Wir wohnen, wo du willst«, sagte er. »Ich sorge dafür, dass du ein gutes Leben hast. Wenn du willst, kannst du arbeiten. Ich suche uns ein schönes Haus. Wir können es zusammen einrichten. Du bestimmst, wie.«

Er ist ein guter Kerl, dachte Ariana. Sie hatte nie einen Freund gehabt, sie hatte nie mit jemandem Händchen gehalten, ihre Erfahrungen mit Romanzen beschränkten sich auf amerikanische Filme, türkische Fernsehserien und Texte von Popsongs.

Die drei redeten mehr, als sie aßen. Die Atmosphäre war locker, er sprach am meisten, eigentlich die ganze Zeit.

»Und die Hochzeit, das kann auch alles Ariana bestimmen. Sie kann die Location aussuchen, den Ort für die Verlobungsfeier … Ariana soll alles entscheiden«, sagte er.

»Ariana ist etwas ganz Besonderes«, sagte Nadia, »deshalb ...«

»Natürlich! Sie ist sehr talentiert, das weiß ich!«

»Woher willst du das wissen?«, fragte Ariana etwas kokett.

»Ich weiß alles über dich«, lächelte er. Es war das erste Mal, dass er sich direkt an sie wandte, ansonsten sprach er fast ausschließlich mit ihrer Mutter. Ariana dachte, dass es wohl so sein musste. Was wusste sie schon?

»Ich tue alles für sie, alles, was sie will«, versprach er Nadia.

Mahmoud wollte spätestens bis zum nächsten Tag eine Antwort.

Nadia fragte Karim, ob er einverstanden sei.

»Das musst du entscheiden«, sagte er.

Obwohl der Vater schweren Herzens seinen Kollegen anrufen musste, sah er ein, dass Mahmoud der bessere Kandidat war.

Darin stimmte Ariana ihren Eltern zu.

Sie hielten die Frist ein. Am nächsten Tag, vier Tage, nachdem die drei Frauen unangemeldet vor ihrer Tür aufgetaucht waren, nahmen die Eltern den Antrag in Arianas Namen an.

Das Verlobungskleid wurde ihnen am nächsten Tag zugeschickt. Es war lindgrün mit einem silbernen Muster, hatte kurze Ärmel und einen hübschen Ausschnitt. Im Paket lagen außerdem eine prunkvolle Halskette, Ohrringe und ein Diadem. Es hatte kleine, tränenförmige Perlen, die auf der Stirn glitzerten. Den Ring brachte Mahmoud selbst mit, als er am Abend kam. Er trug einen marineblauen Nadelstreifenanzug mit einer gemusterten Krawatte und einem Einstecktuch derselben Farbe in der Brusttasche. Karim kümmerte sich um ihn und seine männlichen Verwandten – Mahmouds Vater, Onkel und Brüder –, während Nadia die Frauen in einem anderen Zimmer, im Alltag ihr Schlafzimmer, empfing.

Die Verlobten trafen sich zum zweiten Mal.

Fünf Tage waren vergangen, seit die drei Frauen unten an der Haustür geklingelt hatten. Bald wären sie eine Familie, und die Chemie zwischen den Eltern stimmte jedenfalls schon mal.

Jetzt hatten Ariana und Mahmoud Gelegenheit, sich ein wenig allein zu unterhalten.

»Du kannst dir gar nicht vorstellen, wie sehr ich mir das gewünscht habe! Du hast keine Ahnung, wie oft ich an meinem Fenster gestanden und auf dich gewartet habe. Als du zum ersten Mal in der Uni an mir vorbeigelaufen bist ... Ich war völlig hin und weg. Später habe ich in meinem Büro am Fenster gestanden und dir nachgeschaut. Mit der Zeit konnte ich deinen Stundenplan auswendig, wusste, wann du auf dem Weg vom Wohnheim zur Fakultät an meinem Büro vorbeikommen würdest.«

»Oh, das hab ich echt nicht gewusst ... Wahnsinn, ich hab dich nicht mal gesehen.«

»Nein, ich war ja in meinem Büro, wie hättest du mich sehen sollen? Ich wusste nicht mal, wie du heißt. Gott hat uns zusammengeführt. Das dachte ich, als du das Podium betreten hast, um deinen Vortrag zu halten, denn da hast du deinen Namen gesagt. Ab da wusste ich, dass ich dich finden würde, und dann habe ich dich angerufen.«

Er redete in einem fort. Er wiederholte immer wieder das Gleiche, in leicht abgewandelter Form. Wie er dort in seinem Büro gestanden, nach ihr Ausschau gehalten, gewartet, gehofft hatte, von Sehnsucht erfüllt, ohne sie überhaupt zu kennen. Und jetzt!

»Ich will dir die Welt zeigen«, sagte er. »Ich will ...«

Ich will ...

Ich will ...

Ich will ...

AUS DEM SCHATTEN

Eines Tages im Frühling bekam Baschir hohen Besuch aus Pakistan. Bei dem Gast, der über die Außentreppe in den dritten Stock gelangt war, handelte es sich um den Schattengouverneur der Stammesgebiete in Wasiristan. In ganz ähnlicher Weise hatten die Taliban seinerzeit Distrikte in Afghanistan regiert, während in Kabul die Verräter an der Macht waren. Die Schattenregierung in Wasiristan hatte parallele Führungsräte, Gerichte und Streitkräfte. Sie kopierten die offizielle Distriktregierung, agierten jedoch im Schatten, im Hinterhalt und im Verborgenen.

Baschir saß selbst im Nominationsrat für die Leitung der Schattenregierung, deren langfristiges Ziel im Sturz der pakistanischen Regierung bestand. Die TTP, die Tehrik-i-Taliban Pakistan, hatte Dschihadisten aller Art gesammelt, einschließlich Mitgliedern des IS.

Der Gouverneur mit dem Namen Gohar Wazir war erst kürzlich ernannt worden. Nun wollte er Baschir für dessen Unterstützung danken und Pläne schmieden. Er war ein schmächtiger Typ in einer grünen Felduniform mit schmalem, faltigem Gesicht. Wie seine Männer trug er einen Filzhut auf dem Kopf, der aussah wie eine große Muffinform, oben flach und seitlich gewellt, sodass der Filz Ohren und Nacken bedeckte. Diese Kopfbekleidung war üblich in Wasiristan, wurde jedoch von keiner anderen militärischen Gruppe verwendet.

Gohar Wazir war ein wortkarger Mann. Während Baschir die Stimmung immerfort mit Anekdoten und Geschichten auflockerte, blieb der Schattengouverneur strikt beim Thema. Wen er sonst noch in Kabul getroffen hatte, behielt er für sich. Es war allgemein bekannt, dass Siradschuddin Haqqani ein enger Unterstützer der TTP gewesen war, doch nun als Innenminister hatte sich seine Rolle geändert.

Die Gruppe war die größte militante Organisation, die den pakistanischen Staat bekämpfte. Der Sieg der Taliban in Afghanistan hatte ihnen Aufschwung verliehen; endlich waren sie im gesamten Stammesgebiet, auf beiden Seiten der Grenze, sicher. Doch die Macht dort reichte der TTP nicht, sie wollten das ganze Land einnehmen. Nachdem die Taliban im Februar 2020 das Friedensabkommen mit den USA unterzeichnet hatten, strömten ihnen Soldaten aus zehn verschiedenen Organisationen zu, darunter drei von al-Qaida unterstützte Gruppen. Gleichzeitig schlossen sich weitere Männer dem IS-K an. Die Extremisten wechselten zwischen den Gruppen. Die Gründe dafür waren unklar oder unterschiedlich. Meistens ging es um persönliche Beziehungen, es ging um Macht und teilweise um die Definition von Zielen.

Baschir war Feuer und Flamme. Ein neuer Dschihad. Mit dem langfristigen Ziel, eine Talibanherrschaft in Pakistan zu errichten.

Wann war die Zeit reif? Von wem konnten sie Unterstützung erwarten? Wie viele Männer hatten sie sicher? Und nicht zuletzt – wo stand die Führung der Taliban?

Das Verhältnis zu Siradschuddin war delikat. Dem Innenminister musste die Rolle, die er nach wie vor bei der TTP innehatte, bewusst sein. Gleichzeitig wollte er keine Probleme mit seinem mächtigen Nachbarn im Osten, sie hatten so schon genug Schwierigkeiten mit ihren auswärtigen Beziehungen.

Bis auf Weiteres war alles ungewiss.

In den Bergen lag noch immer Schnee. Der Plan war, den Angriff im heiligsten aller Monate zu starten, denn während des Ramadan würden sie am meisten Hilfe von Allah erhalten. Alle, die während des Ramadan im Dschihad getötet wurden, erhielten im Himmel die doppelte Belohnung.

Baschir war die Ehre zuteilgeworden, der geplanten Angriffskampagne einen Namen zu geben.

Al-Badr sollte sie heißen. Der Vollmond. Das war auch der Name des ersten Siegs der Muslime gegen den Stamm der Quraisch bei Medina, der einen Wendepunkt für den Propheten Mohammed auf dem Schlachtfeld markiert hatte. Auch damals, im siebten Jahrhundert, fanden die Kämpfe während des Ramadan statt.

Baschir brauchte keine ganze Armee, er brauchte gute Leute. Und die Checkliste war dieselbe wie immer: Sie sollten clever sein, mutig und stark.

Leute kannte er genug, sie mussten nur erfahren, dass er rekrutierte. Er hatte nämlich damit begonnen.

Jetzt spielte er Sprachnachrichten von seinem Handy für Gohar und die anderen ab. Ein Mann teilte mit: »Ich bin bereit. Ruf mich an, wir sind mehrere.« Ein anderer: »Hab versucht, dich anzurufen, aber nicht erreicht.« Dann so: »Ich kann fünfzig Mann besorgen. Wir sind bereit.«

Leute zu rekrutieren, war deutlich leichter geworden als vor zwanzig Jahren, als die NATO mit ihren waffentechnisch weit überlegenen Truppen einmarschiert war und die Taliban sahen, wie Männer von den Bombenwellen niedergemäht wurden wie Ähren auf dem Feld.

»Aber wir haben nicht aufgegeben, und mit Allahs Hilfe haben wir den Sieg errungen«, sagte Baschir.

Er hielt seine AKS-74U hoch. »Die hier wurde von einem Ungläubigen hergestellt«, rief er. »Irgendwo in der Sowjetunion. Sie wurde hierhergebracht, um uns zu töten. Jetzt gehört sie mir. Die Art der Waffen spielt keine Rolle, was zählt, ist, wer sie benutzt. Und hier sind wir, afghanische Mudschahedin, unbesiegbar.«

»Erzähl ihnen von deiner AKS-74U«, forderte Farid ihn auf.

»Haha, willst du, dass ich umgebracht werde?«, fragte Baschir.

Die Geschichte, die er manchmal erzählte, und manchmal nicht, war die, dass die Waffe Osama bin Laden gehört hatte. Der Saudi war bei einem Gefecht im Zazi-Distrikt in der Provinz Paktia dabei gewesen, als einige der arabischen Krieger einem getöteten sowjetischen Soldaten die Waffe abnahmen und sie Osama gaben.

Osama hatte die Waffe behalten, bis er den Terrorangriff gegen die USA durchführte. Kurz darauf hatte er das Gewehr einem afghanischen Krieger geschenkt. Dieser war getötet worden, und die AKS-74U war an ihren nächsten Besitzer übergegangen.

»Dann habe ich sie bekommen«, erzählte Baschir.

»Von wem?«, fragte einer.

»Warum?«, wollte ein anderer wissen.

»Ein Freund hat mir ein Geschenk gemacht, Ende der Geschichte.«

Da saßen sie im obersten Stock mit je ihrem Glas Tee. Von der großen Dachterrasse draußen konnte man den gesamten Garten überblicken. Das Gästehaus, das allmählich Gestalt annahm, Stein für Stein. Den blühenden Mandelbaum.

Hinter dem Haus hing Wäsche zum Trocknen: Kleider, Hosen, Jacken, Decken. Am Ende des Grundstücks befand sich ein mit Regenwasser gefüllter Pool. Die ihn umrandenden Mosaikfliesen waren gesprungen, die blauen Kacheln des Beckens abgeplatzt. Im Wasser schwammen ein alter Reifen, zwei abgeschnittene Gummischläuche, Stöckchen und einige Kleidungsstücke, die von der Wäscheleine herübergeweht worden sein mussten. Halb unter Wasser dümpelte ein Fahrrad, die Luft in den Reifen würde es noch eine kleine Weile oben halten.

Die Sicht von der graubraunen Oberfläche hinunter zum Matsch wurde Stück für Stück schlechter.

Was sich am Grund verbarg, welche Ablagerungen dort zu finden waren, ließ sich von hier oben im dritten Stock nicht erkennen. Hier konnte man die Aussicht genießen, doch um herauszufinden, was vor sich ging, musste man in die Tiefe tauchen.

Wie Baschir. Er musste hinunter in den Schlamm, das spürte er. Zurück in den Krieg.

DIE FRAUEN UND DER KALIF

Die Tage waren länger und heller geworden. Ab Mitte Mai ging die Sonne gar nicht mehr unter. Doch sie wärmte Jamila nicht. Im Juni konnte sie nur mit Verdunkelungsvorhängen schlafen.

Gleichzeitig wurde in Afghanistan alles finsterer. Finsternis hatte sich auch über Jamila herabgesenkt, denn im Geiste befand sie sich in ihrem Heimatland. Dorthin war all ihre Aufmerksamkeit gerichtet, von dort erwartete sie Nachrichten.

Sie verloren einen Kampf nach dem anderen. Die weiterführenden Schulen wurden nicht wieder geöffnet. Die Reisebeschränkungen bestanden fort. Frauen durften sich ohne männlichen Begleiter nicht weiter als zweiundsiebzig Kilometer bewegen. Die Vollverschleierung war eingeführt, die Parks wurden nach Geschlechtern getrennt, Frauen durften nicht wieder arbeiten. Bei den Behörden wurde Erfahrung gegen Inkompetenz getauscht. In einigen Abteilungen nahm man Rücksicht; damit die Frauen, wenn sie gefeuert wurden, nicht ihre gesamten Einkünfte verloren, sollten sie einen männlichen Verwandten schicken, der den Job an ihrer Stelle erledigte. Irgendeinen männlichen Verwandten. In Alta kam Jamila aus dem Fluchen nicht mehr heraus.

Gleichzeitig quälte sie das schlechte Gewissen, weil sie ihr Land verlassen hatte. Vielleicht hätte sie etwas bewirken können. Sie hatte Afghanistan im Stich gelassen. Häufig bereute sie, dass sie gegangen war. Die gefürchteten Massenverhaftungen von Aktivisten und Politikern waren ausgeblieben. Die Amnestie der Taliban für diese Gruppe war eingehalten worden. Einige der Frauen, die mit Plakaten demonstriert hatten, waren verhaftet worden und berichteten von Misshandlung und Schikane, doch sie waren wieder freigekommen, und es waren nicht viele gewesen.

Demonstrieren war sowieso nie Jamilas Sache gewesen. Ihre Arbeit erforderte Gespräche, Zusammenarbeit und Kompromisse. Das ließ sich schwer von Alta aus bewerkstelligen.

In einer frostigen Kleinstadt nördlich des Polarkreises zu leben, verkomplizierte die Dinge. Jamila war erleichtert, wann immer sie es vermeiden konnte, sich mit Norwegen auseinanderzusetzen, dem Land, das ihr so viel abverlangte, Norwegischunterricht, Berufsberatung, Integrationsbereitschaft, ihr aber nicht gab, was sie wirklich brauchte: die verloren gegangenen Röntgenbilder ihrer Schulter. Die Schmerzen hatten sich auf den ganzen Körper ausgeweitet, doch sie hatte keine Lust, noch mehr Zeit auf das mit Gesundheitsleistungen für Geflüchtete einhergehende Bürokratiedickicht zu verwenden. Lieber verbrachte sie die Zeit mit ihrem »Baby« – ihrem Laptop. Sie hatte so viele Mails und Stellungnahmen zu schreiben, an so vielen Videoschalten und Webinaren teilzunehmen. Es war ermüdend, denn die Aktivisten, Experten und ins Abseits geratenen afghanischen Politiker sprachen in ihren eigenen Blasen, miteinander, doch nie mit denen, die an der Macht waren.

Was konnten sie tun, um eine Veränderung herbeizuführen? Es irritierte sie, dass die Taliban auftauchten, wann immer sie irgendwohin eingeladen waren, sei es Oslo, Abu Dhabi, Doha oder mit Diplomaten und UN-Abgesandten in Afghanistan.

Die Ausländer lächelten die Turbane höflich an, einige machten Selfies und posteten sie auf Twitter, wo sie ihre Sorge über die Entwicklung kundtaten und hervorhoben, dass man über die Menschenrechte gesprochen habe.

Die Taliban zogen weiter die Schrauben an und lächelten zurück.

Jamila beschloss, der UN-Delegation in Kabul einen Brief zu schreiben. Ihrer Ansicht nach übten sie nicht genug Druck auf die Taliban aus. Sie waren vor Ort, als Nachbar der Machthaber. Jeden

Tag trafen sie sich zu Besprechungen mit Vertretern der Regierung, die ihre inhumane Politik fortführte, ohne mit Bedingungen oder ernsthaften Gegenmaßnahmen konfrontiert zu werden. Sie hatte das Gefühl, die Taliban wickelten die Weltgemeinschaft um den kleinen Finger, während sie sich weigerten, die zu treffen, um die es ging: afghanische Frauen.

Jamila bat um Hilfe dabei, ein Treffen mit den Machthabern zu arrangieren. Es musste von Angesicht zu Angesicht stattfinden, die Frauen mussten selbst die Agenda vorgeben und das Wort führen. Warum sollten die UNO und westliche Diplomaten im Namen afghanischer Frauen sprechen, wenn ihre Stimmen stark genug waren, um für sich selbst zu sprechen?, fragte sie und forderte alle Frauen im Büro auf, entsprechende Briefe an die UN-Delegation zu schreiben.

Einige Wochen später bekam sie einen Anruf aus Kabul.

»Wo ist Torpekai? Wir erreichen sie nicht.«

Jamilas Stellvertreterin war im Iran und hatte kein Netz. Sie mussten schnellstens jemanden aus Jamilas Büro an die Strippe bekommen. Die Taliban-Führung hatte sich zu einem Treffen mit fünf Frauen bereit erklärt. Drei standen bereits fest, Jamila konnte zwei weitere aussuchen.

Das Treffen sollte am folgenden Tag stattfinden. Sie konnten nicht auf Torpekai warten. Ach, hätte sie doch selbst hinfliegen können!

Als Erstes wollte Jamila Zeynab fragen, die fromme Universitätsdozentin, die bei der Pressekonferenz zur Schulschließung einen flammenden Beitrag gegen die Taliban gehalten hatte. Dabei hatte sie religiöse Argumente benutzt. Ihr Leben bestand aus Beten und Unterrichten. Die Frauenbefreiung war ihre Berufung. Sie gehörte einer Gruppe weiblicher Schriftgelehrter an, die den Taliban weitaus souveräner entgegentraten als ihre männlichen Kollegen.

Neben Zeynab wollte Jamila eine ältere Aktivistin einladen. Soraya war in den Sechzigern aufgewachsen und sprach von ihrer Jugendzeit, unverschleiert und mit kurzen Röcken, als den besten Jahren ihres

Lebens. Damals sei Afghanistan ein guter Ort zum Leben gewesen, sagte sie. Den Großteil ihres Berufslebens hatte sie als Lehrerin gearbeitet, und sie verfügte über ein profundes religiöses Wissen, ein Vorteil bei der Begegnung mit den Taliban. Sie machte den Eindruck einer traditionsbewussten und mütterlichen Paschtunin; die perfekte Besetzung für das Treffen, denn sie war außerdem sehr direkt und hatte keine Angst, ihre Meinung zu sagen.

Beide sagten sofort zu.

Jamila saß in Alta, Zeynab und Soraya befanden sich in Kabul. Per Videoschalte sprachen sie sich ab. Sie beschlossen, den Schwerpunkt auf die Teilhabe von Frauen an der Gesellschaft zu legen, sowohl im Arbeitsleben als auch bei der Regierung des Landes, und zu fordern, dass die Schulen wieder geöffnet wurden. Noch wussten sie nicht, wen sie treffen würden. Jamila vermutete, dass es der Bildungsminister oder sein Staatssekretär sein könnte. Vielleicht auch Muttaqi, der Außenminister, der die Taliban-Delegation in Oslo angeführt hatte.

»Habt keine Angst!«, sagte Jamila.

»Ich hab keine Angst«, sagte Zeynab. »Gott ist mit mir.«

»Und mit mir«, antwortete Soraya.

»Gut. Seid selbstbewusst, aber freundlich. Verwendet traditionelle Wendungen, wenn ihr sprecht, und vermeidet um Himmels willen jegliche Anglizismen und Begriffe der internationalen Entwicklungshilfe. Hier treffen sich Afghanen mit Afghanen. Hört ihnen zu, widerlegt ihre Argumente und denkt dran, alles, was ihr sagt, zu untermauern, flechtet aber gern ein paar schöne Sprichwörter ein ...«

Das Treffen war für neun Uhr am nächsten Morgen anberaumt, und die Frauen waren mehr als pünktlich vor Ort. Sie wurden in ein Gästehaus in einer der Abteilungen der Taliban gebracht und gebeten zu warten. Außer Soraya und Zeynab waren noch eine ehemalige Vizeministerin und zwei Frauenrechtsaktivistinnen anwesend. Soraya zitterte leicht. Sie hatte noch nie mit jemandem aus der Taliban-Führung gesprochen und bat Allah im Stillen um Beistand.

Ein Mann sammelte ihre Handys ein und legte sie in eine Schachtel, dann wurden die Frauen aufgefordert, auf gepolsterten Stühlen Platz zu nehmen. Dort saßen sie komplett verhüllt mit Gesichtsschleier und Kopftuch. Soraya wollte Jamila schreiben, dass alles in Ordnung war, da fiel ihr ein, dass sie ja ihr Handy abgegeben hatte.

Dann hörten sie Schritte im Flur. Die Tür ging auf, und eine Gruppe Männer in wehenden weißen Gewändern und schwarzen Turbanen kam herein. Ein breitschultriger Mann führte sie an. Sein Bart verdeckte den Großteil des Gesichts, und das pechschwarze Haar kräuselte sich über den Ohren. Die Männer in seinem Gefolge hielten sich im Hintergrund, als er auf die Frauen zuging.

Seine Augen lagen tief, beinahe im Schatten der Augenhöhlen, unter einem Paar buschiger Brauen. Er sah sie nicht an, sondern setzte sich auf einen bereitstehenden Stuhl. Dort äußerte er, noch immer, ohne sie anzusehen, die islamischen Begrüßungsformeln, die sie erwiderten, dann sagte er in ruhigem Ton:

»Ich bin gekommen, um euch zuzuhören.«

Es war Siradschuddin Haqqani.

Kaum jemand hatte so viel Blutvergießen verursacht wie er. Dies war der Mann, der für den Großteil der Terroranschläge in Kabul verantwortlich war, der Mann, der die Massenproduktion von Sprengfallen etabliert, seine eigene Märtyrerakademie betrieben, der manipuliert und motiviert, entführt, erpresst und Morde befohlen hatte.

Kaum jemand verstand es besser als er, Macht zu erlangen und sie zu halten. Wenige Monate nach seinem Antritt als Innenminister hielt Siradschuddin Haqqani eine Gedenkfeier für die Angehörigen der Selbstmordattentäter im Hotel Intercontinental in Kabul ab, demselben Hotel, auf das er einige Jahre zuvor einen Anschlag hatte verüben lassen. Dort pries er die Märtyrer und dankte deren Vätern, die in einem neuen Anzug und mit zehntausend Afghani sowie dem Versprechen auf ein Stück Land nach Hause gingen.

Seine Anhänger sollten sich wahrgenommen und gewürdigt fühlen.

Erst im März ließ er sich öffentlich ablichten, als er der Parade der neuen Polizeiauszubildenden beiwohnte. Er versteckte sich nicht länger vor den Behörden, er *war* die Behörden.

Die ehemalige Vizeministerin, eine Ärztin, machte den Anfang. In kurzen, klaren Worten schilderte sie die katastrophale Situation im Gesundheitswesen. Viele gläubige Muslime hätten gehofft, die Taliban hätten sich geändert, sagte sie zu dem Mann, der den Blick weiterhin zu Boden oder zur Seite gerichtet hielt, während sie sprach. Viele hätten gehofft, die Taliban würden nach Jahren der Korruption und Misswirtschaft eine Verbesserung bringen, fuhr sie fort, doch politisch ginge es in die falsche Richtung, aufgrund der Reisebeschränkungen, der Geschlechtertrennung und ausbleibender Gehaltszahlungen herrsche ein eklatanter Mangel an Gesundheitspersonal. Zudem fehle es an Ausstattung, Medikamenten und Impfstoffen. Die erfahrene Ärztin betonte, die feindselige Haltung der Taliban gegenüber Frauen sei gleichbedeutend mit Feindseligkeit gegenüber dem halben Land. »Warum behandelt ihr uns wie Aussätzige?«, fragte sie.

Der Innenminister saß reglos auf seinem Stuhl. Er bestätigte den Mangel an Krankenhäusern und Ärzten in den ländlichen Regionen. Mit allgemein gehaltenen Floskeln versprach er, die Missstände zu beheben, beklagte jedoch die fehlenden Mittel, die der Westen durch das Einfrieren der Gelder zu verschulden habe.

Die Nächste, die sprach, kritisierte den Ausschluss der Frauen vom Arbeitsleben.

Haqqani blickte weiterhin zu Boden und zur Seite. Neben ihm saß ein Mann und schrieb mit.

Die Dritte richtete das Augenmerk auf die patriarchalischen Machtstrukturen. Warum gab es keine Frauen in der Regierung oder in anderen hohen Ämtern?

Zeynab hatte ihr Gesicht bis auf die Augen verschleiert. Über der Abaya trug sie einen cremefarbenen Hidschab. Die Art, wie sie ihn gebunden hatte, und die Art, wie sie den Kopf hielt, erweckten den

Eindruck einer konservativen Muslimin. Anders als die anderen Frauen, die den Innenminister beim Sprechen ansahen, hielt sie, wie er, das Gesicht abgewandt. Sie sprach laut und klar vernehmlich.

»Ich sage dies ohne Furcht. Denn was ich sage, ist die Wahrheit. Ich bin bereit, sämtliche Konsequenzen dafür zu tragen. Dies ist die Stimme der Frauen.«

Wie Jamila ihr geraten hatte: Sei selbstbewusst!

»Ihr begeht einen großen Fehler, indem ihr uns wegstoßt, einen Fehler, der in erster Linie gefährlich für euch selbst ist. Er wird zu eurem Sturz führen. Was ihr tut, verstößt gegen Gottes Gebote, es verstößt gegen den Propheten, Friede sei mit ihm, es verstößt gegen den Islam. Du trägt die Schuld, und du wirst dich am Tag des Gerichts vor Allah verantworten müssen.«

Haqqani ließen die Anschuldigungen offenkundig nicht unberührt. Er wandte sich zu seinen Männern, die leicht die Brauen hoben, doch keiner sagte etwas. Zeynab sah nichts davon, da ihr Blick auf die Tischplatte gerichtet war.

»Du weißt ganz genau, was im ersten Vers des Korans steht«, sagte sie zu Haqqani. »Gottes erstes Gebot lautet: Lies! *Iqra!*«

Die Art, wie sie den Koran zitierte, die Verweise, die sie nannte, ließen niemanden im Zweifel darüber, dass eine Gelehrte sprach.

»Warum steht *Iqra* an erster Stelle? Weil für Gott das Lernen an erster Stelle steht! Aber für euch kommt erst der Hidschab, dann das Lernen. Das ist die falsche Reihenfolge. Gott hat uns den Vers, in dem es ums Verhüllen geht, erst achtzehn Jahre, nachdem er uns aufgefordert hat zu lesen, offenbart! Und da hieß er sowohl Männer als auch Frauen, sich sittsam zu kleiden und auf ihren Blick zu achten!«

Haqqani achtete auf seinen Blick.

Der Koran gebot Männern in der Sure *Das Licht*, sich sittsam zu verhalten. *Sag den gläubigen Männern, sie sollen ihre Augen niederschlagen, und sie sollen darauf achten, dass ihre Scham bedeckt ist. So halten sie sich am ehesten sittlich. Gott ist wohl darüber unterrichtet, was sie tun.*

Frauen erhielten im darauffolgenden Vers dasselbe Gebot, nämlich »ihren Schmuck niemand offen [zu] zeigen« und »ihren Schal sich über den Schlitz des Kleides [zu] ziehen«. Obwohl Gott Männer und Frauen gleichstellte und demütiges und ziemliches Verhalten von allen forderte, erlegten die Taliban nur Frauen die praktischen Einschränkungen auf, die bei Nichteinhaltung zu Kündigungen, gesellschaftlichem Ausschluss und abgebrochener Schulausbildung führten.

»Lasst uns weitergehen im Koran«, fuhr Zeynab fort. »Erst im fünften Jahr, nachdem der Prophet, Friede sei mit ihm, von Mekka nach Medina reiste, folgte der Rat, sich zu bedecken, in Sure 33, Vers 59. Und zwar für Männer und Frauen. Aber das ist eine Empfehlung, kein Gebot. Gott zwingt niemanden. Wie könnt ihr euch dann anmaßen, uns zu zwingen?«

Sie holte Atem. »Was ihr tut, hat nicht nur nichts mit dem Islam zu tun, ihr versündigt euch damit gegen den Islam. Ihr bringt Leute dazu, den Islam zu hassen. Ihr bringt Muslime dazu, sich von der Religion abzuwenden, weil sie sie mit euch verbinden.«

Was sie sagte, ließ Siradschuddin Haqqani den Blick heben und sie ansehen. Es war, als machten ihre scharfen Worte sie zu einer Gleichgestellten.

»*Wallahi*, bei Gott, ich hatte ja keine Ahnung, dass die Frauen in diesem Land so stark sind«, entfuhr es dem Innenminister an seine Männer gewandt. »Ich hatte keine Ahnung, dass es so gelehrte Frauen bei uns gibt. Ich bin beeindruckt!«

»Um konkret zu werden«, fuhr Zeynab fort. »Bezüglich Gottes erstem Gebot kann also kein Zweifel bestehen. Aber ihr habt das Gebot umgangen. Ihr habt Mädchen vom weiterführenden Schulunterricht ausgeschlossen. Ihr habt es Frauen erschwert zu studieren und ihr bisher erlangtes Wissen anzuwenden. Studentinnen werden von deinen Fußsoldaten auf dem Universitätsgelände schikaniert. Ihr lasst Frauen nicht lernen, verlangt aber, dass sie sich verhüllen? Nein, ihr habt keinen guten Weg beschritten.«

»*Bismillahi rahmani rahim*, in Gottes Namen, des Gnädigen, des

Barmherzigen«, unterbrach Haqqani sie abermals, »wir haben einen großen Fehler gemacht, indem wir euch nicht früher mit einbezogen, uns mit euch beraten haben.«

Zeynab war noch nicht fertig.

»Ja, denn was ihr tut, ist grausam. Und Allah lässt grausame Führer nicht langfristig überleben. Wenn ihr jetzt scheitert, stürzt ihr das Land in einen hundertjährigen Bürgerkrieg, von dem es weitere hundert Jahre brauchen wird, sich zu erholen. Öffnet die Schulen für alle. Lasst uns arbeiten. Lasst uns reisen«, sagte sie, den Blick auf die Tischplatte gerichtet.

Haqqani hatte den Kopf gehoben. Er wollte sich verteidigen.

»Ich war dafür, die Schulen zu öffnen, ich wollte es«, sagte er. »Aber mächtige Kräfte waren dagegen. Es gab Drohungen. Einige unter uns haben mit Anschlägen auf die Schulen gedroht, sollten sie für die älteren Mädchen geöffnet werden. Wir haben uns dagegen entschieden, um keine Leben aufs Spiel zu setzen. Wir hatten nur die Sicherheit der Mädchen im Sinn.«

»Das Argument habt ihr auch schon vorgebracht, als ihr das letzte Mal an der Macht wart«, sagte eine der Frauen. »Die Sicherheit der Mädchen.« Sie wies darauf hin, dass die Erklärungen ständig wechselten. Die Klassenzimmer seien nicht fertig, es gäbe Widerstand in der Bevölkerung, sie hätten zu wenig Lehrer, und jetzt wieder das klassische Argument von wegen Sicherheit. Der Unterschied zwischen den Taliban der Neunziger und den Taliban von heute sei, sagte sie: »Jetzt brecht ihr eure Versprechen. Damals habt ihr erst gar keine Versprechungen gemacht.«

»Hör mir zu. Ich habe versucht ...«, setzte Haqqani an.

Während er die Hände zuvor ruhig im Schoß gehalten hatte, gestikulierte er nun. Auch die Männer um ihn herum rutschten unruhig auf ihren Stühlen.

Soraya ergriff das Wort: »Ein anderes Missverständnis in Bezug auf den Koran ist, dass ihr Empfehlung als Zwang fehlinterpretiert. Sich zu verhüllen, wurde zu Zeiten des Propheten aus Sicherheitsgründen empfohlen. Falls die Frau es wünschte. Dasselbe gilt für den Hadith, der eingrenzt, wie weit Frauen zu jener Zeit allein reisen durften – auch das eine Empfehlung zu ihrer eigenen Sicherheit. Damals entsprach eine Entfernung von zweiundsiebzig Kilometern drei Tagesreisen mit dem Kamel. Ihr habt diese Kilometerzahl stur beibehalten.«

»Ich werde dem Flughafen Bescheid geben, dass Frauen ohne männliche Begleitung fliegen dürfen, macht euch keine Sorgen«, sagte Haqqani nun.

Die Frauen sahen sich an. Das Treffen nahm eine unerwartete Wendung.

Ein Mann kam mit Tee und Süßigkeiten herein. Soraya war genervt von ihrem Gesichtsschleier, so was benutzte sie sonst nie, und nicht mal die Taliban verlangten es von Frauen in ihrem Alter. Resolut nahm sie ihn ab und steckte ihn in ihre Tasche, wie sollte sie sonst Tee trinken? Drei der anderen folgten ihrem Beispiel. Nur Zeynab behielt den Schleier auf.

Haqqani begann, von der schwierigen Zusammenarbeit innerhalb der Taliban zu sprechen, unter anderem bezeichnete er den Tugendminister als Verrückten. »Der Mann ist … irre. Aber wir müssen versuchen, mit ihm zu arbeiten. Ich gebe mein Bestes, versprochen, habt Geduld.«

»Wie lange sollen wir Geduld haben?«, fragte Soraya.

»Wir brauchen Zeit, um für Verbesserungen zu sorgen. Ihr gebt uns die Kraft, zu regieren, ihr seid Gelehrte, ihr seid Ärztinnen. Wir haben euch gehört. Jetzt müsst ihr uns vertrauen. Und um eins möchte ich euch bitten: Sagt euren demonstrierenden Schwestern, dass sie damit aufhören sollen. Das ist unwürdig. Warum haltet ihr eure Schwestern nicht davon ab, auf die Straßen zu gehen?«

Soraya hatte das Gefühl, als zeige er mit dem Finger auf sie.

Warum zeigt er auf mich?, dachte sie. Die Taliban hatten Frauen noch nie als gleichwertige Mitglieder der Gesellschaft gesehen, sie nie respektiert, warum sollten sie ihnen jetzt trauen?

»Im Koran steht«, sagte Soraya, »dass man das Recht hat zu rufen, wenn man in seinen Rechten verletzt wird. Wir rufen, weil ihr unsere Rechte verletzt. Seid unsere Brüder, behandelt uns mit Respekt, und die Leute werden aufhören zu rufen. Hört uns zu, setzt euch mit uns zusammen, denn wir haben euch etwas zu sagen. Aber wenn ihr uns nicht zuhört, werden wir weiter auf die Straßen gehen.«

Siradschuddin Haqqani wurde pathetisch.

»Ihr habt mir die Augen geöffnet. Ihr habt mir den Geist geöffnet. Ich möchte, dass auch andere erleben, was ich heute erlebt habe. Es tut mir leid, dass wir so kluge Menschen missachtet haben. Nächsten Monat werden wir eine Loja Dschirga mit Schriftgelehrten abhalten. Wir werden dafür sorgen, dass auch Frauen daran teilnehmen können. Weibliche Gelehrte erklären ja viel besser als Männer! Ihr seid unsere Schwestern. Wir sind aufeinander angewiesen. Es war ein großer Fehler, dass wir euch nicht haben zu Wort kommen lassen.«

Er warf weiter mit Komplimenten um sich.

Ihr seid so klug.

Ihr seid so intelligent.

Ich hatte keine Ahnung, dass Frauen so gelehrt sind.

Dann musste er los. Er bat sie, sitzen zu bleiben, um mit seinen Mitarbeitern konkrete Vorschläge zu erarbeiten. Nach einigen Stunden wurde Mittagessen serviert, und im Anschluss kam Haqqani zurück. Er wurde von mehreren Männern begleitet, die fünf große Schachteln trugen. »Afghanische Handarbeit«, sagte er.

Einer der Männer nahm die Deckel ab.

Soraya blickte in ihre Schachtel. Darin lag ein schwarzes Samtkleid mit weißem Spitzenband um den Rock und einem schmalen rosa, grünen und nachtblauen Rand am Saum. Auf die Brust war ein wildes, gelboranges Zickzackmuster gestickt. Als sie über die Schulterpartie strich, klingelten Reihen von dünnen Messingmünzen und kleinen Silberperlen, einige rund, andere tropfenförmig.

Sie sah sofort, dass das Kleid viel zu eng für sie war. Das bekommt meine Tochter, dachte sie, bevor sie die Schachtel schloss.

Als sie das Gästehaus wohlbehalten verlassen und ihre Handys zurückbekommen hatten, sah Soraya, dass sie mehrere verpasste Anrufe von Jamila aus Alta hatte. Schnell rief sie zurück.

Jamila keuchte am anderen Ende. »Ich hab mir solche Sorgen gemacht! Ihr wart ja den ganzen Tag lang weg!«

Die fünf Frauen sahen sich an. Da standen sie, erfüllt von den Worten und Versprechungen des mächtigen Mannes, mit seinen Geschenken in der Hand – wie Geiseln seiner überschwänglichen Komplimente, seiner Macht und Überzeugungskraft.

Der Manipulator. Der Motivator. So sanft, so zuvorkommend. Das war der Mann, der junge Burschen dazu angespornt hatte, sich in die Luft zu sprengen für das, woran *er* glaubte. Der Mann, der Bomben auf westliche Soldaten hatte regnen lassen. Der Mann, der mithilfe seiner Gerissenheit, seines einnehmenden Wesens, seiner Intelligenz und Freundlichkeit zwanzig Jahre lang Krieg gegen die Demokratie, gegen die Teilhabe von Frauen, gegen Freiheit und Gleichheit geführt hatte.

Habt Geduld.

Wartet auf weiteren Bescheid.

Seid still.

Dann werdet ihr gehört.

Dann treffe ich mich vielleicht erneut mit euch.

Sie trennten sich, machten sich auf den Weg in verschiedene Viertel Kabuls, einige auf dem Rücksitz eines Autos, andere per Bus. Da saßen sie mit ihren Schachteln auf dem Schoß.

Hübsch verpackt, mit einem straffen Band um den Bauch, lagen die kostbaren Kleider im Dunkeln. Dort drinnen klimperten die Silberperlen in Tränenform.

BERGAB

Es begann damit, dass Ariana sich ein wenig langweilte.

Mahmoud wollte sich andauernd unterhalten. Vor allem redete er gern selbst, hielt ellenlange Monologe. Darüber, wie die Wohnung aussehen sollte, wie sie sie einrichten könnten. Vorhänge oder Jalousien? Welche Farben mochte sie? Helle oder dunkle?

»Wir suchen uns ein Haus in der Nähe von deinen Eltern, das wär doch schön, oder? Sie sind so nett, ich hab das Gefühl, ich würde sie schon ewig kennen, ich würde ihnen gern etwas schenken. Hast du eine Idee? Vielleicht ein Paar Sandalen für deinen Vater. Glaubst du, er würde sich freuen? Was für Sandalen denn? Ach, ich finde schon welche. Und deine Mutter, was gefällt ihr so? Vielleicht ein Tuch, hat sie irgendwelche Lieblingsfarben? Und für uns müssen wir Geschirr kaufen und Besteck, Handtücher und Bettwäsche, was magst du am liebsten? Baumwolle? Seide? Und besser Weiß oder eine andere Farbe?«

Er rief jeden Abend an. Sie suchte nach Ausflüchten, um nicht mit ihm telefonieren zu müssen.

»Ich bin müde, ich muss ins Bett.«

»Müde, jetzt schon? Es ist doch erst neun!«

»Ich muss morgen früh raus.«

»Kannst du nicht noch ein bisschen wach bleiben? Ich suche nach einer Wohnung in einem schönen Viertel. Das ist gar nicht so leicht im Moment. Welcher Stock wäre dir am liebsten? Toll wäre eine mit Balkon ...«

Hätte Ariana bloß Interesse am Nestbau gehabt, dann wäre alles perfekt gewesen. Schließlich war er ein guter Mann, oder nicht?

Sie zwang sich, ihm geduldig zuzuhören. Nach einer Weile begann sie, während der Telefonate heimlich andere Dinge zu tun; suchte nach einer Datei auf ihrem Laptop; stellte ihr Handy auf Lautsprecher, um gleichzeitig Nachrichten von anderen zu lesen oder durch Instagram zu scrollen, während er seine Gedanken mit ihr teilte. Sie räumte ihr Zimmer auf, hängte Kleider auf Bügel, legte sie zusammen. Unruhe hatte sie ergriffen. So sollte es doch wohl nicht sein?

Mit einer Art Autosuggestion versuchte sie, positive Eigenschaften an ihm zu entdecken. Objektiv betrachtet, hatte er viele gute Seiten, aber Dinge, die sie persönlich an ihm mochte, gab es erschreckend wenig. Sich zwingen, ihm zuzuhören, war das eine, ihn und ihr Schicksal zu akzeptieren, etwas völlig anderes. Sie würde den Rest ihres Lebens mit ihm verbringen. Eine knappe Woche nach der Verlobung bekam sie Herzrasen bei dem Gedanken.

»Ich finde, besser sucht man sich jemanden, den man auch mag«, sagte sie zu ihrer Schwester. Die Biologiestudentin war die Einzige unter den Geschwistern, der sie vollkommen vertraute. Zohal nickte, ja, das wäre das Beste.

»Es bringt nichts, sich zu zwingen, jemanden zu mögen …« Arianas Hals schnürte sich zusammen. Es war das erste Mal seit der Verlobung, dass sie weinte.

Sie hatte die wachsende Unruhe für sich behalten, schließlich war sie die Vorzeigetochter, die alles meisterte, die immer die Klügste war. Auch jetzt riss sie sich zusammen und sagte: »Es wird schon, es wird schon werden, alles wird gut.«

Zohal suchte nach Worten, fand jedoch keine.

»Er ist so träge. Alles muss gedreht und gewendet und bis ins letzte Detail diskutiert werden«, fuhr Ariana fort. »Ich mag Leute, die einfach machen und dann sagen, ›komm und gucks dir an‹. Andererseits, wieso hat er es so eilig mit der Wohnung? Können wir nicht erst mal eine Weile verlobt bleiben und jeder für sich wohnen? Wenn er jetzt eine Wohnung findet, wird er sagen, ›jetzt zahlen wir schon Miete, dann müssen wir auch heiraten!‹. Er sagt es nicht, aber ich merke, dass das sein Plan ist, diese Wohnung ist der Schlüssel zu einer schnellen Hochzeit.«

Arianas Eltern hingegen waren ganz vernarrt in ihren zukünftigen Schwiegersohn.

»Für sie ist er ein Engel, oh Mann, die mögen ihn viel lieber als ich! Mir ist jetzt auch klar, warum, geistig gehört er ihrer Generation an. Sie sind sich so was von ähnlich. Er ist zwar jünger als sie, aber er denkt genau wie sie. Als er den Goldring dabeihatte, meinte Mama: ›Guck, ein Goldring, er ist ein guter Mann! Das sind gute Leute!‹ Seine Familie hatte getrocknete Früchte und Kekse dabei: ›Oh, guck mal, was sie mitgebracht haben, hach, sind das gute Leute.‹ Und als sie gehört hat, dass er fünf Brüder hat: ›Ach, das müssen gute Leute sein!‹«

Mahmoud rief jeden Abend an. Ariana wollte ihn nur noch loswerden. Er erstickte sie mit dem ganzen Small Talk. Mit der Betüddelei, dem Nestbau, der ewig selben Litanei: »Ich tue dies für dich, ich tue das für dich, sag mir einfach, was du willst, ich tue alles für dich, ich will … ich will … ich will …«

»Ständig will er mit mir quatschen, selbst wenn ich sage, ich bin beschäftigt, und nachdem er einen endlosen Monolog gehalten hat, fragt er: ›Und, was denkst du?‹ Das ist doch keine normale Unterhaltung, oder?«

Zohal schüttelte den Kopf. Was sollte sie auch sagen? Sollte sie aussprechen, was beide dachten: dass es nicht gerade gut lief?

Er rief an.

Ariana antwortete: »Ich muss schlafen.«

»Komm schon, telefonier ein bisschen mit mir«, bettelte er.

Warum waren diese Gespräche so schwer zu ertragen?

Zum Glück hatte Ariana zwischendurch Wichtigeres zu tun. Sie musste ihr Zeugnis abholen.

Die letzten Wochen an der Uni waren stetig düsterer geworden. Wenn Ariana und ihre Kommilitoninnen Anstalten machten, sich auf eine Bank zu setzen, wurden sie verjagt. Zeigten sie eine Strähne ihres Haars, drohten ihnen die Wachen. Das Universitätsgelände, das einst voller Leben gewesen war, hatte sich in eine Steinwüste verwandelt. Die Leere ließ die Missstände sichtbarer werden, den herumwehenden Müll, das zwischen den Betonritzen hervorwuchernde Unkraut. Die Studierenden hatten Angst, nachdem ein Student mit Stöcken bewusstlos geschlagen worden war, weil er stehen geblieben und sich mit zwei Kommilitoninnen aus dem letzten Jahr unterhalten hatte. Er wurde in ein Auto verfrachtet und ins Gefängnis gebracht, wie Direktor Rotbart ihnen gedroht hatte.

Früher einmal hatte Ariana davon geträumt, dass ihre Eltern einen Saal in einem Hotel mieteten, damit sie, Baba Musas brillante Enkelin, glänzen konnte. Sie wäre mit dem viereckigen Hut fotografiert worden, und dann hätte die Welt ihr offengestanden: Studium im Ausland, Karriere, Wettbewerbe, Konferenzen. Stattdessen war sie auf dem Weg zum Bildungsministerium, um ihr Zeugnis abzuholen.

An der Schranke wurde sie abgewiesen.

»Keiner bekommt sein Zeugnis.«

»Aber uns wurde gesagt, dass wir es hier abholen sollen.«

»Keiner bekommt sein Zeugnis, so wurde es entschieden.«

»Warum nicht?«

»Wenn die Welt uns anerkennt und uns unser Geld gibt, dann kriegst du dein Zeugnis.«

Der Westen hielt die neun Milliarden Dollar der afghanischen Staatskasse noch immer zurück. Sieben davon lagen eingefroren in den USA. Präsident Biden hatte verkündet, dass die Hälfte der Gelder möglicherweise an amerikanische Opfer der Terroranschläge vom 11. September gehen würden, was nicht nur die Taliban, sondern die Mehrheit der Afghanen provozierte. Sollten sie etwa für bin Ladens zwanzig Jahre zurückliegenden Terroranschlag bezahlen?

Afghanistan war ausgestoßen und Ariana eine Aussätzige in ihrem eigenen Land. Die Taliban straften die, von denen sie meinten, dass sie es verdient hatten. Unter jungen Akademikern erfuhr die Bewegung wenig Unterstützung. Für die Taliban war es glasklar: Die zurückgehaltenen Gelder waren der Grund, dass die Bevölkerung hungerte, Schulen geschlossen bleiben mussten und das Bildungsministerium keine Tinte für den Kopierer hatte.

»Die Welt hat die Republik anerkannt, das korrupteste Regime überhaupt, aber nicht unser Emirat«, sagte der redselige Taliban an der Schranke. »Bis es so weit ist, musst du auf dein Zeugnis warten.«

Das Verhältnis zu ihrer Mutter pendelte zwischen Ärger und Reue, Feindseligkeit und Versöhnung. Es gab viel, was sie verband, und eines mehr als alles andere: die Lehrtätigkeit.

Mutter und Tochter hatten viel über die älteren Mädchen gesprochen, die nicht zum weiterführenden Unterricht durften, während die Taliban zur Geduld mahnten. Die Aufforderung des Bildungsministers, auf weiteren Bescheid zu warten, bald gäbe es »gute Nachrichten«, erschien immer mehr als leeres Versprechen. Die Ausflüchte änderten sich permanent, erst war die Schulschließung kulturell bedingt, dann war angeblich nicht genug Platz, um die Klassen aufzuteilen, dann herrschte Lehrermangel, und schließlich hieß es, es sei einfach noch nicht alles bereit. Dieses Schuljahr würden die Behörden die Mädchen nicht mehr für den weiterführenden Unterricht zulassen, damit mussten sie sich abfinden.

Die Schule, an der Nadia Direktorin war, war die größte im Viertel, viele der Mädchen lebten in der Nähe. Aber Nadia sah sie nicht mehr. Ab und zu traf sie die Väter, sie arbeiteten in Geschäften, auf dem Markt, sie zogen Lastkarren, fegten die Straßen, Angehörige aller Berufsgruppen lebten in diesem Stadtteil.

»Unterrichten wir sie doch einfach hier«, schlug Ariana eines Tages vor. »Wir könnten eine Heimschule gründen.«

Das Wohnhaus, in dem sie lebten, hatte einen gemeinschaftlichen Kellerraum. Außer von einigen Nachbarn, die freitags die Kinder zur

Koranrezitation sammelten, wurde er selten genutzt. Ariana schlug vor, dort den Unterricht abzuhalten.

Ihre Mutter sah sie an. Sie überlegte eine Weile, dann rief sie: »Ja, das ginge!«

Zohal und Diwa machten mit, außerdem einige der von Nadia freigestellten Lehrerinnen. Der Mann von einer von ihnen arbeitete in einem Farbgeschäft und konnte ihnen Wandfarben zum Einkaufspreis besorgen. Sie kauften hellrosa Farbe und machten sich daran, Wände und Stützbalken zu streichen. Sie hängten weiße Verdunkelungsvorhänge vor die schmalen Kellerfenster und legten Teppiche aus, die sie übrig hatten. Nadia brachte ein Whiteboard und einen Marker aus der Schule mit.

Der Unterricht sollte wochentags von vierzehn bis siebzehn Uhr stattfinden. Ariana würde Englisch und Dari übernehmen, Nadia Erdkunde. Zohal und Diwa würden die Mädchen in Naturwissenschaften unterrichten, zwei Lehrerinnen aus der Schule in Mathematik und Paschtu.

Sie hatten nicht damit gerechnet, dass Karim versuchen würde, sie aufzuhalten.

»Seid ihr verrückt? Wollt ihr die Taliban auf der Matte haben?«

»Die Taliban haben Unterricht für Mädchen nicht verboten«, konterte Ariana, »solange sie dabei unter sich bleiben. Und hier kommen keine Männer rein!«

»Es ist zu gefährlich«, beharrte ihr Vater. »Für *mich*. Wenn die Taliban kommen, holen sie nicht euch, sondern fragen: ›Wo ist euer Vater? Wo ist euer Bruder?‹ Sie nehmen keine Frauen fest, die die Vorschriften übertreten, sondern deren Männer. Ihr bringt mich in Gefahr.«

»Was ist mit den Mädchen, die zu Hause sitzen? Hast du mal an sie gedacht? Wenn sie nichts lernen, ist ihre ganze Zukunft in Gefahr.«

Immer war der Vater der Ängstliche. Überall sah er Risiken, und er stellte Sicherheit über alles andere. Das letzte Jahr hatte Arianas Blick auf ihn verändert. Ihr Vater, fand sie, war nicht in der Lage, über den

Tellerrand hinauszublicken. Er beschwerte sich, blieb aber tatenlos. Sie hatte ihn immer für klug und gütig gehalten, aber jetzt, wo es drauf ankam – der Gedanke war fast schon gefährlich –, erwies er sich als kleiner Mann.

Ihr Vater hasste die Taliban, doch er begriff nicht, dass das, was Ariana und Nadia taten, Teil des Widerstands war. Ariana ging nicht mit Plakaten auf die Straße, sie eröffnete eine Schule. Ihre Mutter saß nicht ängstlich auf ihrem Direktorinnenstuhl, sie besorgte eine Tafel. Niemand wusste, was sie damit riskierten, aber nachdem die Idee erst geboren war, war es unmöglich, sie nicht zu verwirklichen.

Diesmal hörten sie nicht aufs Patriarchat. Sie strichen die Räume zu Ende. Als alles bereit war, mussten sie überlegen, wie sie die Schülerinnen informieren sollten. Via Buschfunk?

Sie hofften, Nadias Status als Schulleiterin würde den Familien ein gewisses Gefühl von Sicherheit vermitteln, damit wenigstens ein paar sich trauten, ihre Töchter zu ihnen zu schicken. Nadia schlug vor, die Grundschülerinnen auf das Angebot aufmerksam zu machen.

»Hat jemand von euch ältere Schwestern, die von der Schule nach Hause geschickt wurden?«, fragte sie, als die Mädchen früh am nächsten Morgen auf dem Schulhof versammelt waren.

Mehrere hoben die Hand.

»Wir eröffnen zu Hause bei uns eine kleine Schule. Schon morgen geht es los.«

Sie gab ihnen die Adresse.

Würde jemand kommen? Würden die Eltern es erlauben?

Es kamen hundert Mädchen.

Dann mussten sie Stopp sagen. Mehr konnten sie nicht nehmen.

Es schien, als würde das Viertel ausschließlich aus dreizehn-, vierzehn-, fünfzehn- und sechzehnjährigen Mädchen bestehen. Endlich war Frühling, endlich waren sie aus ihren Löchern gekommen.

Die Mädchen nannten stolz ihren Namen und ihre Adresse, ihr Alter und in welcher Klasse sie hätten beginnen sollen, dann wurden sie feierlich eingeschrieben. Sie waren aufgeregt, vorfreudig, viele hatten sich seit jenem Märztag, an dem ihr Leben auseinanderbrach, nicht mehr gesehen.

Ariana teilte Mädchen verschiedener Jahrgänge zusammen für den Englischunterricht ein, anders ging der Stundenplan nicht auf. Um sich einen Eindruck von ihren Fähigkeiten zu machen, lud sie zu einem Gespräch ein und bat die Mädchen, die wollten, etwas über sich zu erzählen. Die Hände schossen in die Höhe. Die Mädchen, die sie aufrief, erhoben sich, priesen Allah und begannen zu reden. Die meisten mussten Pausen machen, ehe sie weitersprechen konnten.

Sie hatten das Trauma bisher nicht in Worte gefasst.

Sie waren nicht darauf vorbereitet, was es mit ihnen machen würde, es laut auszusprechen.

Ihnen allen war eingetrichtert worden, dass die Schule das goldene Tor war, von Vätern, die Straßenfeger waren, von Vätern, die Brot verkauften, von Müttern, die nicht mal ein Kochrezept lesen konnten.

Ihre Töchter sollten später mal ein besseres Leben haben.

Jetzt hatten sie die Kontrolle verloren.

»Es sind viel zu viele!«, sagte Karim. Er hatte es nicht geschafft, die Schule zu verhindern, aber er bestand darauf, die Schülerzahl zu reduzieren.

»Und wen sollen wir bitte schön nach Hause schicken?«

»Die Hälfte tuts auch«, sagte Karim. »Oder besser nur dreißig. Die anderen könnt ihr wieder wegschicken!«

»Wenn ich in ihre Gesichter schaue«, sagte Ariana, »wenn ich das Glitzern in ihren Augen sehe, wie soll ich ihnen da sagen, dass doch kein Platz für sie ist? Papa, das kann ich nicht!«

Die Tage verstrichen. Nichts geschah. Die Taliban kamen nicht. Auch nicht an anderen Orten, wo Mütter oder arbeitslose Lehrerinnen Heimschulen gegründet hatten.

Dies waren die neuen Taliban. Die Taliban, die ein Auge zudrückten.

Außerdem war es eine neue Bevölkerung. Eine, die sich nicht unterkriegen ließ. Das war der Unterschied, den zwanzig Jahre Bildung im Gegensatz zur letzten Talibanherrschaft bewirkten.

Nadia war froh, drei Lehrerinnen ihrer Schule gewonnen zu haben. Lehrerinnen, die die Mädchen schon zuvor unterrichtet hatten. Das Wiedersehen war tränenreich. Niemand bekam Gehalt, niemand hatte Geld, sie taten es für die Mädchen, sie taten es für ihren Selbstrespekt, sie taten es für ihr Land.

Kaum eine junge Frau mit Arianas Bildung verdeckte in Kabul ihr Gesicht, obwohl es Vorschrift war. Viele schminkten sich und zeigten einen Teil ihrer Haare, obwohl davon abgeraten wurde. Sie zogen eine Abaya über, öffneten jedoch einen Knopf. Wurden sie von einem Ort verjagt, kamen sie am nächsten Tag wieder. Wenn sie nicht studieren durften, suchten sie sich Alternativen, um an Wissen zu gelangen.

Etwas anderes blieb ihnen nicht übrig. Wenn sie diese Schlupflöcher im System nicht fanden, würden sie sich selbst verlieren.

Nach Unterrichtsschluss schickten sie die Mädchen in Zehnergruppen hinaus, damit nicht hundert Schülerinnen gleichzeitig aus dem Haus stürmten. Die Stunden, in denen Ariana in dem niedrigen rosa Kellerraum unterrichtete, waren flüchtige Augenblicke des Glücks. Es waren Momente, in denen sie vergessen konnte, was sie quälte. Der neue Mann in ihrem Leben.

Er war verliebt. Sie war genervt. Er wollte sie für sich. Sie wollte frei sein.

Es ging nicht. Es würde nie funktionieren.

Sie hatte eingewilligt, weil sie kurzzeitig gedacht hatte, er wäre bestimmt ein guter Kerl. Er war besser als der andere. Aber jetzt nistete Mahmoud sich in ihren Ohren ein, drang in ihren Kopf. Sie wollte, dass er daraus verschwand.

Eine Verlobung aufzulösen, war keine Kleinigkeit, in Kabul aber weniger unerhört als auf dem Land, wo eine Verlobung praktisch einer Hochzeit gleichkam. Ariana sagte sich, dass die Verlobungszeit eine Zeit sein sollte, in der man herausfand, ob man zusammenpasste oder nicht. Eine Probezeit. Was sonst sollte Sinn und Zweck einer Verlobung sein? Noch war es möglich, den, wie ihr nun klar geworden war, größten Fehler ihres Lebens rückgängig zu machen.

Nach der Hochzeit wäre es zu spät. Eine Scheidung zu erwirken, war unter dem vorherigen Regime schwierig genug gewesen, unter den Taliban war es unmöglich. Das hatte sie studiert, das wusste sie. Tausende Scheidungen, die unmittelbar vor dem Sturz des Regimes aufgrund von häuslicher Gewalt bewilligt worden waren, wurden von den Taliban annulliert. Die Frauen wurden gezwungen, zu ihren Ehemännern zurückzukehren. Die Richter waren durch Männer ohne formale Ausbildung ersetzt worden, und die Gerichte nahmen keinerlei Scheidungsfälle oder Klagen wegen häuslicher Gewalt mehr an. Aus dem Frauenministerium war das Ministerium für die Förderung der Tugend und Verhütung des Lasters geworden. Die afghanische Menschenrechtskommission war aufgelöst worden, dasselbe galt für die Sonderkommission für Frauen. Es gab keine Stelle, an die man sich mit einer Anzeige hätte wenden können. Der Mann war der gesetzliche Vormund. War man verheiratet, war man eingesperrt.

Eine Verlobung jedoch war nicht juristisch bindend, sie war eine mündliche Vereinbarung zwischen zwei Familien. Erst der Ehevertrag, die *nikah*, fesselte einen an Händen und Füßen.

Die Frage war, wem Ariana es zuerst sagen sollte. Ihren Eltern oder ihrem Verlobten? Da ihre Mutter und ihr Vater die Vereinbarung mit seinen Eltern getroffen hatten, mussten sie sie auch wieder brechen.

Ihr graute davor. Die Tage vergingen.

Netflix hatte gerade Staffel vier von *Stranger Things* veröffentlicht. Wie sie diese Serie liebte, die ersten drei Staffeln hatte sie verschlungen, als sie noch an die Uni ging. Ihre Zimmergenossinnen hatten sich auf ihrem Bett zusammengerollt, während sie die Dialoge übersetzte. Jetzt war die vorläufig letzte Staffel rund um Hawkins und das Upside Down erschienen. Zum Glück konnte Ariana immer noch das Netflix-Konto ihrer Freundin mitbenutzen. Sicherheitshalber lud sie alle sieben Folgen auf ihr Handy herunter.

Sie schaltete das Licht aus, machte es sich in einem Nest aus Kissen auf ihrem Bett bequem und sah die erste Folge. Endlich war die Welt auf das kleine, leuchtende Display und den Klang aus ihren Kopfhörern reduziert. Sie brauchte mehr und verschlang gierig die nächste Folge. Die dritte sah sie wie in Trance.

Resolut stand sie auf. Es waren nur noch vier Folgen übrig, die musste sie sich aufsparen. Und sie musste die Verlobung lösen.

Sie rief nicht an, sondern textete ihm.

»Wir müssen reden. Ich kann so nicht weitermachen.«

»Was ist los?«

»Ich will dich nicht heiraten.«

»Stürz mein Leben nicht in Dunkelheit!«

»Ich kann das nicht. Ich will raus.«

»Ich tue alles für dich. Sag mir einfach, was du willst.«

»Ich will, dass du die Verlobung auflöst.«

»Ich liebe dich. Du kannst mich um alles bitten. Ich würde alles für dich tun.«

»Dann bitte ich dich: Lös die Verlobung auf.«

»Zerstör nicht mein Leben!«

»Zerstör du nicht mein Leben!!!«

Sie schlug vor, sich am nächsten Tag im Café in der Innenstadt zu treffen. Dorthin zu gehen, war sicher, sowohl in der Gruppe mit Freundinnen wie auch als Pärchen. »Ich glaube, ich kann nicht«, sagte er. »Ich glaube, ich muss arbeiten.«

Herrgott, er quatschte stundenlang am Telefon, wollte sich aber nicht mit ihr treffen, um wirklich zu reden?

Am nächsten Morgen drängte sie erneut darauf. »Wir müssen uns treffen und reden!«

Nein, inzwischen wisse er mit Sicherheit, dass er arbeiten müsse.

Sie dachte sich, dass sie ihm ein wenig Zeit lassen musste. Er wirkte nicht sonderlich willensstark, und er war ja ein lieber Kerl, bestimmt würde er nicht darauf bestehen, sie zu heiraten, wenn sie ihn nicht wollte. Außerdem verdiente er jemand Besseres als sie, eine, die sein ganzes Gequatsche und seine Einrichtungspläne zu würdigen wusste.

In der Zwischenzeit musste sie mit ihren Eltern reden. Ihre Mutter zuerst.

»Mama, ich bin noch nicht bereit!«

»Das wird schon alles. Es ist nur ein Übergang, Schatz.«

Dann ihr Vater. Er explodierte.

»Wag nicht mal, daran zu denken! Willst du unseren Namen ruinieren? Willst du die Zukunft deiner Schwestern ruinieren? Die Leute würden uns auslachen! Er ist ein toller Mann, einen Besseren kriegst du nicht.«

Ihr Vater brauchte etwas Zeit, dachte sich Ariana. Er war häufig aufbrausend, gab dann aber nach. Wie Anfang des Semesters, als er ihr verbot, wieder zur Uni zu gehen, sie nach zwei Wochen aber doch hindurfte, oder als er ihnen verbot, die Heimschule zu gründen, zum Schluss aber klein beigab.

Sie legte sich aufs Bett, dachte daran, *Stranger Things* zu schauen, entschied aber, sich die nächste Folge noch aufzuheben. Wie Max in der Serie hörte sie lieber *Running Up That Hill* von Kate Bush auf Repeat.

Den ganzen nächsten Tag saß sie mit Kopfhörern in ihrem Zimmer und hörte Musik. Sie merkte nicht, dass ihre Mutter hereinkam, ehe diese ihr auf die Schulter tippte und sie bat, mit rauszukommen und einen Tee zu trinken.

Widerwillig stand sie auf und folgte ihrer Mutter.

Im Wohnzimmer saß Mahmoud.

Sie überwand den Schock und sagte *Salam* wie eine motzige Vierzehnjährige.

»Mahmoud hat eine Wohnung gefunden«, sagte Karim. »Ganz in der Nähe. Er will sie dir zeigen.«

Nach dem, was sie ihm gestern Abend geschrieben hatte! Nachdem er gesagt hatte, er müsse arbeiten! Er hatte eine Wohnung besorgt, und statt es ihr zu sagen, hatte er es ihren Eltern erzählt.

Sie konnte ihn nicht ansehen. Sie starrte auf den Boden und spürte, wie eisiger Hass in ihr aufstieg.

»Mahmoud will sie mit dir besichtigen«, wiederholte ihr Vater.

»Ich bin nicht interessiert«, sagte Ariana. »Ich will mir nichts ansehen!«

Sie ging in ihr Zimmer, warf sich aufs Bett und weinte.

Als Mahmoud gegangen war, kam ihr Vater herein.

»Du benimmst dich wie ein kleines Kind, das ist dermaßen peinlich für uns.«

»Ich will nicht heiraten. Ich will das alles nicht!«

»Du kannst die Hochzeit nicht mehr absagen. Du hast dich an ihn gebunden, als du bei der Verlobung Ja gesagt hast, es gibt kein Zurück. Willst du unseren Namen ruinieren? Ich habe ihn gebeten, alles Nötige zu regeln.«

Dann kam ihre Mutter herein. »Wie kannst du es wagen, dich so unverschämt zu benehmen! Willst du Schande über uns bringen, unser Leben zerstören? Das hier ist kein Spiel. Finde dich damit ab. Du hast keine Wahl.«

»Ich will ihn nicht heiraten«, weinte Ariana.

»Heul nicht!«, schalt ihre Mutter.

»Warum hört ihr mir nicht zu?«

»Weil nur Dummheiten aus deinem Mund kommen. Ich wollte deinen Vater auch nicht heiraten. Aber ich habe es getan. Ich habe es getan! Und du wirst es auch tun. Die Hochzeit findet innerhalb eines Monats statt. Also spar dir die Tränen.«

»Aber ich hasse ihn. Ich kann nicht mit ihm leben.« Ariana hatte sich im Bett aufgesetzt und sah ihrer Mutter direkt ins Gesicht. »Interessiert es dich gar nicht, ob ich glücklich bin?«

»Nein«, antwortete ihre Mutter kurz. »Dein Glück interessiert mich nicht.«

Ariana keuchte.

Es fühlte sich an wie das Ende. Es war das Ende. Sie war ihnen egal. Ihr ganzes Leben, ihre ganze Kindheit, alles stürzte in sich zusammen. In diesem Fall hatte sie nichts weiter zu sagen. Sie presste die einzigen Worte hervor, mit denen sie ihre Mutter strafen konnte.

»Wenn ihr mich dazu zwingt, rede ich nie wieder ein Wort mit euch. Nie wieder! Eure Entscheidung. Ihr könnt mein Leben zerstören, oder ihr gebt mich frei.«

Die Mutter sah sie kalt an: »Niemand in unserer Familie löst eine Verlobung auf.«

Könnte sie doch nur aus diesem Albtraum erwachen.

Am nächsten Abend, als sie von ihrem Zimmer zur Küche ging, um sich einen Tee zu machen, hörte sie ihren Vater telefonieren. Sie blieb stehen und lauschte. Offenbar sprach er mit Mahmoud, das hörte sie an der Stimme, er klang aufgeräumt, wie bei einem Gespräch von Mann zu Mann, Schulter an Schulter.

Das Gespräch näherte sich dem Ende. Ariana stand wie erstarrt im Flur.

»Jaja, kauf alles, was ihr braucht. Kein Grund zu warten. Von unserer Seite geht alles klar.«

Ihr Vater klang freudig. Er bat ihren Verlobten, sich um einen Hochzeitssaal zu kümmern.

Als er auflegte, ging Ariana ins Wohnzimmer.

»Der Mietvertrag ist unterschrieben«, sagte Karim und sah sie herausfordernd an. »Alles ist fix. In ein paar Wochen heiratet ihr.«

Sie waren beide verzweifelt. Ariana wollte aussteigen. Mahmoud wollte sie festhalten.

In ihr Tagebuch schrieb sie:

Er hört mir überhaupt nicht zu. Es ist jetzt eine Woche her, dass ich ihm gesagt habe, dass ich ihn nicht will. Er hat mir noch nie zugehört, das wird

mir jetzt klar, weder, wenn wir uns unterhalten, noch, wenn wir schreiben,
er tut bloß so, als würde er zuhören, und dann antwortet er etwas komplett
anderes. Genau wie schon bei unserem ersten Treffen. Da ist er auch nicht
darauf eingegangen, was ich ihm erzählt habe. Jetzt spricht er nur noch mit
meinen Eltern. Das Problem ist: Ich will ihn nicht!!! Alle setzen mich unter
Druck. Mama und Papa sind total gefühlskalt, sie tun nur so, als wären sie
nett. Aber das sind sie nicht! In ihren Augen habe ich keinen Wert. Es ist
ihnen egal, ob ich glücklich bin!

Nach einer Weile begann Mahmoud wieder, sie anzurufen. Meistens
ging sie nicht ran. Als sie es eines Tages doch tat, sagte er bloß einen
einzigen Satz.

»Komm, such dir ein Bett aus.«

Ariana legte auf.

Noch nie hatte sie so bitterlich geweint wie nach diesem Anruf.

Danach ging sie nicht mehr ans Telefon, aber er schickte ihr weiter
Nachrichten.

Ihr Leben fühlte sich noch dunkler und bedrückender an, als hätte
Mahmoud sich bereits um ihre Füße und Hände geschlungen. Seine
Textnachrichten kamen ihr vor wie Drohungen. Sie teilte, was er
schrieb, mit ihrem Tagebuch.

Er sagt

Wenn du es nicht willst

Dann kannst du auch nicht entscheiden

Dein Vater stimmt mir zu, und das ist wichtiger als deine Meinung

Wie konnte ich nur denken, er wäre nett?

Er sagt: Denk nicht mal dran, die Hochzeit abzusagen

Du hast nur eine Möglichkeit

Und zwar, mich zu heiraten

Er droht mir

Ich kann das nicht tun

Jetzt verstehe ich

Es wird furchtbar
Jetzt verstehe ich
Ich kann nichts tun.

Ariana entschied, ihren Eltern die Nachrichten vorzulesen. Sie stellten sich knallhart auf seine Seite.

»Du hast ihm sehr viele hässliche Dinge geschrieben«, sagte ihre Mutter. »Er ist verletzt. Wenn jemand eine Entschuldigung verdient, dann er.«

Ariana ging in ihr Zimmer. Sie schaute die vierte Folge von *Stranger Things*. Jetzt waren nur noch drei übrig. Die hob sie sich auf. Bald war es zu Ende. Bald war alles zu Ende.

Alles wurde über ihren Kopf hinweg entschieden, dies war das Einzige, worüber sie noch die Kontrolle hatte.

Sie sah sich um, betrachtete ihr Zimmer. All die Notizbücher aus dem Studium, die sie aufgehoben hatte. Das Diplom vom Jessup-Wettbewerb, bei dem sie ins Halbfinale gekommen waren. All die Seminare, die sie abgeschlossen hatte. Ihre Bücher, ihre Kleidung. Sie sperrte die Welt aus und zog sich in ihr eigenes Universum zurück. Die Kopfhörer versetzten sie an ihren Fluchtort. Sie entdeckte, dass Beyoncé ein neues Album veröffentlicht hatte. Auf einmal sprach der Weltstar zu ihr, in einem völlig neuen Song, den sie noch nie gehört hatte. Ich bin dabei zu explodieren, nimm mir diese Last ab, heißt es, und

Ariana tauchte ab in den Text. Sie befand sich direkt in dessen Innerem.

You won't break my soul

Sie stand auf und holte das schönste Kleidungsstück hervor, das sie sich je gekauft hatte, von dem Geld, das sie beim Studentenradio verdient hatte. Ihre Mutter war wütend gewesen, als sie hörte, wie viel der Anzug gekostet hatte. »Wie kannst du für so was so viel Geld ausgeben?«

Sie strich mit den Händen darüber, schnupperte daran, spürte den glatten Stoff an der Wange. Der graue Trainingsanzug von Adidas mit den grünen Streifen an der Seite gehörte einer anderen Zeit an. Jeden Morgen war sie darin auf dem Unigelände joggen gegangen. Dreißig Minuten, um wach zu werden, manchmal auch sechzig, sie hatte diese Morgenstunde geliebt. Anschließend war sie schnell nach oben zu ihren Zimmergenossinnen gelaufen, die noch in ihren Stockbetten schliefen, und unter die Dusche gesprungen, ehe sie aufwachten. Dann briet sie Eier und machte Tee für alle. Diese Frühstücksgelage, die so lange gingen, bis jemand rief: »Leute! Wir kommen zu spät!«, waren einmal ihr Alltag gewesen. Bis jetzt hatte ihr Leben aus ihren Freundinnen, ihrer Familie, Justin Bieber und Netflix bestanden. Sie hatte noch nie einen Freund gehabt. Sie hatte noch nie eine Hand gehalten. Jetzt sollte sie von hier direkt zu einem Zusammenleben mit einem fremden Mann übergehen, den sie als immer größere Bedrohung empfand. Sie teilte ihr Elend nicht mit ihren Freundinnen, nicht mal jetzt brachte sie es fertig, Schwäche zu zeigen. Der Fall war zu tief, schließlich war sie die Überfliegerin, die Souveräne. Stattdessen schrieb sie in ihr Tagebuch.

Es tut gut, dass die Nacht in mein Zimmer kommt
Dunkelheit
Niemand, der mich behelligt.
Will keinen um mich haben
Mein Kopf ist so voll
Und die ganze Zeit frage ich mich:
Wie soll ich mit ihm schlafen?!!!
Es ist schrecklich
Ich habe Angst

Als sie kurz vor dem Einschlafen war, kam eine Nachricht. Es war ein Bild. Sollte sie es öffnen oder lieber nicht? Sie öffnete es.

Es war ein Bett. Das Kopfende war mit einem kupferfarbenen,

glänzenden Stoff bezogen. Auf dem Überwurf lagen mehrere goldene Kissen. Am Fußende stand eine am Rahmen befestigte Bank, ebenfalls mit kupferfarbenem Polster.

Er hatte einen Satz zu dem Bild geschrieben.

»Jetzt habe ich das Bett ausgesucht.«

EIN NEUES LEBEN

Hala stand bereit, als Baschir nach Hause kam. In Weiß gekleidet. Vor Gott sollten alle gleich aussehen.

Sie hatte nur eine kleine Tasche. Ein Pilger sollte mit leichtem Gepäck reisen.

Baschirs Mutter war in ein lakenartiges Gewand gehüllt. Über den Kopf hatte sie ein weißes Tuch geworfen, das an einem Stirnband befestigt war, damit es nicht herabrutschte.

Sie würde von all ihren Sünden reingewaschen werden.

Sie würde neu geboren werden.

Sie würde nach Mekka reisen!

Wer im Namen Gottes auf Pilgerfahrt geht, kommt so zurück, wie er am Tag seiner Geburt war, hatte der Prophet gesagt.

Baschir hatte vorhin Bescheid bekommen.

»Das Flugzeug steht bereit. Abflug ist heute Abend!«

Er hatte auf der Stelle Hala angerufen.

Zwanzig Jahre lang hatten die Taliban im Schatten gelebt, in den Bergen und in tiefen Tälern, in Schluchten und dichten Wäldern. Reisen war ihnen nicht möglich gewesen, ihre Namen standen auf Flugverbotslisten, nach ihnen wurde gefahndet. Flughäfen waren für sie nichts als potenzielle Anschlagsziele gewesen.

Jetzt gehörte ihnen Afghanistan, und so wollten dieses Jahr Horden von Taliban nach Mekka, um Gott zu danken und reingewaschen zu werden.

Doch es gab nicht genügend Plätze. Nach der Pandemie herrschte verstärkter Andrang, und das saudische Pilgerministerium hatte ein Wartenummernsystem eingeführt. Man stellte einen Antrag, bekam eine Nummer, und wie bei einer Lotterie erhielt man einen guten oder einen schlechten Platz in der Schlange. Saudi-Arabien hatte bekannt gegeben, dass dreizehntausend Afghanen in der Pilgerzeit, der ersten Julihälfte, ein Visum erhalten würden.

Als Baschirs Nummer gezogen wurde und er endlich die Chance hatte, nach Mekka zu reisen, kamen ihm Zweifel. Die Wallfahrt war teuer, zwar hatte er nun den Platz, aber noch kein Flugticket und keine Unterkunft. Er rechnete. Die Kosten würden sich auf über hunderttausend Afghani belaufen.

Konnte er sich das leisten?

Es war die Pflicht eines jeden Muslims, nach Mekka zu reisen, das hatte der Prophet gesagt. Die Wallfahrt war eine der fünf Säulen des Islam neben dem Glaubensbekenntnis, dem täglichen Gebet, dem Fasten und der Almosengabe.

Aber er brauchte doch eine Million für Frau Nummer drei? Und für ein neues Haus? Das Gästehaus war auch nicht billig gewesen.

Er hatte Gott für vieles zu danken. Aber er hatte auch anderen für vieles zu danken.

Wer hatte ihn das Glaubensbekenntnis gelehrt? Wer hatte ihm beigebracht zu beten? Wenn er fastete, wer hatte dafür gesorgt, dass er vor Sonnenaufgang etwas Joghurt und nach Sonnenuntergang eine reichhaltige Mahlzeit zu sich nahm? Wer hatte ihm beigebracht, großzügig gegenüber denen zu sein, die am wenigsten hatten? Wer hatte ihn mehr als jeder andere im Dschihad unterstützt?

Genau. Jetzt war sie an der Reihe. Sie verdiente es, die fünfte Säule des Islam zu erfahren, nachdem sie ein Leben lang gewissenhaft die vier anderen erfüllt hatte.

»Mama, möchtest du nach Mekka?«, hatte er gefragt.

Hala hatte bloß mit dem Zipfel ihres Kopftuchs nach ihm geschlagen.

»Ich finde, du solltest fahren«, sagte er. »Wir haben ein Ticket. Es gehört dir.«

Hala lachte unter Tränen. Sie reckte den Rücken, hob die Arme zum Himmel und dankte Gott für das Leben, das Glück und für Baschir.

Doch dann kamen ihr Bedenken.

»Du willst mich nach Mekka schicken, und dabei haben wir nicht mal Geld für Mehl!«

Die Familie war häufig knapp bei Kasse. Dem ganzen Land fehlte es an Bargeld. Doch Baschir hatte Leute, bei denen er sich etwas leihen konnte.

Hala konnte sich also ans Packen machen. Man wusste nicht, in welchem Flugzeug man einen Platz bekam; sie musste in Kabul bleiben und warten, bis sie benachrichtigt wurde.

Hala versprach allen Familienmitgliedern, ihnen *Zamzam*-Wasser mitzubringen. Taschengeld hatten sie nicht für sie zusammenkratzen können, doch das heilsame und kraftspendende Quellwasser, das bei der Kaaba im Innenhof der Heiligen Moschee aus den Hähnen kam, gab es umsonst.

Sie werde so viele Flaschen mit nach Hause bringen, wie sie tragen könne, sagte sie, als die Familie nach draußen kam, um ihr zu winken.

Dann stieg sie in den weißen Land Cruiser.

Hala. Die vaterlose. Die mutterlose. Vier Söhne hatte sie geboren, zwei waren ihr auf dieser Welt geblieben. Und einer von ihnen hatte ihr ein Ticket nach Mekka geschenkt. Denn wie Baschir immer den Propheten zitierte: Das Paradies liegt unter den Füßen der Mutter.

Baschir hatte die Million, die er brauchte, um für Mariam zu bezahlen, noch nicht zusammen.

Im Frühling war das Geld fällig!

Nun ja, also noch bis nach Ramadan.

Wenn seine Mutter aus Mekka zurück war.

Bald würde die Sommerhitze kommen, und sein bester Freund flüsterte ihm ins Ohr: Warum die Sache überstürzen?

»Willst du es nicht lieber noch ein bisschen genießen?«, fragte Farid. Schließlich war dies die süßeste Zeit.

Die Verlobungszeit, bevor der Ernst begann, bevor es einen Haushalt mit drei Frauen zu führen galt, mit weiteren Babys, weiteren Windeln.

Den Bau des Gästehauses hatte er sich mit Ach und Krach leisten können, aber jetzt war es fertig. Es bestand aus zwei rechtwinklig angeordneten Räumen mit Teppichböden und Matratzen entlang der Wände. Er hatte sich von einem neuen Trend mitreißen lassen, einem schlichten, dezenten Stil. Der Teppich war beige, ohne Muster. Die Matratzen waren cremeweiß mit schmalen braunen Streifen, die Kissen und Gardinen naturfarben, Letztere mit einigen mahagonifarbenen und weißen Partien.

Nur die Decke blinkte bunt, dort leuchteten Lampen im Stil von Discokugeln neonpink und lila.

Ja, erst mal würde er die Zeit einfach genießen. Mit der Verlobung war er die *nikah* eingegangen, das heißt, er konnte die Sechzehnjährige besuchen, wann immer er wollte. Die Nacht mit ihr zu verbringen, war nun *halal*. Während er gleichzeitig um die Haushaltsführung herumkam.

Der Krieg, dem er entgegengesehen hatte, der Dschihad in Pakistan, war sowieso abgesagt oder zumindest verschoben. Mitte Juni hatten Pakistan und die TTP eine Waffenruhe vereinbart. Die Verhandlungen waren in Kabul geführt worden, mit dem Innenminister als Mediator.

Siradschuddin Haqqani, der nach zwei Jahrzehnten in Wasiristan gut bekannt mit beiden Parteien war, hatte eine Schlüsselrolle als Vermittler gespielt, und schließlich hatte die TTP ihren Dschihad abgeblasen.

Baschir wusste also wieder nicht, wohin mit seiner Rastlosigkeit.

»Der Dschihad ist ein bisschen wie Naswar«, sagte er zu Farid. Naswar war ein grünes Pulver, das man sich hinter den Gaumen oder unter die Zunge steckte. Während des Krieges war Baschir abhängig geworden, als er aber nach Bagram kam, war Schluss gewesen. Im Gefängnis kam er nicht an das Pulver.

»Das Bedürfnis überkommt mich in Wellen, dann muss ich es einfach haben!«

Farid lachte.

»Die Zeit wird kommen«, antwortete der treue Freund nur. Er hatte es die ganze Zeit gewusst. Baschir würde sich dem Kalifen nicht widersetzen. Er war mutig, aber nicht übermütig. Deshalb hatte er überlebt, als andere getötet wurden. In Kombination mit einer hübschen Portion Glück natürlich.

Nein, da war es besser, das Leben zu genießen.

Ein bisschen Glück brauchte man durchaus. Unmittelbar nach dem Besuch des Schattengouverneurs bei Baschir wurden zwei seiner Männer am Rand von Dschalalabad von einer Drohne getötet. Die pakistanische Regierung übernahm die Verantwortung. Zwei weitere Leben, die er bei der Vollmondaktion rächen würde, hatte Baschir zunächst gedacht, doch dann wurde die ganze Sache ja abgeblasen.

Einige Tage später, als er die Jungen aufgrund der milden Witterung Decken aufs Dach hatte legen lassen, richtete er abends den Gebetsteppich nach Mekka aus, wo seine Mutter war. So unter freiem Himmel wurde er von einem Gefühl des Glücks ergriffen.

Baschir wollte ganz vorn sitzen und das Gebet leiten.

Als sie fertig waren, hörten sie es. Ein Summen durchdrang die Stille im Viertel.

Jamal hob den Blick und entdeckte sie zuerst.

»Eine Drohne!«

Noch Tage nach dem Besuch des Schattengouverneurs flog sie über dem Haus. *The eye in the sky*, es beobachtete sie.

Wenig später wurde Aiman al-Sawahiri, der Anführer von al-Qaida und Osama bin Ladens ehemaliger Leibarzt, auf seinem Balkon durch eine mittels einer Drohne abgeschossene Hellfire-Rakete getötet. Das Haus gehörte Siradschuddin Haqqanis Schwiegersohn, doch die Taliban versicherten der Welt, sie hätten keine Ahnung gehabt, dass er im Land war. Die Frage war: Wer hatte ihn verraten? Hatte der Innenminister ihn im Tausch gegen eine Lösung für die eingefrorenen Milliarden verkauft?

Wie auch immer, es war ratsam, sich unauffällig zu verhalten.

Einfach nur zu genießen.

★

Jamila stand im Flughafen von Alta. Sie trug Jeans und Turnschuhe. Kakar und die Kinder waren bei ihr. Die Reise war mehrfach verschoben worden, immer aus demselben Grund; irgendwelche Papiere hatten gefehlt. Ein Leben im Exil ging mit derart viel Bürokratie einher!

Sie hatte sich für ein neues Heimatland entschieden.

Die Kinder weinten. Die Freunde der Kinder weinten. Die Nachbarn waren mitgekommen, auch einige Mitarbeiter der Gemeinde. Die Sonne schien, so wie sie den ganzen Sommer lang Tag und Nacht scheinen würde. Und sie würden fortgehen.

In den letzten Tagen war Jamila gedrückter Stimmung gewesen. Warum bin ich so traurig, wo ich jetzt doch bekommen habe, was ich wollte?, fragte sie sich.

Einige Monate zuvor hatte sie eine Mail von der kanadischen Immigrationsbehörde bekommen, in der sie daran erinnert wurde, dass das Aufenthaltsangebot für Kanada bald auslief. Sie wunderte sich. Sie hatte nie einen Antrag in Kanada gestellt. Doch dann fiel es ihr ein. In Kabul, während der schrecklichen Augusttage im vergangenen Jahr, hatte sie von mehreren Ländern das Angebot erhalten, evakuiert zu werden. Sie hatte sich für Norwegen entschieden, da sie dachte, es würde einfacher sein, in ein kleines Land zu ziehen, es wäre gut für die Kinder, das Land hatte ein gutes Gesundheitssystem, und sie hatte die Norweger, denen sie bisher begegnet war, gemocht. Sie hatte gedacht, damit hätte sie automatisch allen anderen abgesagt. Doch das war offenbar nicht der Fall, und so hatte sie im Frühsommer, nach einem Dreivierteljahr in Norwegen, die Nachricht aus Kanada erhalten.

»Nein«, sagte Fatima.

»Nein!«, rief Chadidscha.

»Mir gefällt es hier«, sagte Salahuddin.

Die Kinder liebten Alta. Sie hatten jede Menge Freunde gefunden. Sie hatten das Leben an der frischen Luft kennengelernt, erfahren, was Freiheit ist, was Sicherheit ist.

Jamila hatte ihnen erklärt, warum sie gehen wollte. Norwegen verlangte, dass man mindestens sieben Jahre im Land lebte, ehe man in sein Heimatland reisen durfte. In Kanada waren die Regeln weniger streng. Sie könnte einen sicheren Hafen dort haben und gleichzeitig Kabul besuchen und ihre Arbeit fortführen, jedenfalls wenn sie es richtig verstand. In Norwegen verlor man das Recht auf Schutz, wenn man vor Erhalt der Staatsbürgerschaft ins Heimatland fuhr. Kanada war eine Abkürzung nach Hause.

»Ihr seid alle glücklich hier, ich aber nicht«, sagte sie.

Wie den Kindern hatte auch Kakar das Leben in Alta gefallen. Er war gern zum Norwegischunterricht gegangen und hatte die Nähe zur Natur in vollen Zügen genossen. Doch er fühle sich überall wohl, klagte Jamila. Er war wie Wasser. Kakar floss an seinen Platz, egal wo er war.

Der Sachbearbeiter im Ausländerdirektorat hatte sie verständnislos angesehen, als sie dort war, um den nötigen Papierkram zu regeln.

»Aber hier haben Sie doch Frieden und Sicherheit?«, fragte er.

»Von Schutz allein kann man nicht leben«, entgegnete Jamila.

Im Großen und Ganzen war sie resigniert und niedergeschlagen. Es gab keine Lichtblicke in Afghanistan, und dort war sie mit ihren

Gedanken. Sie hoffte, in Kanada würde sie ihre Kräfte zurückerlangen.

Trotzdem erschöpfte sie der Gedanke ans Reisen. Ein weiteres Mal neu anfangen zu müssen. Nach einem Jahr in Dunkelheit. In Eis und Kälte.

Sie empfand es als ein verschwendetes Jahr.

Da Jamila so sehr gehofft hatte, die Lage in ihrer Heimat würde sich bessern, wog die Enttäuschung umso schwerer, als es nicht geschah.

Einige Tage nach dem Treffen der Frauen mit dem Innenminister hieß es in einer Nachricht auf Twitter, der Unterricht für Schülerinnen der Sekundarstufen werde wieder aufgenommen. Jamila hatte zu Hause auf dem hellen Wohnzimmerboden gejubelt. Sie waren alle so beschwingt gewesen nach dem Treffen mit Haqqani, nach seinen ganzen Komplimenten, seinen Schmeicheleien, *stellt euch vor, das hat er wirklich gesagt, noch nie hätte er so gelehrte Frauen getroffen.* Sie hatten den Eindruck gewonnen, er meine es ernst, und so hielten sie die Schulöffnung für eine Folge des Treffens.

Doch es waren Fake News.

Die Nachricht wurde rasch dementiert.

Außerdem hatte Haqqani gesagt, er werde den Leiter des Flughafens anrufen! Doch das Gesetz, das Frauen das Reisen ohne männlichen Begleiter verbot, bestand weiterhin.

Er hatte zugesichert, dass Frauen zu der großen Loja Dschirga der Taliban im Juli eingeladen würden. Als sie seinen Sekretär anriefen, der ihnen nach dem Treffen so großzügig seine Telefonnummer gegeben hatte, und an die Abmachung erinnerten, antwortete er, dieses Jahr sei leider kein Platz für Frauen. Es gäbe so viel Wichtiges zu besprechen, Wirtschaft und Sicherheit und Gesetzesreformen, daher sei keine Zeit für Frauenfragen. Vielleicht nächstes Jahr.

Hab Geduld, Frau.

Warte.

Verhülle dich.

Und denk immer daran: Die beste Burka ist es, zu Hause zu bleiben.

Dreitausend Männer wurden vom Amir al-Mu'minin, dem obersten Befehlshaber, der ausnahmsweise Kandahar verlassen hatte, zur Großversammlung nach Kabul eingeladen.

»Wir werden uns niemals dem Diktat der Ungläubigen beugen! Selbst wenn sie Atombomben auf uns fallen lassen«, sagte der Mann, der dafür gesorgt hatte, dass jugendliche Mädchen zu Hause saßen. »Wir sind viele. Wir haben keine Angst vor dem Tod. Wir tun, was uns beliebt.«

Es war so dunkel.

Aber vielleicht würde es in Kanada besser werden.

Vielleicht wäre ihre Stimme von dort besser zu hören.

★

Ariana hatte sich schlafen gelegt. Im Zimmer war es stockdunkel, als sie schlurfende Schritte vor ihrer Tür hörte. Die Klinke wurde heruntergedrückt, und jemand kam herein.

Es war ihr Vater.

Einige Meter vom Bett entfernt blieb er stehen. Ohne etwas zu sagen. Sie schwieg ebenfalls.

Ihr Vater räusperte sich, versuchte, etwas zu sagen. Dann brach er in Tränen aus.

»Ariana«, brachte er hervor. »Du weißt, ich liebe dich. Es ist so schrecklich, es fühlt sich so schrecklich an, wenn …«

Sie hatte ihren Vater noch nie weinen hören. Ein Gefühl von Zärtlichkeit ergriff sie.

»Tu unserer Familie das nicht an, Ariana! Zieh unseren Namen nicht in den Dreck!«

Gerade war sie weich geworden, hatte gedacht: Es ist meine Schuld, dass Papa weint.

Dabei galten die Tränen gar nicht ihr, er weinte um seinetwillen!

»Ich kapiers nicht, Papa, es ist doch keine Scheidung. Es ist einfach eine Verlobung, die nicht geklappt hat. *What's the big deal?* Nichts ist passiert. Ihr wart immer dabei, wenn ich mich mit ihm getroffen habe. Bitte, Papa, zerstör mein Leben nicht, zwing mich nicht, ihn zu heiraten!«

»Du bist zu jung«, antwortete Karim. »Wenn du älter bist, wirst du es verstehen. Er ist ein guter Junge. Er ist ein guter Mann. Mit ihm bist du sicher.« Dann ging er.

Sie dachte daran, was ihre jüngere Schwester ihr am Abend zuvor erzählt hatte.

Zohal hatte ein Gespräch ihrer Eltern kurz vor dem Schlafengehen belauscht und das Gehörte umgehend an Ariana weitergegeben.

Sie hatten darüber gesprochen, einen Schamanen hinzuzuziehen.

»Vielleicht gibt es jemanden, der sie besänftigen kann?«, hatte ihre Mutter vorgeschlagen. »Der ihren Willen für ein paar Wochen dämpft?«

Ihr Vater hatte etwas gemurmelt, was Zohal nicht verstand. Die Stimme ihrer Mutter war deutlicher zu vernehmen gewesen. Sie würde sich umhören. Entweder müsste der Schamane zu ihnen nach Hause kommen, oder vielleicht könnte er ihr etwas mitgeben, heiliges Wasser, eine Mixtur, ein Serum?

Ein Mittel, um sie gefügig zu machen.

Ariana hatte keine Tränen mehr.

»Mama versucht nicht mal zu verstehen, wie es in mir aussieht«, sagte sie am nächsten Tag zu Zohal. »Papa kam wenigstens und hat geweint.«

Einmal, als Ariana weinend auf dem Bett lag, hatte ihre Mutter gesagt:

»Keiner will heiraten, du musst es einfach durchstehen. Deine Tränen ändern gar nichts. Es wird so oder so geschehen.«

Und jetzt wollte sie sie unter Drogen setzen oder ihr von einem Schamanen die Hand auflegen lassen. Sie erkannte ihre Familie nicht wieder.

Außerdem stimmte es nicht, dass niemand heiraten wollte. Viele wollten heiraten. Sie hatte sich nicht getraut, ihren Freundinnen von ihren Gefühlen zu erzählen, deshalb schickten sie weiterhin Bilder. Von wunderschönen Bräuten. Hochsteckfrisuren. Schleiern. Dekorationen und Blumengestecken. Ein Kleid prachtvoller als das andere. Eine mehrstöckige rosa Sahnetorte.

Sie waren genau wie Mahmoud!

You won't break my soul half nicht mehr. Es gab nirgends Hoffnung zu finden.

Anfang August sagte ihr Vater:

»Seine Familie hat ein Hotel gebucht. In einer Woche ist die Hochzeit.«

Sie schrieb in ihr Tagebuch.

Das kann ich ihnen nie verzeihen. Sie werden das noch bereuen.

Einmal hatte sie geschrieben, dass das Leben in ihren Augen wie ein Buch war. Man musste aufmerksam sein und am Ball bleiben, damit man nicht zurückfiel, während die Handlung weiterging.

Jetzt schrieb sie:

Das ist THE END.

Sie hatte keine Kraft mehr, sich noch länger zu widersetzen. Aber sie beschloss, ihre Mutter mit einzubeziehen in das, was sie den schrecklichen Teil nannte.

»Mama, wegen der Hochzeit, kannst du mir sagen …« Sie nahm ihren Mut zusammen: »Was soll ich in der ersten Nacht machen?«

Ein Schatten glitt über das Gesicht ihrer Mutter.

»Weißt du das nicht?«

»Woher soll ich das wissen?«

»Ich erzähle es dir am Abend vor der Hochzeit«, sagte Nadia.

Ihre Mutter konnte nicht mal darüber reden! Ihre eigene Mutter wollte sich drücken vor dem, was passieren würde.

Ariana verließ das Zimmer. In der Tür sagte sie zu ihrer Mutter:

»Also am Abend vorher?«

Sie ließ ihre Wut an dem Mann aus, dem die ganze Sache galt. Am nächsten Tag rief Mahmoud an. Sie ging nicht ran. Erst als er es zum zehnten Mal versuchte, nahm sie das Gespräch an.

»Ich wollte nur fragen, was du von Bühnendekoration hältst?«, meldete er sich.

»Was fragst du mich das, interessiert mich einen Scheiß! *Gap nako!* Halt die Klappe, du kannst mich mal!«

Dann legte sie sich aufs Bett und weinte.

Er schickte ihr ein Bild. Es zeigte einen Mann, der durch einen weißen, traumartigen Saal schritt. Es gab eine weiße Bühne für Braut und Bräutigam. Die Tische waren mit Kerzen in Gläsern dekoriert, die Stühle weiß mit silberglänzendem Muster bezogen. Es war ein Werbebild des Hotelsaals, den Mahmouds Familie gebucht hatte.

Es war, als würde er die Romanze allein leben.

Ich bin der glücklichste Mann der Welt, schrieb er.

Und du wirst meine Königin sein

Es ist ein erstklassiges Hotel

Ariana, bald wirst du sehen, wie ich dich mit Liebe und Fürsorge über-schütte

Liebe macht das Leben glücklicher!

Du bist mein Leben, ich möchte dich mein Leben nennen

Hoffentlich gefällt dir das Hotel

Ich schicke dir ein Video. Guck mal.

Sie klickte auf den Link, den er geschickt hatte. Er führte zu einer russischen Website und zeigte ein Tanzstudio in Rostow mit einem tanzenden Paar. Die Frau trug ein hauchfeines, weißes Brautkleid mit ausgeschnittenem Dekolleté, der Mann einen Anzug. Sie tanzten, sahen sich verliebt in die Augen. Es war so ekelhaft. Sie bekam keine Luft. Das Lied, zu dem sie tanzten, war *Love Me Like You Do* aus dem Soundtrack des Films *Fifty Shades of Grey*.

Wie konnte er ihr weiter unentwegt schreiben, obwohl sie nicht antwortete?

Es war so ätzend!

Er war taub und blind und glücklich.

Ich werde vorsichtig sein, schrieb er. *Alles wird so, wie du es willst. Ich werde nichts tun, was dir nicht gefällt.*

Sieben Tage sind keine lange Zeit.

Ariana lag auf dem Bett, wo sie die letzte Woche verbracht hatte. Die Hochzeit würde am nächsten Tag stattfinden. Sie fühlte sich krank. Ihr war schwindlig. Sie hatte Tabletten genommen. Je mehr sie an den morgigen Tag dachte, desto matter fühlte sie sich.

Aus dem Wohnzimmer waren Tanz und Gelächter zu hören. Es war der Henna-Abend. Da versammelte die Mutter der Braut Verwandte und Freunde, es wurde gut gegessen, getanzt, man gedachte des Lebens, das nun vorüber war, und malte in schönen Farben aus, was nun kam. Doch am wichtigsten: Hände und Füße der Braut wurden mit einem Henna-Muster verziert.

Ariana wollte nicht.

»Ohne Henna kannst du das Haus deiner Mutter nicht verlassen«, sagte ihre älteste Tante, die mit Karims Bruder verheiratet war. Sie verrührte das Pulver mit Wasser.

Arianas Zimmer war leer. Mahmouds Familie hatte ihre Sachen, Bücher und Kleider abgeholt und in die neue Wohnung gebracht. Bei der Gelegenheit hatten sie die drei Outfits dagelassen, die sie am Hochzeitstag tragen würde. Ein traditionelles afghanisches Kleid mit buntem Muster und aufgenähten Perlen. Ein rosa Kleid mit schmaler Taille und einem riesigen Reifrock mit dünnen Ringen. Und zum Schluss – ein kreideweißes Brautkleid mit Spitzen und Tüll und langem Schleier.

Zwei weitere Tanten kamen herein.

»Ich will nicht!«, sagte sie.

»Du musst aber.«

Sie zogen die Ärmel ihres Oberteils hoch.

Sie zogen die weiten Hosenbeine hoch.

Sie hielt ihnen ihre Hände hin.

Sie hielt ihnen ihre Füße hin.

Mit geübter Hand malten die Tanten schöne Muster auf Arianas Körper. Dann deckten sie ihre Haut mit Plastikfolie ab. Bis Ariana am nächsten Tag abgeholt wurde, würde sich die grüne, schmierige Masse rot gefärbt haben.

Jetzt schlangen sich lange Blumenranken um ihre Glieder. Wie Fangarme.

★

Mitten in der Nacht kam die erste Wehe. Galai hatte gedacht, sie hätte noch einen Monat. Baschir schlief friedlich neben ihr. Die Sommerhitze hing schwer im Zimmer. Galai stand auf, ging durch die Eingangshalle zur Haustür und trat hinaus auf die breite Treppe. Dort sog sie in tiefen Zügen die Nachtluft ein und wankte über den Hof zu den Weinranken. Sie bogen sich bereits vor Früchten. Galai war diejenige, die sich um sie kümmerte. Sie setzte sich auf eine Bank.

Um ihr eines Auge herum leuchtete ein Veilchen, die blaue Verfärbung zog sich bis über die Wange. Es sah aus, als hätte ihr jemand eine kräftige Ohrfeige verpasst, doch die Verletzung stammte von einem der Stöcke, die die Weinranken oben hielten, er war auf sie gestürzt. Sie hatte darunter gestanden, direkt hier, da hatte er sich gelöst.

Sie schnappte ein wenig Luft, dann schleppte sie sich die wenigen Schritte zurück über den Hof.

»Allmächtiger, hab Gnade«, flüsterte sie und legte eine weitere Rast auf der Treppe ein, ehe sie ins Haus ging und sich ins Bett legte.

Schlafen war unmöglich. Sie wurde ungeduldig. Wann war es endlich so weit?

Die nächste Wehe.

Baschir schnarchte neben ihr.

Noch eine. Sie stöhnte auf.

Ihr Ehemann schlief.

Sie jammerte leise. Die Abstände zwischen den Wehen verkürzten sich.

Ein Schmerzensschrei entfuhr ihr.

Baschir grunzte.

Erst als bei Morgengrauen die Gebetsrufe von den Minaretten erklangen, erwachte er jäh.

Als er begriff, dass Galai in den Wehen lag, wollte er sie ins Krankenhaus fahren. Galai weigerte sich. Bei ihrer letzten Entbindung hatte sie das Krankenhaus mit einem toten Kind verlassen.

Ihr letzter Sohn war dort bei der Geburt gestorben. Unter keinen Umständen wollte sie noch mal ins Krankenhaus; alle Kinder, die sie zu Hause zur Welt gebracht hatte, waren gesund und munter.

Sie blieb liegen. Baschir sagte, er werde ins Gästehaus gehen und gemeinsam mit den Männern, die dort übernachtet hatten, beten.

Galai fühlte sich allein. Hala war in Mekka. Yasamin in Mussahi. Sie hörte Raouf das Nachbarzimmer verlassen, um auf der anderen Seite des Hofs mit den Männern zu beten.

Es war so weit. Sie ging zu dem kleinen Raum in der Ecke der Eingangshalle. Vor der Tür hing ein dünner roter Vorhang. Sie zog ihn zur Seite und ging hinein. Der Raum hatte eine Größe von drei oder vier Quadratmetern. Auf einer Seite befand sich eine erhöhte gemauerte Fläche mit einem Loch in der Mitte. Das war das Klo. An der Wand standen ein Waschbecken, ein Eimer Wasser und ein niedriger Hocker. Sie ließ sich darauf sinken.

»Oh, Allmächtiger, hab Gnade«, flüsterte sie abermals.

Sie presste leicht, zählte bis drei und presste erneut.

Von draußen hörte sie Sima rufen:

»Brauchst du Hilfe?«

»Nein, nein!«

Sie presste erneut. Biss die Zähne zusammen.

»Ich komm schon klar!«

Mit den Händen formte sie eine Schale unter sich, bereit, den Kopf entgegenzunehmen, sobald er kam. Sie atmete ein, presste – und da sah sie es! Das Obere eines Kopfes. Den Blick fest auf das schwarze Haar gerichtet, presste sie ein weiteres Mal und ... Das Kind war draußen.

Es war ein Mädchen.

Sima hörte den Babyschrei. Sie stand in der Eingangshalle, direkt vor dem Bad, für den Fall, dass Galai sie brauchte. Jetzt rannte sie in ihr Zimmer und holte die große Schere, die im untersten Fach ihres Schrankes lag.

Es war ein wohlgeformtes Kind mit üppigem, schwarzem Schopf. Sima schnitt die Nabelschnur durch, hob das Mädchen aus den Armen seiner Mutter und wusch es. Dann wickelte sie es in ein weißes Tuch, sodass es wie ein kleines Päckchen vor ihr lag. Wenn Kinder straff geschnürt wurden, schliefen sie besser und wuchsen gerader. Sima band dem Baby ein weißes Tuch um den Kopf, damit er eine schöne Form bekam.

Die Geburt war vor dem Morgengebet vorbei. Das Neugeborene lag an Galais Brust, als Baschir zurückkam.

Er strahlte, als er das Baby sah.

»Sie ist hässlicher als die anderen!«, rief Galai. »Guck dir mal ihre Nase an, die ist so winzig, sie passt überhaupt nicht ins Gesicht.«

Baschir lächelte bloß.

»Fazila«, sagte er. »Sie soll Fazila heißen – die Prächtige.«

Er lachte. Er war so glücklich.

Wie immer nach dem Morgengebet legte er sich noch mal hin. Während er schlief, suchte Fazilas Seele unruhig nach einem Zuhause.

Wenn ein Kind geboren wurde, wusste es nicht, welcher Religion es angehörte, hatte Galai gelernt. Das Baby kannte Gott noch nicht. Die Seele irrte umher, sah sich um und fragte alle: Wer bin ich? Wo gehöre ich hin?

Als die Sonne am Zenit stand, wachte Baschir auf. Fazila war hübsch zurechtgemacht mit der Kleidung, die Galai für sie genäht hatte. Ihre Haut war rosig, die Augen groß, der Blick klar. Sima hatte die Augen des Kindes mit Kajal umrandet und die dünnen Brauen mit einem dicken, schwarzen Stift nachgezeichnet. Auf den Kopf, über das weiße Tuch, hatte Galai ein Stoffmedaillon mit Glasperlen und Glitzer gelegt und mittels eines Bands festgezurrt.

Baschir ging zu dem Kind und beugte sich über es.

»Mein perfektes Baby«, murmelte er.

Den Mund an Fazilas Ohr gelegt, begann er zu flüstern. Er rief das Baby, so wie der Muezzin zum Gebet rief. Er rief seine Seele, half ihm auf den rechten Weg, damit es Gott fand. In Fazilas rechtes Ohr flüsterte er den *Adhan* – um sie zum Glauben zu rufen.

Gott ist groß! Ich bezeuge, dass es keinen Gott gibt außer Gott. Ich bezeuge, dass Mohammed Gottes Gesandter ist …

Dann legte er das Gesicht an ihr anderes Ohr. In dieses flüsterte er die *Iqama* – und nahm das Kind damit in die Reihen der Gläubigen auf: Eilt zum Gebet! Eilt zur Seligkeit!

Er nahm Fazila auf den Arm.

Jetzt wusste sie, wer sie war. Jetzt wusste sie, wohin sie gehörte.

Islam bedeutet Unterwerfung, sich dem Allmächtigen zu ergeben.

Die Eltern lächelten. Fazilas Leben lag nun in Gottes Händen. Mochte sein Wille geschehen.

ENTSTEHUNG DES BUCHES

Dies ist ein Buch über die Afghanen – über drei von ihnen – und darüber, wie ihr Land sie geprägt hat, aber auch, wie sie selbst versucht haben, es in die von ihnen gewünschte Richtung zu lenken.

Es ist das Porträt dreier Menschen, zu einem gewissen Moment ihres Lebens.

Land der vielen Wahrheiten erzählt in erster Linie die Geschichten von Jamila, Baschir und Ariana.

Sie erscheinen in der Reihenfolge ihrer Geburt, in ihrer jeweiligen Periode der Geschichte des Landes. Jamila kam 1976 auf die Welt, einige Jahre vor der sowjetischen Invasion. Baschir wurde 1987 geboren, als der Krieg dem Ende zuging, Ariana hingegen um die Jahrtausendwende, im Jahr vor den Anschlägen des 11. Septembers 2001.

Das erste Treffen mit Jamila erfolgte via Bildschirm. Anfang September 2021 arrangierte das norwegische Afghanistankomitee eine öffentliche Veranstaltung mit afghanischen Frauenrechtsaktivisten. Jamila Afghani beeindruckte mit interessanten Analysen und unerschrockenen Wortmeldungen. Nach einigen Zoom-Meetings, die aufgrund der schlechten Internetverbindung in der Asylunterkunft in Kristiansand ständig unterbrochen wurden, fuhr ich für ein persönliches Treffen zu ihr.

Dort fragte ich Jamila, ob sie in einem Buch über Afghanistan dabei sein wolle, an dem zu arbeiten ich zu diesem Zeitpunkt gerade begonnen hatte, und erklärte ihr, was dies an Interviews und Treffen mit sich bringen würde. Sie war sofort dabei, ihr Mann Kakar ebenso.

Es folgten eine Reihe von Treffen mit Jamila, Kakar und ihren Kindern, sowohl in Alta, wo sie im Herbst desselben Jahres untergebracht wurden, als auch in Oslo.

Jamila ist die Hauptquelle für ihre Kapitel und für sowohl ihre als auch die Geschichte ihrer Eltern. Ihre Mutter starb vor einigen Jahren, und der Vater war zu krank, um interviewt zu werden. Die Schilderung ihrer Kindheit und ihrer frühen Jahre in Gasni und später in Kabul gründen daher auf Jamilas Erzählungen. Was die Eltern in den verschiedenen im Buch beschriebenen Situationen taten und dachten, fußt damit auf Jamilas Worten und ihrer Sicht der Familiengeschichte. Außerdem habe ich einen ihrer Brüder (den im Buch als »dritten« bezeichneten) interviewt.

Darüber hinaus hatte Jamila bereits zuvor von ihrer Familie berichtet, zum einen in Sally L. Kitchs Buch *Contested Terrain: Reflections with Afghan Women Leaders* aus dem Jahr 2014, zum anderen im Sammelband *Peacemakers in action: Profiles in Religious Peacebuilding*, herausgegeben von Joyce S. Dubensky und erschienen 2016. Einige der in *Land der vielen Wahrheiten* wiedergegebenen Kindheitsgeschichten wurden demnach schon früher erzählt. Manchmal ähneln sich die Geschichten zum Verwechseln, andere Male stimmten Details nicht ganz überein. In diesen Fällen habe ich bei Jamila nachgefragt.

Jamila hat mir außerdem Entwürfe von Reden, die sie gehalten hat, sowie von weiterem Schriftmaterial aus ihrem Leben geschickt. Über die Rede, die sie in Doha hielt, wurde von Al Jazeera berichtet, sie lässt sich leicht finden.

Außerdem habe ich die in Jamilas Erzählung auftauchenden Orte in Kabul besucht. In dem Mehrfamilienhaus, das sie besitzt, haben die Organisationen NECDO und WILPF jeweils eine Etage, darüber hinaus befinden sich dort die von ihr und Kakar eingerichtete Bibliothek sowie ihre private Wohnung. Schließlich habe ich mich mit mehreren der weiblichen islamischen Gelehrten getroffen, an deren Zusammenschluss sie beteiligt war.

Von Januar bis Juli 2022 unternahm ich drei lange Reisen nach Afghanistan. Ich wollte die Taliban und die Art, wie sie das Land heute regieren, besser verstehen. Was ist gleich geblieben, was hat sich verändert? Was möchten sie in Afghanistan erreichen?

Am Tag der Ankunft musste meine Presseakkreditierung von den neuen Behörden genehmigt werden. In diesem Zusammenhang erhielt ich eine Audienz beim Sprecher des Außenministeriums, Abdul Qahar Balkhi, der mir sagte, ich könne vergessen, von den Taliban etwas über ihre persönlichen Geschichten zu erfahren – sie redeten nicht. Umso mehr Grund, es zu versuchen.

Ich reiste von Polizeidistrikt zu Provinzzentrum, besuchte Menschen zu Hause und hatte dabei die Mittelschicht im Blick; die Fußsoldaten hatten nicht genug Erfahrung, und die höchste Ebene war unzugänglich.

Binnen kurzer Zeit machte ich mehrere interessante Personen ausfindig. Dabei achte ich auf eine Reihe von Eigenschaften: Zuallererst muss die Person gern erzählen wollen. Zum anderen muss sie durchhaltefähig und stabil genug sein, um bis zum Ende dabeizubleiben.

Als ich Baschir traf, war mir sofort klar, dass ich in ihm so jemanden gefunden hatte. Er war auch der Erste, der mir Fragen stellte, ehe er selbst etwas sagte.

Warum wollte ich ein Buch über Afghanistan schreiben? Warum interessierte ich mich für die Taliban? Nach welcher Art Geschichten suchte ich? Warum hatte ich bisher ausschließlich über Kriege in muslimischen Ländern berichtet?

Mein wichtigstes Anliegen war der Umstand, dass schon viel über die Taliban als Gruppe, aber selten über sie als Individuen geschrieben worden war. Daher suchte ich nach jemandem, der bereit war, mir seine persönliche Geschichte zu erzählen. Ich wollte verstehen, was sie antrieb, worin ihre Motivation lag, aus was für Menschen die Bewegung bestand.

»Der Grund dafür, dass diese Erzählungen fehlen, ist offensichtlich«, ergänzte ich. »Wäre ich letztes Jahr gekommen, hättest du mich wahrscheinlich entführt, stimmts?«

Da lachte er schallend, ja, natürlich hätte er das getan.

Sämtliche Interviews mit im Buch vorkommenden Personen wurden zunächst aufgenommen und anschließend transkribiert, einige von mir selbst, andere mithilfe von Transkriptionssoftwares. Den Großteil der Interviews habe ich professionell übersetzen lassen, um die korrekte Bedeutung auf Paschtu und eine wortgetreue Fassung zu erhalten, für den Fall, dass ich bei den Interviews selbst nicht alles mitbekommen haben sollte oder die während der Gespräche gelieferten Übersetzungen der Dolmetscher überprüfen wollte. Die Schilderungen von Baschirs Kindheit, seiner Jugend und seinem Aufstieg bei den Taliban basieren auf seinen eigenen Erzählungen sowie denen seiner Angehörigen. Nur selten habe ich mit Personen der anderen Seite gesprochen, also Baschirs Feinden – denen, die für die Amerikaner arbeiteten. Ich fand jedoch jemanden, der während Kommandeur Qalams Angriff auf Camp Tillman als Dolmetscher für die US-Truppen tätig gewesen war. Er erinnerte sich noch gut an die Stimmung im Camp, als der Kommandeur getötet wurde, und daran, wie sie ihn ins Kühllager brachten.

Die Kämpfe, die schließlich Eingang ins Buch fanden, enthalten etliche Details. Wie konnte sich Baschir in einer chaotischen und unübersichtlichen Situation an all das erinnern?

Meine Arbeitsmethode war folgende: Wenn ich mich entschieden hatte, welche Kämpfe oder Geschichten ich im Buch verwenden wollte, bat ich Baschir, mir ausführlicher davon zu berichten. Er und seine Männer schüttelten häufig die Köpfe über mein beharrliches Nachbohren zu in ihren Augen unbedeutenden Details, doch meiner Erfahrung nach findet sich im Nebensächlichen häufig das Entscheidende. Viele von Baschirs Männern waren der Meinung, dass ich dumme Fragen stellte. Andere hielten mich für eine Spionin des Westens.

Es gibt keine bessere Frage als das für den Sportreporter typische »Was haben Sie in diesem Moment empfunden?«. Während der Interviews muss ich die Betreffenden immer wieder daran erinnern, nicht bloß die Geschehnisse wiederzugeben, sondern auch die Gedanken und Gefühle, die sie in der Situation hatten. Was ist dir in diesem Moment durch den Kopf gegangen?

Auf diese Weise lassen sich Szenen gestalten, die einerseits faktualen Inhalt haben, gleichzeitig aber Einblick in das Innenleben der Beteiligten gewähren. Ich versuche, dahinterzukommen, was Menschen in verschiedenen Situationen denken und fühlen und was sie antreibt, damit wir sie kennenlernen können. Wenn Baschir und seine Männer meinten, ich sei unnötig detailversessen, bezog sich das beispielsweise auf Fragen danach, wie etwas aussah oder wie sie saßen – auf Kissen, auf Decken, auf Matratzen? Ach so, ohne alles, also auf dem nackten Beton?

Eine andere Methode besteht darin, mehrfach und in unterschiedlichen Situationen nach derselben Sache zu fragen, etwa um mehr Nuancen zu erhalten, aber auch, um zu überprüfen, dass die Antworten konsistent sind. Da ich im Besitz der Aufnahmen bin, habe ich parat, was wer fünf Monate zuvor gesagt hat, und kann die gleiche Frage erneut stellen, um zu sehen, ob sich die Version geändert hat. Baschir verfügte über ein ausgesprochen gutes Gedächtnis und bemerkte schnell, wenn er mir dies oder jenes schon mal erzählt hatte. Ob ich das nicht mitgekriegt hätte?

Meinem Eindruck nach achtete Baschir sehr genau auf seine Worte. Er wusste exakt, worüber er sprechen wollte und worüber nicht. Die Taliban sind eine kollektive Gruppierung, und wer für konkrete Entführungen, Ermordungen, Massaker, Folterungen oder Angriffe auf zivile Ziele wie Krankenhäuser oder Bildungsinstitutionen verantwortlich ist – Dinge wie die, für die er angeklagt wurde, die er jedoch abstritt –, soll nicht bekannt werden. Für unter verschiedenen Regimen als strafbar geltende Taten ist das Kollektiv verantwortlich – die Taliban, nicht der einzelne Kommandeur.

Über die Kriegshandlungen, das heißt über die reine Kriegsführung, ließ sich dagegen ungefährlich sprechen.

Die beste Position, in der man sich im heutigen Afghanistan befinden kann, ist die einer zugereisten Frau. Als solche hat man sowohl zu Männern als auch Frauen Zugang. Darüber hinaus ist man – jedenfalls noch – frei, umherzureisen, während man gleichzeitig die Gewissheit hat, das Land wieder verlassen zu können. Somit entfällt der Druck, dem heimische, afghanische Journalistinnen und Journalisten ausgesetzt sind.

Die meisten Menschen verbinden die Taliban mit Männern. Wenig ist über diejenigen der Bewegung geschrieben worden, die kaum das Haus verlassen. Die Geschichten der Frauen und nahen Angehörigen der Taliban sind im wahrsten Sinne des Wortes verschleiert worden. Hierfür gibt es viele Gründe, der wichtigste davon ihr Ideal (und die Realität) eines zurückgezogenen Lebens. Ich bat Baschir früh darum, seine Familie zu treffen, seine Mutter, die beiden Frauen und die Kinder. Zu meiner großen Überraschung antwortete er: »Natürlich, wann möchtest du kommen?«

Doch erst musste er sie fragen.

Sie begegneten mir mit freundlicher Zurückhaltung. Warum wollte ich ausgerechnet ihre Geschichten hören? Was waren meine Beweggründe? Und schließlich: Wie war ich ganz allein nach Afghanistan gekommen?!

Bei diesen Besuchen hatte ich eine Dolmetscherin bei mir. Sie war sowohl behutsam als auch mutig und kam durch ihre freundliche Art gut mit allen Familienmitgliedern in Kontakt. Vieles von dem, was die Frauen erzählten, war ihr ebenso fremd wie mir, beispielsweise dass man über ein verstorbenes Kind nicht trauern darf.

Die weiblichen Hauptpersonen sind Hala, Galai und Yasamin, Baschirs Mutter und seine beiden Frauen. Wie ich herausfand, war die beste Herangehensweise, sie einzeln zu interviewen, konzentriert, auch wenn die meisten Gespräche in ihrem rosa und mintgrünen Haus im Chaos endeten, während Kinder herein- und hinausrannten, Essen serviert und verzehrt wurde, Kleinkinder gestillt, Tee getrunken, Kleidungsstücke geflickt wurden, die Schwangeren sich neben mir zum Schlafen hinlegten, die Frauen mir die Finger mit Henna bemalten oder mich beim Brotbacken dabeihaben wollten. Natürlich versuchten sie, mich zu bekehren. Das versuchten viele im Haus, einschließlich des Koranlehrers. Ich verbrachte viele Stunden mit den Kindern in der Koranschule, wo Hasibullah mit seinen abgeschnittenen Kabeln durch den Raum schritt und Aussprache korrigierte.

Die Frauen als aktive Beteiligte und Mithelferinnen im Krieg ist eine bisher kaum erzählte Geschichte. Baschirs Frauen berichteten von der Herstellung der Sprengfallen – der furchtbarsten Mordwaffe der Taliban – mit einer Selbstverständlichkeit, als ginge es darum, einen Brotteig anzusetzen.

Ich traf auch Baschirs Verlobte Mariam und ihre Eltern. Hierfür brauchte ich zwei Dolmetscher, eine Frau, die ihre Geschichte übersetzte, ehe ich ins Nachbarzimmer ging, wo ein männlicher Dolmetscher für den Vater übersetzte. Ich selbst konnte mich frei zwischen den Räumen bewegen.

Das Buch baut auf Szenen auf, wie die Betreffenden sie mir erzählt haben. Die Dialoge sind aus ihren Erzählungen rekonstruiert. Genau wie Jamila von ihren Eltern berichtete, hat Hala von ihrem verstorbenen Ehemann, ihrem kurzen Zusammenleben und den Umständen seines Todes erzählt.

An manchen Szenen war ich indirekt beteiligt. Baschir nahm die Aufgabe, eine Biografin im Schlepptau zu haben, sehr ernst und sagte zu allen, die wir trafen: »Was ihr mir jetzt erzählt, erzählt ihr auch ihr.« Dies trifft auf Personen wie die Ausreißerin, den Schattengouverneur und die Familien der Märtyrer zu.

Bei den Frauen traf ich auf dieselbe kontrollierte Offenheit wie bei Baschir. Sie redeten überraschend frei über ihren Alltag und das Familienleben, sogar über die Reaktionen auf Baschirs Polygamie. In ihren Worten schwang nicht die leiseste Andeutung mit, dass sie sich vielleicht ein unabhängigeres Leben wünschten. Ich weiß nicht, ob sie dies verschwiegen oder ob es sich tatsächlich so verhielt, wie sie sagten.

Nachdem ich eine Weile in diesem Haushalt verbracht habe, ist mein Eindruck, dass der Wille der Mädchen so langsam gebeugt wird, bis auch der Widerstand ganz allmählich erlischt. So war die vierjährige Hoda Gleichaltrigen in aller Welt zum Verwechseln ähnlich. Ausgelassen, furchtlos, verspielt, erfinderisch. Die Achtjährigen hingegen waren bereits verschleiert, saßen mit gesenktem Blick da und hatten Angst, etwas Falsches zu sagen. Ihr einziger Wunsch, sagten sie, sei es, den Koran auswendig zu lernen. Als ich sie fragte, ob es noch etwas gebe, das sie sich wünschten, schüttelten sie nur den Kopf.

Baschirs Frauen war es wichtig, dass ihre Namen nicht in die Öffentlichkeit dringen. Ich fragte, ob sie sich selbst andere Namen aussuchen wollten, aber das überließen sie mir.

Es war mir immer wichtig, die Rolle der Journalistin streng abzugrenzen, damit es keine Missverständnisse gab, was *on* oder *off the record* war. Mein Aufnahmegerät lag immer mitten im Raum oder in der Nähe der sprechenden Person. Darüber hinaus machte ich mir Notizen zu den Übersetzungen der Dolmetscher und meinen Beobachtungen. Es gab nie einen Zweifel, dass ich bei der Arbeit war.

Genau wie Baschir wunderten sich auch die Frauen bisweilen über meine Detailversessenheit. Manchmal war es schwierig, Einzelheiten zu erfragen, die ich benötigte, um eine Szene aufzubauen, zum Beispiel die, in der Yasamin ihr erstes Kind verliert. Ich stellte Fragen wie: »Hast du Baschir angesehen? Hat er dich angesehen? Hast du gesessen? Hat er gestanden? Warum hast du den Blick gesenkt? Was hast du in diesem Moment gefühlt?«

Doch auf diese Weise ist ein Buch daraus geworden.

Lange Zeit glaubte ich, das Buch werde nur zwei Hauptfiguren haben.

Bis ich Ariana traf.

Vom ersten Eindruck her war sie eine bleiche und nervöse junge Frau. Sie saß mit flackernden Pupillen in einem Kurs für Stressbewältigung in Jamilas Büro in Kabul und wirkte gestresst. Die meisten Teilnehmerinnen waren älter als sie. Sie erzählte von ihrem Leben, das aus Leere bestand.

Ich traf sie wieder, und plötzlich ging mir auf, dass sich im Grunde alles um sie drehte – um die Generation junger Frauen, die glaubten, sie könnten alles erreichen, wenn sie nur fleißig genug wären, und dann wurde ihnen alles weggenommen. Der Kampf zwischen Menschen wie Baschir und Jamila dreht sich um Mädchen und Frauen wie sie. Die drei haben sich nie getroffen, aber ich habe Baschir von Ariana erzählt, die als eine der Besten das Jurastudium abschloss. »Bedaure, aber in Afghanistan ist kein Platz für gebildete Frauen. Ihre Eltern sollten einen Ehemann für sie finden«, lautete Baschirs Antwort.

Als ich Ariana fragte, ob sie sich vorstellen könne, eine Figur meines Buches zu werden, war ihre erste Frage: Kann ich anonym bleiben?

Das konnte sie, und das bleibt sie.

Wie Jamila spricht auch Ariana fließend Englisch, sodass die Interviews leicht zu führen waren. Wir hatten mehrere persönliche Treffen, sowohl bei ihr zu Hause, wo ich untergekommen war, und in Cafés in Kabul. Lange Zeit hatten wir auch täglichen Kontakt über das Internet.

Ariana ist selbst ein schreibender Mensch. Sie führte zwei Tagebücher, eines auf Dari und eines auf Englisch. In den letzten Jahren hatte sie dafür den Computer benutzt und schickte mir Auszüge. Als wir uns besser kannten, lag es ihr am Herzen, mir ihre Gedanken über die Ehe, die ihre Eltern für sie arrangieren wollten, mitzuteilen.

Auch die Eltern habe ich mehrmals interviewt, jedoch eher in der Zeit, bevor sich der Konflikt mit der Tochter zuspitzte. Weil Ariana bei diesen Interviews dolmetschte – einem fremden Dolmetscher hätten sie nie dieselben Einblicke gewährt –, habe ich nicht die Version der Eltern von der letzten Zeit.

Was sie zu Ariana sagten und wie sie sich ihr gegenüber verhielten, beruht nur auf Arianas Erzählungen. Das Gleiche gilt für Arianas Übersetzung von Nachrichten ihres Verlobten, dem ich den Namen Mahmoud gegeben habe. Ich habe ihn nie getroffen oder interviewt.

Mit Ausnahme von Jamila, ihrer Vizechefin Torpekai und afghanischen Politikerinnen sind alle afghanischen Frauen, die in diesem Buch vorkommen, anonymisiert und bei anderen Namen genannt.

Sowohl Jamila als auch Ariana haben die Kapitel über sich in der englischen Übersetzung gelesen und Gelegenheit bekommen, meine Darstellung zu berichtigen oder Ergänzungen beizusteuern.

Was Baschir angeht, der kein Englisch spricht, lehnte er das Angebot einer englischen Übersetzung ab und ließ über den Dolmetscher vermitteln, dass er seine Kapitel lesen wolle, bevor das Buch auf Paschtunisch erscheint.

Die historischen Passagen im Buch stammen größtenteils aus Martin Ewans' *Afghanistan – A New History*, das ich 2001 bei Shah M Book in Kabul gekauft habe. Aus folgenden Büchern habe ich zitiert oder Dialoge übernommen:

Die Gespräche zwischen Osama bin Laden und Suleiman Abu Ghaith am 11. September 2001 stammen aus dem Buch *The Exile: The Stunning Inside Story of Osama bin Laden and Al Qaeda in Flight* von Cathy Scott-Clark und Adrian Levy.

Das Zitat »Es war eine Sünde, der Front fernzubleiben. Ich hätte nicht auf die anderen hören sollen« stammt aus *The Looming Tower: Al-Qaeda and the Road to 9/11* von Lawrence Wright. Fakten über das Leben in Peschawar während der sowjetischen Invasion stammen ebenfalls aus diesem Buch. Für dieses Kapitel habe ich außerdem Thomas Hegghammers' *The Caravan: Abdallah Azzam and the Rise of Global Jihad* benutzt.

Das Gespräch zwischen George Bush und Gott stammt aus der britischen Zeitung *The Guardian*. Bush zufolge habe Gott zu ihm gesagt: »George, go and fight those terrorists.«

Die Zitate aus den Verhandlungen von Doha stammen aus einem Artikel des Magazins *The New Yorker* von Steve Coll und Adam Entous: »The Secret History of the U.S. Diplomatic Failure in Afghanistan«, die Details um Aschraf Ghanis Sicherheitsberater Hamdullah Mohib aus dem *Time Magazine*-Artikel »Inside the Fall of Kabul« von Matthieu Aikins. Derselbe Journalist hat auch den Artikel »The Taliban's Dangerous Collision Course With the West« verfasst, in dem er den Hintergrund der Schulschließungen erläutert. Die Hauptquelle für das Treffen in Kandahar, auf dem beschlossen wurde, die Schulen doch nicht für Mädchen im Teenageralter zu öffnen, ist Ashley Jacksons Rapport im *Afghanistan Analysts Network* »The Ban on Older Girls' Education: Taleban conservatives ascendant and a leadership in disarray«.

Was das Haqqani-Netzwerk angeht, berufe ich mich vor allem auf *Fountainhead of Jihad: The Haqqani Nexus 1973–2012* von Vahid Brown und Don Rassler. Die Beschreibung des Verhältnisses zwischen den Taliban und al-Qaida stammt aus dem Buch *An enemy we created: The Myth of the Taliban–Al Qaeda Merger in Afghanistan* von Alex Strick van Linschoten und Felix Kuehn.

Die Schilderung des Einsatzes von Drohnen in Afghanistan stammt in erster Linie aus dem Artikel »Drone Warfare in Waziristan and the New Military Humanism« aus *The University of Chicago Press Journals*. Wie die Trauer von Soldateneltern in der Sowjetunion diszipliniert wurde, habe ich aus »Dedovshchina: From Military to Society« (*Journal of Power Institutions in Post-Soviet Societies*) gelernt.

Weitere Bücher, auf denen meine Arbeit beruht, sind *The Afghanistan Papers: A Secret History of the War* von Craig Whitlock, *The Taliban at War: 2001–2021* von Antonio Giustozzi, *No Good Men Among the Living* von Anand Gopal und *The Performance of Emotion among Paxtun Women* von Benedicte Grima. Ein Buch, das mich inspiriert hat und das ich Ariana geschenkt habe, bevor ich heimreiste, ist eine Anthologie kurzer Gedichte, mündlich vermittelt durch afghanische Frauen: *I am the Beggar of the World: Landays from Contemporary Afghanistan*, übersetzt und herausgegeben von Eliza Griswold.

Bei der Arbeit an dem Buch haben mir mehrere Fachleute geholfen.

Arne Strand, der die Forschungsgruppe mit dem Schwerpunkt Afghanistan am Christian Michelsen Institut leitet, hat mein Manuskript während der Entstehung gelesen und mit hilfreichen Ideen und Kommentaren beigetragen. Auch das fertige Manuskript hat er gelesen und mich bei der Diskussion der enthaltenen Themen großzügig mit seiner Kenntnis der Materie unterstützt.

Amund Bjorsnes, Sprachwissenschaftler mit dem Schwerpunkt klassische und orientalische Philologie, hat mir geholfen, die Prinzipien hinter der Rezitation des Koran zu verstehen, und alle die Religion betreffenden Inhalte durchgesehen. Wir haben gemeinsam die jeweiligen Übersetzungen des Koran ausgewählt, wobei wir uns meist auf die norwegische Übersetzung von Einar Berg und die dänische Übersetzung von Ellen Wulff stützten. Manchmal haben wir uns die Freiheit herausgenommen, beide zu kombinieren, und an einigen Stellen hat Bjorsnes selbst übersetzt. (Die deutschen Übersetzungen stammen größtenteils von Rudi Paret, dessen Ausgabe in Wissenschaftskreisen noch immer maßgebend ist, Anm. d. Ü.)

Amund Bjorsnes hat auch die Schreibweise von Wörtern in Dari, Paschtunisch und Arabisch kontrolliert, damit sie so konsequent wie möglich wurde. Dabei haben wir Lesbarkeit vor wissenschaftlich korrekte Transkription gestellt. (Dasselbe gilt für die deutschen Transkriptionen, die notgedrungen nicht immer einheitlich ausfallen, zum Beispiel, wenn die englische Transkription eines Namens aus den Medien gängiger ist, Anm. d. Ü.)

Pernille Myrvold, Arabistin und Arabisch-Lektorin an der Universität Bergen, hat die Transkription arabischer Wörter ebenfalls durchgesehen und gehört zu den fleißigen Manuskriptlesern.

Abdul Sayed vom Carnegie Endowment for International Peace hat Baschirs Erzählungen aus Wasiristan durchgesehen. Er hat sich die Aufnahmen auf Paschtunisch angehört und mir geholfen, Baschirs Rolle im Haqqani-Netzwerk besser zu verstehen, insbesondere dessen Verhältnis zu den pakistanischen Tehrik-i-Taliban. Baschirs Bedeutung habe ich auch mit dem Autor Anand Gopal diskutiert, der viel Erfahrung mit dem Haqqani-Netzwerk und den Taliban gemacht und über sie geschrieben hat.

Ayesha Wolasmal arbeitet als humanitäre Beraterin in Afghanistan. Sie hat mir geholfen, viele Aspekte des traditionellen und modernen Lebens in Afghanistan zu verstehen. Außerdem hat sie mir etliche Begriffe erklärt, welche die Hauptfiguren benutzen, und mit gründlichen Kommentaren bei der Entstehung des Manuskripts geholfen.

In Kabul hatte ich große Freude und großen Nutzen an den Gesprächen mit Terje Watterdal, dem Leiter des norwegischen Afghanistan-Komitees, und ebenso möchte ich Liv Kjølseth, Generalsekretärin derselben Organisation, dafür danken, dass sie mich mit Jamila bekannt gemacht hat.

Der Historiker Tore Magnus Løiten hat mir große Hilfe bei der Recherche rund um die Hauptthemen des Buches geleistet. Der frühere Chef der Spezialeinheit der Norwegischen Streitkräfte mit längerer Afghanistan-Erfahrung, Frode Kristoffersen, hat einige militärische Ausdrücke korrigiert und die betreffenden Passagen durchgesehen. Zum Verständnis der Regierungsperiode Aschraf Ghanis sowie afghanischer Geschichte im Allgemeinen hat mir der Diplomat Andreas Løvold viel geholfen, der in Afghanistan für Norwegen und die UN tätig war. Zwei weitere Leser, die wertvolle Beiträge zu Form und Inhalt geleistet haben, sind Ingrid Olava Brænd Eriksen und Marte Heian-Engdal.

Meine Eltern Frøydis Guldahl und Dag Seierstad waren wie immer meine treuesten Leser und haben etliche Versionen des Manuskripts kommentiert. Die jüngste Manuskriptleserin, Katja Sira Myhre, hat wichtige Ergänzungen dazu beigetragen, was heutige Jugendliche über die Geschichte und das politische Ringen um Afghanistan wissen. Somit reichte die Altersspanne der Probeleser von siebzehn bis sechsundachtzig Jahren.

Auch der norwegische Verlag hat eine illustre Schar von Lesern wie Erling Kagge, Tuva Ørbeck Sørheim und Ivar Iversen zur Verfügung gestellt, die sich alle mit wichtigen Betrachtungen und Vorschlägen beteiligt haben, während Charlotte Sabella die Kapitel, die an Jamila und Ariana geschickt wurden, ins Englische übersetzte.

Die Lektorin Cathrine Sanders war von Anfang an eine phänomenale Sparringspartnerin. Bei ihr war ich in den besten Händen.

Ohne euch alle hätte ich dieses Buch nicht schreiben können. Viele waren auch bei der langen Diskussion über die norwegische Titelgebung dabei. Es war nicht leicht, einen Titel zu finden, der alles abdeckt, weil die drei Hauptpersonen grundlegend verschiedene Richtungen einschlagen. Das Einzige, was sie vereint, ist ihr starker Wille – und ein Land.

Deshalb blieb auf Norwegisch der Arbeitstitel *Afghanerne* – Die Afghanen – stehen. (Und auch der deutsche Titel spricht die Vielfalt dieses Landes an, Anm. d. Ü.)

Ich bin dankbar dafür, dass Jamila, Baschir und Ariana ihre Geschichten mit mir und meinen Lesern teilen wollten.

Åsne Seierstad

Oslo, 20. September 2022